邵荃麟全集

SHAO QUANLIN QUANJI

第六卷

译著 译文（下）

武汉出版社
WUHAN
PUBLISHING HOUSE

(鄂)新登字 08 号

图书在版编目(CIP)数据

邵荃麟全集.6,译著、译文.下/邵荃麟著.—武汉:武汉出版社,2013.10

ISBN 978—7—5430—7887—1

Ⅰ.①邵… Ⅱ.①邵… Ⅲ.①中国文学—当代文学—作品综合集 Ⅳ.①I217.2

中国版本图书馆 CIP 数据核字(2013)第 233071 号

著　　者:邵荃麟
责任编辑:李　俊
封面设计:刘福珊
出　版:武汉出版社
社　址:武汉市江汉区新华路 490 号　　邮　编:430015
电　话:(027)85606403　85600625
http://www.whcbs.com　　E-mail:zbs@whcbs.com
印　刷:武汉精一印刷有限公司　　经　销:新华书店
开　本:880mm×1240mm　1/32
印　张:16　　字　数:333 千字　　插　页:7
版　次:2013 年 12 月第 1 版　　2013 年 12 月第 1 次印刷
定　价:480.00 元(全套八卷)

1960年代初，邵荃麟在山东青岛

1960年，邵荃麟与周扬在北京西山

1960年代初，邵荃麟、葛琴、沙汀在四川成都杜甫草堂前合影

1963年，在曹雪芹逝世200周年纪念展览会上观赏陈毅元帅题词

1964年春节后中国作家协会组团前往大庆油田体验生活，与石油部领导人余秋里、康世恩等合影

目　录

意外的惊愕

革命中间的一个故事

A·诺维可夫·泼立薄军

军舰“克兰斯雷·派的生”号的司令，一级海军上校库立可夫，告诉我下面一个故事。

革命开始的一些日子里，我非常忙。同时，我很焦急要找到海军中将石莱兹诺夫，因为跟他有点私人性质的事情要处理。我带着几个水兵同伴去找他，看见他穿着武官便服，住在一个工程师的寓所里。这位中将对他的被扣，态度很平静，甚至还带着一些尊严的架子，我可以这样说。当我们离开那寓所的时候，我告诉我的同志们，各人干各人的事情去，我会负责照料这位中将的；我决定把他带到我自己家里去。那时，我是住在工人区域里一家公寓的底下层，一间有两个房的寓所里。喜得我女人会做，什么东西都弄得一干二净的，清洁又整齐。我们进去的时候，我对石莱兹诺夫道歉说：

“您得原谅我，阁下，请您到这个您看不惯的屋子里来。

不消说，您从前是一向没有机会来访问一个工人家庭的。可是我想，现在您会觉得这儿比住在那豪贵的寓楼更合适吧，至少在这儿没有人来打搅您。”

“我非常感激你的好意，可是我不知道我为什么受这样待遇。”中将呶呶地说。

我把他介绍给我女人。

“这是伐尔雅，我的终身伙伴。伐尔雅，这是我们的中将，维克多·格里乔耶维支·石莱兹诺夫。”

我女人不懂我的意思，她是一个革命者，用一种显然惊奇的眼光，从我望到客人的身上。她不懂，为什么我拣这种时候把中将带到家里来。但是她是信任我的，她给他一个愉快的微笑。他与其说出于客气，不如说出于习惯，向她鞠了一躬，又伸出手来，说着一句客套话：“很高兴看到您。”

我女人跑到铺子里去买些美味。中将和我在桌子旁边坐下来。我的四岁女儿娜达雅，一个灰色眼睛的非常可爱的孩子，在屋角里玩着。

石莱兹诺夫外貌上很镇静，可是他黑色的眼睛里却闪着一种疑惧的神色，他好像是一个等待自己命运被决定的人。我尽可能地竭力对他客气，故意称呼他“您阁下”。当他知道我曾经是个水兵，中将的神色活泼起来了，但是当我告诉他一件意外遭遇的时候，他的脸色立刻又沉了下去。有一回，他检阅我们的兵舰，司令的传令兵偶然把门砰地撞到他的脑壳上，后来这个传令兵被惩罚了。

“那就是我呵，引起您那一回不高兴的。”

“多么出乎意料的会面啊！”他叫起来。他打算要笑，可是他薄薄的嘴唇却变成一种不自然的怪相。也许，这当儿他在想，我打算要向他报复哩。

我很快地缓和他那种恐惧。

“我当时以为，您一定会把我送到牢里去，像别的跟您一样地位的将官同样的做法，可是您却只关了我五天禁闭所就算了事。这一点我还是感恩的。”

中将似乎安心了。我们说话的时候，我仔细地注意着他，很惊异那旧制度的观点是那么根深蒂固地植在他的脑子里。目下，他的安全是完全靠着我的，可是，他和我——一个过去的传令兵——坐在一张桌子旁边平等地谈天，显然地使他万分狼狈。这似乎使他很吃力，要照习惯的态度和我谈知，和用我的和我上代的名字称呼我[①]。同时，他似乎很难相信我从前曾经干过传令的职务，那是一种小厮的职务啊！

我们开始谈起海军的事情来，我感觉了在他的眼睛里，我甚至比一个谜还难解。我批评俄国海军的战术，而且为了支持我的论点，我说出那些著名的海军专家的名字，乌夏可夫，萨弗仑和纳尔逊。不时地我还插入一两句英语。最后，中将的好奇心压倒了他。

“你在哪里受过教育的?”他问。

“就在这张桌子旁边，”我回答说，“教育不是为我们而设的。我在海军里干差使的时候，我是躲在船舱的复壁后面读书。你们是不许我们公开求知识的，不是吗?”

---

① 俄国人的姓名，照例冠以他上代的名字，在客气的场合中，必须称呼整个姓名。

中将的眼睛垂了下去。

“那你在什么地方学会英文的呢?”

“我在海军里干差使以后,在英国商船上航行了一个很长的时间。”

这当儿,我女人买了一些吃的东西回来了。我请她安排食桌,替我们去煮些茶。当她消失到厨房里的时候,我又回过来对着中将说:

“嗯,您多么像我‘那一半儿’[①]啊?”我问。

我们正说着,一个示威游行队伍从我们窗下经过。那叫喊和唱歌的喧声,夹着来福枪子弹的爆炸声刺着我们的耳朵。在这当儿,我的问话对中将似乎太不合适了,不过他还是回答我说:

“你有一个漂亮的太太。”

我不理会外面的喧骚,继续谈着温和的家常话。

“是的,”我继续说,“我很爱她,我们一块儿生活以来,曾经历过许多困苦。我跟她结婚的时候,我是替一级海军上校舰长莱兹文在当传令兵。结婚以后不久,我到外洋去作了一次很长的航海。您还记得,那次航海是您命令结束的。您来代替未斯劳霍夫中将的位子,他是给免职了。在我离家的日子里,伐尔雅养了一个儿子,在她坐褥子以前,她是在一家写字间里当打字员,可是生了孩子以后,她不得不暂时抛弃那工作。这是她一个困难的时期。我的收入是很难养活她跟孩子的。幸亏我那善良的丈母娘帮忙,伐尔雅跟孩子终于挣扎过

① 是指太太,仿佛中国人叫“我的伴儿”。

去了。我们彼此的爱始终是一样坚实。命运像个帆船上结实的绳结把我们结合在一块，除非死，什么也不能把我们分开的。我的儿子已经过了第十三个生日了，他长大起来也希望做一个水手哩，这里还有我的小女孩。”

我们谈论的时候，娜达雅就在我们四周绕着跳，像一般孩子们那样对自己咿咿呀呀说着话，向我问各种各样的问题。她要知道，为什么外面每个人都在叫喊，他们在枪毙谁和为什么要枪毙他们。要使她不起好奇心是很难的。忽然，她用力地吮着她妈妈给她的一块糖，庄重地说：

“爸爸，我喜欢这位老公公，他有双跟妈妈一样的好看眼睛哩。”她说着，爬到他膝盖上来了。

中将很高兴她那样子，紧紧地抱着她。她摸着他的胡子，并且亲他的前额。

“你喜欢吃糖吗？”他问她。

“唔嗯。”她热心地应着。

“那么，糖也喜欢你吗？”

孩子给这问题窘住了。她灰色的眼睛睁得大大的，极其严重地思索着这个问题。接着，她破颜地笑起来。

“糖没有嘴巴呀！”她得意地叫。

我大笑起来，那中将也被这回答逗得高兴了。

“不错，小娜达雅，”他温柔地摸着她头发说，“为了这，我要带给你一盒你没吃过的最好吃的糖。”

这时候，我的儿子披脱雅奔到房间里来。他脸颊发红，眼睛里闪着兴奋的光。娜达雅一看见她哥哥，立刻从中将的膝盖上跳下来，拍着手，快乐地说：

"披脱雅，瞧这个可爱的老公公，爸爸同来的。他答应给我吃过的顶好吃的糖呢。"

可是披脱雅一肚子的新闻忍不住要爆出来。他匆遽地瞥了客人一眼，用他清楚的孩子声音对我急促地说：

"爸爸，你该去看看外面在干着什么啊。那些官儿和警察给捉到监牢里啦，连神父也给捉去啦。他们说，这些家伙都是沙皇的探子呢。还有那些大会哪！水手，兵，工人，都在讲呀，讲呀的。有一个大会里，他们审问着五个海军军官，水手们说，他们从前是可怕的残酷的。每个人都叫着，'杀死这种官！'"

"爸爸，那不跟从前法国发生过的事情一样吗？他们把皇帝的脑袋砍掉了。我们的沙皇一定也要吃吃这样苦头吧！"

"是的，他一定要那样。"

"那你得要知道埠头上在发生着什么事情呀！我马上去看一看！"

这时，他妈妈惊恐地拦住了他。"你敢！"她喊，"你给我呆在这儿。"

"可是，妈妈，他们又不伤犯小孩子的，连官儿们的小孩子也不呀，天老爷，不撒谎，倍斯特罗夫的孙子格立胥加，叫一个小孩子做布尔乔亚，还动手打他，可是那些水手把他阻住了。"

"不要紧，伐尔雅。"我说，"让他去，让他记住那些他看到和听到的事情。革命不是每一天都有的啊。"

披脱雅欢跃地从屋子里窜出去。

我望了中将一眼。他脸色阴沉着。也许他正在想，假如他是处在外面那些官吏的地位该怎样。直到这时，隐藏在他灵魂里的那句话，才从他嘴唇上跳出来：

“可怕哟。”

“是的，阁下。”我同意说，“正如贝尔叶[①]说的，革命不是一个戴羔皮手套的伯爵夫人。”

“好小子，我那孩子，”我说，故意把话头掉到别的方面去，“真的，他有一点儿顽皮，可是他却确是一个用功的孩子。他是他们一班里最好学生中间的一个哩。”

为了让中将不至于想这是溺爱的父母的夸张，我把我儿子的学校成绩报告单给他看。他随便望了一下，心不在焉地说，“好，好。”

“除此以外，披脱雅还读着很多东西。他读着多得可怕的书，您只要看看他的书架子就得了。那里您可以找到各种各样想得到的著作。我可以告诉您，这真是我荷包上一个难题哩，可是我却不能够去沮丧他那种求知的饥渴。”

我看到，我已经把中将的心思从革命问题上转移过来。他不是那么心不在焉地在听我说话了。

“你的儿子给我一个很好印象。他是一个活泼的聪明的孩子，你很可以引以为豪。”

“他的外祖父是个杰出的人物，阁下，我的孩子显然很像他。他的脸孔也像他。”

“他的外祖父是谁？”

“他地位很重要，收入很大的薪水。可是他对他的外孙一点也不感兴趣，他从来连看都不来看看他们。”

---

① 贝尔叶，十九世纪法国诗人。

中将迅速地表示他的同情。

“听你说，这位外祖父真是一个硬心肠的人。假如你不怪我冒昧，我还要说，他好像是个极卑鄙的家伙啊。”

“不，”我反对说，“可能他不是那么坏，不过这也无补于事。为什么？因为他们全部生活都是跟卑贱和鄙陋结合在一起的，我们已经失掉一切真正光荣的概念了。这就是为什么那么叫人家讨厌。”

伐尔雅忙着收拾桌子。她拿出麦包、鳀鱼、香肠、干酪、熟鸡蛋和一瓶甜酒。

我向中将告了一声罪，跟着她走到厨房里去，请她带着小女儿去看一会儿我们的几个朋友。

我又回到食桌旁边来，把甜酒瓶打开，倒了两杯酒。

“这种酒是我从一艘外国商轮上弄来的，我一直留着，等待一个什么特别机会来享用它。现在我想这机会是到了。您也许不会接受我这杯祝福的酒吧，阁下，可是，我祝福这次革命为最大的胜利。”

“哪里的话?!”中将说，“我不反对革命，因为专制政治把我们国家弄得无路可走了。不过我没想到，改变一个国家制度要采取这样激烈的方式。”

中将渴馋地把那杯烈酒痛饮下去，并且称赞那甜酒的品质。

我们边吃边喝，谈着各种问题，只是避开牵涉到革命上面去。

忽然，门上起了一声剥啄，水兵长库定诺夫出现在门阁上。

“我可以进来吗，首长同志？”他向我报着名说。

“进来。”

库定诺夫向前走上几步，立正，用军队里那种简洁的语气向我报告：

“您的命令已经执行了，首长同志。”

“很好。”

我注意着，当库定诺夫进来的时候，中将的脸部肌肉颤抖起来，他的嘴唇变成一种轻蔑的怪相，这种表情的变化，水兵长是察觉的。他的手紧紧地握着他的来福枪，向我丢了一个锐利的讯问的眼色。我感觉，他是要扑到那中将身上去的，却用力地抑制着自己。我连忙给他另一个命令：

“到革命委员会去，告诉同志们，说我马上就来。”

“唉，唉，首长同志！”库定诺夫枯涩地说，向中将丢了最后一眼，大踏步走出屋子去。

“我看你们一样有纪律。”中将带着讽刺说。

“你没有纪律不能做成什么事呀。”我回答说。

最后，我决定把我最感兴趣的话题吐露出来。

“阁下。”我说，“我想跟您谈些事情，可是在谈以前，让我们大家同意，要完全坦白，要忠诚，像一个勇敢和诚实的人的本分。”

“坦白是尊贵的特质。”中将承认说，“请说吧。”他又补了一句，因为不知道什么事情，显得很紧张的样子。

“您记得一个曾经服侍过您的女佣人叫做娜斯泰西亚·亚历山雅芙娜·卡申茨伐的吗？”

“女佣人那么多，我很难全想得起她们。”

我把手伸到口袋里，抽出一张折叠的纸来。

“那是很长远了，阁下。您那时还是一个年青人，当着二级海军上校。这张纸是您给娜斯泰西亚·亚历山雅芙娜，您的女佣人的证明书，这是一张讲了许多赞美话的证明书。在这里，你指出她是一个极端忠实和耐劳的妇人，这是您的亲笔，不是吗?”

石莱兹诺夫仔细地审视着那张文件。日子久了，墨水已经褪了色，可是它却像敲中他记忆上一根弦子似的，他跳了起来，喃喃地说：

“是的，这是我的亲笔，还有什么呢?”

“没有什么。卡申茨伐是我的一个亲戚。她从前当真是一个人们到处可以找到的那种有良心的工人。”

“你说‘她从前’，那么现在呢?”中将说，对我严重地说着。我回盯着他，歇了一下子回答说：

“去年，她遇到一次意外。她在彼得堡给一辆汽车碾着了，第二天就死去，我把她葬在市公墓里。”

“伤心得很。”中将喃喃地说，声音低得几乎听不到，神情沮丧地把肘子靠到桌子上。

“娜斯泰西亚·亚历山雅芙娜告诉我关于您生活上一切事情。”我继续说，“您太太是一家贵族门第出身的。她的父母很快地就把他们的钱都花光了，可是他们女儿却仍然是那样仰着脸孔看人，和满身的骄气。她给您养了两个孩子。两个都教养得很好。我知道你不是一个富人，您只靠薪水过活，可是您却并不省钱：您请着女管家又请着家庭教师。您大少爷不愿在军中任职，他是一个土木工程师，和一家工厂的股东，已经和你完全分开了。这一切不是我从娜斯泰西亚·亚历山雅芙娜那儿听来，而是从别处知道的。您的二少爷是个二级海军上校，革命以前，在一艘巡洋舰上当高级军官。我说得对吗？”

“很对。”中将勉强地承认说，似乎这话题不合适他的胃口。“可是，我不懂有什么必要去追问这些事情！”

“您马上就会明白的。您的二少爷在巡洋舰发生暴乱的时候，杀死了一个水兵和打伤了另外两个。虽然他是不会被饶恕的，他已经受到应得的惩罚了，您知道吗？”

中将的脸孔扭曲起来，他旋过脸去，从咬紧着的牙齿缝里喃喃地说：

“不，我还是刚听说。”

这不难看到，我的消息并不曾像可能想到那样深地影响着他。这种噩耗的打击，对于任何做父亲的，即使像中将那样坚强性格的人，照理都会引起更强烈的情感的。他的反应证实了我从岳母那里听到的说话，即是说，中将的儿子们只不过是名义上的儿子罢了。

“请原谅我，阁下，假如我这个悲痛的消息使您伤心了，我只是顺便提到罢了。我还不曾谈到主要的话题哩。”

“还有比我儿子惨死消息更重要的事情吗？”

“是的，是的，阁下，我所要告诉您的，也许就是您快乐的源泉。这要看您怎样认识生活。我们已经同意大家坦白说话了。请您忘记一下您是一位中将，我是从前的传令兵。我们都是长大的人了，因此让我们正视着事实，不管它会是怎样残酷和痛苦。”

中将回过来看着我，带着一种那样的表情，似乎等待着遭受什么打击。

“您的少爷并不是您的血统。他们真正的父亲是在什么地方自由自在地漂泊着，他把他的孩子的苦恼和忧虑都卸在您的肩上。这个您可是比我知道的更清楚的吧。”

这个对他那种刚毅的骄傲的打击，是那么剧烈，中将薄薄的嘴唇颤抖起来，额角上的青筋也梗了起来。他呼吸沉重，木头般的直挺挺坐在凳子上，仿佛堆在那里一般，两只眼睛像螺丝锥子似的盯着我。他也许想，我是一个最横暴的流氓，要那样残恶地去干涉他的私生活。……假如这个时候，他原有的势力又回复到他手里的话，他无疑会把我毫不怜恤地打到地下去。可是现在他却像一只狼，牙齿给人家拔掉了，一点势力也没有。几分钟严重的沉默过去了，他粗哽的声音才打破这静寂：

“你要对我怎么样，你就怎么样干好了——或者立刻枪毙我，或者就在这儿刺死我，可是请你不要干涉我的私事。你带我到这儿来，就是要污辱我宗族的名誉吗？我孩子像谁不像谁，这难道是外人的事情吗？这跟你个人、跟革命能有什么相干吗？”

我的心里冒着火，尖利地说：

“是的，阁下，这儿是有点间接的关系。我会证实给你看的。不过首先要让我给你看样奇怪的东西。”

不等他答应，我走到隔壁房里去。那里墙上挂着一张我女人的小小相片，我取了下来，又从口袋里摸出一张石莱兹诺夫年青时候的照片。我找到两张和那两帧照片一样大小的纸片，每张上面挖了一个洞，只容许可以看到脸部。我走回到桌子旁边来，把那张脸孔剃得光光的当海军士官候补生的石莱兹诺夫的照片，放在中将前面，除了脸部以外，这照片的别部分全是给纸遮住的。

“你认识吗，阁下？”

中将还不曾恢复他的镇定。朝他的肖像瞟了一眼，竟不踌躇地说：

“这是我。”

我同样地把那一张照片给他瞧。

“那么，这是谁？”

“这也是我。”

“您错了，阁下，这不是您，却是您的后代。”

这时，我把那张盖着的纸片从照相上抽去了，中将掩不住他的惊愕，把眼光从他自己的照片上移向我女人的照片上。那仿佛他在看着一神迹。

“您必须承认，阁下，我小小的惊人把戏已经完成了。您已经认识您的女佣人娜斯泰西亚・亚历山雅芙娜给您生的女儿了。我希望，您现在一切都明白了。您是我的丈人，我是您的女婿，你看来那样中意我那些孩子，就是您自己的血统。您瞧，贵族血统和农民血统的混合，是养出很好的子孙来了。”

中将弄得目瞪口呆了。我相信，假如水兵们把枪口对着他的胸口，他也不会像现在这样震栗。他是不怕死的，我可以断定，像他那样一个骄傲的人，会毫无畏怯地去面对死，可是这件事却是他万万预想不到的啊。

他的灵魂已经扯裂得粉碎了。他灵魂里最隐藏的秘密，那他在许多探询的眼睛前面隐藏了那么多年的秘密，一旦暴露了。突然之间，他发现了一个女儿，已经给他生了漂亮的外孙了。无疑的，这是最初的一刹那，他明白了社会不平的痛苦和残酷。在这以前，他一直生活在一个奇怪的家庭里，为他人的孩子作父亲。他被那正人君子的假道义罗网套住了，一直就没有胆量来结束这场滑稽戏，而在这过程中间，他自己的家属却在那他从来想都不想一想的憔悴在贫困与苦难之中。

自然，这是可能的，中将并不是像我说他那种思想的牺牲品。可是，他看来却好像一个人突然给一辆疾驶着的车子撞倒了。他一点精神也没有，眼睛矇眬着，脸上罩着一种呆木的表情。他擦一擦眉毛，低声地呻吟着：

“这能是真的吗？”

“完全真确，阁下。”

接着，他振作起来，带着一种老年人横暴的样子，向着我说：

“给我倒一点甜酒。”

当他把酒杯凑到嘴唇边去的时候，他的手颤，杯子里的酒滴了出来，他一大口把那酒吞下去。

“你这件事情做得很巧妙，”他说，“你应该去当一个罪犯侦查员。而我，是一个铁心肠的外公，我要叫我自己是一个卑劣的人。唔，大概是这样的吧。”

“这不是您，而是你们的整个社会制度，卑劣得透底，好像吸墨水纸浸着墨水一样。这是为什么我们要革命。现在再让我问您一个问题，我们的谈话就可以结束了。”

“还有一个问题？”中将吃惊地回答，“那一定得花整整一天了。”

“坦白地告诉我，阁下：你愿意站在哪一方面，愿意跟和您血统有亲密关系的我们站在一起呢，还是跟那些欺骗了您一生的人站在一起呢？请您选择一下。您是一个自由的人，您可以照您所希望的路去走，您的水兵对您没有什么坏的批评。因此这更容易使我担保，不至于对您发生什么误会。没有人会侮辱您，只要您不跟人民作对。”

“这是一个严重的问题，我得要考虑一番。”

“很好，就留在这儿，等我回来给我答复吧。”

我离开屋子，去干我的职务。我回来很晚，孩子们已经睡了，中将跟我女人坐在一块喝茶。从他们表情上看，我推测他们之间已经完全谅解了。后来伐尔雅告诉我，当时他曾经跪在她面前请她原谅，父亲在他女儿面前发誓说，从那一天起，他决计和那旧的、虚伪的、腐烂的世界永远脱离；他将开始一个新的生活。伐尔雅欣然地原谅了他。她是高兴极了，发现她有一个父亲，而他将和她携手走向新的生活。

第二天，中将由一个我所指派的卫兵护送着，去看他的夫人。他在那里逗留了很短时间。他回来的时候，告诉我说：

“一切过去了，我女人今天到彼得堡去。”

他直盯着我的眼睛，坚定地说：

“在我的灵魂里，正如在这国家里一样，已经发生了一个大变动。我完全站在革命这一面，告诉你们的组织，柴喀·披特罗维支，我的生命听凭着它去支配。”

石莱兹诺夫热烈地扭着我的手。

我变诚实了

T. 爱尔曼

我不曾打破几何速率的纪录——可是我敢打赌,长距离的纪录必属于我。因为我在全国来来去去的巡行中间,走了六万公里的路。这是从中约到撒哈拉沙漠的距离的八倍,和澳大利亚洲阔度——从南部塔斯马尼亚到北部的新几内亚的十四倍。

我的买卖——你们知道——是使我常常移动不可的。我专门从苏维埃重要官员那里和从各局所职员那里偷他们的皮袄,因此,我不得不常常调换我的住所。

我开始干小偷的买卖,还是当小学生的时代。我第一次偷的,是一支小口径的来福枪。那次偷窃是给发现了,我被人家猜疑,如果不是我父亲说情,我早被开除了。那是约莫十年以前的事情,这十年来,我成为一个职业的小偷,十多个城市里的罪犯侦查当局都在追查着我的踪迹。

可是,我终究成为一个诚实的人了。

让我告诉你们这事的经过吧。

当公社社员都到森林里去砍树,营里变成冷静和寂寞了,那个曾经跑巴黎和土耳其的国际犯人伊脱齐克·修尔可夫斯基,向我倾诉着他的苦难。我们是关在北极圈外一所囚营里;我们在这里已经是第二个冬天,伊脱齐克对生活已经失去幻想了。一年以前，在诺伏罗锡斯克，他还嘲笑过政治，主张一个偷儿应该知道的，只是金钱，醇酒和女人而已。而现在他的见解却已经惊人地改变了。

“你怎么啦？”我带着几分痛苦问他。

伊脱齐克耸耸他的肩膀。

“时代呀，孩子，时代呀！在诺伏罗锡斯克时候，我想，‘每个人只管他自己，’这是一句唯一的格言，我想，假如你不断地调换地方，不声不响地独个子干，你就不会失手的。可是怎么样？当我从巴黎牢狱里出来的时候，我断定这小小的古旧的莫斯科该是我活动的地方了，只有一件事情是使我担心的；我是不是能够得手。可是现在，瞧，我落到那儿来啦！你可以打赌，我当时都是照着我们那买卖的规则干事呢，可是现在，他们懂得怎样去捉单身的狼了。怎么办呢？”

这真是值得考虑的。

几个月以后，我又回到莫斯科，我们中间四个从营里逃出来，忠实地依照着我们的行当所公认的传统，彼此分道扬镳，各人去干各的。我的秘窟在莫斯科近郊陀罗果密洛佛加雅地方，是挺安全的。

有一天黄昏，我离开家里出去散步。知道莫斯科的人都会相信，这种初秋的黄昏在莫斯科是怎样难以描述的可爱。没有风，空气清朗而平静，从公园和花园里传出来愉快的声浪。在这种时候，一个人会感到生是可贵的，全忘记了怨毒和憎恨，而让恬静和幸福充实着自己。

是在这样心境之中，我走到一家铺子里去买些香烟，在我前面在柜台边立着一个穿着秋大衣戴黑色便帽的中等身材的人，而在这个人和我之间的地板上，躺着一只饱满的，黄色的皮夹子。

我只要弯下身去拾起来，没有一个人会注意的。

可是，正当我依从着我们行当特有的直觉，俯身下去拾起那皮夹子的时候，我感觉我是徘徊在两条大路的分歧点上：一条路是我挺熟悉的；另外那条路是完全陌生的，因而这引诱了我。就是这种好奇心，这种“我假如干了诚实的事情会怎么样”的心理，再没有别的，使我做出一件事情，这种事情如果在别的环境下，那会把我自己当做一个十足的傻瓜的。

“这是你的吗？”我问。

那个穿秋大衣的人听见我的声音，旋过身来，一边把手伸到他上衣的口袋里。

“哎呀！”他叫了起来，显然想努力抑制住他的兴奋，和似乎吃惊他自己那么疏忽，“自然，这是我的……谢谢你，十分谢谢你！”他拿着皮夹子，把我的手握在他两手里，热烈地握着，接着他狼狈地摸摸他的便帽又说，“你帮了我一个大忙……一个极大的忙！真的……请赏光到我舍下坐坐吧。我就住在这附近。”

我客气地回绝了。我四周已经聚集一群人，发出一阵嗡嗡的赞美声音。你们可以想象到，这对我是怎样一种新奇的经验，当我离开那铺子的时候，我觉得奇异地骄傲起来。

可是这皮夹子的事情还不曾完结。事实上，就在第二天黄昏，当我从普式庚广场上一家电影院里出来的时候，我听到一个熟悉的声音，那声音是从一辆舒适的 M－1 轿车里出来的，那轿车已经在我两尺外的路边靠住了，从它打开的门里露出那个黄皮夹子主人的脸孔。

“哈，你瞧，我们又碰见了，”他说：“跳上来吧，请到我家去！”

但是，我仍旧谢绝了这邀请。

但是这事情可还没结束哩。几天以后，一个闲暇日子的下午，我混在文化与休息公园的人群中间找乐儿，那里有上千的青年男女，老年人，结了婚的夫妇和大批的小孩子。

我走过一家食堂，几乎又撞到那个皮夹子主人的怀里，这一次他不只一个人，他旁边还有一位很好看的女人，我还没有开口，已经给他们拖住，把我捉得紧紧的。

“嗳哈！”那人得意地说：“这回我可找到你了。”

“是呀，”我尽情地快乐地说，“你好像专门在盯着我梢哩。”

“会会我太太，”他说。那女人向我伸出纤长的手。我知道她名字叫做维拉·亚历山特罗芙娜。

“你可以叫我伊凡·披特罗维契，”皮夹子的主人热诚地介绍着他自己。我回答的时候，喃喃地说出一个并不是我的名字。

“好，现在你可没有那么容易溜走了……你今天得一定到我们家里去吃饭……你说怎么样，维拉？”

“我们就是不能让你跑，”他太太微笑着说，“我们要带你到我们车子里，那你就跑不了啦。”

我弄得窘透了，怎么也不行，只好装作一副高兴脸孔，听凭主人安排。那熟悉的“爱姆加”(M—1汽车)停在公园的大门外边。维拉·亚历山特罗芙娜坐到驾驶盘前面去,伊凡·披特罗维契和我坐在后座。车子轻轻地滑过喀鲁士斯可耶大街,向着市中心驰去。沿着特鲁勃那雅广场,又爬上洛上台斯脱文斯基大道,最后停住在一座高大的灰色的石屋外面。

“这可把我们的逃犯平安地带到家里来了。”我们下车的时候,伊凡·披特罗维契大笑起来。

我们走上第三层楼,伊凡·披特罗维契拿把耶尔牌钥匙(这种细小地方,是很少能逃得过一个窃犯的注意的)开开寓室的门,我现在是在一间有三道门的狭长过厅里。当维拉·亚历山特罗芙娜在安排餐桌的当儿,男主人引着我去参观他舒适的寓室,我最喜欢他书室里的那些图书和起居室里的钢琴。伊凡·披特罗维契大概注意到我对那乐器多么爱好。

“维拉·亚历山特罗芙娜是学音乐的……你玩不玩?”

“我玩的!”我试弹了几下,惊异着我平素所知道的还一点不曾忘掉,离开了整整一年,重新触到琴键和弹出富于美感和欢悦的第四旋律,给予我一种强烈的愉快。当我看着的时候,伊凡·披特罗维契走到我身旁,把只手放到我的肩膀上,似乎鼓励我继续弹下去。我歇了一下,弹起“月光曲”的第一节。我弹完了,抬起头来,看见维拉·亚历山特罗芙娜站在我的旁边。

“多好听呀!”她叫起来,“等一等,让我拿乐谱给你。”

“别麻烦了,”我说,“我可不会读乐谱呢。”

“你是说,你是听会了的吗?”

我点点头,我的两位主人都愕然了。

“你知道，你是很能够弄音乐的，”伊凡·披特罗维契说，“你有天才。你是莫斯科人吗？”

“不，我是到这城市里来玩玩的。”我撒谎说。

“多扫兴呀，”我的主人叹息说，“如果你是住在这里的，我们可以送你到音乐学校里去，你也该学音乐。”

“为什么呢？”我笑了笑，已经撒了一个谎，索性撒下去了，“我的职业和艺术并不隔得很远呢。”

“你的职业是什么？”

“我是一个新闻记者。”

“哦，原来如此，”伊凡·披特罗维契叫起来，“一个非常有趣的职业，真的，你到这儿来是有任务的，我说得对吗？”

我装作他猜得很对似的。

“好的，既然这样，你在这里的时候，就干脆住在我们这里好了。”维拉·亚历山特罗芙娜说得我十分惊异和骇愕，她丈夫又热心地帮着她说，“你不能推了吧。”

我完全给这突如其来的事情怔住了。我尽可能客气地想辞谢他们的好意，不行，再三的抱歉也完全无效。

于是，我只得在这寓所里住下来了，跟这两位仁慈的人，他们跟我是素昧平生，然而却觉得好像欠了我一笔恩情似的。我是让住在那里放钢琴的房间里，靠窗一只小几上安着一个电话。当我一个人的时候，我决定打电话回到我自己寓所去。我正想拿起听筒，那电话机响了起来。我就拿起来接。

“是中央委员里奥诺夫的家吗？”那端的声音问。

我颤抖起来，中央委员的家！

“等一等，”我回答说，走出去想找一个人，我看见伊凡·披特罗维契在他书室里读着一张报。

“对不起，伊凡·披特罗维契。”我吃吃地说，“你可是叫做里奥诺夫?”我说得似乎怀疑着究竟有没有这样一个名字。

伊凡·披特罗维契从报纸上抬起眼来，似乎这是世界上最自然的事情般的回答说：

“是的，我是里奥诺夫。”

我第一回和唯一的一回做诚实事情是得到这样超乎慷慨以上的酬报了。皮夹子的事情唤起了我一种完全新的思想，我越思索它，它越发固执地变成这样一个重要的问题：假如我继续诚实下去是怎么样？这意念是那样新奇，使我不敢信任我是否能够和这种意念紧连在一起；但是我却在日历上把发生这事情的第一天日子，做了一个红色的记号。

我在莫斯科街上闲逛着。这城市是和我向来所认识的是那样不同了。莫斯科把我吸进来，就好像海绵吸进水分一样，而现在，确实使我觉得难以相信，曾经有一个时候，我也在这里工作和生活过，也在这里作为发动机的一部分，一部积极努力的大机器上的一个小螺丝钉。那些时候，人们是束紧了裤带，忘记了自己的需要和私事，汗流浃背地来建筑一座保卫他们幸福的大墙。可是工作越进行，有些建筑者便变成不能忍耐和没有休息了。他们中间有少数人，却想靠别人的劳动来收获他自己的果子，在大众的伟大的公共事业没有完成以前，他们却想过奢适的生活了。这些人离开了正直大路，相信他们可以在人家流血流汗的时候，自己去过着奢适的生活。然而这些偏路是走向一个张着巨口的深渊的，这深渊里的新奇花样是叫人迷恋。这个深渊还不曾荒弃，多少年代来它已经累积着无数的意志薄弱的人们，它不声不响吞食着那些没有经验的新来者，在这些新来者中间，我这个漂亮的孩子就曾经为那些金钱，醇酒与奢豪生活的诱人的饵而堕落进去。

“辽沙！”

我旋过身去，一刹那中，在一阵愉快的狂潮里，我童年的生活突然掠过我的脑幕，立刻又和它现出一样的迅速地消失了。站在我前面的是苏拉，正是那个和我在学校里同坐一张板凳的甜蜜可爱的苏拉。我一句话也没说，呆呆地望了她半晌，她穿着一件漂亮的春大衣，戴着一顶合适的帽子站在那里。我觉得一种痛苦的预感，这个遇见会使我比现在更加沮丧。苏拉带着一种有趣的好奇向我微笑着。

“我是苏拉，你还记得我吗？你是辽沙，是不是？”

“自然啰。”我回答说，竭力使我自己镇定。

“你还是想做作家吗，我想一定……你到莫斯科很久了吗？”

“我刚到。”我说。

“你是来‘观光’莫斯科吗？它是美丽的。你真运气，辽沙，因为我今天恰好闲着，我来做你的向导吧。我可以带你看每一样值得看的东西……你长得多大了呀！可是你年纪大了却变得更阴沉了。”她笑着。

我耸耸肩膀。这又是一次严重的试验，和我在洛士台斯脱文斯基大街的公寓里所遭遇的一色一样。这回我是要“被介绍来参观”比我自己五个手指头还要熟悉的莫斯科了。不过苏拉确是个出色的女孩子，她似乎很明白我的拘束态度，她愉快地笑着，闲谈着，告诉我她自己的事情，和我们大家的朋友跟熟人的事情。我知道她到莫斯科已经六年了。她是在一所建筑学校里读书，再过两年就要毕业了。此外，我还发现苏拉有一副谈天的天才。她说得那么好，具有那么一种诚挚的说服力，使我不自主地被一种很久没有经历到的感情所捕捉住了。我靠着她走，感到我们中间是隔着那么一条巨大的鸿沟。多奇怪呀，我痛苦地想，这两个从同样环境中长大的人，会变得那么的大不相同啊？

“你还记得科尔雅·亚里夫耶夫吗？”苏拉在问我。

“那个崇拜杰姆士·芬涅摩尔·考贝尔的家伙。他现在成为大人物做了基辅的地方检察官了。还有雷培可夫？你记得他是怎样一个胆小鬼吗？哼，他现在是在一家打捞船舶的机关当潜水夫呢。还有乔利维契在帮助设计莫斯科地道，呃，你高兴到地下道去坐一回车子吗？”

接着就是那无情的可怕的问题来了：

“你，辽沙，是在做事还是在读书呀？”

半天，我说不出话来。“我是个贼。”我应该这么说，这是一点儿不假的真实，可是我却不能让我自己这么说。

我们从伏乐康纳对面的大街那头，走出地道。在我们前面，矗立着一列长长的被雨水污渍了的围墙。

“这是苏维埃宫的所在地，”苏拉说，“造这房子得要几万个工人，机器师和建筑师。事实上，参与苏维埃宫的全部人力足足可以重新改造多米尼加共和国的全部房子哩。”

苏拉谈着我国建筑工作的巨大规模，和各种创造工作的广阔范围。我常常觉得，似乎她的知识和兴趣只局限在建筑，打样，打基，安梁这些玩意儿上面，可是当苏拉谈到别的私人的事情时候，也是和谈那些事情一样的流利和聪慧，我才知道，我对她的判断是错误了。她不能晓得，她的谈话是引起我怎样的痛苦。这一切就是根源，而在她愉快的，少女的欢笑之前，罪恶的意念敛匿了。接着我又想，也许她已经详细知道我是干什么的，假装着相信我的话，以便从我的话里探出一些口供来，等到我把什么都泄露出来了，她丢了我一顿丑，连道别都不说就走开了。但是当我望着她柔和的脸孔，那脸上的友谊和信任的表情，使我又安心了。

从我们谈话中间，我捉住几点小节，捏造出一些聪明的谎话。我告诉她一大堆关于向不读他自己报纸的编辑的故事，以及我从书本和杂志上找来的关于报纸的动人新闻和别的珍贵消息。但是谎话说得越多，我这里越发感觉泄气和痛苦。最后我的谎话在我喉咙口堵住了，我停止了说话……

冬天过完了。寒冷而严厉的风狂吹着，卷着雪片，在阶沿上奇异地跳舞。春天勇敢地突破这些冬天垂死的挣扎。春天来了，裂碎了莫斯科河上的冰，载着那不成形状的冰块在阴暗的水面上淌去。它们沉重地飘浮着，像一群挨肩叠背的白羊，一边淌一边拆裂着和呻吟着。列宁墓的斜坡上依旧留着残雪。城里公园和私人花园的地面上，还铺着一层稀薄的微白的雪痕。像染脏了的棉絮般的躺在波高罗特斯克高地上。

这是从我出世以来的第二十六个春天，然而它却不是我的春天。它愉快地管自己过去，没有注意到我和两个月来我内心苦楚的思想。我变成一个诚实的人已经六十天了，我没有犯过偷窃，也没有和窃贼来往过，我只是比平日更频常地到酒店里去，坐在酒和生菜前面，直喝到我知道快要够量了，超过了量，那是很危险的。

我回想着，我的半生是虚度过去，残酷而无情地荒废着。我所走的生活路子只有同样的前途——偷窃得手和坐牢互相更迭。——坐牢倒并不使我害怕，它的单调和沉闷只不过使我沮丧而已。午夜里，我沿着莫斯科的街道走去，吸着一支香烟，深沉地想着。我走到我自己的寓所，从窗口里望进去；里面是一片漆黑。我在外面站了一两分钟，接着把我手塞在外衣口袋底里，又继续往前走去。

又是和三个月以前一样，鲍罗廷斯基大桥上刮着风，底下泛滥的河流里墨一般的黑，陀罗果密洛佛加雅静寂得不见人影。我沿着街路慢慢地走去，思想的压力使我感到沮丧。到了摩遂斯戈耶大街，我又回转来，沿着河岸走到列宁墓，它的外貌隐约地可以辨出，正和这风暴的春夜一样地昏暗和可憎。我茫然地踏上那潮湿的地基，在昏暗中发现一条狭路，我走了上去。四周都躺着污秽的残雪，从那顶上望下来，莫斯科好像一只巨大的釜，千百道明亮的灯光从里面照射出来。它漠然无情地躺在那里，它那些弧光灯的亮光，像爪子般的向四方八面照射开去……

我是怎样变成了一个诚实的人的啊？

远处莫斯科的灯光，默默地向我眨眨眼。莫斯科是不要我的。我是生活在它的法律范围之外的，我努力想去回忆我所读过的那些书籍，可是它们也一样也不能安慰我。我记起很久以前孩子时候读过的一行字句："……我能把我的烦恼给谁人呢？"

天气冷了起来。我拉起我的衣领，把手伸到口袋底里，向我四周环视了一下。窒人的静寂和寒冷的黑暗——幽晦的，战栗的和潮湿的……

寂寞。和酸性物一样的苛辣，雷雨的云一样的沉重。

不，明天绝不能和昨天一样了。

这思想在我心中形成了，越来越清楚，直到没有一丝疑云剩留了。我的思想依然纷乱地在涌来，可是情感却已经像一个突然从铁链中松脱开来的囚犯似的解放了。

第二天早晨，我蒙获苏维埃联邦检察官的接见。

"昨天晚上，我在列宁墓上过了一夜，"我对那人说，他的脸孔在照相和画像上已经被千万人所熟悉了。他是一个有灰色头发的很有风度的人，坐在我的对面，似乎在研究我心底里的思想。"我怎样称呼您啊，"我问，"检察官先生还是同志？"

"同志，当然呀！"未新斯基回答说。

这是一件严重的案子。当那侦查部长——一个矮个子和动作敏捷的家伙——走了进来，我心里格外明白。他胸前挂了一块徽章。苏维埃政权是要来对付它残废的公民了。

我站了起来。

"请坐，"侦查部长喊，旋过去朝着未新斯基接下去说："这是我们的知识分子的贼，您知道，全莫斯科的书商都晓得他哩！"

检察官显得很惊异。

“你受过教育吗？”

我点点头。

他非常有趣地瞟了他一眼。

“你愿意到哪里去工作呢？”

我低着头，考虑着他的问题。编报纸工作曾经是我渴望了多年的梦……检察官看见我踌躇。

“你不敢坦白地说吗？”

“我很想在报纸方面工作，”我吃吃地说，没有抬起眼睛，“不过，我知道，这只是一个梦想罢了。报纸是需要诚实的人来编的。”

“啊，你到我这儿来，这一件事，就是表示你刚才所说的了，就是说，你是一个诚实的人！”

这正是我自己所不敢出口的一句真话。

一个黑海的传奇

L.梭罗佛育夫

老水夫长泼罗科尔·马替耶维奇·华斯由戈夫夸耀他自己是属于塞伐斯托波尔的那些最古老的宗族中间的一家。

“在科拉皮尔那雅侧面的我那座小房子,是我太公手里造的呢,”他会骄傲地告诉你说,“我爷爷种下的那株篆悬木树,现在也还在我园子里,在塞伐斯托波尔,你可找不出几份像我们这样古老的人家了。”

泼罗科尔·马替耶维奇曾经好多次离开他的家乡。有时离开一年,有时两年。有一次足足离开十年以上。但是他终究不变的回来,拿起他园门的门栓,走进从他祖父的篆悬木树上投下来的,那似乎在欢迎他的,像闪光的地毯般的树影里。

一九二〇年,当密该尔·华西里维奇·弗隆兹领导的那英勇的克里米亚战役以后,这个老水夫长又回到他那小屋里,带着决不再离开塞伐斯托波尔的坚决意志住下来了。可是命运却偏偏跟他作对,德国人来了,把塞伐斯托波尔又占领了。现在泼罗科尔·马替耶维奇是住在高加索的海边,他可并不打算用什么方法在这里住下来,老实说,他甚至连行李都不曾全部打开，就竖在那里，准备随时再搬回到塞伐斯托波尔去。

“不，谢谢你，”对于劝他在这儿住家的任何提议，老泼罗科尔会加重语气地回答说，“我不过在这儿观光一下罢了，我的家是在塞伐斯托波尔呀。”

一个顽固的老家伙呵！

有一天，他对我说：

“我就像那块塞伐斯托波尔的石片一样呢。不回到我自己的地方，是安定不下来的。你当然听到过关于那块石片的故事了？”

我说我不曾。老头儿瞪了我一眼，那眼神中间混合着不信任和一种锐利的蔑视。

“你配叫做一个克里米亚人吗？为什么别人个个都知道那块石片故事呢，哼，家伙！”他叱责地说，“如果你闯到了那块石片，你怎么样呢？你打算把它怎么办呢，唔？”

接着，老水夫长态度温和下来，告诉他那块塞伐斯托波尔石片的传奇——一个激动的、珍贵的黑海的传奇呵！后来我从兵船上、潜水艇里、独木船上和炮台上的其他水兵们那里也听到这个故事。虽然我热烈地希望获得它，可是那块石片却从不会落到我手里来。

那故事是这样的：

当最高统帅部下令，要撤出塞伐斯托波尔的时候，苏联军队的退却是由水兵掩护的。那都是一些英武而勇敢，具有真正英雄主义的真实战士们。他们事先知道，他们是不能退却的。他们一以当十，一以当百地战斗着，不丢弃一寸土地，阻滞着凶暴的法西斯的进攻。虽然他们人数是那样绝望地稀少，他们却以最大的勇气，守住他们的阵地，战斗到最后的一息。

但是，这并不能那样想，以为这些英雄们都全部被毁灭了。他们有的冲出到山里去参加游击队了，有的设法搭了木排、渔船和小艇离开，经过几天跟风涛猛烈搏斗以后，到达高加索的海岸了。

有一只这样的划子，在黑海上颠簸了五天，向着塔布斯驶去。船上有四个水兵，其中一个快要死了。那三个默默地坐着看护这个受伤的人。他们忠诚于水手们那种友爱和光荣的传统，当一块炮弹片把他们的伙伴在塞伐斯托波尔一条街上击倒了，他们不肯把他抛弃，为了不要让他落到德国人的手里，他们把他带走了。那三个水兵，在可能条件下，已经替受伤者想尽一切办法，可是都不中用，因为他们既没有外科工具，又没有一点药品，他们甚至连一片面包皮或一滴淡水都没有呵。他们只是靠吃一些海盘车（一种类乎水母的鱼类——译者）来活命。可是那受伤者是每天每小时都在严重起来，而现在他是快死了。

当他们从战场上——那是在靠近失了船只纪念碑的附近——把他带走的时候，那些同志们不曾注意到受伤者的手里紧握着一块小小的岩石片——一片花岗石，被炮弹片从石堤上削下来的。直到后来他们在船上替他裹伤的时候，说发现这块石片，他们正要把它丢到船舷外面去，那人阻止了他们。

“不，”他乏力地说，“这是塞伐斯托波尔的一块碎片呵。把它放在我贴肉的口袋里，让它靠着我的心。”

水兵们照他的吩咐做了。于是那块被这个受伤水兵带来的塞伐斯托波尔碎片就贴着他的心脏躺着——直到那心脏停止转动了。他死得很苦恼，他狂吼着，呻吟着，不断地要水喝，那三个水兵中间最年轻的一个，正靠在船舷上，捉到一只巨大的透明的海盘车，沿着它柔软的中心，有一条琼边。他撕下了一片柔软的血浆，交给那受伤者，这是他能够给那快死的同志的唯一的东西了。太阳无情地晒下来，几百里蓝色的浩瀚海面展开在周围，人们的眼睛被那闪耀的平滑的水面刺痛着。

那水兵死了。……在他断气以前，他暂时恢复了一下知觉，把那块塞伐斯托波尔石片交给他的朋友们。

"我藏着它，是因为我希望有一天再回到塞伐斯托波尔，把这碎片合到原来地方去，用水泥把它牢牢胶起来。那时我心才能安下来。但是直到此刻以前，我想，我要把它带着，靠近我的心脏，这样它会像烧旺的煤块似的在我心上燃烧着，使我日日夜夜不得安息，直到我看见我们苏维埃的旗帜在塞伐斯托波尔海湾上飘荡了。可是我已经注定要死了。给你们吧，我黑海的朋友们，我遗赠这块石片，拿着它，像守护你们的眼珠一样的守护着它吧。这是我对你们最后的请求了。拿着它，把它合到原来的地方去，用水泥把它胶得好好的，牢牢的。别叫它脱掉，因为只有水兵的手才能使它回到它自己的地方去。那么，现在……永别了……"

那天晚上，他的同志们把他尸身葬到波涛里。但是因为没有东西可以吊在尸身底下，它一下子不能沉下去，就在水面上一起一浮的冒着泡泡——一种可怕的，教人不能不记起死者最后的意志和遗言的印象了。

那块石片转到其余三个水兵中间年纪最大一个的手里，由他保管着了。

在海面上漂泊了十五天以后，水兵们听见头上飞机引擎的吼声，不久以后，一只摩托卡开来了，救起他们，带到陆地，把他们送到医院里了。

当他们换上医院里病人衣服的时候，看护问他们，是否有什么特别贵重的东西要锁到保险箱里。那年纪最大的一个拿出一片花岗石给她。

“这个，”他说，“拿它去……这是塞伐斯托波尔的一个碎片哪。”

看护很惊异，但是她没有说什么，给了那水兵一张收据：

石片一块，灰色，重二百七十公分。

三个星期以后，那个水手出院了。照规定他可以离伍，但是他拒绝了，并且请求把他派到前线去，到战事最激烈的地区和水兵们一起去作战。他要求得那样坚决，他的长官最后允许了，于是他又离开。

他是一个狙击兵。他杀死德国人的点数每天都有增加，三名，五名，有时七名。那块塞伐斯托波尔的石片始终带在身边。人家说，他每一回看见一个德国人，举起抢来瞄准的时候，那块石片就会在他胸膛上燃烧起来。人家还说，他那件条纹的水兵衬衫上确实有一块焦痕呢。这也许是真的，水兵是无畏的，坚强不屈的，而他又是从不失手的。每天早晨天亮以前，他就到埋伏地点去上哨，晚上他回来，悄悄地把他一握空子弹壳显示给他同志们看，他们知道每一颗子弹壳换来一个德国人的死尸的。他两只盛子弹壳的小木箱，是他的一本计数账册哩。

狙击了两个月以后，有一天，他爬回到他的作战单位里来，胸腔里带着一颗德国人的子弹。他死的时候，他的朋友们在他那只箱子里找出三百一十一颗空弹壳。他们把那些弹壳包扎起来，连同一封吊唁的信，寄给他的母亲去。

于是，那块塞伐斯托波尔石片传到另外一个水兵手里。这水兵是个斥堠兵，一个大胆的、愉快的小伙子，他走到德国人的火线上去，捉回俘虏来审问，他是那么的容易和不费力气，就好像从他的园圃上去带回一些大白菜似的。他甚至想跟德国火线背后的村庄里一个俄国姑娘做朋友，每回他到敌后去实行他的任务时，他从不错过去望一望她，有一天，晴朗的日子，他的司令官看见他那最好的斥堠兵带了一个老婆从敌人后方回来，大大地吃了一惊！那姑娘被送到住在苏联后方她父母那里去了，那斥堠兵自然受了一次极严厉的训斥，为了这次不可宽恕的破坏纪律。但是他立刻偿赎了他的罪过，凭着他一种侦察的机智，把一个德国的少校参谋用袋子带回来了。

当这个斥堠兵受伤了，送到医院里去，他把这块石片交给他的一个朋友，一个信号兵，他不久以后，因为在猛烈的敌人炮火下修复了军用电话线，受到勋章了。

人家说，这块塞伐斯托波尔石片后来转入到一个炮兵的手里，又转到一些机关枪手的手里——在这两处，这块石片都被认为是全班人的财产——最后，又转到黑海空军的一个航空员手里。这个航空员在一次战斗中，打下了三架容克机，而当他子弹打完，要去撞击第四架敌机时候，受伤了。这个航空员送入医院以后，谁再得到这块石片，就不知道了。有人说，它转到另外一个狙击兵手里；又有人断定，它现在是被一只潜艇里的船员们所珍藏着了，另外又有人发誓说，是归到一些飞行员手里，他们决定不再把它让出他们的手，直到他们能够飞回塞伐斯托波尔，把它放回原处去……但谁保有它都没有关系，因为我们可以保证，是在一些强健的、可靠的手里的。

假如你要看到这块石片，你就不妨在战争结束以后，到塞伐斯托波尔去旅行一次。你不难在科拉皮尔那雅侧面去找到那老水夫长泼罗科尔·华斯由戈夫，因为每个人都认识他的。那老人家会带你到海堤上去，在离开那失了船只纪念碑不远的地方，你会看到它，它会躺在原来的地方，用水泥牢固地胶起来。而那老水夫长不会忘记来告诉你说，它是由一个水兵把它补上的。

那么，你就俯下去，把你的脸颊再贴它一下，谁知道呢，它也许仍然是温暖的呵。

——译自《国际文学》英文版，一九四四年六月号，

英译者 Roal Plokofieva

1945 年 6 月《抗战文艺》第十卷第二、三期，

中华全国文艺界抗敌协会总会编辑发行

阴影与曙光

关 于 作 者

欧根·雷斯于一九〇二年生于罗斯多夫。幼年就开始写诗。中学毕业以后，入列宁格勒艺术史学院，但是由于他热心观察和研究他的国家，不久就终止他的学习。

雷斯去作漫游，一部分是步行的，走过高加索和中亚细亚，在卡斯宾海和巴伦兹海中航行，先后干过渔船上的水手、送报人、访员和报纸经理。回到列宁格勒时，他当了 Leningrakaya Pravda 报的市外记者，以这个资格，他访问了苏联南北部的各个集体农场和国家农场、工厂和矿山。

雷斯第一部作品是一九二八年出版的一本小册子《Pyt Protiv Menya》，一本关于风俗习惯的书。他以后的作品包括长篇小说《盲客》和《暴风雨》。苏德战争中，他是塔斯社的记者，战争全程中都和红军在一起。一九四一年至一九四二年之间列宁格勒被围的冬天，他就在那里和它的附近，这个时期中所得的印象和观察，给予他这部小说的材料。

第一部　当阴影降临之前

第一章　费狄契夫家族

我是一九二五年十月诞生在斯达罗柴伏达斯克小镇上。这市镇是环绕着一座宏大的古老钢铁工厂而发达起来的，现在这座工厂在本地的事业计划中间仍然占着中心的地位。工厂是在市镇的最中央，由一道砖墙围起来，那砖墙一公里接一公里的伸展过去。我难忘的童年回忆之一，便是在阴沉的日子里，从那些敞露的熔炉中射出来的红光，反映在低空的云层上。成天成夜，厂里隆隆和砰訇的声音成为市镇上一切喧声的背景。而在黄昏，当微风轻轻地吹摇着那贯缀在街上和广场上的千万只电灯的时候，你可以听到工厂引擎的汽笛声遮断了公园里奏鸣的弦乐。

当一片炽热的钢在展铁工厂的石床上蠕动着的时候，年青的工人都从电影院和音乐厅里匆匆涌了出来，挤在通向出口的走廊上，对最后一支歌曲喝着彩。他们还有半个小时的余暇，去换上工的衣服，接着就去照管夜班工作上的那些奔腾的流钢了。工厂汽笛的鸣叫，是恰当戏院里第三幕启幕铃声响出的时候，那些离开了观众的看客，在把香烟捏熄之前，吸完了最后一口烟，匆匆赶回到他们的座位上。而就在台幕上升的当儿，那边工场的浴室里，几十只淋浴器正同时开动。那些肮脏的下午班工人在换衣回家之前，正在洗濯着身体，在那激注的水流底下笑着，聊着天儿。

在家里，母亲看了看钟，赶紧把煎锅放到炉子上，又望望那在沸滚的茶炊。等到洋芋已经煎熟，茶也已经调好了，那断断续续的歌声笑语，已经从工人们一对对在走着的街上，向打开的窗口送了进来。接着，门廊里起着沉重的脚步声，于是门打开了，让爸爸进来。

我的曾祖父，亚历克舍·尼古拉耶维奇·费狄契夫，在我出生以前八年就死了。他是从几百公里以外的潘里乞脱西村庄上搬到斯达罗柴伏达斯克来的。在农奴废除以前，他是一个农奴，但是农奴解放却并没有使他成为一个独立的农民。他所得到的土地太可怜了，没有马犁地，也没有母牛挤奶。只有一条出路，就是作为一个普通工人到斯达罗柴伏达斯克来找工作。而他的妻子就带着孩子们依旧留在村庄上，守着那微薄的田地过活。

当他的长子成人了，我的曾祖父把他一起带到斯达罗柴伏达斯克去，可是那小的，他却把他留在田庄上，让我曾祖母去照管。这就是为什么我祖父尼古拉·亚历克舍维奇·费狄契夫成为一个旋盘工人，斯达罗柴伏达斯克一个老前辈，而他的兄弟，亚历山大·亚历克舍维奇，我们叫他做沙夏叔爷的，却依旧是个潘里乞脱西的农民。

我和年长的孩子们常常在夏季里给送到沙夏叔爷的地方去。他有两个孩子——我的叔叔们——那最小的和我的年龄相仿佛。他们都是结实的家伙，是采集野菌和莓子，打鱼和在旷地上做营火的行家，打九柱球戏的能手。

沙夏叔爷是一个沉默的人，他的家务都全权操在他的妻子亚伏陀泰雅·梯兰脱耶芙娜的手里。他认为她所做的一切事情都是了不起的。我记得，他会坐着一直喝到第六杯茶。当她不断地谈着集体农场、村苏维埃和邻家的事情，沙夏叔爷会一句话都不说。他只是望着我，把脑袋向他妻子突然一扭，仿佛是说："瞧！她可不是了不起吗？"

纵然这样，沙夏叔爷对于一切重要的问题，却有决断的发言。叔婆滔滔不绝地谈着，提出意见，仿佛她说完过后，就再没有什么可以说的了。但是突然她会旋向她的丈夫，用一种全然不同的口吻问：

"你以为怎么样，沙夏？"

他会思索一下，摸摸他的胡子，好像不愿意发表意见似的，这以后才用他平静的态度回答着，而他所说的总是照办。

亚伏陀泰雅·梯兰脱耶芙娜有一副好心肠。我们这些小孩子打了鱼或是从森林里远足回来，弄得浑身肮脏，裤子扯破，衬衫变成了烂布。她会突然抓住我们，叫我们教不好的无赖坯，预言我们下次会碰到拦路贼。可是同时她又会在厨房里忙乱着。接着来的，你知道，却是腌猪肉和鸡蛋放到桌子上，还有农家的干酪、酸奶油和馒头，还有给我们预备了的干净裤子，和在果园里给我们铺好毯子让我们躺下。

近年来，我去拜访他们的时候，情形是多少改变了。我的叔叔彼得娶了一个安详知礼的姑娘，亚伏陀泰雅·梯兰脱耶芙娜除了儿子之外，已经有个媳妇了。当孙子生了下来，她的好机会更增多了，孙子是双生，结婚以后刚刚一年就生下来的。每逢一问到那双生子——一个是男孩，一个女孩——亚伏陀泰雅·梯兰脱耶芙娜的声音就像只喇叭似的响了起来；要是她发现万西亚或是泰纳雅的尿布潮了，或是蚊帐没有放下，“虐杀孩子的人哪！”也许就算是她向她媳妇投掷过去的最客气的形容词了。但是年青的父亲或母亲都并不怕她，因为他们知道她只不过装做那副吓人相罢了。他们是一对快乐的夫妻，静静地听着慈母的训诫，他们知道亚伏陀泰雅的那种装腔中间，是一点儿恶意都没有的。

我现在还记得在俯瞰着湖面的小山上那座幽静而宽舒的房子，我们常常玩强盗游戏的那座花园，和借九柱球戏作争朝代的竞斗的那片旷地。在平静的夏夜，一张桌子搬出到房子前面那株赤杨树底下。山下湖的对岸，树林在朦胧中间变得昏暗和可憎了。夜蛾在点着的灯底罩子上扑撞着；茶炊发出细微的嗤嗤声音；沙夏叔爷读着报纸，他的嘴唇不由自主地在追逐着字句。亚伏陀泰雅叔婆已经做完了一天的杂役，噜苏的劝告也说够一天了，坐了下来做她的针线或绣花。我坐着，梦想那些可怖的猛兽从它们森林的巢穴里出来，而我以致命的搏斗跟它们去交战，把一位美丽的少女从它们脚爪下拯救出来。我每逢回想到这个，我就像回复到十二岁，再一次想去屠杀那些森林里的恶龙。

斯达罗柴伏达斯克的费狄契夫家族的故事，则是和那许多工人家庭中间一般的故事。生活在逼窄拥挤的住处，酗酒的周末，在伴着手风琴的凄哀歌曲里。工作找到又丢掉，罢工，公园里流浪，穷困；失掉了媚力的爱情，沉闷的长夜。一种对于同伴的崇高责任感，和从酒窟的闷人和烟雾的空气里所生长出来的高贵的感情。

我祖父结了婚，我父亲生出来了，长大了，学会一种手艺，开始自己做起工来，也结婚了。生活是单调乏味的，但是那时发生了许多巨大的事件。其中一次是斯达罗柴伏达斯克的罢工，罢工的口号传遍了俄国的全部。费狄契夫家族上下三代，我的曾祖父，祖父和父亲，都参加了这次罢工。我的父亲只有九岁，但也担当一份工作，去当跑腿，通过警察的步哨线去送达重要的消息，那步哨线环绕着工厂，工人们都被包围在里面。

革命以前，家里在莱米斯林那雅街买了一宅小房子。一九一七年，我的大哥尼古拉从那里出生了。而就在同年，我的曾祖父在街道战中给杀死了。尽管他年纪老迈，却没有什么东西能够阻止他，拿起一杆枪，在革命中间去尽他一份的责任。

这一年中间，我父亲也去参加战争了，把他的妻子和婴孩留在家里，直到一九二二年头上，尼古拉已经快满五岁，他才回来。人家说，我父亲回来时，我母亲是一边笑一边哭。尼古拉虽然认不得他的爸爸，也高兴得发狂，甚至阴郁而不大动情感的祖父，年纪已经很大而且很少发笑的，这时也掩饰不住他的快乐了。

父亲回来那天晚上，是我们家庭中间一个值得纪念的夜晚。朋友们聚集拢来欢迎他，听他叙述“斯达罗柴伏达斯克工人”号铁甲车的结局。他曾经在这辆铁甲车上当一名炮手，参加了罗斯多夫和巴泰伊斯克的战役。可是他说起来，就像是一串激动的冒险故事。本地乡亲们彼此抢着诉说家乡的饥馑和破产，仿佛在他们一生中再没有碰到过比这更稀奇古怪的事情。我的母亲在一起听着，笑着，但是接着又跑到隔壁房间去伤心大哭，因为从父亲的叙述中间，她感察到一个可怖的故事，关于许多夜没有睡觉，站着的死去，和一种超人的精力与意志的奋发。

尼古拉弄得不能睡觉了，在全家团圆的兴奋中间，他是完全被遗忘了，他利用这机会，爬到桌子上，听他爸爸的故事。虽则他还不过四岁，他的心上已经记录下这天晚上的每一个细节，煤油灯，鱼干和伏特加，以及拥挤在房里的人们的笑容。他在谈话的嗡嗡声中睡去了，他梦见一场奇异的战争，他的爸爸吼着笑声，向着白军开枪，白军死掉了，笑得大家都高兴。

他只有四岁，还不能懂得在这笑声的背后是会隐藏着怎样可怕的经验呵。

第二章　童年时代的快乐与烦恼

当尼古拉听着父亲叙述他的经验，隔壁房里正沉睡着一个两岁的小女孩。她是奥尔珈，新得到的干妹妹，她是父亲从前方带回来的。

当父亲在考多伏斯基的著名师团里服役的时候，他找到一个密友叫亚历克舍·梭胥涅戈夫，一个从沃地沙来的宽肩膀的码头工人，精力和胆魄都是很充足的。人家告诉我，梭胥涅戈夫在最危急的时候都能够唱歌，而且从来不停止微笑。在露营的时候，他告诉我父亲关于沃地沙的事情，以及他参加军队时留在家里的女人和小孩，并且常常把他女人的照片给他瞧。她是个瘦小而纤弱的女人，一个沃地沙水手和私贩的女儿。她是从家里逃出来跟梭胥涅戈夫结婚的，因为她父亲不愿意把她嫁给一个卑下的码头工人。一年以后，生了一个孩子，是一个女孩儿，有一双跟她爸爸一样的蓝眼睛，跟她妈妈一样的漆黑头发。

梭胥涅戈夫跟我父亲约定，要是他们两个中间有一个倒下了，另一个就要去帮助那孤儿的家属。一九二一年末，梭胥涅戈夫给打死了，那时他和平时一样的笑着，从壕沟盖底下探出头来，大胆地去面对白军的攻击。他被埋葬在路旁，考多伏斯基在队伍面前亲自来吊祭他。

复员以后，我父亲的第一个念头就是到沃地沙去一次，在那里发现他朋友的家属陷在可怕的穷困中间。梭胥涅戈夫的女人害着肠窒扶斯病倒了，女儿给一个邻居带着。他到的第二天，那母亲就死了。我父亲买了一口棺材，赁了一辆推车，把那不幸的女人埋葬了。就在这天，他带着那两岁的女孩动身回来。这一切他都叙述得清楚而扼要，他抚摸那女孩的头，又补充说："让她长大起来，……她可以做尼古拉玩耍的伴儿呢。"我母亲也并不反对，而且很快就觉得她自已对这家庭里新添的一个是宠爱得舍不开了。

我们房子附近有一个湖，湖里有只半沉的游艇，离开湖岸约莫两三米。船长的舱位依旧是完整的。通过舱面的甲板可以走到船舱里去。船是半浸着水，但仍然有许多空出的地方可以玩耍。

在小孩子淘气时，把这只旧船当作一个理想的玩耍地方的，我们已经不算是第一代了。十一二岁的顽强小水手们攀登到这只魔船的船身上去，摆起阵势去做幻想的巡弋；他们登上这只船，遭受船身破沉了，于是把那些凶暴的海盗打了出去。后来，每逢我读到海洋小说里那些简单的光景，就够我去回想到我们那片小湖，和它平坦的，遮满着芦苇的水岸，以及那只半毁的游艇。在那只游艇上，我曾经经历过那么多次惊人的冒险。

就我所能记忆的，尼古拉却从来不曾在这些游玩中间当过领袖，虽然他是一个好脾气而且和气的人。做头脑的往往是奥尔珈，或是巴胥加·卡拉胥涅戈夫，那个总机械师的儿子。最丰富的想象却一定是属于奥尔珈的。我现在还能清楚地记得她在船舱里扮演的那副勇敢的样子，鼓励她的部下海盗叛乱，去反对他们凶暴的船主，毫无畏惧地去对付一个拜火教的部族，他们是要把她活活的烧死，否则就是扮作一个勇敢的土匪，或是一个富有的大庄园主的女儿。

尼古拉常常教我们忍耐。奥尔珈说他杀敌人的样子很难看，又说他扮起绑匪来，那被绑的美女看到他是不会害怕得发抖的。总之，他的态度和脸相是太文雅了。尼古拉听了这些责备，却只是微笑，样子倒更加文雅起来了。

但是，尽管这样，他在运动上却是杰出的。实际上，他宁愿把他的勇猛显在田径赛上，不愿意显在那最激动的土匪袭击和破坏船只上。

可是尼古拉的好脾气是有限度的。当我约莫八岁的时候，我看到他当真发火了，那是第一次我看出在他表面上好脾气的性格后面，潜藏着怎样一种本质的力量。

有一天，尼古拉去看工人田径赛运动会了，只有我们约莫五个人在游艇上玩耍。一群从附近都林诺村庄上来的顽强小孩突然来袭击我们了。我们已经侦察出他们从芦苇里在望着我们玩耍，奥尔珈和巴胥加准备猛烈地去嘲讽他们。这是奥尔珈特别拿手的本领。

那些都林诺的孩子，其中有几个是十七岁的强壮家伙，他们再也抑制不住，便向我们奔来了。虽然奥尔珈是个女孩子，他们给她吃了两下“通心粉”——这是我们对吃耳光的一种称呼。她回报他们，扯住他们一个孩子的耳朵。这时事情变得严重起来了。奥尔珈给重重地捶了几下，虽然她的眼泪已经挂到面颊上，但是她却并不马上哭出来。

正在这紧要关头，尼古拉回来了。当真没有一个人注意到，他是怎样从湖岸和游艇之间的空隙处跑过来的。他一到甲板上，立刻拳头飞舞起来。他捉住一个正在打奥尔珈的孩子的耳朵，捉得那么用力，教他一下子不知道是什么在打他。另外一个孩子给他丢到水里去了。于是所有的陌生孩子都来围攻他。

尼古拉用他的拳头、脚、脑袋打回去。我从来不曾看见过他这种样子：他咬紧了牙齿，眼睛变得像冰窟似的，可怕得很。那些乡下孩子，尽管他们体力强，有训练，但都打不过他。一会儿又一个袭击者“泼”地掉到水里去了；另外一个来不及逃走的，眼睛上吃了一家伙。

这时我们都振作起勇气来给尼古拉帮助，但是必须承认，胜利是完全属于他的。都林诺的孩子们丢脸地败退了，用一串向我们头上抛过来的谩骂，掩护着他们的退却。尼古拉站在那里，凶猛地瞪着他们。呼吸急促，拳头仍然紧握着。但是并没好久，依旧又变成一种似乎不好意思的微笑了。

尼古拉进入工厂里一家技艺学校里去了。后来他就在那机器工厂里作为一个学徒开始做工。这是我们家庭里一个祝典。杀了一口小猪，父亲和祖父把他们的至亲好友全邀了来。向新进的机械工人敬了一杯贺酒。当我父亲在祝典上即席致词时，他显然是感动了。他说了些关于家庭的光荣，费狄契夫家族的好名声，现在是轮到尼古拉去支撑了。

一杯伏特加也给尼古拉倒上了。他眼也不眨就咽了下去。这可把母亲吓坏了。但是那种姿势叫她相信，这只是表示尼古拉是具有费狄契夫家族的才智，而他将在这世界上来实践这种才智。他自己是窘惑而快乐，甚至还做了一个演说来答谢庆祝他的贺酒。他说祖父和父亲都是非常技巧的工人，在他们的监护下，他也将好好儿干去。

客人已经散走很久了，母亲也已经把桌子收拾清楚了，父亲和尼古拉还在院子里散步，沉入一种心腹的谈话中间。我不知道他们在谈些什么，但是我现在还能摹想出他们两个走来走去的样子，两个都是宽肩膀的人，彼此都非常相像。这是那个圆满的夜晚的结束，这圆满的夜晚只是被一个不和谐的调子所玷损了。那调子是奥尔珈带来的。

当那未来机械师在被敬贺酒的当儿，她忽然问父亲说：

"爸爸，你决定要尼古拉停学吗？"

"咳，我为什么要停止他学习呢？"他说道，"在他成为一个最高机械师之前，他还会学到很多东西哩。"

奥尔珈眉毛皱了一下，每逢有什么事情叫她迷惑的时候，她就是这种情形。

"我不是说这个，"她继续说，"我是在奇怪，为什么你不要让他成为更……更……"

她完全弄昏乱了，吃吃的说不出话来。父亲和客人们都严肃地望着她。

“一个机械工人的技艺是不容易的，但这是一种光荣的职业，而且是一种重要的职业呵，”父亲苦涩地说，“不管是我，或是我的父亲，或是我的祖父，都不曾以我们的工作为可耻过。”

说到这里，他把话头转到别的方向去了。

第三章　最初的宴会

这是一个重要的日子，当奥尔珈和尼古拉带我去参加我最初的宴会。我那时才十四岁，还在学校的第六级里，还不够年龄可以有一身像大人们所穿的衣服。我只穿着一件托尔斯托伏加短外衣和一条不相配称的裤子。但是尼古拉临时给了我一条浆过的硬领，还加上一条颜色鲜明的领带，他替我把领带打好。这天晚上父亲兴趣很好，对奥尔珈的新绸衣服作了一次周详的审察，又说我长得很像大人了，还问有些什么客人要到场。

九点钟，尼古拉的朋友来看我们了，于是我们就一块出去。宴会是在卡拉胥涅戈夫的家里，因为巴胥加利用他父亲离家去作商业旅行的机会，求得他母亲的允许，请了一些朋友到他家里去。卡拉胥涅戈夫的寓楼是很大的一所，有一座洋台，有壁橱，有一个递送食物的辘轳，还有别的各种各样巧妙的奇异东西。巴胥加曾经把这一切向他的熟人吹得那么厉害，但是他引为最骄傲的，却是一架有外国唱片的留声机。

每个人都临时穿上他最漂亮的宴会服装，使我连那些最熟悉的脸孔都辨认不清。所有的孩子们对姑娘们都异乎寻常的讲礼貌，而且跳舞跳得惊人的好看。这一切都叫我震惊得不安和害羞。我审慎地决定，决不带着寻常的心境参加进去。每个人对我的举止似乎都很惊异。但是我大半个晚上都倔强地闭着嘴，一开口只会吐出一些冒渎人家的话罢了。当巴胥加用一种漂亮的姿态，打开餐室的门，请大家进去吃晚餐时，我走在奥尔珈和他的后面，忽然用一种低音叫了出来："要得！让我们放量大喝吧！"可是，我刚一说出口，那傲慢无礼的样子立刻又显露出来了。我真恨不得趁人家不见时钻到地板底下去呢。

在餐桌上，我想跟坐在我旁边的那个姑娘谈天。我羞得好难受，鼓起勇气来问她是否喜欢喝伏特加，因为我找不出什么别的话可说。我尽力想保持我男性的低音，可是说到一半，我的声音又变成尖嗓子了。在我那样年纪，你是无法使他明白对他旁边的人应该使用怎样的声音的。我弄得那样狼狈，回过脸去，竟至忘记答话了。当我再去望她的时候，她在笑着，跟万尼亚·安特罗诺夫在碰杯，好像就不曾看见过我似的。

我在失望中间，伸出一只坚决的手去拿起一只干酒的大杯[①]，倒满了半杯伏特加，一口气咽了下去。这是我的解放。我还不曾把杯子放下，就听见奥尔珈惊惶的声音：

"辽沙，你在做什么呀？"

这个损失是无法补偿的，我噎住了，突然把酒喷溅出来，想找觅一个解救，伸过手去向桌子很远的那边去取一块青鱼。

---

① 一种尖底的或凹底的杯子，不能平放的，专门作为干杯之用。

我的眉毛又浸到酱油里去了，但是我已经不省得烦恼。我是当真吃醉啦。突然之间，桌子四周的人在我看来好像都是一些不堪的势利鬼，我断然地决定不向他们有一点乞怜。我记得我向什么人解释了一些我们工人对于某些问题所取的观点，可是我是怎样睡到隔壁房里的睡椅上去的，却一点也不记得了。也许是我自己去的，或者是奥尔珈和尼古拉扶我进去的。

我大概睡了有两个钟头，醒来的时候，脸感到火烧一样的害羞。我疲乏地睁开眼睛，看见一间房间，地板上铺着一块很大的地毯，有一盏橘黄色的电灯，并且知道我是仰躺在一张睡椅上。隔壁房里，留声机正唱得兴高采烈。从那些拖曳的脚步声上判断起来，他们正在那边跳舞哩。接着，我看见奥尔珈和巴胥加并排坐在我睡椅的那一端。我的惊愕把我压倒了。我闭上眼睛，希望他们不曾注意到我已经醒来。

“鬼碰到他们！”我想。于是我幻想我自己在学校里毕了业，在工厂里找到了一个工作，发明了两打新的机器，于是巴胥加的父亲来恳求我去拜访他，而我就推说我是一个非常忙碌的人，不能够浪费时间去做无谓的应酬。

正在这时，我听见奥尔珈轻轻地说：

“让我走，你听见吗！”

“奥尔珈，”巴胥加说。接着是一阵沉默。我没有看见他们，但是我感觉到那沉默是像铅一样沉重的。最后，奥尔珈叹息了一声，站起来。我看见她走向房间的中央，一个穿在黑绸衣服里矮短而纤瘦的身影，这是我第一次看到她多么美丽呵。

“奥尔珈。”巴胥加又说了一声，向她赶过去。他把手臂围着她的腰，但是她坚决地拒绝了他。

这已经过去许多年了，但是当时捉住我的那种疑惧的感觉，直到现在仍然极其生动地留在我的记忆中间。我从奥尔珈和巴胥加的声音里，听出一些神秘的情绪，我虽然不能理会，但是由于某种理由，它却深深地激动了我。

“你跟我一块儿来，好不好？”巴胥加继续说。

“没有那样的事。我不跟你到任何地方去。”奥尔珈说。巴胥加抱住她并且吻她。

奥尔珈一声不响地站着，半避开巴胥加，由于极端的恐怖，我又把眼睛闭上了；这似乎是我刚从某个新发现的窗户中间，瞥见了一个巨大的世界，发现它有些奇异而可怕，并不像我以前所想象的那个样子。我躺在那里，期望我不要再看到或听到什么了。而我也当真不再去看望或倾听什么了。但是尽管这样，过了一会儿，我觉得房间里忽然有点改变。我睁开眼睛。尼古拉站立在门限上。

“华西里告诉我，你这儿有些唱片，”他说，一边从桌子上拿起几张出去了。但是他声音里带着一种不自然的调子。

“他不曾注意到什么吧？”巴胥加说，但是没有多大把握。

奥尔珈不耐烦地耸耸肩膀，理一理头发向巴胥加说，她声音里带着一种隐藏不住的忧虑。

“你瞧不出来，他是故意装作没有听见吗？他只是不肯叫我们弄得不愉快罢了。”她离开房间，巴胥加跟着她的脚跟走出去。

我又躺了半个钟头，心里又丧气又懊悔，直到尼古拉和奥尔珈摇动我，我才装作刚刚醒来。他们用种种方法，使我不再感到丢脸。也许就因为这个缘故，他们比别人留得更长久一些，巴胥加也故意避开，使我离开时不需作任何的道歉。

我们三个走到街上。这是一个晴朗的有星的夜晚。这边那边都有一对对的爱侣在前廊上谈着情话。远远什么地方有人在弹着吉他。盖过这一切声浪的，是从那工厂里发出来的低沉的嗡嗡声，被那断断续续的砰訇声音所间隔着。在回家的路上，奥尔珈和尼古拉嘲笑我的损失，不过却那么小心，使我们只走到半路上，我已经不再感到这是永远的耻辱了。

我们走进屋子里，不得不惊醒母亲。尼古拉和我向奥尔珈道了晚安，一直回到我们房间里。我一倒下去就睡熟了，因此，我不知道我哥哥这天晚上睡得好不好。

第四章 奥尔珈离开我们

一九三九年，巴胥加·卡拉胥涅戈夫在工厂里一所几年前创办起来的电气学院里毕了业，到乔其亚邦的塔皮里西去，在一家电力站的建筑场上做起他第一次真正的工作来。第二年夏天，他回到斯达罗柴伏达斯克来度暑假，穿着一双鞋子，他向有些人说是鱼皮做的，向另一些人又说是小象皮做的；还有一顶帽子，他吹说是从倍诺斯·爱勒[①]老远运来的。尽管这样，他还是被看作一个心情轻浮而快乐的自夸的家伙。他假期里的薪水在第一个星期里就花光了，以后就到处问人家借钱，但是没有人拿这个去反对他，因为只要他还有钱，他就准备对任何他所碰到的人都请客的。

① Buenos Aires 在阿根廷。

他是我们家里的一个常客。晚间我们如果没有什么约会，就到公园里去跳舞，喝啤酒。巴胥加经常被一批跟他年龄相仿佛的人所包围着，听他叙说关于南方的有趣故事。

巴胥加走了，生活似乎比他回来以前更加单调起来。奥尔珈是在列宁格勒，她在那边读地质学，但是周末她是在家里过的，星期六回来，等到星期一回去。因为这样，奥尔珈的房间便照旧保留着，房间里的一切都和她以前住着的时候一样。巴胥加经常写信来，信来了，尼古拉常常把它整齐地放在奥尔珈的桌子上。

有一次，奥尔珈在房间里跟父亲作了一次冗长的心腹谈话。我不曾听见他们在谈些什么，但是父亲非常难过。当奥尔珈站起来离开的时候，他吻了她。她出来，眼睛都哭红了。另外一次我回家来，看见奥尔珈和母亲在黑暗里互相偎抱着。我走进房间的时候，奥尔珈吻着母亲。母亲说："上帝保佑你，奥尔珈。"说着就出去把茶煮上，一边抽噎着，用围裙角擦抹着眼睛。

家里除开我之外，唯一不参与这些神秘的谈话的秘密的人，便是尼古拉了。他显然什么都不知道，也不怎样留意。我因为被撇在旁边，心里很不好过，我断定尼古拉的反应一定也同我差不多。这是为什么我最后把他当作一个同盟者。有一天深夜，我们从电影院回来，我问他：

"我猜，你已经注意到奥尔珈有些不大对吧？"

"你说有些不大对是什么意思？"尼古拉锐利地看着我。

我告诉他关于她跟父亲和母亲的谈话，又加上我自己的一些其他观察，这些观察我自以为很聪明的。尼古拉默默地听着。

“这一切都是胡说，辽沙，”他歇了一下说，“她也许有好多事情要跟长辈谈呢。我看不出这对我们男人有什么相干。”

这个“我们男人，”使我感到温暖，因此我就对这全部事情立刻失去了兴趣，衷心地同意尼古拉的话。

两个星期以后，这个神秘极其意外地解决了。那天是星期六，奥尔珈刚从大学里回来。当我们坐下来吃午饭的时候，我注意奥尔珈和平时大不相同。父亲在吃着一道汤，一边问她这星期中间大学里有什么新闻，可是她好像太忙着吃东西，来不及详细回答似的。突然，她把汤匙放下来。

“顺便提一句，”她说，显然是故意装作不关心，“他们在分发学生暑期中间的实习工作呢。”

尼古拉抬起头来瞅了她一眼，接着又继续盯住台布。父亲只管吃汤，似乎这话对他并无意义。注意到这个，我感觉空气里有些十分重要的事情。我看见母亲眼睛里已经包着眼泪了。

“你也要分发吗？你派到哪里去呢？”父亲问。他依旧望着盆子里。我感到不安，也凝视着桌子。

“塔皮里西，”奥尔珈回答说。

“不算一个坏地方，”爸爸接着说，“无论如何，你会得到很好的太阳色皮肤。他们说，那边的乡村非常美丽呢。”接着他拿起伏特加盛酒器来，给祖父、尼古拉和他自己都倒满了一杯酒。他又拿起三只杯子倒满着酒分给我们其余的人。“我们要来为这喝一杯。”他说。

我们举起酒杯，但是母亲突然把臂膀抱住了奥尔珈，吻着她，眼泪流下她的面颊。她是那样的激动，竟把伏特加也泼翻了。父亲重新替她倒上。我们碰了碰杯，大家都喝了。

奥尔珈向尼古拉举起酒杯来，他还一句话不曾说过呢。他举杯回敬，直望着她的眼睛。

“我祝你快乐，奥尔珈。”他说。他微微一笑，把伏特加喝了。奥尔珈用力抿着的上嘴唇可再也抿不住了。她把杯子一放，蓦地哭了出来。起初，我们都装作没有注意，希望她会自己镇静下去，但是她继续地哭泣着，接着又笑，笑了又哭。最后，她站起来，道了一声歉，奔回到自己的房里去了。

我们都装作不曾发生过什么事情似的。第一道菜吃完了，又上第二道。母亲把刀叉放在奥尔珈的盘子上。

“她就要回来的，”她说，“她是累了，疲乏了，可怜的孩子。”

吃过了饭，祖父说他要去修理他的靴子。父亲决定去打个中觉，母亲一个人弓在厨房里。尼古拉起先在房间里来回走着，接着走到奥尔珈的房门口去，敲敲门。

“尼古拉吗？进来吧。”她马上回答，似乎在等着他似的。

他跟她在一起很久了，至少有两个钟头。爸爸已经起来了，祖父也修理好靴子了，我们正要坐下来喝茶。门开了，奥尔珈和尼古拉一起走进来。尼古拉和平时一样沉静，奥尔珈却有些兴奋和激动。她说了许多大学生活里有趣的故事。接着，她突然把臂膀围住我，吻了我一下，这叫我感到难受。难道她还把我当作一个娃子吗，或是什么呢？最后，她拿出一种药膏，这是她送给祖父的，又是一只钓鱼钩，送给爸爸，她知道他要这个的。

奥尔珈决定坐飞机去。她哄父亲答应她去飞行，甚至想说服他，说这比坐火车并不多花多少钱。爸爸立刻就答应了。

这一次，我才知道，奥尔珈是去跟巴胥加·卡拉胥涅戈夫结婚。每个人都越来越平常地谈起这事情来，对这观念习惯了。爸爸叫她做新娘子，母亲忙着替她料理衣服和鞋子。祖父说，他要扭断巴胥加的脖子，如果他敢伤犯奥尔珈一根头发的话。

最后一天，好像没有穷尽似的，而且有点狂乱。坐在家里是不可能的，于是我们便走到市镇上去，说话中间夹着沉默的痛苦的间歇。这只是因为我们想不出什么话好说，每逢谁想装作快乐一点，立刻就看得出是假装的调子，于是我们便又沉默下来。我们雇了一只小船，向湖里驶去。那些芦苇和水草沙沙作响，沿着湖边凄凉地擦过，那只古旧游艇拙劣地凸出在水面上。我们默默地从它旁边划过，想起它曾经目击过的那些游戏和打架，那反抗拜火教的把戏以及做大海上的种种冒险情景。我们又划过那所学校，奥尔珈和尼古拉都在那里念过书，而我现在还在那里上学。沿着湖边的那些小舍，它们的花园一直伸展到水边都显得异常幽静。

我们到公园里去吃午饭。这又是一件没精打采的事情。一上来，我们就花了半天来决定吃些什么。接着奥尔珈又不肯让尼古拉替她付账。

“我并不需要带很多的钱，”她说，“就让我来会钞吧。”她一说出，我就注意到她很抱歉，因为这叫尼古拉想起她已经经济独立了。

尼古拉装作没有听见。他付了账，匆匆赶去替奥尔珈买飞机票。现在只剩下我和她两个人，要挨过一段很长的时间，因为我们答应要等尼古拉两个钟头。

奥尔珈想快乐地说些话，但是我不作回答。我望着尼古拉走开去，可以看出他是多么难过。我的想象造成一个幻象，看见他成名了，而巴胥加却变成了一个下流汉和白痴，于是奥尔珈来向尼古拉求助，他毫不踌躇的给了她帮助，但是他不能为她花费很多时间，因为他和一个世界上最美丽的姑娘有个约会，她正在疯狂地崇拜着他呢。奥尔珈不知道我为什么那样忧郁。她想借些消遣也许会解我的闷，便带了我到斯达罗柴伏达斯克的一家最好的咖啡馆里去。

我们走进那咖啡馆的白昼寂静中间，咖啡馆的喀里宁桦木屏风把大厅四周的桌子都彼此隔开来，我看起来，连那石膏做的假冰块上的那些北极熊都似乎带着一种深远的烦恼的显著姿态，在空中矗起它们的鼻子。一个穿白围裙的女郎给我们拿来一些奇妙的咖啡，像冰一样的凉冽，面上浮起一层高耸的泡沫，还有奶油松饼、杏仁饼和别的一些夹着许多奶油和冰糖的面饼。但是，我却抑制着我的馋欲，阴沉地推说我不要吃什么。如果奥尔珈要吃，就让她一个人去吃吧，我只要一杯水就够了。

奥尔珈把肘子靠在桌子上，严肃地看着我。

“你在生我的气，是不是，辽沙？”她问，“让我们像大人一样把话说出来吧。”

这一回，我可不让“大人”这句话再把我扯开了。

“我不生你的气。我为什么要生气呢？你离开，我挺高兴哩，因为我们不会再见面了。”

“啊，辽沙！”奥尔珈说，“你在想着什么呀？”

我再也忍耐不住了，前气不接后气的把话都喷溅出来。

“你以为这些事情我全不知道吗？我才知道得很清楚哩，明白吗？你爱说什么就说吧。我以为巴胥加还配不上尼古拉一个小指头呢。尼古拉是更加聪明和更加诚实的。他许是不愿意去当一个工程师罢了。人家不是都在称赞爸爸吗？虽然他也不过是一个机械工人……你高兴去就去吧，我才不管呢……”

那个穿白围裙的女郎不断地捧着盛了盘子和杯子的食盘从我们旁边走过。四周的人都用低声在谈话。奥尔珈的嘴唇发抖，眼泪掉到她面前的咖啡杯里，在起泡的奶油上滴出小小的凹痕。

“你在说什么啊，辽沙？啊，天哪！”

我感觉我说得太过分了，便躲缩在愠怒的沉默中间。为了补赎我的鲁莽，我就豁达地吃了一块饼，和从麦秆管里吸了三口冰咖啡。

外面的街道浴在阳光中间，但是我们走着，大家都沉入绝对的阴郁心境里。我们穿过侧街走到河边。我望着那些粗劣的小船在泥水中间划着，决定不让奥尔珈来动摇我的决心——让她要说什么就说什么吧。尼古拉和我和爸爸和爷爷都会成为非常有名的人，而巴胥加会失掉他的工作，死在什么地方，无人记得，也无人纪念。让奥尔珈去认识这可怕和残酷的真实吧。这时，她用手拉着我，把我拉到一个门道里面。

“辽沙，”她夹着啜泣说，“你是一个坏孩子，你还算是我的弟弟呢！”

她拥抱着我，哭得那么伤心，我的脸孔都被她的眼泪弄湿了。这样倒很好，因为她看不到我也在哭。我们就这样又和好了，我听见我自己用我的低音在说些什么。她擦干了眼泪，我们又继续走去。太阳更加明朗起来，走路的人都在微笑着，河里那些小船也似乎好看起来了。

六点钟整，我们在约定的街角上等着尼古拉。最后，他来了，略为迟了一点，但是已经争取到一张票子了。我们进到一家照相馆里去。那照相馆的人叫我们很敬佩，他答应我们照片三个钟头就可取，不过这仍是奥尔珈花了二十分钟工夫跟他交涉得来的。我们从照相馆出来又到公园里去，奥尔珈和尼古拉在户外亭子上跳了一会舞。接着我们又荡了半天秋千，彼此互相追逐着，直到我们大家都疲乏了，这才歇下来，到公园里一家很小的餐馆里，吃了一点串锅羊肉和红酒，恢复我们的精神。这之后，我们去取了照片就回家了。

第二天早晨五点钟，家里就忙乱起来。母亲在煎着锅饼，尼古拉奋力把箱子捆好。奥尔珈每三分钟要遗失一次票子。我们打算赶上到飞机场去的公共汽车。斯达罗柴伏达斯克的最大马路列宁街，从我们身边飞驰过去，遗落在我们背后了，高大的烟囱在我们后面渐渐小了起来，我们沿着一条两旁都是无穷尽的花园篱笆的马路向前驶去。河道出现在我们眼前了，公共汽车从一条木桥上隆隆地滚过去。

我们想说句笑话，可是说不出来，于是又坐定去看那些窗子上挂着各种颜色的窗帘和供养橡皮树[①]的村舍，那些丁香花

① 一种供作盆景的橡皮树，与普通所谓橡树不同。

和浓荫的树木，那些花园和花园里的秋千，以及那座木匠还在工作着的新俱乐部的建筑，都从我们背后溜过去了。一下子，我们驰过一些荒瘠的平原，一列火车正在和公路并行的铁道堤上加速奔驶着。我们还没看清楚，一条沥青路倏然伸过来，公共汽车拐了一个弯，开进飞机场了。

又是半个钟头的忙乱，飞机的引擎已经发动起来。奥尔珈爬进舱位里，尼古拉把她的箱子递给她。引擎吼叫起来，一阵狂风把尼古拉的帽子吹掉了，吹得他的头发拂拂乱飞。说话已经不行了，因为在这喧嚣中间，谁也不会听到一句话的；而且也不可能老是不断地保持着微笑。飞机在平滑的跑道上快了起来，和它离开了，又落下来一回，像一只有趣的飞虫似的轻盈地投向空中，开始高升了。

奥尔珈走了。尼古拉和我站着，目送着那飞机从荒凉而无生气的沥青跑道上驰去。

第五章　我不再恼奥尔珈了

尼古拉和我缓缓地出了飞机场的大门，走到躺在我们面前的绵长而像条带子似的笔直的公路上。

“乏了吗?”尼古拉问。

“不。”

“我们步行去吗?”

“好吧。”

我们沿着路旁狭窄而肮脏的小道走去。一些汽车从对面奔驰过来。这天是星期天，每个人，凡是有可能的，都从镇上出来，到森林里什么地方去消磨一天。我们不时还得站到旁边去，让一些骑自行车的人过去，他们仿佛把生命吊在车子上似的，拼命地踏着脚镫。马路向着地平线方向遥远地伸展过去，没有一座小丘来破坏那单调的平坦。尼古拉一声不响，不急不忙地向前走着，心不在焉地望着我们前面的平原，和散布在那上面的工厂建筑。

我们面前是一片沉闷无味的工业区风景，没有一株树或一簇灌木点缀着。一片平坦的、未犁过的广袤土地，长着稀疏的灰样的野草，以及被铁道堤和公路所交切着。这边那边矗立着一些新的建筑，和喷着烟雾的工厂的烟囱；几座小舍或此或彼的互相依偎着，似乎在奇怪为什么把它们造在这块荒凉的地方，而不造到河边或森林旁边，或是其他人们可以享受生活的地方去。

这是一片被机油和汽油所渗透着的，以及被机车火箱的煤灰所满布着的土地。铁路和马路把这片平原割成整块整块的四边形或三角形。列车沿着铁道堤蠕行着，铁道堤彼此互相交叉，列车在上面交驰而过，只有在两列车子互相分开向着天涯地角各奔前程之前，彼此才并行地驶驰着。自然界的雄伟和美丽是谈不上的。雄伟和美丽，乃是人类长期劳动和居住的结果，那还不曾来到这些地区呢。我们面前，烟囱喷吐着黑烟，只有在我们背后远远的地平线上，有条稀疏的黑色森林，那使我们想到那边是另外一种生活，和我们的生活是那么不同，那是乡村的生活，是新鲜而旷阔的空气中间的生活，是稻田、牧场和牛群鸣叫中间的生活呵。

可是，尽管这些平原是那么丑陋，而对于这里的居民也自有其魅力。对于我们，它和它的一切愉快的交谊，都是很亲切的。孩子的时候，我跑遍它的四周，跟我同样年龄的孩子们玩耍。还有我的父亲，当内战时期，白军队伍向斯达罗柴伏达斯克移动的时候，我的父亲曾经在狐狸洞里躲藏过。是的，不管贫瘠或肥沃，这一片弥漫着石油和汽油气味的，和只能生长出一些苍白而羸瘦的小草的乡村，总是我的土地呵。

我瞟了尼古拉一眼。他脑袋微微向前俯屈，垂在两肩之间走着，他整个强健的身体显示出一种沮丧。我又为他难过起来，而奥尔珈在我心里又变成一个外人，她对我所敬爱的一个诚恳而勇敢的，只不过不会吹牛和并不时髦的人，可做下了一件不公道的事情啊。

“你瞧，尼古拉，”我还来不及完全明白我要说些什么，便冲口的说了出来，“你宽恕奥尔珈所做的一切事情，好傻呵。”

尼古拉瞅着我，并不改变他的脚步。我继续激动地说下去，要把我胸中的话都吐出来。

“她喜欢巴胥加，只因为他是一个工程师，她不喜欢你，只因为你是一个机械工人罢了。如果她喜欢那样，就让她去碰鬼吧？”

这下子尼古拉站住了。他说话之前，先瞅了我一会儿。

“你在她面前，也说过这些工程师和机械工人的混话吗？”

他的语气里并没有愤怒，可是我却惊骇了。我觉得他是在冒火。他站停了好几秒钟，接着又默默地向前走去。我赶上去紧跟着他。我想避开去望他。我当真感觉很狼狈了。

一些汽车从我们身旁急驶过去，后面跟着一辆装着废铁的笨重卡车。一列无穷尽的运货火车在最近的铁道上喷着煤烟；机车发出悠长而凄厉的啸声，在背后留下一条长长的黑烟。

“辽沙！”他一说出这话，我知道他并没有生我的气，“你责备奥尔珈，我以为你并不对。往往是这样，人家不照你的意思行事，你便不高兴，以为他是做了错事了。可是试从他的观点上去看看事情，你也许会理解，错的正是你自己呢。”

“我能够理解的事情，我就能够理解。”我倔强地努努嘴说。

“这样去理解事情是不够的。你还是要仔细考虑。这不是做人的态度，辽沙。我们都有些不好的脾气，而我们都以为只有我们自己才对。你做了一些事情，其实并不完全如此，你却断定你自己没有错。你相信你一向都是对的，而且做了你所做的一切，只因为以为那样做才是对的。”

“奥尔珈自己也该想一想呀。”

“让我们把这个关于奥尔珈的谈话忘掉吧，”尼古拉继续说，“我们很久没有作过一次好好的谈话了。你知道，这些事情使我很难受，我已经弄得心境颓伤了。举个例，拿只狗来说吧。假使你把几只狗所吃的东西全给了它，它会全部都吞食下去，另外一只狗如果走近它，它就会咆哮起来。可是一个人就只吃他自己的一份，而把其余部分留给别人。你想为什么是这样呢？就因为一只狗只想到它自己，而人就还要同样想到别人。这就是为什么狗是狗，人是人了。”

我困惑地望着尼古拉。

“说下去呀，你总不至于是一个托尔斯泰主义者吧？”

尼古拉笑了起来。

“那你是打算给它贴上一种签条了，是不是啊？”他说。

“不，我只是要说，一个人不仅对人而且对己，如果像狗一样，是应该遭受重重的惩罚的。”

尼古拉与其说是在对我讲话，不如说是在对他自己讲话，这是为什么他说得那么确信。我们依旧以一种悠闲的步子一起走着。一辆车子从我们身旁掠过，向斯达罗柴伏达斯克驰去，接着又是一辆，又是一辆。越来越多，都是一样，那么迅速地掠过公路，仿佛一些机械的魔鬼霎时间突现出来又立刻消失掉了。尼古拉站住，向公路上远远望着。

“觉得有点可笑吗？”他说，“现在还只一点钟，这些车子都赶到镇上去了。也看不到要落雨的样子呀。”

我们保持着平匀的步子，走了很久的时间。斯达罗柴伏达斯克已经可看见了。我们可以看到那些工厂的建筑，我们公园里的草地，和夹在它们之间的许多红色屋顶。

“你知道，辽沙，”尼古拉说，“我现在觉得心里宽畅一些了。别以为这全部事情就叫我丧了气哩。”他拿掉帽子。风吹着他的头发在脸上飘拂，“我们已经有个好姐妹了，辽沙，你要说什么，说吧。我们不应该气愤，却应该高兴，她跟一个好孩子去结婚呵。让我们来比一比吧，看我们两个谁的劲儿强。你说怎么样，唔？”

他没有等我回答，就把帽子塞入口袋里，开始做一个迅疾而适意的赛跑。我也急忙跑上去，追上了他。

“赛跑吗？”我奔过他身旁的时候喊。尼古拉微微一笑，没有张开他的嘴唇。我奔到前面去，脚下扬起一阵蓬乱的尘埃。一个骑自行车的追过了我们，拼命地踏着脚镫，他的神气是那么严重，我忍不住笑了起来。

“喂，喂，加油啊！”我向他喊。

他瞅了我一眼，但并不答话。我想他心里大概有什么重大的忧虑吧。我自己恰恰相反，跑了一阵子，心里倒觉得宽畅起来。我想想奥尔珈和尼古拉，确定他们都是最不可思议的人物。我要尽快赶回家里去，把我这个发现告诉给家里的人听；说生活是不可思议的，要是你知道怎样和人们相处。

斯达罗柴伏达斯克现在就在我们面前了。当我们跑过时，郊外最前面那些村舍的院子里，一些狗跳了出来，向我们狂吠着。我抬起头来，想去看那些在前廊上读着星期日报纸的沉静的市民，来注意我们这两个马拉松长跑手，可是我看到那些前廊上都是寂静的。连街上也没有一个人在闲荡着。

我跑得上气不接下气，我的步子支不住地弛缓下来了。就在我后面，我可以听见尼古拉沉着的呼吸。我从肩上回过头去，看见他依旧用那悠闲的步子在跑上来。他显然是赶上我了，他向我使过来的眼色也在表示着那个。我突然笑了出来，感到我不能再跑一步了。

“接不过气来了，是不是，吹牛的家伙？”尼古拉从我身边跑过去的当儿，向我丢了一句。

“我输了！”我在他后面叫。

他停了下来，等我追到他。他依旧平匀地呼吸着，脸孔由于快乐而发亮。

“你们应该向我们这些老人家学习一些教训呀，”他说，“我看，你们这些小孩子除了吹牛以外，是什么都不行呵。”

他把臂膀搁在我的肩膀上，我们向前走去。尼古拉用一种低声唱着一只流行的歌曲。当我们走入莱米斯林那雅街，已经看到家了。我说：

“听着，尼古拉，我们今晚来写封信给奥尔珈吧。”

“好吧，我们当真应该去祝贺她的结婚。”

他以一种突然的动作，蹲了下来，抱住我的双膝，把我掮到他的肩膀上，继续地唱着歌向街上走去。我注意到街上没有一个人，当他唱完了，我就接着唱第二节歌。到大门口，我从他肩膀上跳下，母亲正应着尼古拉的敲门声，打开门来。

“感谢上帝，你们终究回来了，”她说，“你们到哪里去了呀？”

“发生了什么事吗？”尼古拉问。

“战争呀，德国人来侵略我们了！”

第六章　战争开始了

我现在回忆起战争的最初几个月，我清楚地记得在那些悠长的日月中间，每分钟里苦恼着我的悲痛。斯达罗柴伏达斯克并没有什么明显的变化，家里一切事情表面上也和向来一样。清早母亲起来，准备早餐，接着男人都去上工。傍晚，我们喝着茶，听钟声滴滴答答的过去，都和战前一样。可是，有种什么东西重重地在压着我的心，没有给我一刹那的安息。

仿佛有一种沉寂，掉落在每种东西上面，一种沉寂，日日夜夜在我耳朵里单调而无休止地响着，要是说一切事情表面上都是跟战前一样，那么内在的变化是在我们生活中间发生了。更多的工作要做，男人们比从前回来得更迟一些，而且非常疲乏。那些日常的事情，从前看得那么重大的，有如住宅呀，假日呀，一套新衣服呀，忽然似乎都变成愚蠢和没有价值了。

战争，使它从你所听到的人们的一切谈话中间，甚至从他们开玩笑中间，都可以感觉出来。我们市民中间去从军的比较是少数，因为钢铁厂工人作为主要产业的工人，是准许缓役的。但是这儿也有一些欢送会和辞别会。对于那些出发的人们的深刻热望，是遗留在那些后方的人们心里的。

但是商店还是跟从前一样营业，游艇码头还是继续在出赁游艇，穿着白衬衫的年轻男子还是跟他们的女友乘着朦胧的微明，在镜面似的湖上划着船。早晨，成群的工人赶到工厂里去，挤满在人行道上，结成一条洪流，而在傍晚，手风琴在河边上奏起，伴着那用低沉的清脆的女音唱出来的凄婉的乐曲。

这是确实的，那些并不因战争而有所改变的事情，看起来是那样的不顺眼和不适当。那种巨大悲剧的感情，那种压迫着所有人和每个人的黑暗威胁的感觉，使它本身那样强烈地叫人感到，使日常生活上的任何改变，看起来倒成为自然的事情了。我们希望从我们所习惯的那些事情上解脱出来，但是我们的希望似乎并没有实现。在我们内在意识的某些深处，我们是听到了巨大坦克战的轰响，在战斗中军用飞机的震耳吼叫，和大炮无休止的轰鸣。而和这些战争的粗暴声音相反的，笼罩着我们本镇的那种平静，倒成为不自然的和不可理解的了。

每天由无线电收音机的呼号，以一种单调的滞缓音调，打破了这些都在睡眠的屋子的静寂。在天刚亮的清晨，把他们都惊醒了。我会看到尼古拉像条木头似的躺在他的床铺上；母亲和父亲大概都还在他们卧室里，祖父房里的鼾声听不见了，照例是说明他也已经完全醒来。隔了一会儿，播音员的声音传出来了：“这是莫斯科广播。”这时，屋子里的静寂是和睡眠无关了。这是收听无线电早晨战事公报的时间呵。

“……科甫诺，罗姆沙和布勒斯脱已被占领……”

“……格罗德诺，科姆勃林，维尔诺，考纳斯进行激战……”

没有一个人转动一下，屋子里的静寂比刚才格外深沉了。

“……越过西杜味纳河的北岸……”

我们都假装作睡熟。广播员用故意的冷漠声音继续报告下去。

“……七月五号早晨，我军向奥斯特罗夫方面进行攻势……”

我在静寂中间，看见尼古拉的臂膀在扭动，这对他是太难受了。

早晨的新闻报告完了，他推开他的被盖。在隔壁房里，母亲开始在走动了，爸爸划着一根火柴在点他的烟斗。祖父在咳嗽，大概是在穿上他的靴子吧。早餐和平时一样，没有人提到那新闻，仿佛谁也不曾听到那无线电广播似的。我们谈着天气和家庭琐事，似乎这世界并不在动摇着它的基础哩。

男人们都上工去了，母亲和我等他们走了再来用早餐。这是一段空闲的时间，我可以尽我高兴去游荡。说了一些闲话之后，母亲最后会装作偶然回想起那问题似的说：

“德国人离开我们还很远吧！是不是？”

“我应该说是那样。他们打到这里来要好几年呢。”

“我也那样想，”母亲淡淡地说，虽然她知道得很清楚，我是不曾对她说真话，于是又退回到厨房里的锅子钵子中间去了。

夏季是异常炎热和多阳光的。泥土干燥得变成了稀薄的粉子，太阳在一阵红雾中间沉到地平线下去。

有一天黄昏，我在乡村里作了一段很长的步行之后，向家里回来。我在一座小山上站住了，看那市镇的全景和展开在我面前的它的近郊。太阳从一些房子的玻璃窗上反射出无数的红色斑点，向我闪耀着。当一些重载着显然是军需品的卡车驰过，公路上扬起了那永无止歇的尘雾。小型的火车起劲地在喷着汽。工厂烟囱里和向来一样吐着黑烟。这一切似乎比实际上对我距离得更近些。我想，我能看得见那卡车里的驾驶员和火车里的司机，以及环绕着郊外村舍四周的那些枯萎野草，和全部被裹在稀薄的粉子般的窒人的尘雾中间的那千百种细微的事物。

忽然，我想到，我现在所望着的正是一座劫数难逃的城市呵！这一切工厂房屋和家宅，这些卡车和火车，这些驾驶员和司机，都是在候补着等待灭亡呵。我面前这片近郊也许就注定要在几个月中间，或者在几天中间，经过一转瞬，就将被扫荡无存罢。在我看来，这些卡车在狂驰，这些机车在喷汽，这些烟囱在吐烟，这些司机在车头上走来走去。还有在远处后院里那些人们，在劈着引火柴，他们就只是忘记那阴影已经降临到他们国土上来了。我在那儿站立了很久，不能动弹，怀着痛苦与悲哀，疲弱和难受起来。

收音机旋开了，当电台准备要广播，呼号又从清晨间传了出来。我们照例在床上一动不动地躺着，但是完全清醒着。

另外一个战事公报告诉我们当天的消息。我们中间没有一个人说一句话,或动一动手指,因为我们怕会显露出我们所感到的刺痛。当我们听到了斯摩稜斯克、涅科拉耶夫和克里伏汗·罗格的失守。

即使在这些战争的最初日子里,没有一个人是沮丧的。事实上,到处都有那样的人,保持着勇气,和想出方法来鼓舞那些一时间似乎消沉的人。这样的人太多了,简直记不起他们的名字来,可是我把他们全体整个的拟成了一个人格,那就是一个常常有力量,微笑的活泼而有精力的人呵。

"我们是在诱敌哪,"他会擦擦他的手说,"一直引诱他们到我们需要干掉他们的地方呀。我们放弃了斯摩稜斯克又有什么关系呢?或是放弃了克里伏汗·罗格又有什么关系呢?局势对于德国人正是太坏了,因为我们还是要干掉他们呀。"

那种乐观的声音,那像幅沉重的被单覆盖在大地上的不动的灰沙,那赤红的落日,那刹那间的痛心和扩音器上那嗒嗒地消磨战争时间的节度器——在今天,对于我实在是一个难忘的记忆呵。

有一次,我和两个朋友到火车站上去看那运到的伤兵。医院列车停在一条铁路侧线上,车窗上平静而安宁地垂着窗帷。我们沿着月台走了很久,直到一个没有放下窗帷的窗口,我们仿佛被命令似的站下来了。客车里面正靠窗沿,有一个穿白衣的人,静静地躺在他的吊床上。他是从那边来的呀!他已经看到过和经历过一切了啊!

那穿白衣的人转动了。他呻吟了一声,抬起他的头,旋过他的脸来望着我们。那脸孔因为痛楚而皱缩起来,皱到像只烤过的苹果一样。他又呻吟起来。一个护士赶到他面前，看见我们，皱一皱眉头，把窗帘拉下来，似乎这光景是不准我们看的。我望望我的朋友们。华西里·卡姆耐夫和波里斯·莫加契夫都像吓昏了似的站着。他们微微一笑，可是那是一种强装的苦笑呀。“让我们走开这里吧，”波里斯说，从张开的嘴唇上转动着他的舌头。

我们没有第二句话，匆匆地离开，在第一个街角上就分开了。

男人们很迟才从厂里回家，因为现在比战前要做更多的工了。常常吃晚饭要等他们几个钟头，使饭菜在炉灶上慢慢冷掉。我依旧闲浪掉我的时间，因为我不能在一件事情上定下心来；任何事情我所想要做的，比起那明天等候着我们去做的事情，似乎都是那么渺小和没有价值呵。

这是仲夏天气。夜间实际上是不黑的，朦胧的微光还不曾沉入黑暗里，倒又天亮了，即使在半夜里，天空中还是红澄澄的。在这悠长而明朗的夜晚里，既没有白天的喧嚣与忙乱，又没有夜间平静的黑暗，那种迫切的灾祸感觉是尤其强烈的。不能平静地坐在家里，人们便一伙伙聚在一起，加强着自己来抵抗对这愈来愈近的恐怖的无助。

父亲和祖父的朋友们，都常常聚在我们那里。他们围坐在桌子四周，吸着玛霍加（一种烟草——译者注），谈着一些关于工厂的事情和过去的事情，说来说去，都是些平淡无奇的话。战事很少被提到，但这总是能觉察到的。这在夜间市镇的提心吊胆的静寂上，在工厂沉浊的隆隆声音中间，在谈话的故意滞缓的态度上，以及为了不要错过听战事公报而不时向时钟窥视上——都可以感觉出来。等时间到了，就一句话不说把收音机旋开，在静默中间听着广播，而等播音完毕，话头又转向别的方向去了。每回当播音员念出了一些被战争所侵占了的市镇和城市的名字时，女人们便惊惶地转向男人，想求得一些关于这些消息的说明。但是，男人只管吸烟和谈着一些另外的事情，于是女人们叹息起来，俯视着地下，知道这个时候是没有什么可说的。他们用不着讲许多话，大家都知道彼此心里在想着什么。

这并不是说，当人们到了单独地不能忍受的时候，连他们自己最内心的思想都不肯彼此交换。我记得很清楚，像这样的一次谈话，是父亲跟提格脱亚的谈天。

提格脱亚是一个旋盘工人，曾经一度在工厂里是个很杰出的人物。没有一个人能像他那样作一篇激烈和雄辩的演讲。一九三七年，他被选为厂里工会委员会的主席。他作演讲依旧和从前一样，而且对每个人都很亲密。一年以后，那工会工作在他的领导之下，却显然的疏误得很厉害，委员会的事务弄得一团糟。

下一次工会选举，会员们便不选他了，提格脱亚愤懑地和不快地回到工厂里来，怀着一种深深的确信，以为他之所以没有再当选，是因为经理部方面不喜欢他。

提格脱亚把他的愤懑隐藏在他对每个人连他自己也在内的不断的嘲笑和讽刺中间。他为了人家没有支持他再当选，对厂里许多最好的人都引起了愤怒，弄得他没有一个朋友，因为他有充分的自尊心，不愿跟那些没用的人去打交道。

孤寂使他去喝酒，虽然他从不曾喝到忘形，可是提格脱亚也很少有完全清醒的时候。他穿着一套工装和戴着一顶便帽到处走着，跟每一个人都相熟，可是没有跟一个人有交情。

有一天晚间，他很早就到我们那里来，喝了一杯茶，点了一支香烟。时间过了，母亲到厨房去料理她的家务，祖父回到卧室里去休息了，尼古拉去上工了，可是提格脱亚依旧坐在近窗口的椅子上，香烟一支接一支地抽着，对于父亲想诱他作谈话的企图，作着一些唯唯诺诺单音的回答。最后，父亲开始在地板上踱起步来，只能听得见他吹着口哨。

人们从街上走着过去。一个男子的声音从打开的窗口上传进来，“她对我说：‘我所要的唯一事情，就是你要回到我这里来。’”那声音说。有人笑了起来。那脚步声音消失了，街上仍然静寂。只有远处什么地方，工厂的引擎的汽笛在叫响着。

提格脱亚把香烟丢到窗外去。

“亚历克舍，”他用一种不同的声调说，“你以为我应该做什么？”

“我不懂你的意思，密哈尔。”父亲说。

“你应该懂得的，”对方尖锐地说。他站了起来。他巨大的骨骼似乎比平时更加魁梧了。他声音里带着一种急促，当他又接下去说。

“你知道，费狄契夫，我这些年头里是什么样子，苦恼，不快，嘲笑每一个人。”他说，“我喜欢看到人们对我讽嘲发笑，我喜欢感到我是我自己的主人，并不害怕厂里的经理部。”

他摸出又一支香烟，擦燃了一支火柴。刹那的火光照出了一张被激动所扭曲的紧张脸孔。他的手在震颤。

“现在，我可以挖掉我的舌头，为了我所做过的那些不必要的夸大。”提格脱亚激烈地说，“我要把过去那些年月从我一生中闲斥逐出去。现在这是太迟了。可是我并看不出来我停止我的态度是可笑的。我也看不出人们是停止对我和对我聪明的夸大的同情了。看到人家怎样离开我，我是太被我自己那些小小的伤害蒙住心啦。”

提格脱亚向父亲走过去，继续说：

“现在一个战争在打起来，费狄契夫，国家的命运在决定之际，而我……我是我的同志们的一个外人。我的聪明的夸大叫他们听了讨厌，我的声调叫他们反感。他们现在还能改变他们的态度吗？他们还会相信我能以最好的心态去做些什么事吗？”

他走到窗口去，我可以看见他阔肩膀的身体在夜晚天际的浅黯背景上显出一个黑色的侧影。

“现在是没有太多犹豫的必要了，密哈尔。”我的父亲说，“我们所有人眼前都有一个同样艰难的日子。我是这样看法的：假如做工是必要的，一个人就应该尽辛苦去做工，假如去战死是必要的，我们就该去战死。总括一句话，这就是全部的意见。”

“是的，”提格脱亚说，“你的话是对的。谢谢你，朋友，明天见。今天晚上我打扰太久了，可不是吗？”

他大踏步地走出房间。隔了一下，我们听见他的声音在街上。他在唱歌了。

爸爸在敞开的窗口站了一会儿，把夜间空气吸入到肺部里，接着踮着脚尖走进卧室里去。他在阴暗里看不见我，显然他以为我已经在长椅上睡熟了。我原是在那长椅上躺着的。但是我却是完全醒着。我躺了很久的一个时候，听着远处的工厂引擎和那嗒嗒地消磨着战时时间的节度器声音。

第二天，母亲去帮助建筑防御工事了。她去了八天，当她回来时，她是吓得半死了。她告诉我们，他们怎样从斯达罗柴伏达斯克掘过去四十公里的壕沟，当时德国的飞机来了，用机关枪扫射着那四散的人民，掘壕沟的人隐蔽在树林里。可是等第二天早晨回去工作时，同样的事情又来了。这一回遭受损害了：几个女人受了伤，一个年青男人给炸弹碎片炸死了。

她告诉我们这个故事，很难约束得住她的感情。她还听见了大炮的轰声和看见从火线上逃下来的难民。这些不幸的人们艰苦地沿路步行，带着他们双足软弱的孩子和他们所仅能带出的一些东西。他们向着东方逃去，逃向安全的地方，恐怖地回过头去窥望后面，似乎感到敌人是在向他们压迫过来；他们可怕地叙述着那焚烧村庄，兽性轰炸，和法西斯飞机扫射逃难儿童的故事。

男人们听了她的叙述，但是立刻把头转到别的方向去了，那是一些我所不大懂得的事情。他们看来似乎不了解母亲说这些故事的全部意旨。对于她那些颤声的质问："我们将来怎么样呢?"和"这怎么能够碰上呢?"父亲不是完全不回答，便只是不耐烦地说：

"这是战争，我亲爱的，这是战争呵!"

一两天之内，母亲似乎也感染上一些父亲的那种坚忍性了。和以前一样，我们默默地听着战事消息公报，没有批评。母亲也不再问我德国人离开我们多远了。她现在已经完全知道他们是来得多近了。

表面上，市镇是和往时一样平静，沉重不动的灰雾笼罩着它，火车头不断地响着它们单调的汽笛，卡车沿着马路飞驰，血红的太阳慢慢地沉到地平线下。人们在谈论着一些无关的事情，为了要隐饰扰动着他们内心的思想；这是一些沉重的，迫人的夜晚，由于对那看来似乎不可避免的恐怖的迫近而紧张起来。

第七章　新的亲戚

大清早，门上响起了一阵重重的敲门声，尼古拉走去看是谁；接着，我们听见他惊喜地叫了起来。我们所有的人都从床上爬起，去看那新来客人究竟是谁。在餐室里，我们看到了沙夏叔爷，他看来有点失神的样子，茫然地微笑着。他从这个人到那个人被推旋着，拥抱着和拍着背。可是，这样的欢迎并没有能改变他的奇异的神情。显然，他是遭遇着一些反常和不愉快的事情了，还不曾从它的影响中间恢复过来。

"啊！沙夏，告诉我们，发生什么事了？"祖父说。

沙夏叔爷用手做了一个无助的姿势，又突然显出一个比惨笑更可怕的脸容。

"唔！你瞧，我是从南边来的。"他似乎道歉地说。最后我们从他口里知道了他的故事。

五月杪，他曾经和他本地一群农民到立佛狄亚的克里米亚休养地去。可是那里的一切却非常寂寞，海和棕榈树，虽然很好看，过了一阵子，他却开始感到厌腻起来。他想回家，可是他的女人却再三写信给他，坚决主张他留在那里把身体完全养好，等到规定的时间完毕后再回来。和向来一样，他犹豫了一下，便把离开的事情放弃了，可是接着战事便爆发了，旅行的便利就极不容易获得。

他花了五天工夫执着地努力，终于坐上了一列火车。因为那几天里，他过于兴奋，不能睡觉，所以一上火车便很熟地睡去，使扒儿手毫不费力地把他的皮夹子偷走了，那皮夹子里除了身份证和火车票以外，还放着他全部的钱财。这老头儿被迫下车了，要等当局弄明白了他是什么人才让他走。由于电报挤得很，要等许多时候才能得到他的证明。这样来回了几次，直到八月里，他才到达一个市镇，从那里他可以一直坐火车回家。到了那里，他才知道这地方因为逼近前线，客车已经停开了。可是沙夏不能动摇他的主意，他决定步行回去。他走了五十公里，又被阻住了，因为没有一张特别通行证，是谁也不让通过的。

他彷徨了好几天，直到他看出人们带着怀疑的眼睛在看他了。痛苦的经验教乖了他，他决定在把他当作一个嫌疑人物带去审问之前便离开。这时，他决定到我们这里来，希望他的家人也许到斯达罗柴伏达斯克来避难了。现在，他就话也不说。茫然地，一副苦痛的样子呆坐着，机械地微笑着来回答对他的安慰，和想着他自己渺茫而又渺茫的念头。

祖父的房里替他加了一只行军床。但是沙夏叔爷却睡不着。他只是连夜的清醒着躺在那里，一支接一支地抽着香烟。他尽量不使他的悲哀来打扰我们，甚至在夜里，假如我祖父醒来的时候，他都假装睡熟。但是，祖父却并不那么容易被瞒过。他从沙夏叔爷手里把一支香烟拿开，跟他说自制的道理。

沙夏叔爷道了歉，答应要控制自己，可是他依旧度着他那紧张的和向着黑暗里凝视着的不眠之夜。

渐渐地，战争钻入到我们生存的每一个空隙里来了。市民防空哨的名单编定了，值班的时间，沙堆，抽水机，水桶都准备好来防御燃烧。为了对轰炸有最好的防备，一个竞赛在家中间进行着。小学生们开始在黄昏和夜里来巡街，加强灯火的管制——因为现在夜已经渐渐长起来而且很黑了。

因为还没有空袭，这一些预防的手段便常常被看作一种巨大的游戏。不过，应该说明，从这样的游戏所获得的经验，对于我们后来很有好处。在最初开始的时候，这些有组织的手段是安定了一般人心，而每天的活动却把那种由于被动地等待恐怖到来而引起的模糊的恐惧消失了。

这是战争的一种光景。虽然大部分这类活动都是在大白天里或是晚上在灯火通亮的屋子里，集合着许多人一起举行，可是也有一个人单独在黑暗里的时候，那种静寂本身就好像隐藏着许多看不见的危险。我记得有一次我们一群孩子怎样被指派到街上去执行巡视灯火管制的任务。黑暗很快降下来了。巡视的地区相当广阔，我们决定每个人担任一个固定的地段。

我的伙伴们的声音在远处消失了，我一个人在浓重的，漆黑的，静寂的暗夜中遗留下来。房屋像一列庞然的黑色巨物，没有透一丝灯光。天上也没有月亮，市镇在寒冷的秋夜星光下，看起来像死的一般。我想大声地跟自己说着话，来驱走那种惊怖的感觉，可是我不能够控制我的勇气去反抗那种原始的静寂。

幼年时代童话中间的幻想世界在我眼前活现出来了，仿佛人类并不曾工作过几千年，去消除掉那种原始人的自然恐怖，又仿佛人类已经回复到那样的时代，他们只是面对着那不可解释的神怪的自然力的另一种惊惶的兽物而已。

我沿着黑屋中间的荒凉街道蠕行着，那些房屋蹲伏在黑暗里，像准备要向你扑过来似的。在稍远的地方，探照灯试探的光伸入到天际，接着警报汽笛叫了起来。探照灯光互相交叉着，交叉了一会儿接着又分开来。最后，只有一条长长的光慢慢地穿过深沉的黑暗，熄灭了。头上什么地方，一只单独的飞机在飞行着。我继续小心地执行我的任务，准备发生任何的事变。

"谁在那边走？"一个声音，并不很高，从黑暗里向我喊过来。

我跳起来，觉得心沉了下去。

"巡逻队。"我忐忑地回答说。

"什么样的巡逻队？总之你是谁？"那声音强硬起来。这时我的眼睛从黑暗里看出一个更黑的人影，蹲在一家前门的门廊里。

"亚历克舍·费狄契夫。"我说明着，对于我自己声音的发抖感到羞愧。为了掩饰我的惊惶，我用我所能使出的最粗强的声音叫了出来：

"那么你又是谁？"

"玛雷雪夫，涡轮工厂里的，"那边回答说，"那么是你了，辽沙？"

我向那声音走得更近一些。果然是玛雷雪夫，他坐在门廊上，可并不像我这样，在企图向黑暗中间注视和向静寂中间倾听着。

“那你是巡逻，是不是呀?”他说，“我知道，他们叫你们学生子也来做一些事情哩。”

“我们是在察灯火管制。”我像煞有介事地说。

他显然并不曾听见我的话，因为他继续说下去，似乎自言自语的在想着什么，倒不如说是在对他自己说话。

“我决定到外面来走一下，”他说，“坐在屋子里太闷气了。”

“自然啰，这儿你至少可以看见天。”

“对呀，”他说，高兴我理解他。隔了一下，他又接着说：“他们离开我们更近了，辽沙，是不是?”

“不要担心，”我用一种乐观的声调回答说，这种调子是我听见那些大人们在和这同样情形下曾经使用过的，“他们不会到这儿来的。”

“自然啊，”他马上就同意了。接着，沉默了一会儿，他又问：“你以为他们为什么要这样干，唔?”

“干什么?”

“唉，你知道，进攻我们呀?”

“他们是法西斯蒂呀，你对他们是不能存什么希望的。”

“自然啊，”他又同意了，“可是为什么他们是法西斯蒂呢?”这问题问得有点半信半疑，似乎他有点不好意思问这一类的问题。

我不知道怎样回答。他也似乎并不要求一个回答。

“你还是去巡逻吧，辽沙。要知道，什么事情该怎样就该怎样呵。”

我向前走了两步，他朦胧的影子消失在周围的黑暗里，于是我又孤寂地遗落在这漆黑的，没有生气的城市里了。

有一次，雪必尔涅可夫到我们家里来一次所谓事务的拜访，因为他并不是我们家里任何人的朋友。他是厂里的一个助理管事，专管人事的，有一间巨大的、全部供他使用的办公室，而且按例只是和主要职员直接发生关系的。他一进来，用一种友谊的态度微笑着，接着他在桌子上首父亲的位子上坐下来，用一种大声向我母亲说：“好吗，太太？”又拍拍我的肩膀，用“你有一个好孩子呀，老板”的话对我父亲说。

这叫我看来很奇怪。大抵多少算是生客的人到家里来，总要说一些客套话的。不过，尽管这样，我仍然觉得接受这个拜访很荣幸。这之前，只有在开大会的主席团中，或是他在讲台上演讲的时候看见过雪必尔涅可夫，这个使我们的起居室也叫我模糊地回想起一个大会堂来。

“唔！”这个显赫的客人说，把眼睛慈和地向我们扫视了一周，“我只是顺便弯进来一下，看看我们的老辈子是怎么过活的哪。”

爸爸眉毛微微蹙了一下，回答说：

“谢谢你的关心。”

爸爸和尼古拉不耐地坐着，等着听他还要说些什么，祖父也显露着一种假殷勤的神情。雪必尔涅可夫温和地微笑着。

“唔！同志们，”他说，“让我们作一次心腹的谈话吧。坦白地告诉我，有如一个工人跟一个工人谈天一样，你们对于战争，对于前线的局势，以及对于我们在后方的责任，作如何想法呢？”

祖父望了望爸爸，爸爸也望了望父亲。祖父用一种自信的姿势举起一只手臂，沉思地摸他的胡须。

“我们要怎么说法呢，雪必尔涅可夫同志，”他说，“我们应该起来打击敌人，自然呀。”

他说起来，似乎是在公开他在这以前曾经小心地隐讳着的一个思想。雪必尔涅可夫显然想，他已经觉察出祖父话里一些动摇的痕迹了，因为他对他使了一个奇异的眼色，伴着一个会意的微笑。

“唔，费狄契夫同志，”他说，“你是不是有过那样时候，觉得假如我们放弃了，譬如斯摩稜斯克或聂戈拉叶伏斯克那些地方，事情对于斯达罗柴伏达斯克也不好吧。”

祖父微微地笑了笑，像一个聪明的人，他的思想被另一个比他更聪明的人所看穿了。

“唔，是的，有时候这样的观念是会到一个人头脑里来的。”他回答说。

“唔，唔，就是这话，”他停住了，笑了笑，向前俯过来机密地小声说，“他们不会到这儿来的。”他四周看了一下，似乎要确定有没有偷听的人把这段消息听了去。

“他们不会到这儿来？”祖父问。

“不，他们不会来！”雪必尔涅可夫说。

“你为什么这样想呢？”

“我们不让他们来！”对方几乎是耳语般说。

“这样么——”祖父说。

雪必尔涅可夫向四周丢了一个胜利的眼色。这似乎使他以为他访问的目的已经达到了。他又坐了五分钟，除了很少一些没有什么特殊意义的不相连贯的惊叹词以外，再没有说什么。

他一走，谈话立刻转到一些完全不相干的事情上去。接着，祖父回到他自己房里去，但是一会儿只穿着衬衣又跑回来问父亲说：

“亚历克舍，你懂得他说不让他们到斯达罗柴伏达斯克来是什么意思吗？”

“不，”爸爸回答说，“我不懂。”

祖父去睡觉了。

八月初，奥尔珈来了一封信。那一点不像是她写的。她写得很缭乱。而且许多涂掉的地方不相连贯。信上开头叙述她怎样到了罗斯多夫，就传来战争爆发的消息了，和她怎样决不定还是继续飞去还是回家。飞机要启程的时间到了，她还决定不下，于是她又搭上去向前飞了。接着，她又写着塔皮里西的人，连巴胥加在内，都断定法西斯蒂一定会被击败的。之后她又写了一大串拥抱亲吻和安慰的话，发誓说她怎样爱我们所有的人，和没有我们她是怎样可怕的寂寞。最后是说她和巴胥加已经结婚了，住在一起；但是这件事是被一大片誓言所盖没了，那誓言说，我们终究是她最亲近和最亲爱的人，虽然巴胥加也很好，只不过有点下流和吹牛。但是，她说，那只是因为他年纪那么轻。并不要紧，因为她自己很严肃，而且具有对于他们两个人的管理能力。

巴胥加——她写着——已经准许缓役了，但他却想去志愿服务；她也想去，而且曾经读过一本关于急救治疗的有趣的书，不过她自己却愿意去参加实际战斗——人家说，女孩子是并不阻止去参加战斗服务的。那信是用一些更温柔的感情的话和对于我们幸福与安全的关切作结束。她可怕地忧愁着战争将会那么恐怖，但是在字行中间，你可以读得出，不管每个人和每件事情怎么样，她仍是非常愉快的。

爸爸大声地读着信，我们其余的人听着。读到他认为重要的地方，他就停顿一下，向我们环视一周，以便在继续读下去之前，使它的意思深入。母亲哭着又笑着，说："上帝保佑她！"又擦擦她的眼睛。尼古拉对于奥尔珈想去当兵的主意大笑起来。他说她还要去当将军哩。连沙夏叔爷也留心地听着念信，说："好女孩子！"

这是自从六月二十二号以来我们在家里的第一个快乐的晚上。我们围坐着一张桌子，一只蟋蟀在炉子旁边吱吱叫着。每个人心境都很好。活泼的谈话和笑声使它当真很像战前的家庭聚会。只有那因为灯火管制而遮起来的窗子是唯一不相和谐的调子。

第二天晚上，巴胥加的双亲拜访我们，来会新亲了。巴胥加曾经写信告诉他们关于他的结婚。华西里·卡拉胥涅戈夫以前确是跟爸爸和祖父碰见过的，不过那只是一种点头的认识而已，因为他们只在厂里彼此见面，而且见面的时候也很少。他是厂里的总机械师。作为一个大工程师，他是没有机会和普通工人们密切接触的。

起初，爸爸对着这个显赫的伙伴觉得很不自在。我想，他大概是担心卡拉胥涅戈夫两老也许以为他是故意想攀这门亲事的，因此他就很冷淡和不大搭理。但是，后来等母亲把安娜·卡拉胥涅戈夫娃拉到一旁去作心腹密谈，男人们单独留下来，父亲的冷淡就消失了，谈话也渐渐变得很融洽起来。

华西里·亚里斯达霍维奇——这是卡拉胥涅戈夫的父名——看来是一个和蔼可亲的人，虽然我一向以为他是相当高傲的。也许是因为害羞，使他很少说话吧。爸爸和他谈着一些旧事和新婚夫妇。卡拉胥涅戈夫说，他最初看到他儿子打领结要打半个钟头，就猜到是有些什么事情了。

“之后，我从一本记事簿里发现一页，写着一些热情的诗句，是他曾经写在一本书上的，”他告诉我们说，“起先我很担心，因为我希望他成为一个工程师。可是他的诗却叫我放心了。这只是那样的一些胡诌，那他决不会成为一个诗人的！”

爸爸看出沙夏叔爷失神的样子逃不过卡拉胥涅戈夫的眼睛，便连忙把他的故事用低声告诉他听。

“是的，日子是很艰难呵，”卡拉胥涅戈夫说。他从口袋里摸出一只有图案字的金烟盒，取出一支粗大的香烟。我注意到他硬袖的扣子也是金的，而他的夹鼻眼镜也一样金光闪闪。他的服装比我所习见的更漂亮。但是他那种态度，显然并不在乎他的烟盒是金子还是拙劣的金属品做的，或者他有没有一副金子的袖扣，这使他那一些阔绰的派头并不完全叫人反感。

父亲从食架上拿出一瓶伏特加和另一瓶红酒，颇为疑迟地请问他的客人是否愿意喝一点酒。对方说他并不拒绝。女人们也就邀来一起，我们大家都为新婚夫妇干杯，谈论着他们，并听尼古拉告诉我们关于在那只浸水的游艇上的游戏故事。

当客人快走的时候，话头转到战争上来了。这是卡拉胥涅戈夫的说话引起的。那是在提议请那青年夫妇再来喝一杯贺酒的当儿。

“这伤不伤心，我们的孩子竟在这样的时候来结婚，”他举起杯子来说，“这是一个可怕的战争呵。让我们为那些在前线作战抗敌的人们干杯吧！让我们希望他们会平安回来，而他们所代表的伟大主义会胜利吧。让我们希望战后的世界会是一个生活得更好更快乐的地方吧……那样，我们的孩子也会有一个享受生活的机会了。”

对于这样庄严的语气，我们都干杯了。我也喝一杯红酒。最后，卡拉胥涅戈夫放出了一枚炸弹。

“这个还不曾正式宣布，”他说，“可是今天已经决定了，我们的厂要疏散到东部去。”

房间里突然肃静下来。我虽然不能立刻把握这句话的全部意义，可是从每个人的脸色上，却可以明白这是一个不愉快的、痛苦的消息。我觉得我的心沉了下去。一个阴影向我们罩下来了。

第八章　晚间六点钟

机车接上了停在侧道里的一长列车厢，又一批斯达罗柴伏达斯克工人准备离开了。

好几车装备和人都已经走了，这是最后的一批。

这列车一开出，工厂的疏散工作就完成了。这是说，凡是一切能搬得动的机器，都向东方辘辘地运了。一切愿意离开老家的工人，都向着一些很远很远的新的陌生的目的地旅行去了。

我们这些留下的人，在车站上看着这最后一批走的人离开，但是我们是少得可怜的几个人。我们站在月台上，向站在货车敞开的门边上一些朋友招呼着，作着一种精神上的表示，有的在笑，有的在哭，有的人很高兴，有的人在纷乱间烦扰。我们想彼此呼唤，但是一切想要讲的话都已经讲过了，我们只有来说那句瑞士人的谚语："战后晚间六点钟再见！"

什么时候这个钟点会敲呢？那时我们又将是在哪儿呢？现在站在月台上的或是在车上挥手的我们这些人中间，在那个会面时候，又有多少人还活着呢？要是还活着，那遥远的、不可想象的六点钟，我们又将是怎么一个样子呢？

有些人在哭泣，有些人强装着笑容。那些要离开的人正面对着一条漫长的路程，一个不知道的目的地，和无数的困难。对于他们，这是和他们的家乡，和他们住过的街道房子，和一直以来构成他们生活的房间、家具以及许多小物件都永别了！至于这些留下的人们——谁又能说出，什么命运是在等待着他们呢？

"战后晚间六点钟再见！"我向格里沙·波雷脱金喊，他那张有狮子鼻头的浅色脸孔正从一辆车厢里望出来，作着一种勉强的微笑。

"你说了，"他回呼着，"晚间准六点钟呀！"

我们中间，没有一个当真相信我们还会再见面；要是能够的话，我们也不会是老样子了。谁能说我们将要遭遇怎样的日子呢？再见了，格里沙·泼雷脱金，足球场上的明星，好厉害的前卫啊！祝你幸运吧，大孩子！

我的母亲在送别我们一位邻居亚历克山特拉·亚芬西耶芙娜，也许她们都约定在某一定时间再见面吧！她们都不曾作无言的哭泣。爸爸在他胡子中间爽朗地微笑着，和平时一样，他在向他的一个朋友告诉一些什么话，那朋友是和他一样的一个瘦长老人。他没有注意到他老婆为了一只绿色袋子不见了在伤心，只是说："这是一件伤脑筋的事情，亚历克舍，战后晚间六点钟！"

老彼得·彼特罗维奇·库定——他作为一个机械工人声名最盛的时代，还是在十九世纪的九十年代，可是他在厂里的人缘，一直到现在还是很好——从窗子里伸出头来，叫我祖父过去，祖父抹着他的胡子，在月台上兴奋地跳上跳下。我听不清库定的话，可是我听见祖父在向他回答喊：

"喂，你还不迟！准六点钟……"

女人们在团团转；衣箱和包裹不见了又找到了；小孩子在忙乱中间失踪了，做妈妈的用恐惧的声音在叫喊；有的人提着一把茶壶冲过去；有的人找不到自己的车厢；又有人忘记把烧饭的油炉子带了来。

在列车的末端，是工程师的车厢，华西里·卡拉胥涅戈夫和他的太太站在那里。他们也在挥手向一些人叫喊着一些什么。

机车的汽笛声刺裂过空中，接着，列车的联轴一拉紧，格朗朗地响过去。火车开始向前滑动了。跟着，一大串熟悉的脸孔离开了我们，这些脸孔中间，哭着的比笑着的更多，悲哀的比愉快的更多。

“那样久呵，再见了！”

“别忘记呀！晚间准六点钟……”

列车一出站，一阵静寂落下到站台。笑容消失了，一阵疲劳似乎袭击着月台上的人们。送行的疲乏和紧张开始被感觉到了。爸爸，母亲，尼古拉和我走出到街上。我们周围有一些人还依旧在哭泣，但是眼泪已经不是那么狂涌了，啜泣的声音渐渐低了下来。有的人仍然在微笑，但也只是一种笑痕而已。卡拉胥涅戈夫夫妇挤到我们中间来。

“你们为什么留着不走呀，华里西·亚里斯达维奇？”祖父问。

卡拉胥涅戈夫燃着一支香烟，深吸了一口，悠闲地喷出烟子。

“我在家乡住惯了，”他说，“而且我去旅行，无论如何也太老了呀。”

市镇看来荒凉起来了，当我们走过一家房子，窗子用木板围起来的，父亲站住了。

“费也陀罗夫一家住在这里的，”他说，“你们记得费也陀罗夫一家吗？”

“我记得，”卡拉胥涅戈夫说，“他的女儿跟一位苏维埃英雄结婚的，我相信。”

“不！那是他的孙女儿。他是一个好家伙，自从一九〇五那事件以来就记到他。我奇怪，他离开了斯达罗柴伏达斯克将怎么过下去。”

“这对他是难受的。”卡拉胥涅戈夫同意说，当我们走过另外几家窗子围起，大门钉起的房子。

“你绝对不能预说会遭遇什么事情，”父亲说，“事情可能会发生各种各样惊人的变化的。”

“当真，”卡拉胥涅戈夫回答，他吐出一串长长的烟，默默地走了一阵子。“一个人能说什么呢？亚历克舍·尼古拉维奇，事情的发展是那样瞬息万变，我简直不能撇开它们单独去想。也许他们会占领斯达罗柴伏达斯克吧。要是他们占领了，我并不想到别处去找寻安全的地方。如果到了最糟糕的时候，宁愿死在家乡。”

父亲同意地点点头，他指指一所粉刷着玫瑰色的房子。

“亚历克西杨珂的房子，”他说，“记得工头亚历克西杨珂吗？”

“自然记得，”卡拉胥涅戈夫说，“他还是一个好工头呢。也许喜欢多喝几杯酒，不过他工作干得很不错。”

祖父走在我们背后，耸起他尖削的锐角的肩胛，看来比平时更加瘦小了。他忧郁地恍惚地微笑着。我看来，他似乎是离开了现在，在回想他过去的日子，他的心里或者是在眷念他多年以前曾经从这些围上木板的窗口上望出来的年轻伙伴——这些年轻伙伴，即使父亲认识的，也都变成老人了——以及他年轻日子里的友谊和怨仇。

我们七个人一起走着，庆幸我们还不是这街上唯一的人们，这街上还有一些打开着的窗子，窗子里面，有些主妇在把茶炊放到桌子上。然而尽管这样，我们，或者每个留在斯达罗柴伏达斯克的人都是一样的，感到一种强烈的寂寞感觉。和过去比较起来，这城市现在是荒凉了，而人们真实感到他们是需要互相紧靠在一起了。

从一道敞开的窗户里，一个声音向我们抛过来：

“您好吗，华里西·亚里斯达霍维奇？晚安，费狄契夫。”

“晚安，亚芬那西·伊凡诺维奇。”

一个宽肩膀的大个子男人从窗子里向我们微笑着。

“那你们是下决心准备死在家乡土地上了！”

“像我们这样的老头儿往哪儿跑呀？”父亲说，“我们还是在这儿打算一下吧。”

“进来喝一杯茶吧。”

“谢谢，也别忘记到咱们那儿去玩呀。”

我们沿着一条居民搬光了的街道走去。祖父用他散光的眼睛凝视着那些围上木板的窗户和钉起了的大门。最后，我们向卡拉胥涅戈夫夫妇道别，默默地走进自己的家里。

母亲在厨房里忙碌起来，厨房里的炉子不久旺燃了，煎锅嗞嗞地响起来了，强烈的木柴烟子在空气里迟钝地盘旋着。祖父走到他房里躺下。我坐在餐室睡椅上的一端，望着沙夏叔爷的身影在深沉的暮色里渐渐模糊起来。我感到非常颓伤，由于那向着远处吼啸而去的列车，由于街上那些围起木板的窗户和钉起的大门，由于天色慢慢阴暗下来，以及由于我们孤单地留在这里，来迎接那不知道的恐怖，而这恐怖是一天一天向我们逼近，不祥的征兆把我困住了。

“是窗户上灯火管制的时候了。”母亲在厨房里叫。

父亲走进来，向着窗口走去。

“你把那块蓝色被单去拿给我好吗？”他对我说。

我站起来，去拿被单给他。这时已经很黑了。当我回来，父亲依旧一动不动地站在那里。

“这儿，爸爸！”

他拿了被单，但是继续凝视着窗外。我也跟着他望出去，看见在屋顶和工厂烟囱之外的远处，天空上有片红光。我还记得那一阵阵玫瑰色的烟雾，慢慢地向着天空升去。

“什么东西在烧起来啦！”我说，但是父亲做了一个不耐烦的手势叫别作声。他在倾听着。节度器在扩声器上弛缓地打着拍子，厨房里的柴火在轻微地爆裂，从远处微弱地传来工厂里的嗡嗡声音。留下来的依旧是做工作。渐渐地，我辨别出远处什么地方有一些沉重的，很难听清的轰炸声音。那似乎是一些巨大的肥皂泡泡在外面浓厚的黑暗中间炸裂着。

“炮火呵。”我轻轻地说，我的心沉下去了。

“大惊小怪的家伙！”父亲向我微笑说，“让我们把窗户遮起来吧。你母亲在等我们吃饭哩。”

我们把被单在窗前展开来，我消除不了那种压迫的恐怖的感觉。

“他大概是在想安慰我吧，”我想，“大炮或许当真轰来了，那红光是从一阵猛烈的大火中间发出来的哩。”

电灯扭亮了，房间里立刻变成一个安谧的愉快的避难所，洋芋依旧在煎锅上诱人地作着嗞嗞的声音，茶炊含着一种平静的喜悦在沸滚着。男人们为那些离开的人喝了一杯伏特加，回忆起很久以前那些人和事情。父亲吃了一顿满意的晚餐，对祖父说的那些故事发笑。我又定心了；一切事情大概不会有问题，那危险对我们的威胁大概还很远吧。

在我们喝茶的时候，母亲宣布我们储存的洋芋头已经快完了，而且铺子里也没得卖了。她所有的只够明天的两顿，以后怎么样她可不知道了。爸爸叫她放心，说这用不着担心；官方允许凡是留下的人可以去掘取疏散了的人所留下的园圃。因为大多数工人都已经走了，让园圃荒芜起来可没有意思，人们可以到离市一两公里以外的地方去掘取他所需要的全部洋芋。

"你明天肯去吗，辽沙？"他问我。

"当然，我愿意，"我同意说，"我要跟那些孩子们去说说，看他们是否愿意一块儿去。"

第九章　公路上挂起一盏明灯

华西里·卡姆耐夫和波里斯·莫加契夫热情地同意跟我一起去，因为他们家里也需要洋芋。我们约定在下午三点钟，可是我们动身的时候已经快五点钟了。我们准备好布袋和铁铲，沿着公路愉快地走去。我们谈论着那些疏散的人，谈到我们在这儿留下来，彼此比赛着互相吹牛。

"我们的队伍撤下来了，"波里斯装着一种懂事的神气说，"我的表哥刚回家来，这么说的，他是应该知道的。他在一个军事学校里，几天以后我们这儿也许会是火线呢。"

这个概念似乎很诱人，我们开始来讨论，我们在火线上该是多么壮观，而那些疏散走了的人在战后该会怎样羡慕我们。这个说法中间是有一部分真诚的，因为这些十五岁的孩子中间，能有多少曾经看见过火线上罗曼蒂克的事情呢？不过这中间也有许多是虚夸，因为在我们内心的深处，实在是畏怯的。我们互相报告每个人所知道的绝对可靠的情报。其中有一些是我们当真从别人那里听来的，可是大部分却是贫弱理想的产物，我们一想到一些新的惊人的新闻，我们自己就立刻先相信了。

我们一路上这样喋喋不休地谈论着，不知不觉已经走了大约一个半公里了。我们确乎是留心着公路两旁的洋芋田，但是它们全部都已经被人掘过了。公路本身是出奇的荒凉。只有几辆卡车装着军人疾驰而过。

“瞧，”波里斯突然说，指着车站背后升起的一股浓烈的黄烟，“我不懂是谁在那儿烧营火呀。”

“这不会是营火，”华西里说，“倒像是当真火烧呢。这许多人都走光了，不能说这些荒凉地区会发生什么事情的。”我们讨论了许多时候，可是没有一个人想到这是由一颗炮弹引烧起来的。

最后，我们在一带洋芋梢叶还碧绿地竖立着的地方停下来了，我们离开公路，刚打算来掘，忽然被华西里一声惊惶的锐呼所打住了。

“停住！别动！”

我们一转身，他站在一块用黑色炭笔写的叠木信号牌前面。“地雷区。”它用大字写着。我们三个人全都吓得呆住了。我注意到波里斯用一只脚站着；他不敢把双脚平放在这埋藏着炸药的地面上哩。

“我们可以踏着我们自己的足迹走回去，”华西里说。“不过要小心点。”从离开公路到我们站着的地方，约莫有十五步路，足足走了一刻钟。

“险一点儿，”最后我们走到沥青路上。波里斯说，“把你自己和这些洋芋一块儿飞炸到天上去哩。”

“那不用担愁，”我说，“他们不能每一寸土地上都埋着地雷的。他们既然挂了警告牌，你就可以断定，那些没有警告的地方，你是安全的。”

我们继续走去，审慎地察视着路的两旁。

“我看不出这儿有什么地雷的样子，”华西里说。我们仔细地研究着地面，确定那里没有危险的信号。我们彼此靠紧着，走入田野里去工作。为了寻觅一个安全地点去掘取，我们大概已经花费了许多时间，因为天很快就黑下来了。聪明一点的，最好是少捡几颗就走。可是那洋芋又好又肥，简直叫我们舍不得走，再则我们都被工作吸引住了，忘记去注意黑夜快到来。

最后我吓了一跳，发现天色已经变成灰黑，烟雾升入天空，从下面被一片火光映得通红。我招呼波里斯和华西里，把布袋捆好，将铁铲上的泥巴弄干净，正准备回去，恰巧远处响出一个像爆竹似的声音，什么东西在险恶地呜呜响着，接着，空中给一声爆炸劈裂开来，同时远处什么地方路边的泥土像温泉似的喷溅起来。

“哇呀！”波里斯说，“他们在开炮哪！”

接着又是一阵呜呜的声音，一声爆炸，这一次是那样迫近，我感到一阵狂风，一块炮弹碎片从空中嘘的叫过去。

“让我们匐倒！”华西里用一种稀薄的声音喊，从洋芋田地奔冲过去，我们都紧跟着他的脚跟。又是一阵呜呜声，一声爆炸，接着又是一次。我们伛低着身体，喘息着向前狂奔，不敢往背后看一眼。

我猜想，假如我朝后一瞟，我会看到一颗炮弹以一种可怕的速度在向我追过来。我吓得半死，没命地狂奔着。又是一声爆炸在我们背后劈裂着空气，不过这回似乎远一些。我们站下来向四周一望，暮色已经沉入到黑暗中间，几乎看不清楚我们面前笔直的公路了。夏夜的静寂渗透着空间。牛犊的鸣声表示此地离开一家农场不远了。我们低声地谈论着。

“看来很糟糕，是不是？”波里斯说，“也许这些地方都埋着地雷呢，我们应该还是走大路吧。”可是他的声音是犹豫的，我们也没有回答。显然，世界上没有一种东西能够逼迫我们回到我们刚才看到过炮弹爆炸的地方去。我觉得膝盖软了起来，就坐倒了。

“起来，”波里斯说，“让我们往前走。”

我们决断不下向哪里走，我们只是疲惫地挨着，不管向什么地方走去。冷汗沿着我们的背脊流下来，我们在黑暗中间踬颠着，洋芋袋的带子，嵌入我们的肩膀。我们把伸到我们腰部的洋芋梢叶推开，向前挨过去，彼此照顾着，用脚小心地探触着地面。

“我再不能往前走了。”最后华西里说。他向旁边走了两步，累乏了。接着，他就在地下坐倒了。

“起来！”波里斯向他喊，“起来，你这懦夫！你要把我们都拖在这儿吗？”

华西里啜泣着站起来，可是正在这时，又是一阵呜呜声和一声爆炸穿裂过空中，我们立刻又给吓昏了。

华西里发了声喊，狂奔起来。我们立刻就看不见他了，不过我们仍能听到他啜泣的声音逐渐远去。波里斯坐下，大笑起来。

“傻瓜！”我听见他用一种含着眼泪的声音说，“他一定是吓昏了。”

“华西里！”我向黑暗里喊，“华西里！”

黑暗里没有回答，我仿佛听见什么人在哭，可是不管我们怎样叫喊，却没有华西里的答应。

“辽沙，”波里斯说，“我也有一点慌了，还是你去找找路吧。”我没有回答。“你怕，是吗？”他愁眉苦脸地问。

“我就去，可是我一喊你就要答应呀！”

这时大炮是不断地在响了，不过很远。突然，一个巨大的火柱飞升到黑暗的天空。

我一路走，一路间歇地喊着“嗨！”波里斯就回答我，“我听见哩！”

这里谈不上过分小心地前进，因为在黑暗里你压根儿什么也看不见。于是我就决定索性往前直闯，闯到地雷，也只能算我运气不好。可是下决心容易，实行起来却难，每一回我把脚放下去时，我的心就毕卜毕卜跳起来，我的双股要和肚皮脱裂开来。

“哰，喂！”我喊着。

“有，”那边答应着，每一次再发出的“有”字都比前一次声音更低弱些。这时，我该是已经走近我所要找的另一条公路了，可是在黑暗里，你实在不能知道究竟是在往那儿走。我唱起歌来振作我的精神。

“哈啰——啰！”波里斯那边发出一声惊惶的叫喊。他也许想我已经发狂了。

我一唱歌，就觉得定心多了。唱歌会克服恐怖，这是一件古怪的事情。我已经是很自信地在向前走着了，而当另一阵呜呜声从头上掠过和接着另一声爆炸落在不远的什么地方的时候，我实际上已经忘记那些炮弹了。在黑暗里，感觉都吓得有点麻木，我说不出究竟那炸弹是落在我前面还是背后。我像一个陀螺似的一旋，没有管什么方向和别的什么。为了逃命要紧，就狂奔起来。

要是和华西里和波里斯在一起，那就轻松些，而为了要在别人面前表现那种单纯的骄傲，可逼得自己上当了。现在，我无论如何是完全发了狂。要是我当时记得我背上还有那袋洋芋，我大概是会把它扔掉的。可是由于吓昏了，连它的重量都不曾感觉到。又一颗炮弹落在很近的地方，我旋了一下，向着相反方向奔去，掉落到一个坑里，苦苦地爬出来，又继续奔跑。最后，当我站下来倾听的时候，四处都是肃静的；察觉到我大概已经暂时离开大炮的射程了，于是感到惭愧起来。

“啊，见鬼!”我大声地说，笑了起来。歇了一会儿，抹掉了我脸上的汗，才记起波里斯来。

“波里雅!”我尽可能大声地叫。那边却没有回答。

我向黑暗里倾听着，仿佛听见远远有人喊马嘶的声音和汽车引擎的声音。“德国佬，会吗?”我的脑子里一闪，但是立刻把那念头撇掉了。我向着那声音的方向走去，虽然我一边走，我的膝盖却仍然想蹺曲拢来。那些声音渐渐清楚起来，直到我听得出那些喊声和一些隆隆地滚着的卡车和大车轮子屈轧的声音。最后，我跌撞在一座陡坡上，发现这是一条公路的路基。我把布袋放下，爬到那斜坡上，用手指扳牢一块石头。

“医药连！医药连在那里！”我听见有人在公路上喊。蓝色的车头灯闪了一下子，在这灯光一闪中间，我看见一匹蓝色的马在沥青路上践踏着走过去。

“步兵第一团在哪里？”另外一个声音在叫，“司令同志，这边！”

“吉达浦，你这个狗蛋！”从极近的什么地方传过来一个声音，大车的轮子几乎滑出到路边外面，在路边的碎石块上碾过去。一辆卡车引擎突然响动起来。

“走开，看我把你压死！”那司机叫着。在这一切中间，能听见脚步从沥青路上践踏过去。他们人数很多，而所有的人的步伐都是凌乱的。

我站在那里，无法知道是发生什么事情了，也不知道去问哪一个我是在什么地方。一群人从我面前大踏步走过去。

“将军亲自到来啦。”我听见一个声音在说。

“你想他是来做什么的？”一个疲乏的声音问。

“这里有谁是从步兵第一团来的呀？”那同一个声音叫起来，这回是带一种不耐烦和失望的调子。

“我要压死你！”司机依旧在向那挡住他路的人喊。无数的脚步拖曳着走过去，远处传来一个叫唤九十六医药连的声音。

突然，什么东西都浸浴在亮光里了，仿佛有谁把电灯开关一扭似的。一盏雪亮的明灯浮荡地挂起在公路的上空。它慢慢地沉下来，在它上面，对准着公路，是一架飞机，翼子上有一个卐字，我认出这是一架德国的侦察机，就是它投下一颗照明弹来的。我仿佛看到一个戴着皮盔的纳粹飞行员在向下看，侦察他底下的情形。

充塞着公路上的，是一支撤退下来的军队。这中间有红军的步兵，有挂红十字的伤兵运输队，还有大车，大车的驾驶员一边鞭着马，一边咒骂着，想把他们的车轮和旁边别的大车的轮子解脱开来。卡车从错杂的拥挤中间穿突过去。路边上站着一些人，一会儿在喊步兵第一团，一会儿又在喊九十六医药连。

当照明弹照亮了村庄，疲乏地拖着脚走路的兵士们，和驾驶员们以及站在路边上的人们，都直觉地弓了一下身体，接着又不好意思地笑了起来，仿佛做了一件不该做的事情给人家捉到了似的。

"这臭狗仔在打量我们啦，"一个走过我旁边的红军士兵，斜睨着头上的飞机说。跟我一样，他大概也感到那戴皮盔和遮风眼镜的飞行员的冷酷而残忍的眼睛在向他盯了一下。

和突然亮起来一样，那照明弹又突然熄灭了，随着黑暗到来，卡车又向前涌进，大车的轮子吱吱地叫起来，无数的脚步又践踏过去。

有两个人在我旁边站住了。我只能看出他们在黑暗中的侧影，和听到他们疲乏的声音。

"你是从哪儿来的？"第一个问。

"从那边村子里来的。"第二个回答说。

"唔？"

"我们放弃那村子了。"

那第一个除去他的帽子，手指在头发中间抓着。与其是在说话，倒不如说是在呻吟：

“天哪！什么时候才有转机呵……”

“走开，看我压死你！”这是一个卡车的司机。“你是想闯到什么鬼地方去呀！”

“九十六医药连……”

沥青路上那些脚步继续的走过去。

在照明弹的亮光中，我认出了那工厂的高烟囱，这使我知道我是在什么地方。我休息了一下，收拾好洋芋的袋子，于是走回家去。穿过了一些黑暗的荒凉街道，我敲着我们家里的大门。父亲来开门让我进去。

“你碰到什么啦？”他问。

“我看见军队退下来，德国人就在市外了。”我激动地急忙地说出来。

“轻些，”父亲低声地说，向餐室的门投了迅速的一瞥，但是那门是关着的。“安静些，你别来散播惊惶了，知道吗？战争中间各种各样的事情都会碰到的，可是我们不要人们发慌呀，孩子。”

这时，我知道他已经完全明白一切发生的事情了。我知道，他早已晓得昨天空中的红光是什么，远处钝重的爆炸声音是表示什么了。我回想起一切看到和听到过的事情，我悟解到尼古拉，祖父和母亲也都明白什么事情是在到来了，而是把他们内心里激动着的风暴都掩饰着。我这时呼吸舒畅一些了，我用手帕拭去了脸上的汗和梳理了我的头发。

“好的，”我说，“别担心，爸，我不会说什么的。”

他慈和地望着我，拍拍我的肩膀。我打开门，走入餐室，没有一丝可以看得出激动的痕迹，泄露我刚才所经历过的事情。

这就是战争教训我的第一个课程。

第十章　费狄契夫家属的团聚

当我走进房间，感到一种奇异的感觉；那似乎是某种磁石把我吸到另外一个世界里来了。漆黑的洋芋田，冲天的泥柱，华西里绝望的远去的呼声，以及高悬在公路上空巨大的照明弹都消失了，我的两只脚又重新是自己的，坚实地立在熟悉的地面上了。天地并不动荡摇晃，而是坚实地定立着，于是我才重新相信它。尼古拉缓缓地啜着茶，母亲在微笑，她用一只耳朵听着祖父的说话，而她的心思显然是在别的地方。

“我等了你很久，”母亲对我说，“你到哪里去了？我们正在担心呢。”

“人家把附近的洋芋都掘光啦，我们得跑到好远去找。这时那边正在打炮，我们等了许多工夫呢。”

母亲摇摇头。

“你们怎么能跑到打炮的地方去呢？”她说。“你找不到洋芋就该回来呀，没有洋芋我们也能过呵。”

“孩子们的生活中间，一点打炮算得了什么呢？”祖父插进来说，“这在他们是日常功课哪。”

母亲出去，替我去热晚餐了。

“那么，你是给卡住了，唔？”尼古拉开口了，“告诉我们一切情形吧。德国人来得很近了吗？”

“近得很。”我点点头。

“你怎么这样想?”

“我看见军队沿着公路在移动。有卡车,兵和一切其他东西。德国人投了一枚照明弹。你就该明白那边是怎样的情形了。”

“在公路上,你说?”父亲插进来说。他刚进来,因为他在替我开门以后,大概又走出到前廊上去倾听那逼近来的战争声音和去看那反映在天空中的闪烁和火光了。

“我看见他们在公路上呢。”

父亲点点头拉过一把椅子,坐下了。

“唔,唔。”他不置可否地说。

我还想再说一些,但是我明白,这儿是没有什么说的了。

“我刚才说的那一些印刷工人,”祖父继续他刚才因我进来而打断的说话,“他们是一种非常坚实的人。他们把事情看得非常严肃,比干别种行业的人也许看得更严肃一些。自然,我们五金工人是要除外的。他们大多是工会会员,一般说,是非常懂得事业的。而且还相当的骄傲。他们决不让任何人利用他们。而且是好同志。如果有什么增加工资这一类罢工,这些印刷工人总是参加的。他们懂得团结的意义,他们当真懂得。那是在沙皇时代,远在革命以前呢,那时印刷工厂都小得很。有二十个人就算一家大工厂了。”

“在货栈那边,从前有一种职业介绍所,没有工作的印刷工人就聚集在那儿,等雇主到这儿来雇人。失业的人在找到一个工作之前照例要在那里徘徊好几个钟头,甚至好几天。他们就躺在太阳地里,把他们所要的工资价格用粉笔写在他们的皮鞋跟上。譬如说:早晨,他们把价钱定为七十五戈贝克。过了两个钟头，要是没有人来找工人，他们就把价格减到六十戈贝克。到了黄昏，价格也许跌落到约莫四十戈贝克。不过，有时候也有人以一个卢布给雇去的例子。

“有一天早晨，当他们躺下来等待人家来找寻印刷工人，每个人都在鞋跟上写上八十戈贝克。那里是有一些发达的雇主，可是他们来了又走了。似乎觉得八十戈贝克太贵。到了中午，一个一个都把八十戈贝克涂掉了，改写上六十，到了一点钟，价格又跌到五十。只有排在行列最末尾的一个人，脑袋枕在手臂上，一动不动地躺着，鞋跟上依旧写着八十。到了三点钟左右，四十戈贝克跌到三十了。但是行列末尾的那家伙却依旧要八十。”

“这时，那些工头们对这家伙觉得有趣起来。也许他有特殊的本领或是什么吧，他比别人多要那么些钱。到了傍晚，一半的工人都找到工作了，剩下来的人情愿只要二十五戈贝克了，可是那人还是没有跌价。最后，他们走过去摇他，发现他已经像石头一样僵死了。他在五个钟头以前已经饿死啦。这些印刷工人确实是一群骄傲的人物呵！”

祖父说完了他的故事，用手指捻着他的胡须，眼睛向我们溜过去，似乎要我们共同来感尝他对于那些宁愿饿死不愿求乞的印刷工人们的赞美。

“呵，主呀！”房间的阴暗角落里突然发出一个滞钝的声音。我向那声音转过去，看见沙夏叔爷。他一直那么默默地坐在那里，我几乎没有注意到他。他深深地叹了一口气，摸摸他的胡子，可是却没有再说一句话。父亲和祖父相互交换了一个眼色。

"怎么样，沙夏？"祖父说，"来下一盘棋吧？"

"什么？你是在跟我说话吗？"沙夏叔爷应声说。

"要不要下盘棋试试你的手势？"祖父的声音里含着一种哀怜的调子。

"你要来，我们就试一试吧。"

"你就坐在那里，别起来。"祖父说，一边喝完他的茶。母亲端了一些热粥进来。我觉得我是饿了。

"你可是当真带回来好多洋芋哩，"母亲说，"还是那么好那么大，一个一个地。"

喝完了两碗粥，瞌睡压到我身上来了。我想去睡觉。恐怖的感觉已经完全离开我了。房间是叫人安心的明亮，外面黑暗的世界被那严密地挂着窗帘的窗子和坚固而厚实的墙壁隔绝开来了，也许外面那些恐怖的东西是没法突入进来的吧。我靠在椅背上，耳朵里听着祖父嗡嗡的声音，觉得自己渐渐地睡去了。他是在告诉尼古拉，说他和曾祖父和我们父亲从前是怎样生活，以及他们是怎样一起去做工。

"你的曾祖父也是一种坚实的人物呢，"祖父在说，"礼拜六，我们领到了工钱，我们从来不忘记到酒馆里去的。那酒馆招牌叫做'玫瑰'。我可不知道这名字是怎么来历。我在这里住了好多年，从来就不曾看见过一朵玫瑰花。我想，也许是这儿土质太坏了吧。我们到那里要了一些伏特加，盐饼干和啤酒，你的曾祖父和我——你爸爸那时还小，不能带他同去。我在做一个满业的车工以前，也是不准去的。当我第一晚到'玫瑰'去，结果弄得颇为糟糕。"

祖父大笑起来，接着皱起他的前额，摇晃着脑袋继续来叙述他的回忆。

“起先一切都很好。后来，我跟所有来向我父亲庆贺我已经成为一个正式车工的人们喝了酒，我的脑袋开始眩晕起来，我就大声地说话，唱歌和诅咒。父亲没有说什么。他只是笑我。结果是他们把我背回家去。第二天早晨，我的老人家把我摇醒了，我刚从床上起来，他就在我耳朵上一个巴掌——啪！另外一只耳朵上又是一下，我大声地哭了起来，接着他拿了一条鞭子要来打我。我冲出大门，跑到街上，老头子火急地跟在我的脚后。所有人都围拢来看，当他打我的当儿，大家都笑了起来。‘我要教训你这样喝酒，把你老子的脸都丢光了，’他说。”

尼古拉咯咯地笑了起来。

“那么，结果怎么样呢？”

“我懂得照规矩喝了，”祖父用手指扭旋着胡子说，“这以后我再不失去主意了。”

曾经追逐过我的那外面的漆黑的悲惨和恐怖，早已经过去，离开我很远了。最后，我似乎觉得，我们都在深深的地底下，我们可以在这儿安全地谈天，睡觉，早晨起来吃母亲做好的早餐，而在高地上面，战争正在进行着，炮弹在爆炸着，将军们在发喊命令，坦克和飞机在吼叫着。而当这一切都过去了，我们的房子又会升到地面上去，于是我们打开窗户，让明亮的太阳光进来，望着人们笑着，戏谑着，从我们面前走过。

突然，一阵寒颤捉住了我的心。我记起波里斯和华西里来了，我自己真是惶惑，怎么这之前竟不曾想到他们呢？我把他们遗留在落下炮弹的漆黑洋芋田里，我感到我应该去查究他们究竟发生什么事情了。我知道我该去干些什么,可是我没有力气动弹。我的心又紧了起来,房间里的谈天,我也抓不到他们的话头了。当我觉察到他们在说什么,他们的话头早已经转到另外别的事情上去了。

“我非常懂得这个,”尼古拉在说,“我知道这是不能怪谁的。可是这也并不能使事情缓和一些。这儿,我在街上走着,看见玛特里金娜从窗子里在望着我。她没有说一句话,我也没有说,可是她总归是在想‘我的孩子是到那边什么地方去了,而这个健壮的有力的小伙子却在街上蹓跶着。究竟他们是凭什么把他保全下来的呢?’”

“等一下,战争还不曾完啦。”父亲说。

“尼古拉,”母亲插进来说,“蕾育林斯收到一封乌拉尔来的信。那是亚历克舍耶夫家的人和科佐地耶夫家里的人,和别的什么——我记不得了——寄来的。他们在一起,写了一封联名的信。他们说,他们都平安地到达了,他们那边的生活是那样平静,好像完全没有战争似的,而他们已经在开始工作了。”

这是母亲的说法,意思是说,有一些人比我们还更隐蔽得安全些,因此我们并没有什么理由值得羞愧。那仿佛是她插进来一些不相干的话,我却把她的意思加进来了。虽然这一次以及以前许多次,她的目的并不曾被我们所有的人明白理会到,可是她的话是有一种安慰作用的。她的声音里是那样充满着善意和慈爱,那决不会有不同的效果。

尼古拉的精神振作起来了。

“你有一种适合于每种场合的故事呢,是不是,妈?”他有趣地说。

母亲微笑起来，满意于她的企谋虽然被看穿了，而那不愉快的谈话究竟也就结束了。

“沙夏，”祖父在说话，“你听见我说吗，沙夏？”

“你在跟我说话吗？”沙夏叔爷从屋角上回答说。

祖父向他投了一个严峻的眼色。

“向这边过来一点，”他用一种不允许有反对的声调说，“让我们来下一盘棋。”

“下棋么？好的，让我们来下一盘棋。”沙夏叔爷带着一种佯装的热心说。

祖父把棋盘拿来，放在桌子的角上，把沙夏叔爷引到一把椅子上。

“你跟我来，可要下得好一点哪。”他说。

祖父动了一个子。沙夏叔爷茫然地看着棋盘似乎不大明白他该怎么办。爸爸站起来，向他走过去。

“喂，来吧，沙夏。”他说，把手放到沙夏叔爷的肩膀上。“还没有到那种时候，干吗就让你自己这样失魂落魄呢？你完全知道，他们会料理及时离开，和到后方什么地方去的。要是他们留在后面，德国人也许碰不到他们，等我们把村子夺回来，那时，你就会再看到他们呀。”

沙夏叔爷惨然地微微一笑。

“也许是我叫你生了气，”他说，“我坐到另外一个房间里去吧，或者好一些。”

“来吧，让我们开始下棋吧。”祖父插进来说。“你眼睛看得尖一点，要是你不肯被打败。”

两个老人专心下起棋来。父亲来回地踱着，轻轻地吹着一些古旧的进行曲，母亲把桌子上的茶具收拾干净，尼古拉在椅子上摇摆着，听着扩音器上节度计嘀嗒嘀嗒的声音。

门上发出一个啄剥声，父亲走去看是谁。门厅上就听见了声音，安娜·亚历克山特罗芙娜走进来，带着她那只蓝色的外国制造的手袋。华西里·亚里斯达霍维奇跟着进来。他一进来就鞠躬，把手在头发上掠着。他和平时一样，剃刮得干干净净，他的金扣针和上衣袖子底下露出的沉重的袖扣在房间里显得很注目。

"我知道你们还不曾睡眠，"他说，把手向四周一摆，"'我们到费狄契夫家去吧，'我跟安娜·亚历克山特罗芙娜说，她却坚持说你们这会儿一定已经睡了。"

他开始告诉我们关于从乌拉尔来的消息。工厂已经搬到目的地了，他听说，但是事情还不曾有条理，那里的房屋供应非常缺乏。

"可是我们就是这个样子，"他咯咯地笑，"每个人起先总说事情不应该那样，还说那是没有用的，直到后来我们忽然发觉我们终究是已经做成功了，而且比我们所期望的还来得格外快，这才没有话说。之后，比从前所期望的开始生产得更多更好，而在你知道之前，荣誉名单已经在编制，而计划部正在草拟出一个比原来大出两倍的生产大纲了。"

父亲笑了起来。接着，他们两个就开始回忆第一次五年计划的时代，那时事情就常常是这个样子的。

"我这么跟你谈谈，感觉舒爽得多了，"卡拉胥涅戈夫最后说，"我刚进来的时候，我的精神颇为颓唐呢。"

“怎么，厂里发生了什么事情吗?”

卡拉胥涅戈夫小心地擦着他的眼镜。

“我跟一个工厂监督约定在十点钟来讨论一些重要的事情，”他解释说，“可是我到厂里去，他却不在。我到处找他，又到处打电话问，之后发现他已经在白天里坐了一辆车子到飞机场，也没有留句话给什么人，就搭上飞机飞到后方去了。因此，我现在没有一个工厂监督了。”

尼古拉猛然仰靠到椅背上，吹起吹嗯哨来。

“该死，他躲掉了!”他说，“提吉泰雅的话终究说得对，他说，战争会教训我们许多事情，关于我们所想的和所知道的一些人。”

这个消息，不消说，对于我们所有的人是个完全的意外。对于别人，你也许会猜到他更快的变成一个开小差的和一个懦夫，可是你不会猜到是尼古拉·哥维梭夫，他曾经用许多聪明手段给你造成一个坚定人物的印象。而且，我们还听说，当工厂要疏散的时候，他还获得特别允许留在后面。一般的说，他还是工厂里的台柱之一呢——每逢他的助手有疑虑不能解决的时候，和感到困惑的工程师来找他请教的时候，他总是保住沉静和胸有成竹地，常常能够给他们以宝贵的指示。

现在，这个人怎么竟会无耻地逃跑，把一切事情丢下来，不留一句话给任何人呢?我们曾经克制过我们自己不要慌张——可是他在这以前也似乎看不出有一点慌张。也许他在一两个星期以前已经知道那个并不能够动摇他决心的悲痛消息，现在是加上一些更可怖的什么消息了，这些消息我们也许还不会知道，也许是今天才传到他的耳朵里，看来不是他的精力所能支持吧？我们没有慌张，也许是因为我们还不知道他已经知道的事情吧？

“不，这毫无疑问是他刚听到一些新的消息，”卡拉胥涅戈夫说，“我想，这是比那样想法单纯得多。你想，一个聪明的事业家，他为了实现他的志向，必须取得忠诚的人们对他的信任。他过细地研究过他们。他知道一个诚实的人会在说话声音中间觉察出极其细微的虚伪调子或是错误的。对于他，必须毫无疑虑的予以信任，否则他不可能取得重要的职位而且保住它。因此，对他只有一种解释：他是把诚实和忠恳作为他的第二天性。冷酷的计算和秘密的动机必须是深藏着不易被人觉察。”

“从前我们认为他是一个诚实的人，我们是不曾弄错。他和任何人一样正直，而在正常的环境底下，他也许会这样过他的一辈子，决不会有一次虚伪的行动。但是他也知道绝对的诚实只有他一直生活在苏维埃环境下才有意义。即使不是现在，很远的将来它总会给他一个报酬的机会的。想想看，像这样的一个人，突然断定苏维埃将被击败了。他会向自己说，如果勇敢而并不能得到报酬，要勇敢做什么呢？如果诚实而不能换得适当的代价，要诚实做什么呢？记住：一个像这样的人并不是天生不肯去做不体面的事情的。这种人在顷刻之间很容易就会完全转变过来。”

“只要想象一下，他在去飞机场的路上，该是怎么一个样子啊。”卡拉胥涅戈夫继续说下去。“他已经把旧的假面具拉下来了，可是还不曾选择好一个新的，大概是在苦思焦虑决定他以后应该成为怎样一个人。倒并不是要装作一个怎样的人,而是要成为一个怎样的人。他很懂得,一种皮相的假面具是不够的。他有许多路可走:成为一个法西斯和仇视犹太者,或者,相反的穿上一件俄国的衬衫和一双俄国靴子,成为苏维埃政府不清楚他的一个平凡的人。这是可怕的,去想到……"

没有一个人听到开门的声音,可是当我抬头看时,奥尔珈站在门道上。我霎了一霎眼睛,那可并不是幻象。她把箱子放下来,拿掉她的帽子,拍拍头发说:

"喂,费狄契夫家的人,战争打得怎么样了呀?"

我定了神,向她奔冲过去。每个人都跑了起来。这是一种照例的竞争。

"奥尔珈,奥尔珈来啦!"我喊。祖父在一块地方跳上跳下,拉着他的胡子。尼古拉向她跨过去,脸都发亮了。父亲为了某种缘故沿着桌子直奔过去,叫着母亲。

"天哪!"母亲在门道上说,立刻把手上的盘子放下来。接着一瞬间,她已经眼泪掉下来了。我抓起奥尔珈的箱子满屋子里乱跑,不知道该放在哪里。最后我却放在房间的中央,恰恰挡住了每个人的路。

足足过了五分钟,没有一个人当真知道是遭遇什么事情了。四面八方都是接吻,拥抱和并无意思的不连气的叫喊。末了,我们从重逢的最初狂欢中间恢复过来,尼古拉帮助奥尔珈把外衣脱了。他在箱子上跌了一跤之后,想把外衣挂到墙壁的横砌石上,因为近边都没有一颗木钉。接着,奥尔珈被拖到桌子旁边,十只手同时给她拉过一把椅子来。

"我真不敢相信我是在这儿了,"奥尔珈呼吸沉重地说,"我真高兴看到你们都好,连沙夏叔爷也在这儿。"

我们大家都突然沉默起来，直到祖父把这沉默打破了。

“你们看到过这样的事情吗？”他叫着，笑着，拍着膝盖。“你就没有办法来屈服这些斯达罗柴伏达斯克的姑娘们，你能够吗？”

“巴胥加也来了吗？”卡拉胥涅戈夫问。

“没有，”奥尔珈回答说。“他留在后面。他们不肯让他走，他们非常需要他呢。”

“那你是一个人来的，奥尔珈？”父亲说，骄傲得脸孔都发亮了。“你们听见吗，朋友？你是一个好女孩子呀，奥尔珈！”他向满屋子里瞧了一下，仿佛他刚才表演了什么，一定会引起全体的赞叹和惊愕的。

奥尔珈充满着一种惊叹的神气。

“你们是一批坚强的家伙哩，你们费狄契夫的一家人。”她说，“不管有战争没有战争，你们都是一个样子。只有辽沙已经长大了。猜猜看，我给你带了什么来哪，辽沙？一把剃刀。”

“一把剃刀？”我由于一种纯然的得意，脸红了。

“说下去。一把给小辽沙的剃刀？”祖父说，“听到过这样的事情吗，沙夏？”

“告诉我们，你是怎么来的？”父亲鼓励着奥尔珈说，“多狂妙的想头，直接跑到这个沸锅里来啦！”

“这一切都非常简单，”奥尔珈开始说，但是我看出，这并不像她讲的那么容易。“我听到战争公报，我想爷爷一定已经召集起他的族人去参战了。我也要来参加，因为我也是属于斯达罗柴伏达斯克的呀，是不是呢？我和巴胥加争辩了一下，就动身来啦。”

“好一个女人呀!”祖父吼了起来,“这儿在打仗,你知道吗?”

“可是你怎么通过的呀?”父亲盯着问,“我想,他们是不允许老百姓在这条路上旅行的呀。”

“自然,他们是不允许的,可是我去看逼近前线的后方军队负责长官。”奥尔珈解释说,感觉她在这里说出这故事很骄傲。“他起初劝我不要走,可是我不听他的。之后我稍微哭了一下,蹬我的脚,这就行了。‘我要到我自己所属的地方去呀,’我告诉他说。最后他发脾气了,说你爱到那里你就去吧,只是别打搅他。我决定趁火打铁,求他帮忙把我送到这儿来。他恶狠狠地瞪着我,但是过了一阵子又和缓下来,他命令一辆到这边来的车子把我带来了。结果他倒真是一个乖家伙哩!”

“只管想这个,我坐在这儿可忘记给你东西吃哪!你大概是饿坏了。”母亲插进来说,奔到厨房里去。我们都自动地来削洋芋皮,奥尔珈和卡拉胥涅戈夫夫妇也参加进来。最后奥尔珈和卡拉胥涅戈夫给请出去,不许他们来做厨房工作,他们就留在餐室里。当我帮了一点忙之后回到餐室里去,她和她公公面对面坐着。奥尔珈在说话。

“你必须认识,那边的工业是惊人的发达,而且还要继续发达。巴胥加已经被委派在两个月之内把电力站发动起来,虽然照计划这是要在明年年底才完成呢——自然,并不只他一个人,而是有一大批工程师。这是一件巨大的工作,他工作得很勤奋。他叫我问候您,而且告诉您,他非常希望您到那边去呢。”

卡拉胥涅戈夫注意地听着,一直紧盯着奥尔珈的眼睛。

“原来是这样，”他说，“我想，他有一张缓役证吧。”

“自然。”

卡拉胥涅戈夫点点头。

“他对于你的离开是什么想法呢？”

“啊，他不肯让我走。我们着实争论了一番。可是你知道，我是坚持不屈的。之后他要跟我一起来，不过他得不到准许，虽然他也很花了一番力气设法过。总之，像这样一个时候，怎么能让他走呢？”

卡拉胥涅戈夫又点点头。他的眼睛却一直不曾离开过奥尔珈。

这时，我听见他们在厨房里喊我，知道是母亲，我马上站起来。奥尔珈注意到我失望的表情，她笑了起来说：

“让我们都去瞧瞧，他们在厨房里做什么，华西里·亚里斯达霍维奇。要是他们不肯让我们帮忙，我们至少可以看看和谈天呀。”

卡拉胥涅戈夫赞成了，可是他的心思显然在别处。我们三个走入到厨房里去。

谈话杂乱地进行着。奥尔珈告诉我们关于塔皮里西和她旅行的事情，以及在她坐汽车到斯达罗柴伏达斯克来的途中，几位红军的司令官怎样跟她分享一条香肠。尼古拉在一个半低声的谈话中间，告诉她沙夏叔爷的事情，这使她非常关心。

最后，奥尔珈记起，她走了路之后还不曾洗澡，安娜·亚历克山特罗芙娜走去帮她。母亲把洋芋拿到炉子上去煮的当儿，她的心思显然是想到极远的地方。

“你们最好都去摆桌子吧。”她向我们其余的人说。

正在这时，我听见头上一阵呜呜的声音——正是我在掘洋芋的探险中间所听到的同样声音。那似乎恰恰从我们的屋顶上擦过。什么地方发出一声沉重的爆炸。我抬起头来看看父亲。

“听见了吗?”他平静地问，“他们大概已经在掘地下储藏室了，这是命令过在敌人轰炸我们的情形下要掘的。”

“对的，”祖父说，“现在他们大概是在通夜的轰炸呢。”

“你们自己全该害羞吧，”母亲说，向我们瞅了一眼，这使我们都在门道上停住了。“你们怎么以为我就不能比你们更有头脑呢？你们当真以为我就不知道有些炮弹在我们这条街上爆炸吗？你们或许还以为我不知道德国人正在我们的市外吧。你应该更了解一些，亚历克舍，我们已经结婚好久啦。”

“你别太操心了，妈妈，”父亲说，“这是为了大家的好处，因此不应该慌张。”

“你们还是忘掉这类事情，快些来管摆桌子吧。”

奥尔珈从门里探出头来。

“我看你们这些人是当真在前线了，”她说，装出一副勇敢的脸孔，“这类事情，当你们在后方的时候，看起来是那么遥远。就像一本小说似的。而在这儿是比什么事情都更简单了。”

又是一阵呜呜声从头上掠过，在附近爆炸了。

第十一章　团聚的饮宴

奥尔珈一下子就把衣服换好了，很安逸的样子，似乎再没有离开我们的意思了。衣橱的门打开又关上，梳妆台的抽屉发出深沉的叹息，当她忙着把自己打扮定当。接着，她到一间一间屋子里去巡视，我跟着她，带着纯然的崇拜睇视着她。最后，她拿起一把刷子，我们两个走到门厅里。她把挂着的外衣拿下来。我希望当她拭刷外衣上灰尘的时候，我可以有机会替她拿着那外衣。可是到了门廊上，我们碰到尼古拉。奥尔珈跳了起来，因为她起先没有认出是他。

"啊，是你呀，"她看清了是谁之后说，"尼古拉，我刷衣服的时候，你可以把我的外衣披在你的肩膀上吗？"

尼古拉照她的请求做了。我心里在辩论着，我要是跟进去，算不算是妒忌呢？可是我不能够离开奥尔珈一分钟呀。他们两个边谈边走进去了，简直一点也没有注意到我。

"我替巴胥加难过，"尼古拉说，"我可想象得出，当他看见你走，他是多么难受。我自己从前是这样感觉过的……你知道，他们不愿意把我弄到军队里去。厂里已经替我弄了一张缓役证书了。自然，要抛弃这工作也可以的，然而我却没有决心采取这个步骤。可是这样呆默着是伤脑筋的。"

奥尔珈起劲地刷着外衣。

"那你是替巴胥加难过了。"她说。

"自然，我是能想象得出，如果我的太太到前线去了，我是会怎样感觉的。"

夜是漆黑的，但是屋外横过街道的天空上是溅染着红光。我很奇怪觉得自己看到这个再不害怕了。这是一种没有光芒的红光，并不向其余部分的天空或是像坟墓似的黑暗街道上投出亮光。这天晚上，是斯达罗柴伏达斯克所经历的最可怖的一天晚上，镇上的人们都宁愿靠得紧紧的坐在家里紧闭着和紧闩着的窗子和门户里面。

一阵呜呜声显示一颗炮弹在飞近来了。那似乎恰恰从我头上飞过。接着没多远的地方一声爆炸，街道在黑暗中震了一秒钟，被一种不自然的光亮所照耀着。

当爆炸起来的时候，刷衣服停了一下。这是奥尔珈一路旅行来和到达目的地后听到的第一次炮声。但是她并没一句话说到这个。她是有十足斯达罗柴伏达斯克的胆魄和才智哩。

"别替巴胥加难过吧，"她说，"他是不配的。"

"怎么？"尼古拉的声音里无疑地含着一种惊讶的调子。

"怎么？"我想，我看到她耸了一耸肩胛。"他住在一个奇妙的城市中一家漂亮的公寓里，吃着 chakhokbili 和串烧羊肉，喝着他顶喜欢的第五号喀卡丁酒。那你还替他难过做什么呢？"

刷子继续在外衣的纤维上来回地刷着。尼古拉一动不动地立着。

"你是不是要告诉我，说他行为有点不大应该呢？"最后，他小心地说了出来。

"他行为很惊人哩，"奥尔珈回答说。"十二分漂亮。他作过一次那样奇妙的演讲，事实上，他作了许多次演讲呢，不过我特别记得他一次。但是你不要以为我把他看成一个瞎吹乱说的人。他的确还没有那样乱吹。"

她停止拭刷外衣了，走到栏杆边去。我清晰地可以看见她的侧影。

尼古拉把外衣拿开，走到奥尔珈旁边，把手臂围到她的肩膀上。

“你是在生他的气哩，奥尔珈，而且你对他不好。我注意过，新婚夫妻最初总不免常常有些小口角的，直到后来彼此都习惯了。”

奥尔珈笑了起来。

“你真是一个可笑的孩子，尼古拉，人家话还没有说完，你就在安慰人家了。”

“告诉我，奥尔珈，你离开他之前没有跟他吵过架，是不是呢？要是你跟他吵了，那太不好了——特别是这个时候。”

“啊，没有，我们很和气分别的。他非常不高兴，因为他不能跟我一块儿来。他说，他不要让我一个人来，他努力去请求准假。整整一个星期，我们没有谈其他的话。他每天告诉我，他已经跟某人说过了，某人答应把这事情决定下来，又说某人并不反对，或是快要同意了。麻烦就在总工程师，他干脆就是不通融。巴胥加请各种各样的人替他去说情，他自己想得到的地方也都去了，可就是不中用。他请假没有批准。我很熟悉那个总工程师，他是一个很肯帮忙的人，不过在这件特殊的事情上，他显然不肯让一分步。巴胥加最后一次到他那里去，他明确地拒绝了。巴胥加给这件事弄得那么沮丧，他几乎哭了。第二天他去工作的时候，他是大大地衰弱了。

“之后，有一天，那总工程师车子开过，顺便进来向我送行。我问他‘你不让我的巴胥加到前方去是什么意思呢？’他用一种眼光望着我，这使我明白一切事情了。”

奥尔珈从尼古拉手上把外衣拿过来，甩在她的手臂上，把前门打开。

“可是，奥尔珈，我却不明白呀。”尼古拉说。

她旋了一转身，在门道上停了一下。

“巴胥加甚至并不曾去请求过那总工程师呵，”她说，“我现在最好还是进去吧。我要帮忙去摆台子，让你们男孩子可以坐下来喝茶。”

尼古拉在石级上坐下了。我在他身旁蹲下。他把一只手臂围着我的肩膀，用低声唱起一只小曲来，这小曲是叙述一个住在木屋里的老人，喜欢坐在他的门阶上消磨他漫长的黄昏。我却可以断定，那老人的黄昏决不会像我们此刻这样漫漫无尽。

“尼古拉，”我说，可是他没有答应。显然，他是不愿意来谈奥尔珈和巴胥加。

前门打开了，祖父叫我们进去。在餐室里，奥尔珈从食橱走向餐桌，又从餐桌走向食橱来回地跑着，把盆子，杯子，碟子和其他餐具摆出来。她这样敏捷地做着，叫我想到有点像一个爵士乐队里的鼓手，用一种极其意想不到的动作，巧妙地敲着他的各个响器，却总是敲得很准很恰当。每个人都坐了下来。尼古拉和我刚坐定，母亲从厨房里进来了。

“瞧，这个你们要的东西，”她说，从背后拿出一瓶伏特加来，放到桌子上，“我保藏着这瓶东西，准备什么重要的宴会用的，现在正是一个重要的宴会呢，让我们就喝了它吧。”

“妈呀！”父亲喊了出来，“你哪儿搞来的呀？辽沙，你去把玻璃杯拿来好吗？”

“你们瞧，”母亲向我们所有人微笑着，“我藏着这个正藏得有用呀。”

父亲庄严地执着酒瓶。母亲说，在像这样的一个宴会上，她跟我都应该喝一口的，这话叫我很受宠。父亲正要准备致他常用的祝辞，例如，"祝你健康，奥尔珈，"或者"这儿，敬我们大家。"母亲却打断了他。

"像这样团聚，多好呀，"她举起杯子说，"我们所有人都平安无恙地在这儿，有尼古拉，辽沙，甚至奥尔珈都跟我们在一起。很少人家能够像这个样子呀，不管你往哪里去看，你会看到烦恼和痛苦。也许我们这样高兴是不应该的，但是我忍不住。我想不出有别的事情比全家团聚在一桌更好些，即使我们只有一只洋芋和一株白菜可吃也好呀。不过这并不是主要的事情，只要每个人都平安无恙地在一起就好了。……"

她把杯子放到桌子上，来擦她眼里的眼泪。父亲眏眏眼睛，朝沙夏叔爷方面点点头，对她做个暗示，可她的眼睛给泪水蒙住了。我们其余的人都和他有同感，因为没有一个人愿意伤沙夏叔爷的心，我们都希望他没有注意到母亲的话。可是他已经听到了，他悲哀地微微一笑，旋向父亲说。

"怕我伤心吗，亚历克舍，是不是呢?"他说，"我的事情又有什么相干呢；你们为什么不好意思高兴呀？这儿是我的祝辞：让我为你们全体干杯吧，还有为一切其他没有分散的家族。其次再让我为我的家人干杯吧。"

他歇了一下，又微笑了。

"我只盼望他们都活着呵。"

我们喝着酒，不作一声。在这个继续着的沉默中间，每个人吃着东西，我们又听见一声炮弹的呼啸。

"我想，我们应该去看看吧，"母亲说，"也许是打中谁的房子了。那落在邻近的什么地方哩。”

“我去，”尼古拉应声说。我也跳了起来。

“你还是坐在那里吧，辽沙。”

尼古拉望着我，显然是被我眼睛里恳求的神色所感动了。

“现在没事了，”他说，“让他一起去吧，我们不会走得多远的。”

第十二章　儿子来找寻父亲

我们走出到前廊上，街上是死一般的静寂。爆炸的回响已经沉寂了，附近也看不见火光。我们在那里站了好久，向黑暗里倾听着，但是我们辨别不出究竟那炸弹是炸中了什么地方。

“让我们去瞧瞧。”尼古拉说。

“去吧。”我说。

当我们走出这座房子，舍开我天地中仅仅剩余下来的这一点坚定和安慰，而突入到周围那不可知的弥漫着的黑暗中间，恐怖又把我捉住了。我刚一走下前门的石级，刚才那次冒险中间所经历过的那种感觉——好像飓风中间一粒沙石，无助地被命运所急遽地抛舞着的那种感觉——又重新回来充塞着我的身体了。那仿佛只要再往前走几步，我们就将找不到路回到那光亮的，那一切东西我们都熟悉的，我所爱的人们在等待着我们的地方来了。我们和我们的家，在我看来，仿佛都是沉入到一片狂暴的黑暗的无底海洋之中的一些极小极小的碎片，要这些碎片再能碰聚在一起，那似乎是不可能的了。

我相信，尼古拉是和我一样感觉着的，他的脚步失去了平日那种自信,他在吹着口哨,振作着自己的精神。他用手挽着我,使我不至于失散,在这个吞噬了我的敌对世界中间,他那宽阔的手掌和有力的手指,是唯一的使我安心的东西了。

又是一颗炮弹从我们头顶上凶恶地响过,在很近的什么地方爆炸了。那爆炸的回响传过街道,仿佛山里窄谷中积雪的崩裂。一刹那间,房屋的前部被那致命的闪光所照亮,立刻又回到夜的浓黑中间。当那最后的回音沉寂了,我们可以听到一辆摩托车,在匆遽中间犹豫地然而却是坚定地从街上在驶过来。那车子似乎给什么卡住,引擎在乱响着和发生障碍了。车头灯亮了一下,还不曾清楚地照出一家窗户紧闭的屋角,一株树和一角人行道,倒又熄灭了。这是一辆卡车,停立在离开我们不远的地方。

“鬼!”一个激怒的声音在黑暗中间说。

一只手电亮起来了。在亮光中,我们瞧见两个人影从车子上爬出来,另外一个从后面跳下。那司机打开车盖,在引擎上俯视着。他穿着一件油腻的工装,摆出一副有自恃心的,轻微的傲慢神气。原来跟他坐在一起的那个乘客,是一个又肥又高的男子,穿着一件军装式的绿色外套,长筒靴子和绿色军帽,他的态度显示出一种自信,可以叫人猜想他是惯于发布命令的,因此听到他那种恳求的声音倒叫人颇为惊异。

“亚里菲耶夫,我的好朋友,是不是坏得很厉害了?”

司机没有回答。

“你会尽力设法的,亚里菲耶夫,是不是呢?”

这都是一些不必要的,可怜的话,这些话也并不要求回答。那司机没有理他。当他进行着修理的当儿,那第三个人,一个细小的瘦削的家伙，面貌因恐怖而变相了的，向那高个子说起话来。

“华西里·伊凡诺维奇，我可以跟你谈一分钟话吗？”

这两个人向旁边走开去，在我们旁边一座房子前面站住了，没有注意到我们的在场。

“华西里·伊凡诺维奇，”那瘦子在某种巨大的压力底下急促地说，“我们该要抛弃这个主意吧。你信任亚里菲耶夫是弄错了。你瞧，他像一只蛤子似的闭紧了嘴不说话哩。他是一个危险的人物呀，亚里菲耶夫就是。你瞧着，他会对我们来一些什么花样的。我们到了飞机场，他也许会把我们干掉了。在战时他们很容易把我们射杀的。法律规定他们能够……”

那话语上句不接下句的杂乱地滚出来。显然，那个人是必须靠不断说话来和缓他精神的紧张。他大概在卡车后面一个人很苦闷，在那里他是没有一个人可以诉说他的恐惧的。

“胡说，克鲁谛可夫同志，”华西里·伊凡诺维奇带着显然的激怒说，“别要这个样子。我们马上就会把车子修好，继续开过去的……”

“还有一件事情，华西里·伊凡诺维奇，我想到，假如他们不肯把我们三个都带走，我们可以让那司机留下来。鬼碰到他，总之我们并不需要他，我们会需要他吗？可是，假如飞机上只能容纳一个人呢？那你可不要把我丢下了，你肯吗，华西里·伊凡诺维奇？你可不要做这样的事情呀。而且，你可不要忘记，我有钱。你可不要把我丢下了，你肯吗？”

“得啦，克鲁谛可夫同志。是什么叫你想到这些上头来的呀？”那高个子做了一个动作似乎要走开，但是另外那个把他的袖子拉住了。

“可是,真的,假如只有一个位子,那怎么办呢?或者他们就干脆不肯带我们,那又怎么办呢?”

华西里·伊凡诺维奇把他摔开了。

“我不是告诉你过,飞机场的餐室经理是我们的人吗?我们会送他一些奶油和糖等礼物,此外再加一些别的,他就会料理停当呀。”

他用一种知道自己是占上风的人的口吻在跟克鲁谛可夫说话。这和他跟司机说话那种口吻比起来,恰巧是一个不大有趣的对照。

“修得怎么样了呀,亚里菲耶夫?你马上就可以修好吗,老朋友?”

不管怎样,这情形是使那司机成为当时的决定人物了。他喃喃地说了一些什么,那也许两种意思都可以解释,或是说他马上就要修好了,或是说那两个活该遭殃。

“听着,”克鲁谛可夫说,“我忘记告诉你,假如我们到了斯维尔特罗佛斯克,我在那边可以找到许多帮忙的人。在查罗夫,我也有关系。别担心,我们一到那边,我就会去找一些大亨,他会拍拍我的背,于是什么事情都会顺利解决了。”

卡车司机把车盖砰的盖拢,爬到车座里去。华西里·伊凡诺维奇向卡车走去,那个老鼠样的人跟在他的脚后。

“你带了多少伏特加来?”他一边上去,一边问。“够的,唔?那很好,我只是要确实知道一下。别忘记马上就告诉那些飞机师,说我们是些快乐的伙伴,带着许多吃的喝的,给任何那个愿意来参加的人。”

引擎活动起来了，那两个正钻进车子，尼古拉从他们背后跳了过去。

“站住！”他喊，“停下，听见没有？”

手电熄灭了。完全肃静，只有克鲁谛可夫在呜咽着。接着，一声叫喊，我想，是那个叫做华西里·伊凡诺维奇的人吧。黑暗里起了一阵殴斗。引擎吼了起来，卡车在街上疾驰走了。

“尼古拉！”我惊怖地喊，“尼古拉！”

“没有什么，辽沙，我在这儿。”他的声音传过来。

又是一颗炮弹在附近爆炸，在闪光中间，我看见尼古拉从地上在慢慢地爬起来。我向他奔过去。

“你受了伤吗？”

尼古拉狞恶地笑起来。

“我是一头笨驴呵，”他说，“我早该知道，他们是一伙拼死命的家伙呵。”

我扶着他的胳膊，向家里走去，我觉得他的脚步有点蹒跚。

“别告诉他们什么，关于这件事情，”当我们走到门廊上，他说，“我们只说，我们到处看了一下，没有看出什么。”他对家里人解释说，他在黑暗里撞了一下墙头，觉得有点摇晃。这算是说明他额角上疙瘩的缘故。奥尔珈要替他搽上一些碘酒，但是尼古拉不肯。

家里的人都已经在桌子四周坐好，只等我们回来。母亲在我们盘子里放了几片洋芋，于是我们坐下来吃。我驱除不掉那种感觉，就是在这最初的灾祸中间，家里是我所知道的世界中间唯一完整无损的一角了，在它外面是全然的黑暗和死气沉沉的寒冷。即使在这温暖的夜晚，我也打颤了。

门外有人敲门，父亲说："辽沙，去看看是谁。"这才把我的思绪打断了。我在门厅里犹豫地停了一秒钟，想要克服那又来吞噬我的无情的恐怖。那仿佛大门外边有什么恶魔在等我放他进来。但是我仍然鼓起勇气把门闩拉开了。

"我爸爸在你们这里吗?"一个声音在问我。我立刻记起，这是沙夏叔爷的儿子西蒙的声音，他是和我相差不多年纪的。

他没有等我回答，就越过我奔到餐室里去了。我跟着他进去，每个人都一动不动地和一言不发地坐在原来的地方。在灯光下，我看见西蒙的衣服撕烂得成了破片，他的头发纠乱着，他的眼睛里有一种光芒，使我背脊上起了一阵阵寒颤。他光是站在那儿，直直地瞧着沙夏叔爷。沙夏叔爷从椅子里慢慢地站起来。我看见他在屏凝着呼吸。

"遭遇什么了?"他问。

西蒙没有回答。

"遭遇什么了?"

西蒙低下了头，避开他父亲的眼睛。

"我想，我会在这儿找到你的。"那孩子说。

"遭遇什么了？快说！他们还活着吗?"

我们都像化石一般地注视着他。

"那是可怕的，爸爸。"他的声音几乎听不见。

"每一个人吗?"

"那是可怕的……"

沙夏叔爷把手从脸上抹过去。

"那么你？你怎么到这儿来的？你逃开，让他们……"

西蒙笔直地注视着他的眼睛。

“我跑来找你。”

“你很对，”沙夏叔爷喃喃地说，“自然，我要来的。我只拿一拿东西，立刻就来。”

他向着衣架走去，一边走，一边晃呀晃的。

“我马上就好，”他含糊地说，从钩子上拿下帽子来，“我只要穿上外褂就行。”

母亲站起来，向他走过去。

“这样半夜三更，你能到哪里去呀？”她说，“你不如等到天亮吧。”

“等我把外褂穿上，”沙夏叔爷像在梦中似的继续说。母亲扳住他的肩膀。

“我不让你到什么地方去，”她坚决地说，“你在想些什么呀？你这个样子不能去的。为什么没有一个人过来劝住他呀，你们还看不出他有点失神了吗？”

沙夏叔爷想扣上扣子，可是他的手指抖得那么厉害，他简直没法扣上。母亲站在那边对我们挑剔，但是没有一个人肯劝一劝。我们只是站在一边，觉得可怕。

“让他去吧，顿雅，”父亲说，“你要明白，我们是拉他不住的。”

“你要带他到哪里去，西蒙？”母亲旋向那孩子说，“到德国人火线后面去吗？”

西蒙点点头，拔转脚跟，向室外走出去。

“等一下，”父亲向沙夏叔爷说，“你如果那么急要去，你还是去吧，不过你至少得先换一双靴子。你的靴子没有多少路好走了。”他消失到房里去，立刻拿了一双新补过的靴子出来，“现在，穿上这个去。”

我跟着西蒙奔到门廊上去。他像一座石膏像似的一动不动地站在那里。

“西蒙，”我实在是哭起来了，“难道就没有一个脱险吗？连万西亚·泰纳雅都在内吗？”我浑身颤抖，眼泪从脸颊上滚下来了。“你现在要到哪里去呢？到森林里去参加游击队吗？”

“让我一个子吧，辽沙，”他说，甚至看都没有看我。“我现在就不能跟你谈天，我没有心肠看见你们这些人围坐在舒服的房间里。也许我这样想是不对的，可是这刺了我的心。你看到我们是一个人都没有了……完全没有了……让我一个子吧，亚历克舍。”

我走了进去。眼泪是干了，但是我心上铅样的沉重却一点没有减轻。房里，每个人依旧围了沙夏叔爷站着。他穿上父亲的靴子，站起来，脱下他的帽子。

“再见了，尼古拉，”他说。祖父拥抱了他。沙夏叔爷向其余的人深深鞠了一躬。“再见了，你们一切人。我怕，我们是不能再碰面了。”下一分钟，他就走了。

我们站着，好像全变成了石头似的。我们动都不动。我们听着他们的脚步声音，当他们踏下石级走向荒寂的街心。那脚步声音在远处消失了。但是我们仍然呆立在原来的地方。我望了望那张桌子，望望那些伏特加的杯子和四周一切熟悉的东西，这一切东西自从我有记忆以来就一直在那里的，我觉得内疚起来，因为这桌子那样放着，灯光在上面那样照着是那么的舒适呵。

我却不知道,历史已经临到莱米斯林那雅街,离开我们的前门只有两分钟工夫了。

第十三章　波加契夫办公室里的谈话

市政厅四层大厦所在地的列宁广场,离开莱米斯林那雅街并不很远。叫做波加契人的市长——或者说,市苏维埃执行委员会的主席——的办公室是在第三层楼上,从他的窗口看出去很旷阔。在我们那里所只能看到的天空上那一块块不动的灰暗色红光,从他那里,就可以看见那舐着天空的火焰长舌了。

在很久以后,我听波加契夫作了一番详尽的描述,关于这个值得纪念的晚上在这间房子里所发生的事情,那使我仿佛亲身听到两个人在这间房里所说的每一句话,和看到他们的每一个动作。这两个人中间的一个,便是波加契夫。另一个是鲁金,区苏维埃执行委员会的主席,他在这天晚上是到得较早的。他们燃着一盏小灯,放在写字台上,这样,使那微小的光圈只能照亮到那吸墨纸,墨水瓶和桌上公文夹的边角。房间的其余部分是沉没在昏暗中间;这儿既是那样幽暗,因此窗上就无需再加上防空黑罩了。

波加契夫站在窗口。鲁金平静的,毫无情感的态度使他有点愤怒,执行委员会的首长本来是坐在圈椅里,这时,深陷在靠枕上,两只手放在靠手上,一动不动地凝视着窗外。波加契夫——一个强烈的,好动型的高大,粗壮的人——从窗口退回到写字台旁边,坐下,又跳起来,在房里来回地踱着,一支接一支的燃着香烟，却只是一支一支的把它们在烟灰缸里压熄。他也是紧紧地注视着窗口。

外面，大炮的闪光和炮弹的爆炸照明着天空；从他们优越的地位向四周的屋顶上望过去，这两个人看到市区外面那旷坦的乡村，在那火光的刹那爆闪中间，一下这边，一下那边的显现着，照出大股的人群沿着公路在移动，卡车陷住在田里，数计不清的细小的人影，有的似乎静立着，有的在狂奔，点缀着那野外的景色。波加契夫和鲁金两个，都认识这些地方的每一座建筑，这周围几公里内的每一块石头，而且都能精确地说出他们所看到的每一朵火光以及那些从夜的黑暗中间像魔术般出现的每一簇细小的人影所在的地方。

波加契夫说话了。“亚历山耶夫加着火哩，”他说。鲁金没有回答。波加契夫沉入到静默中间。“我们是打算放弃亚历山耶夫加吧？”最后他问。

鲁金对于目前发生的事情，并不比波加契夫知道得更多些。他依旧蹉缩在安乐椅里，狞恶地望着那窗外恐怖的光景。波加契夫忽然想到打电话给陆军总部，但是他再想想并不妥当。他可以想象得出那边的情形。“他们已经够忙啦。”他对自己说。

这一切，我在当时并不知道，那是后来，当我已经是一个士兵，坐在一群军人中间，听着波加契夫追叙着这个激变的晚上的事件才知道的。“现在，一切事情都已经上了一定轨道了，”他说，“大多数人以为每件事情都是完全依照计划发展的。那些人以为他们是预见到一切事情，和早就知道事情会怎样变化的，那全是鬼话。老实说，当我看到全市四周的火光，看到成千成万的人和卡车、马车沿着公路退回来，什么都没有，只是一片坦荡荡的乡村，在敌人和斯达罗柴伏达斯克之间，简直连一条小山脊都没有，那看来似乎……不过当时情景怎样，实在并没有什么关系……”他微微一笑。可是这是一种特殊的微笑，你可以看出他是又完全回到那抗战初期的危急瞬间里去了。我们也微笑了，不过是在我们心底里，我们也记起了那些痛苦的瞬间，我们知道波加契夫是正确的。

就是这样，在那天决定命运的晚上，波加契夫在他的办公室里来回地踱着，在鲁金面前站住了。

“让我去，鲁金。”他几乎是耳语般说，徒然地等待着一个回答。“我的意思是，你必须解放我，我不知道是什么鬼使我屈服于你。”

鲁金耸了一耸肩膀。

“我从前以为你是更严肃一些的。”

“让我去，鲁金。”

“酿酒厂着火了，”鲁金说，从波加契夫身旁向窗外望出去。“不是我们在退却之前把它烧了，便是一颗炮弹打中了它。”

波加契夫把又一支香烟在烟灰缸里压熄了，继续他无休止的踱步。电话响了，这是在市政厅值班的一个人打来的，他要知道，他该怎么办。德国人是在向市镇包抄过来，他不能再忍受这种沉滞的状态。波加契夫告诉他留心观察着，但是那人抗议说这是不可能了；波加契夫只有用可怕的惩罚去威吓他，说他如果敢于在危机没有被消除以前不服从命令。市长放下了话筒。

“我们应该有些动作了，鲁金。”

“你就去吧。你只消向德国人去舞弄舞弄你的左轮手枪，他们就会逃命吧。”

“这不是开玩笑的时候呵，鲁金。”

他差不多可以摹想出，我们军队是在从右翼方面撤退，沿着左边的湖边在拉回来。火车站的左边现在正在激战。在他心目中，他看见分队和中队在反攻；听见士兵们在呼喊，射击和死去；看见护士们在炮火底下爬过去，从地狱中间把受伤者带回来；看见没有睡眠的医生们，在战场上用篷帐支成的前进急救站中，一次接一次的施行着手术；看见卡车的司机们，专心一志地俯在驾驶盘上面，驶着那隆隆的军用卡车，从炮弹打陷的，漆黑的路上奔驰过去；空军们在云层里进行着拼命的决战；建筑物在崩倒；泥土的喷泉在冲天飞射；电话交换手蹲伏在他们战地器械上面；将领们在注视着地图和作着决策：一句话，他看见人民的命运，世界，和世界的一切是要在这千钧一发的瞬间被决定了。他又向鲁金旋过身来。

“我不能照这样下去了，鲁金，我不能够！我们怎么能够呆坐在这儿，像这样摸着我们的拇指呢？”

鲁金开始说话了，他说得很平静，为了找求一个字眼，不时的间歇一下，他的眼睛凝注在窗外的光景上。他说，对于某些人，战争是全然精神的热烈燃烧，是大丈夫领导别人去进攻，而在危急绝望之际领导别人去作光荣牺牲的英勇表现。对于另一些人，战争则只是一团污糟，总部书记官的叫吵，壕沟里生活的悲惨，詈骂、疲惫、绝望的人们的寂寞死去如是而已。两方面都是对的，鲁金说，“因为战争是混合着这一切分子的。可是他们中间都没有能够取得一种决胜的因素，使人们能够度过战争而取得的胜利。这决胜的因素便是持久的能力，即是持续力。人们往往不知道在某一个瞬间应该做什么；领导一队人去进攻，或是蹲伏在壕沟里，或光是在办公室里等待着。不管在什么样的情形之下，战争并不会对个人的希望、感情和嗜好有所顾虑的；战争中间主要的事情便是持久。一个带兵的指挥官对于他自己和他所受委托的无论何种任务目的必须要有把握。”

“这是一个国家的命运，正在等待决定了，”他结束说，“我们的胜利对于我们是那么重要，而且是那么困难去取得，因此，你的一切精神上痛苦，实在是太不值得去作再番考虑的。”

波加契夫同意鲁金所说的话都对，可是当他一想到他四周正在进行的一切，他的脑袋就眩晕起来，他的心像一只大槌在搡捣着。正在这时，一辆车子在大厦门前停住了。两个人一齐望出去。

一个军官从车上跳下，奔上楼梯。在他后面，一个穿将军制服的肥矮的人从车子里出来。他刚刚没入到前门里，那个军官——显然是副官——的脚步声音已经在门外走廊里可以听到了。这时可以听见那矮小的将军正向走廊上来。“这儿是办公室，将军同志。”一个声音说。波加契夫把门打开。那矮小的将军走进来，向四面一望。

“日安，”他说，“我是栗托佛采夫少将。”

波加契夫和鲁金都自我介绍了。

“很好，”那将军说。“请坐。”他没有寒暄就直白地开谈了。那两个似乎也很希望这样。

“我打算放弃斯达罗柴伏达斯克了，”那将军宣布说。他一看见波加契夫和鲁金脸上有点变色，立刻补充一句算是道歉，“我没有兵力来保卫这个市镇了。”

好几秒钟，没有一个人说话。这间熟悉的办公室四周，在这张熟悉的写字台后面，栗托佛采夫在波加契夫看来，有点异样和不大恰合。这市长觉得这位矮小茁壮的将军年纪并不老。从他相貌上判断，他只能是在四十与六十岁之间。

“少将同志，”波加契夫开始说，“我们这里的工厂是钢铁工业的精华之一呢，我们这里的大部分老百姓都是有经验的，世代的钢铁工人呢……”

“你可以给你们老百姓一个适当的警告，”那将军打断他说，“告诉他们带着一些最必要的东西立刻徒步出发。我要求把所有车子来载运伤兵。”

“少将同志，”波加契夫又开始说，而那将军又把他打断了。

“我没有工夫来和你辩论问题，”接着，他用一种疲劳的声调继续说下去，似乎这些话他重复说过多少遍数，已经说得疲乏了：“这是很抱歉的，可是战略形势发展得对我们不利。我只能考虑主要的事情了。”

“我并不是想同你辩论，”波加契夫说，“我只请求你听一听我要说的话。”

栗托佛采夫皱了一皱眉头，却没有说什么。不过他的神情表示，仿佛他早已知道那些要说的事情了；这些事情他是没有办法的；他是没有工夫来反驳那些要提出的意见的；这一套话他差不多听过二十遍以上，每次都讨论了，而每次最后的决定终是一样的。波加契夫用一种低沉的声音继续说下去，带着一点急促，生怕那将军又会来打断他。

“虽然工厂的许多部分都疏散了，却还有一千多工人留着。他们中间大多数都能使来福枪的。”

“你是提议募集一支工人大队吗？”将军锐利地问。

“正是。”

“指挥官怎么样呢？”

“这儿有许多后备军官。还有内战时代的老行伍呢。”

“你们有武器吗？”

“我们有来福枪和弹药。”

一阵沉默罩落房里。这刹那间是伤脑筋地紧张的。

这时，三个人靠紧地环绕着那盏小灯，小灯是由只暗色的灯罩围遮起来的。那半明的微光使他们脸容和衣服上的细处都分辨不清楚。他们中间两个用低声在说话，带着一种抑制不住的兴奋。他们知道，他们所说的话是关系着一个城市和几千生命的命运。栗托佛采夫也许是已经习惯于这种紧急的决定了，但是波加契夫却是敏锐地感觉到对他所说出的每一句话，他肩膀所负的责任。当他们谈话的时候，有人类以来的最伟大的战争之一，正在外面激烈地进行着。

“你们有炮手吗？”

“我们会去找。”

“很好，”将军说，“我会给你们大炮。假如你们能够担任接近市区的扇形地带，我可以掩护你们的侧面的。”

波加契夫已经胜利地争取到他的目的了。他现在要乘机把问题断然地确定下来。

“你可以允许我们把这问题作为最后决定吗？”他问。

“我还不知道你们来不来得及。德国人在八小时左右之内就将进入市区了。要干，你们就得在六个小时之内部署好。你们能办到吗？”

“我们能够，”鲁金说。这是在讨论中间他第一次的发言，而他说的话听得出是很有自信的。

“这样，问题就决定了，”栗托佛采夫说，“谁来担任大队的指挥呢？”

波加契夫想说“我来”，但是他没有说出来。他希望鲁金会来提议，暗暗地诅咒他为什么不说，可是鲁金说了。

“我想，波加契夫可以做一个很好的指挥官。”他说。

栗托佛采夫点点头。

“你熟悉地形吗？”他问。

“很熟。”

“你们的扇形地带是从水塔开始，沿着湖边向南，经过学校，沿着河面，一直到那烧毁了的货栈。你们右翼的毗连队伍是第二步兵大队，格雷雪夫上尉。敌人大概是要渡河的。激战或许就是在那里。这就是你们部署战斗的地方。从现在算起六个钟头以后，我将来巡视这条战线。”

栗托佛采夫行了一个敬礼，迅疾地走出室外。波加契夫伸手拿起电话来。他向电话里发布命令，叫用无线电广播召集每个人到厂里来，并且派出跑腿的人到那些也许已经睡了的人家去，虽然他明知道，在这样一个晚上没有人会睡着的。接着，他坐下来，和鲁金草拟一张中队和半中队的指挥官名单。鲁金代替他去打电话，命令货栈里立刻把军火送到厂里来。

波加契夫走下到街上去。他从办公室窗口已经看见那震天撼地的战争全景了，火闪从云层里窜出来，探准弹和高射炮弹闪划着天空，那狂吼的炮火的红焰直冲到半天，可是在街上，那些房屋却把郊外的战景全遮住了，它被那荒凉的市镇的静寂所震愕。街道是肃静和死气沉沉的，那些建筑物和平时一样平静而坚固地矗立着。波加契夫吸完他的香烟，把手抄在口袋里，用迅疾的步子向厂里走去。

第十四章　漆黑街道中的足声

我们还在紧张地倾听着沙夏叔爷和西蒙远去的脚步，扩音器就响了起来。节度计停止了，广播员上来宣布，号召每个人立即到厂里去。

我们的眼睛从门口旋过来，那收音机恰放在门口的附近。虽然我们还不能完全把握它的全部意义，可是我们每个人都毫无疑痕地感觉到战争已经把我们激荡起来了，预期的时间已经过去了。祖父第一个动作起来。

“好，让我们准备好去。”他说，向着衣架走去，穿上他的外衣和戴上帽子。其余的人都照他这样做，几秒钟里，每个人都找到他们的外衣了。围巾和便帽互相传递着。母亲只套上一只袖管，衣服拖在地板上，忙着把桌上的盆碟收拾清楚。谁也没有一句话说到我们为什么要去应召，和发生了什么，或者什么在等待着我们。

“请你把我的领拉拉直好吗，奥尔珈？”母亲说，“你的帽子在这里，华西里·亚里斯达霍维奇。”

“我想，这双是我的橡皮鞋吧。至少那只是我左脚的橡皮鞋。”还是一套同样的话，再没有说别的了。

“预备好了吗?”祖父问。他刚要向门口走出，母亲叫了起来。

“等一下，每个人，让我们出去以前大家都坐下来。”她在最近边的一张椅子上坐下。

其余的人都照她的样坐下来。我记起好多年前家里把我们这些孩子送别到潘里乞脱西去拜望沙夏叔爷之前，也举行过这古老的习俗。祖父第一个站了起来。奥尔珈所预见的事情果然实现了。祖父是领导他的一家人去抗战了。走在最后的母亲熄灭了电灯，把背后的前门锁上。

沿街的所有门户都砰訇的在关盖着。到处都是脚步的声音，等我眼睛习惯于黑暗了，我才辨认出许多人影在急忙地奔着，那些散乱的脚步引起我一种怪诞可怖的感觉。这中间有轻便短鞋的柔和的噼啪声，也有上着大头钉的工作皮靴的沉重步声，也有高统皮靴的断断续续的滴笃声。

黑暗中间，不时的传播着零星的耳语。每个人轻轻地在说着话，这叫我回忆起战前的夏晚，就在这些街上，一对对情侣散着步，交换着那不愿为旁人所窃听的密语的光景。只是现在听不到笑声罢了。

或者，不如说，只有过一次笑声。那是从亚雷育金一家人中间发出来的——父亲从他们声音里辨认出来。他向他们呼喊。这才知道那笑乐的缘故是由于那胖胖的红脸颊的九岁仁加，他曾经决定有一只炮弹片做成的墨水缸或许可以依旧改造成为一颗炸弹，在紧急之间很有用处。当别人准备离开的时候，他就拿起那只墨水缸，一路带着，直到此刻他觉得太重了。他最后请求他祖父来替他拿，这才惹出这个笑话来。仁加弄得很窘惑的样子，当别人都被引笑了。

亚雷育金家的人看见奥尔珈跟我们在一起都很吃惊，于是她不得不把她冒险的经过向他们叙述一番。亚雷育金家的姑娘们问起巴胥加来，但是一看见他的双亲跟我们在一起，便中止了。

人们轻轻地谈着，跨着巨大的平匀的步子向前走去。安东·罗普戈夫，那个我生平所见过的最长的人把我们追上了。我相信，他以前从不曾有机会容许他的长腿用最快的速度走过路。这时在黑暗里，他显得比平时格外高了，因为他把他八岁的女儿玛霞掮在他的肩上。

玛霞现在和他父亲在一起，实在是一个奇迹。当战争刚爆发的时候，她和她的母亲在白俄罗斯探望亲戚。在她们回来的路上，一架德国飞机轰炸了那列火车。罗普戈夫的老婆给炸死了。铁路工人把那小姑娘抱起来，送回给她的父亲。从那时起父女两个就生活在一起，玛霞替她爸爸管家，甚至替他整理和安排餐桌。切菜烧饭则是父亲的劳役。总之他们是惊人地共同过活的。

这时，他带着他女儿一同到工厂里去，因为他不愿把她单独丢在家里。在路上，他向她解释，他现在必须去打仗，因为德国人已经来了，但是她不必忧虑，因为火线很近，他就在近边的。那小姑娘点点头，带着超过她年龄的庄严态度说，她懂得。

母亲把他拉到一边，跟他恳切地说着话；我们知道，她是请他把玛霞交给她管。但是他拒绝了，只是请她代为女儿切切菜。

“她已经是成长的妇人哩，”他抗议说，“她会替我管家哪，是不是，玛霞？”

“当然，我会呀。”她从他高高的肩膀上回答说。

一颗炮弹从我们头上飞过，在不远的地方爆炸了。接着又是三颗。火光照亮了沿着宽阔人行道那一列列平匀的街树。之后又是静寂，只有那在黑夜中走着走着的无穷尽的脚步声。门户依旧在砰訇地关阖着，那些散乱的人离开他们的家宅，他们首先站下来察看一下他们的门户是否锁牢，正像他们带着一家人去做星期日出游时候所做的一样。

“您好，尼古拉·亚历克舍维奇。”一个老妇人看见了我们说。祖父也转向她问好。这是玛里亚·鲁干尼娜，是个市内大家都尊敬的人。她丈夫在一九〇七年死掉了，遗下她一家五个孩子，最小一个在那时才得二十天。现在他们都是高度熟练和受一般人尊敬的工人了。奇怪的是他们没有一个结婚，仿佛他们都不愿意来破坏那种家庭生活的性质。

我一边走着，听着那门户关阖的声音，脚步践踏的声音以及不时从我们头上飞过的炮弹呜呜声音，和注视着那些从我们旁边匆匆赶过去的模糊的人影，一边想着他们会发给我的那来福枪。我想象地看见我自己——人家现在仍然把我只当作一个小孩子的自己——在显示出他一个天生战士的超人勇敢和能力。我想象中举起我的臂膀，向我的部下作了一个信号，领导他们去参加战役，起先是一个半中队的指挥官，后来升到一个步兵大队的指挥官，在敌人的阵形中播散着恐怖与混乱，把他们无情地驱逐回去，而我已经受了重伤了，被一些下垂的联队军旗和哭泣着的那些追随我作战的老兵所围绕着，正在这时，波里斯·莫加契夫把我的臂膀捉住了。

“辽沙!”他喊，“你还是平安无恙呀！我以为你已经死掉啦!”

华西里·卡姆耐夫也是平安的，他告诉我。他自己是看见炮火的光照出工厂的烟囱，才知道自己在什么地方，于是找回家去的。华西里是幸运地向着正确的方向跑，直到他发现是在市镇的近郊了。波里斯刚才看见华西里和他的一家人在我们后面走着；他们是掉到后面去了，因为他的祖母是个跛脚，不能和别人一样走得快。波里斯离开我，回到他自己的家人中间去，他们是在街道那边走着的。

我们走到了广场，在那里，天空上的红光，比在房屋栉比的狭窄街道上，看得更清楚了。人群从五条不同的街上都向这里涌过来，分股的人流在这里汇成了一片人海，他们这时活泼地谈论着，向稍远处他们所辨认出的朋友和熟人招呼着。这时，在红色的半朦胧中间，已经可以认出人们的脸孔了。

越来越多的人都不断向广场过来，大多数都是全家结成一群，女人抱着婴孩，男人用手牵着较大的孩子们。绝大多数例子，都是男人牵着他们的孩子——这也许竟是他们被战争所吞噬之前和他们亲爱的孩子在一起的最后机会了。

家族的行列由老人领导着，傲然地，从容地前进，不时地向后面扫视一下，看他的家人全部集合在那里。有几个是有相当庞大的部属的。例如：安特罗夫老头子，领导着一群约莫有三十个人——儿子，女儿，媳妇和孙子。

“喂，”祖父向他们叫，“单独你这一大家子人已经够把德国人打败哩。”

“我们要狠狠地干它一下。”对方回答说，他是一个粗暴的人，不过却是好心而和善的。

从卡尔·马克斯街，来了亚历山耶夫的一家，一共十八口，婴孩还不计在内。从另一条街，来了伊凡·格鲁亭宁同着他一家二十口。在这些家族行列之间，走着一些单身的或成对的人，刚结婚的或就快结婚的爱侣。这种自然的秩序不时由于一些人从这个家族群中间奔窜到那个家群中间去而引起扰乱。例如，老人卡那文发现他的十八岁孙女儿不见了，她是逃到卡尔梅戈夫家族群里去，跟卡尔梅戈夫的小儿子在一块走着，等走到广场上，借着那较为明亮的火光照耀，才看见他的胳膊围着她的腰肢。那颇为狼狈的姑娘只好回到自己家族群里来，而那老卡那文开玩笑地向卡尔梅戈夫要求赔偿损失，这引起四周的人都好笑起来。

这时间，人的洪流——大家族，小家族，成对的，没有家人在一起的单身汉；机械工人，计具工人，装配工人，铸造工人，工程师，日资女工，会计员，车床工人；老头子，男人，女人，男女青年，小学生和大学生——不断的涌进了那敞开着通向广场的大门。

一进大门，工厂的建筑物又以它的黑色墙垣把我们圈围起来，但是头上的天空却比以前更明亮了。不过这却不是天明以前那种平静的天空；这是一种暴乱的，不祥的天空，在那上面火光抖颤着，四射着，隐现着，在这边消失下去在那边又重现出来。红色的火朵和在云层里探索着的探照灯白色的指光相互的更替着。不时的，一支有颜色的火箭飞蹿上去又隐灭了。一簇簇发亮的针状的光刺显现着又消失了。只有广场和建筑物以及人们是裹在朦胧的中间。

群众涌流过铸造工厂，沿绕着管理处的房子，经过辗铁工厂和涡轮间之间，绕转向第二机器厂的宽阔大门。在高射下来的灯光底下，我仿佛看见人们的脸上刻印着某种内心的紧张；不过这也许是一种幻觉，由于奔流于我全身的恐惧感觉以每分钟都在增强预期的紧张所产生出来的；再则，这样全体的集合是那么少有，这才会使我的感觉力尖锐到了过度敏感的程度。然而，我也必须承认，从某些方面说来，这集合是挺自然的：一群青年人爬到一些机器上面，和平时一样坐在那里，荡着他们的两条腿，有的人拭去了条板箱角子上的灰尘，让一位老太太来坐。

那些集合到这庞大工厂来的人中间，没有一个确实地听说过发生了什么事情，或是他们为什么被召集到这里来。可是，当我现在回想起那天晚上和那天晚上的事件来，我可以分明地知道，每个人是完全理解到，他们是到这里来拿起武器，保卫这市镇和工厂的。没有一个人向他的邻人询问，是发生什么事情了，或是他猜想是发生什么了，或是他以为这开会是为了什么。他们甚至在无线电号召以前，就早已经知道了，因为照前线情势的发展，这是逻辑地必然发生的唯一事情。这是为什么他们一直那么平静地等在家里，等到他们被召唤，这是为什么当召集的命令一下，他们是那么迅捷地去奔赴召唤。使人们恐惧的，乃是对事情的不清楚，而现在什么事情都是明白和显然了。

波加契夫告诉栗托佛采夫将军的话，简便地说，只能叫作是他自己的观念；因为这种观念在他用那么多话句组织起来以前，早就在斯达罗柴伏达斯克每个居民的心中形成了。

第十五章　波加契夫决定不作演讲了

人们掮着长而扁的板条箱，在一个角子上堆起来。他们掮完了一只，立刻又奔出去掮另一只。这些人中间有几个我从前在厂里工会委员会的房间里见过的。他们一边数着那些已经交来了的箱子，一边争辩着；那记录单似乎有点不大符合伊凡·亚历克西耶夫，一个有蓬松的灰白胡子的老车床工人，在嘴里吮着一支铅笔，一边计算着正在运进来的箱子。

广场里的人们并没有注意那些板条箱。他们的谈话是关于一些完全不相干的事情，只是有人不时向那角子上的高堆偷偷地瞟了一眼。他们的态度仿佛像一些客气的赴宴客人，尽管肚子里饿得这么凶，却竭力装作没有看见那一切餐事的预备似的。

板条箱越堆越高了。此外却并没有什么事情发生，众人在谈论着，笑着，戏谑着，我因此便缩回到内心的思索中来了。我觉得，很快，一两个钟头之中，或许稍微多一些，那最后结局就要到来了。一阵寒颤捉紧了我的心，我感到仿佛跌入到一个无底的深渊里；可是在内心的深处，有种东西却在鼓励我坚持着，劝谕我这时不能再自馁了。为了振奋我的精神，我倾听着四周的人的谈天，并且加入到他们的谈话中间去。我说得很大声，而且比平时笑得更厉害，以抑制那占据着我的可耻的恐惧。每回我觉得我的微笑有些牵强或是在我的声音中间夹入了一点不和谐的调子时，我就大声地向一些认识的人招呼起来。

波里斯·华西里和我聚在一起，打趣着我们在洋芋田上的经历。我们嘲笑我们自己看见地雷区标志的那种怯懦。“他们怎么能够那么平静地笑谈着呢?”我惊异着。我断定他们心底里也是害怕的，我在那时不就看见过他们吓得发昏吗?

这时，有几个人开始用斧头在劈开那些板条箱。我从眼角上斜瞟过去，看见里面装满着长长的黑色的来福枪。假如你倾听一下——每个人却都故意装着不那么做——你可听见那炮弹的呜呜声和外面沉重的爆炸声，在间歇地遮断着那些谈话的嗡嗡声和广场里断断续续的小孩哭声。

我走回到我自己的家人中间来。祖父正在和安特罗夫谈着，在他耳边大声地叫，因为他是个聋子。

“那孩子逃了出来啦，西蒙，那顶小的，”祖父在说。“全家都给杀死啦，‘我来找你爸爸，’他说。‘我们去当游击队吧。’‘好，’老头儿说：‘我们去。’”

“他还是一个娃仔呢，是不是?”安特罗夫惊异着。

“你推测怎样?”祖父点点头。

母亲和一些女人在谈天。其中一个在说她怎样看见一些难民除了穿的衣服之外什么都没带就逃出来，别的女人同情地点着头。尼古拉在告诉奥尔珈工厂怎样疏散，哪些人已经走掉。她用那样一种眼光看着他，仿佛要从他脸上去读出那些他不曾说出来的话似的。当我向他们走过去，他用手把我的肩膀围起来。

“唔，辽沙?”他说，“疲倦了吗?”单听他的声音，就知道他是什么都不害怕的。

忽然，近门口处起了一阵骚动，每个人都回过头去看发生什么了。波加契夫已经进来。他跟雪必尔涅可夫在说些什么，雪必尔涅可夫是跑过去迎接他的，他们一边从群众中间继续走过来，他过来群众便纷纷让开。谈天低沉下去，渐渐的整个广场愈来愈静，直到他踏上一座机器时，这儿是全然肃静了。接着，他站在那里，双手插在荷包里，向四周望了一下，显然是在重温一遍他所打算要说的话。他带着一个在注意着自己的思想而把它们组织和整理起来的人那种严肃和专心的神色。

只有那些搬运板条箱的人们的动作和在数着那些箱子的雪必尔涅可夫的低声在打破着静寂。炮弹的呜呜声和爆炸声并不很清晰。它们似乎是落在卡尔·马克思广场，或许是莱米斯林那雅街吧。

波加契夫举起手臂站了一秒钟。接着他开始他的演讲了。

“同志们！”

群众一直拥塞到四周墙边。波加契夫看见他面前的老头子和小孩子，男女和女人，年青的，年老的，和玫瑰色脸颊的脸孔，都热烈地在等着他要说的话。又是一颗炮弹从头上凶猛地呼啸飞过。“同志们！”波加契夫重复了一遍。空气随着爆炸发出一阵反响，灯光熄灭了。

一阵絮絮的说话声从群众中通过去。

“火把！拿火把！”有人在叫。几个人从群众中间挤过去，一根火柴擦着了，第一支火把亮了起来，别的火把都向那支伸出去，点着了火，渐渐地那冒烟的、跳动的火球在群众中间散布开去。奇形怪状的影子，巨大的和不成形的，浮动在墙上，屋顶上和人们的脸上。那昏暗的、爆着烟的火光和那鬼样的影子，给予这群众的集合一个凶恶可怕的背景。

在后来战争的悠长而寒冷的冬天里，有一次，波加契夫记起那天决定命运的晚上的事情来，他告诉我们，他当时怎样在考虑着他打算跟集合在厂里这些人们所要讲的话。他知道，他所要讲的一切必须说得清楚明白，而在他发布命令和派出传达的当儿，他已经一句一句都想好了。

"但是当灯光一灭，而那些火把点了起来，"他追述说，"围绕着我的那几千张脸孔似乎都改变了。它们变得更热烈，更理解，更紧张和更有感受性，我懂得这用不着我再去说服他们干什么，他们已经明白地决定他们自己去干什么了。"一个演讲的人所要说的话，在那听的人已经没有一点不了解了，而这就是为什么波加契夫把他慎重地准备好了的演讲词终于忘记了。

"同志们！"他改换了话头说，"你们中间以前不曾使过来福枪的，请举起手来。"

许多手举了起来。他们都是属于老太婆和一些年轻女人以及一些十三四岁的孩子，那是他们父母叫他们举起来的，还有一些少数病废的人。

"请站到右边去。"

当女人和孩子们向广场的一边移动，男人们便空出路来让他们过去。那些没有移动的人便更紧地挤到波加契夫的临时讲台四周来。从那基干部分中间最后挤出去的一个是玛里亚·鲁干尼娜。她几次的回过头来望望她的五个儿子。最后,人们又为了小玛霞·罗普戈夫让开一次路,她的父亲已经把她放到地上,她严肃地向她父亲招招手说再会。玛霞之后,就再没有人走动了。又一次只有当打开那装枪支和弹药的板条箱的时候,木块的拆裂声在打破静寂,又一次一颗炮弹从头上飞叫过去。

“其余的人排起队来去领枪。”波加契夫说,指着那堆着板条箱的角子上。

几百个人同时的说起话来,每个人都冲过去想去领枪。人们又笑谑起来。有个人跳到一架机器上叫:“全体电气工人都在大门口集合!”电气工人便都涌出去。他们要把电灯修起来。火把都聚集到那分发枪支的角子上去,广场的大部分沉入到黑暗里了。

厂里的工会委员会的人已经摆好桌子,他们夹着纸张和铅笔,隐藏在那些桌子后面,嗡嗡的声音愈来愈高了。我注意到在火把照耀中间,厂屋的顶几乎看得很清楚了,而那工厂仿佛在无止境地升起来升起来,一直碰到天穹了。那领枪支和弹药的行列越排越长,在那些机器工具中间弯来弯去的盘绕着。在我,这一切都仿佛极不真实。那好像一些说得非常详细的幻想故事,要使那想象的景象变成实事似的。我们只有在书本子上、电影上和小时候的游戏中间习熟过这些非凡的遭遇;当我们周围的世界突然从它的缆碇上松脱开来,那简直难以相信这会是真实的遭遇,而尤其对于我们。

第十六章　红蓝铅笔

起先，一切事情都进行得很顺利。工会委员会的人，坐在他们桌子后面，登记着每个人。接着用蓝铅笔在那些领了枪支的人名字底下做个记号，又用红铅笔在领了弹药的人名字底下做个记号。两个人分坐在两边专替那些在办登记表的人整理纸页。雪必尔涅可夫来回地走着，监督着这些手续；有人弄错了，把红铅笔来标记领枪支的，而把蓝铅笔来标记领弹药的了。雪必尔涅可夫把他们重新纠正过来。

我站在行列里等待轮到我，有人拉拉我的袖子。那是奥尔珈。

“你疯了吗？”她说，“你在这儿干什么？只有成年人才可能应征呀。”

血冲到我头上来，我觉得我要冒汗了。

“我已经十六岁了呀，”我用一种犹豫的声音抗议说，“差不多十六岁了，不是吗？”

“那你就上前去坚持要应征吧，”她说，“无论如何，他们是不会给你一支枪的。你看见尼古拉没有？”

“没有。”

奥尔珈走开去找尼古拉了。我有许多自己的麻烦在苦恼着。我已经幻想着自己落选了，而我坚持要应募。四周的人都在笑我，我狼狈而伤心地走开了。不过每个人都在说我是个勇敢的青年，告诉他们的孩子和孙子说我的服务热忱。

这当儿，波加契夫回来了。他在发脾气。

“怎么一回事？”他大踏步走过来说，“为什么这样滞缓？

枪为什么还不发出去?”

当他看见桌子上的光景,那些书记们在忙着写字,他立即站定了,似乎他的热情突然离开了他的身体。雪必尔涅可夫用焦急的眼光望望他的工作制度;一切无疑都是很正确的。

“姓名?”一个书记问着,“哪一部分?”

“锡台罗夫。计具工人。”

波加契夫伸过手来,拿起那人正在写着的整洁纸张,把它揉碎了,扔到脚下。他的脸孔通红。

“谁想的这鬼主意?”他用一种出乎意外的不祥的声音问。“你,雪必尔涅可夫吗?”他旋向那些坐在桌子后面的人。“每个人给一支枪,发一份弹药,就出去!我们用不着什么名单。”

雪必尔涅可夫想要抗议。

“别作声!”波加契夫反斥着。“拿起你们的枪,把弹药盒装进你们的荷包,到广场上去报名,”他继续的向那些站在行列里的人说,“中队根据各个工作部门去组织,每个指挥官检阅他自己的部属。”

行列立刻解散成为没有秩序了。人们都向着那些板条箱冲去。什么事情都以闪电的速度进行着。

“我给你们十分钟工夫,”波加契夫叫,“再没有多的了!你们中间受过炮兵训练的向费狄契夫去报名。栗托佛采夫已经给了我们四尊大炮啦。”

两个健壮的人在扭着一只板条箱。

“哪个有斧头?斧头弄到鬼地方去了?”

板条箱格拉格拉叫着,当他们仅仅用体力把板拉开来。

“给我们一只板条箱!”

“上去呀，别那么吝啬你蛮多的弹药盒呀！”这是老鲁喀宁的声音。他的后面是他的四个兄弟，在把一发一发的弹药塞到荷包里去。

我几次的冲上前去，用手去抢一支来福枪，但每次都给别人把我推开了。我立番军功的英雄幻想和那种他们一给了我枪，我就再不能退避的朦胧的害怕，在我心中交替着。可是尽管我十分害怕，我仍然用全力挤过去，想抢到一支枪。

最后，我挤近得可以把手伸到老亚历克西耶夫了。他没有看清楚是谁，把一支枪推给我。可是当他一看见是我，就皱了眉啦，握住了那支枪。

“你在这儿干什么？”他愤怒地说，“现在没有工夫来作耍呀！”

我脸红了。

“亚历克西·伊凡诺维奇，”我恳求说，“我已经十六岁了呀。”

“滚开，”他咆哮着，“我够烦哩。”

我被推开一旁，立刻就被人家所遗忘。一个重负从我肩上落掉了。现在我已经没有什么害怕。我从人群里挤出来，奔到街上去。

家属都围绕那些领到了枪支的人。孩子们好像上了七重天堂啦，孩子在问他老子，是不是懂得怎样上子弹和怎样擦枪，而那些小姑娘们在用天真的、睁大着眼睛的崇拜凝视着他们。

他们的样子都很奇怪，那些普通工人和车床工人，铸铁工人，穿着平民的衣服打着领子和领带，而用皮带把枪支挂在他们的肩膀上。跟他们在一起的，是他们的妻子和女人们，都悲哀而恐怖，因为直到现在她们才完全感到，她们的男人将立刻就要消失到黑夜里，而这一去也许永远就不回来了。但是当她们柔和地望着那些市民兵回答着检阅的时候；她们却仍是从眼泪中微笑着。

我经过几簇家属群，看见罗普戈夫从他巨大的高度弯下身去在跟玛霞说话。伏罗特雅·卡尔梅戈夫和华尔雅·卡那文娜不管四周的任何人和任何事情，在互相拥抱着，亲吻着。在拐角上，我看见亚雷有金的一家。九岁的仁加兴奋得脸孔发红；他把手探入到他父亲的荷包里，但是当他父亲向他旋过身来，他结巴着说不清楚了。格鲁亭宁一家人在送别他们四个男人：父亲和三个儿子，每个儿子都和他的女人和孩子在一起，做母亲的尽量使她的注意平均地分配在他们全体身上。华西里·卡姆耐夫向我奔过来。

“他们没有取中你吗？”他气急败坏地问。

“没有，”我不平地回答说，“我不知道为什么哩。”我假装作忿怒，觉得很不舒服。

“他们也没有取中我呀。”华西里说，很沮丧的样子，“不过，这究竟还不是正规军队呀。”

我们彼此直视着对方的眼睛，都脸红了。这时我才知道今天晚上要回家的不仅只我一个，而庆幸着我没有一定要去。可是这并不使我有所慰藉。相反的，我却觉得更可丑。我匆匆地离开了华西里。

这时，火把快烧到尽头，爆裂得比刚才更响，而且一个接一个熄灭了。墙上那些人影愈来愈黑，扩展开来直到合成一片，而那工厂也愈来愈幽暗了。那角子上，人们在分发着最后一批枪支，那些领到了枪支的人在外面排起队来，里面的人群便越来越少了。我沿着工厂走着，注意我家里的人并不在那里。在走出去的路上，我碰到了尼古拉。

“我到处在找你呢，”他说，“爸爸已经被派做炮兵中队的指挥了。我要跟他一起去当一个观察兵。让我们赶快离开这儿吧。妈妈在挂念着你呢。”

“他们没有取我，尼古拉，”我说。“我也要去呢，可是亚历克西耶夫说我还太年轻，不能给我一支枪呀。”我装作失望的样子，希望他来同情我。可是我望一望他，我却再不能装假了。

“你知道，尼古拉，”我竭力使我小心地说，“这些时候，我是非常害怕哩。我怕他们当真给我一支枪，我就得一起去，而当他拒绝给我，我是高兴了。只是我自己不好意思，想装作我是非常失望，因为我看到我是唯一害怕的人呀。”

尼古拉微笑起来。

“只要想一想这个，”他说，“我相信你并不是一个害怕的人。你立刻可以看出他是一个性急豪勇的人，我想，那么我为什么要害怕呢？我从前当真以为每个人都会从我脸色上看出我非常畏怯，而因此他们会笑我哩。”

我们彼此微笑着。情形似乎立刻轻松得多了。“也许我还不是像我所想象的那么卑劣吧，”我自己想，“也许我还要试一试吧。”

我们又出走到外面来了，在我们头上，我看见红色的天空被高射炮和探准弹所切划着。一颗炮弹呜呜叫过去，在远处什么地方炸裂了。

我听见有人在喊着我的名字。那是祖父。他正向厂里走去找我哩。

“唔，孩子，我们都是给淘汰了的人哪，嗯?”他不平地说，“他们都不取我呀，太老了，他们说。”无疑的，这中间带着一种失望的声调。祖父是深深地伤心了。

第十七章　广场誓愿

祖父掉落到后面，尼古拉和我向前走去。在那些工厂建筑物之间的浓黑而荒寂的暗影里，尼古拉站住了。

“让我们在这儿停一下，”他说，“我要跟你谈谈。”

我们四周，那些无人居住的工厂建筑物在黑暗中间朦胧地隐现着，仿佛是昔日精灵的遗骸。它们好像并不是真实的，并不是属于这世界的，仿佛是我借一种纯然的幻想力量，用魔咒把它们召现出来似的。一座圆柱形的高塔耸起在巨大的体积后面，突出在红白交织的夜间天空上，我想象着它有雉堞和枪穴，或许还有一个哨卒肩着长矛站在一座锯齿形的棱堡上。但是当我向夜的浓黑中间窥视着，周围却没有一点生命的痕迹；只有天空是活跃的，由于飞机引擎的震动以及远处的大炮轰击和炮弹的呜呜与爆炸在震栗着。

“看来爸爸和我是要离开去作战了，”尼古拉说，“你现在得去照顾母亲和家宅……做当家人了。爷爷是老了，这会使母亲很辛苦，特别是一切事情都是那样困难。假使我并不需要把这一切都向你解释，是不是呢？你自己会懂得的。”

一片嗡嗡的声音从广场方向传过来，可是这古老的工厂并没有反响。它阴沉而静默地矗立在那里，嫉妒地保守着它的秘密，不愿意来传述它的历史，虽然它是比许许多多尊严的封建城堡具有更伟大更丰富的一段历史哩。我的想象在跑野马，我仿佛听见那工厂的厅厦里和洞窟里轻轻的脚步声，好像若干年代以前的工人，他们的骨头已经朽腐了，现在又重新地站起来在走路。他们现在是唯一的占有着这战栗的黑夜，因为连看守人都跑去参加广场上的群众集会了。

我望着这些神圣的墙垣和脚下古老的鹅卵石，感到某一天它们将在敌人手里被摧毁的那种可怖的念头，使我全身起了一阵寒颤。那倒不如让地面豁裂开来，把一切东西全吞没下去，使侵略者惊奇于这座画进在他们地图里的工厂是发生怎么一回事了。

“尼古拉，”我说，“我想去参加战斗队伍。我不能留在后面呀。”

“这是要拿血去拼的事呵，”尼古拉咯咯地笑起来。“这是奥尔珈常常说的。你要怎么样你就去干吧。我并不想来劝阻你。”

我们又踏着这些被多少年代的脚步所磨滑了的鹅卵石走开，从这个工人幽灵俯伏在机器上的世界走出，到那边喧闹的热烈的广场上去。

“第二机器工厂！”一个声音在几千个各不相同的声音齐鸣中间叫喊着，“第二机器工厂到这边来！”那个叫喊的人站在一个铁块上。他把双手放在嘴边，一遍一遍的重复喊着。

有一个人闯到我们中间来。

“铸铁工人在哪里集合？”他问。

尼古拉把地方指给这个不相识的人。

“辗铁工厂！辗铁工厂！”有人用最大声音在重复喊，围绕在他四周的人渐渐增多起来。

又有人在号召涡轮工人到另一地点去。这时进度更加困难，因为人们都聚集在广场上，在找寻各人自己的队伍，由于某种奇异的缘故，这些人在我看来好像都是不相识的，而那广场也好像我从前不曾看见过似的。我的想象又引起我一种空幻的观念：也许这些人并不是从莱米斯林那雅街和一切我所熟悉的街道来的我的街坊邻居吧，也许他们当真是陌生人，当真是我刚才在工厂里听见的那些工人幽灵吧。现在他们是来奔赴号召，保卫这座在他们活着时候和他们有那样重大关系的工厂了。

我那时是十五岁，我的稚气还不曾脱离幼年生活中起过那么巨大作用的幻想和童话的魅人世界。也许那是因为我比成年人更敏锐地感觉到那空气的不凡吧。虽然我可以肯定，在这天晚上每一个人，不管年龄如何，都是有一种相类似的非真实的感觉的。

尼古拉和我走到拐角上那家关了门的啤酒铺子门前。父亲在那儿集合他的炮兵。他们背后刺刀的黑色侧影怪异地刺入到空中。父亲在吸着一支香烟，用一种坚定的平静声音跟什么人在说话。

“费沃陀·密哈罗维奇，”他在说，“可否请你开一张名单，给我签字？我们要马上把它交给叶佛斯丁纳耶夫，这样兵站的人可以替我们预备早饭。现在，尼古拉·斯旦潘诺维奇，你已经把你的炮兵班挑选好了吗？你最好快一些，因为我们立刻就要出发了。”

“亚历克舍·尼古拉维奇，”高尔林——他是一个工程师——向我父亲说，“我的第三班有点困难。我要戈罗波夫，但是诺梭夫不肯给我。我想他是应该给的，因为照现在情形，他已经有全部老经验的炮手了。这是叫我陷到危险里去呢。我想最好还是你自己来分派炮手吧。”

“谁不让你要他呀？诺梭夫吗？很好，我会跟他说的。”

“辗铁厂的人全部到这边来！”广场上一个声音在叫。“涡轮工厂！”“第二机器工厂！”从另一端在响和着这个声音。

渐渐的，队形形成了。广场上大多数人这时都参加到他们的队伍里去了。分队指挥官一个接一个都停止了叫喊，显然是满意于他的部下都已经找到他们的地方了。最后停止叫喊的是第二机器工厂分队。这时那些离散的人都已找到他们的单位了。

环绕着每一簇这些队伍，是一圈女人、小孩子和老人。

“你的烟草够不够？”老婆在向她们的丈夫叫，“我早晨再给你带一些来。”

“爸，你也是指挥官吗？”一个孩子的声音在叫。

“还不是呢，不过不久我就会是的。你可以把我当做已经是的好啦。”

“伊格纳脱，你要我带给你什么样的馒头呀？我明天会去焙。”

“尼古拉在这儿吗？”奥尔珈的声音忽然在我耳边轻轻地说。我一点也不曾听见她走近来。

“他就在附近。”

“奥尔珈吗?”传过来尼古拉的声音。

“我看到了波加契夫,”她气急地说,“可是他不肯取我,他说,我只能当一名护士。但是我一定要参加炮兵队,你别担心。不让我去才是傻瓜。明天早晨来找我吧。”

“你为什么该干这个呢?”尼古拉说,一时找不出话来,“你是一个滑稽的女孩子呢,真是。”

“我早听过这一套了,”奥尔珈打断了他,“你没有什么要带的东西忘记在家里吧?我可以替你去取来。”她捉着他的臂膀,紧紧地贴牢他。“尼古拉……”

“怎么啦,奥尔珈?”尼古拉迷乱地说。她突然啜泣起来,把脸孔埋到他的肩膀上。这时我不知道他们两个究竟是谁激动得更厉害些。

“我不明白,”他嗫嚅地说,“遭遇什么事了?告诉我,奥尔珈。”

“你这个蠢孩子,”奥尔珈带着眼泪说,“你应该去弄一条结实的鞭子,给我一顿应受的鞭笞呵。诚实一点,我们大家也许会感觉得好过得多。你才是真滑稽的人哩……”

这时,波加契夫的声音穿过广场。他站在广场进口附近的一个高石级上。

“指挥官同志们!检阅你们的单位!”

命令在叫出来。这是一些不确定的命令,因为那些发令的人都是不习惯于喊口令的。

“一二报数!”广场一个角子上在喊过来。

“一,二,一,二,……”从另一个角子上可以听到。

我从来不曾看见我父亲当过军官。人们可以看出他并不曾忘掉他在内战时期中所学会的一切，甚至他的风度都变得更英武了，而他的声音里具有一个被委派去领导别个人的自信。

“我得去了，”尼古拉说，从奥尔珈那里挣脱开来，想归到他行列的位置上去。“好多工夫呢，奥尔珈！”

但是她拼命地吊着他的臂膀。

“向右看齐！”父亲突然地吆喝起来。

在这一切中间，母亲出现了，拿着一些东西，最初我看不清楚。后来看出是一双橡皮鞋和一双手套。她把那双橡皮鞋交给尼古拉。

“穿上去，”她命令说，“你们还不知道什么时候才会发下军靴呢。”

“谢谢，妈妈，”尼古拉说，匆遽地把脚塞进橡皮鞋里去，好麻烦才穿好。母亲拿着手套奔到父亲那边去了。

“立正！”正在这时，母亲把手套扔到他的脖子上，向他轻轻地说些什么，这叫父亲大大的感到窘惑。“唉，妈妈，我不需要这个呀。”他抗议说，“不过，总之谢谢。”他们互相拥抱和亲吻。接着父亲旋向他的部下叫：

“全体，向后转！”

队伍都应声向后转，但是你可以看到他们都不是素有训练的兵士。母亲奔到奥尔珈和我站的地方来。她气急匆匆地说着。我可以看出她是在受着一种巨大的感情的压迫呢。

“让我们离开这里吧，我们只是挡住他们的路，”她说。我注意尼古拉在行列中间找到了他的位置。奥尔珈肩胛斜垂的纤瘦身体靠立在我旁边。母亲引导我们到广场的大门口，那些出发去作战的男人的父亲母亲妻子儿女都聚集在那儿。这时，只有整齐的中队和半中队的长方队形留在广场上。我们其余的人都沿着人行道排列着。有个女人突然大声哭了起来，但是她周围的人把她嘘住了。波加契夫站在石级上，面对着队伍。

“各指挥官领导自己单位，经过我面前，向莱米斯林那雅街进发！”他从他遮在他嘴边的手里叫着，他的声音从广场远处返响过来。接着又发布了几条命令，于是长方形的人群一队接一队开始移动起来。这回不再是许多脚步无秩序地在乱走，而是一支有组织的军队在进行时的整齐步伐了。

他们沿着广场走去。有人忽然唱出一首进行曲，其余的民兵立刻跟着和唱起来。

第一中队，他们是铸铁工人，经过工厂的大门。当他们经过的时候，他们向那工厂敬礼，为了保卫这座工厂，他们已经拿起武器了。不知是哪一个，首先想到把来福枪在空中高高举起，作为向侵略者苦战至死的无言誓愿，而这还不是重要的，重要的是其余的行进的人都照着他的样子做起来了。

“前进，为了我们的工厂！”中队指挥官柯维莱夫用一种因感动而颤抖的声音叫了起来。

他们前进着，宽肩膀的、强壮的人们，这时看起来都很相像，街上的铺石在他们脚下颤栗着。接着一队是辗铁厂的工人，当他们走过的时候，也向工厂敬了礼。

“工厂是靠着你们呵，辗铁厂的工人们！”波加契夫叫。各行列崭齐地回答喊：“我们不会忘记！”

他们走过去，接着是第一机器工厂。一个口令喊出来，所有眼睛都一齐向右看，朝着工厂，又是一次敬礼。再接着是涡轮工人。

“我们的工厂是在危险中呵！”波加契夫喊。

“我们不会忘记！”

他们走过去，接着是工具和铸模部门工人，后面又是锻铁工厂工人，又是一阵轰雷般的誓愿震撼着空气。每一个中队走过，波加契夫都喊出提醒他们对于压迫着我们所有人的威胁的话，而每一次都有回声一般的返响。

在半暗的光线中，我们只看见行进的人们的侧影，但是我们可以听见他们的声音和他们行进步伐的坚决拍击声。当我们一动不动地站在那里，我听见旁边有人抑制他的啜泣。我一看就是卡拉胥涅戈夫。

“这工厂从来不曾这样光荣过呵！”他喃喃地说。

在被炮火和高射炮爆炸的簇光以及探照光爽利的光指所照耀的寒凉天空之下，斯达罗柴伏达斯克的人们，一个工厂接一个工厂，一个中队接一个中队，向着战争走去了。

第十八章　永不屈服

工人的队伍走下莱米斯林那雅街便不见了，他们的步伐声溶消在黑暗中间。我们这些留在后面的人依然滞留在广场上，因为没有一个人愿意回到他空空的家里去。没有一个人会在这时想到睡觉，也没有人想坐下来谈天。

我们慢慢地走过工厂的荒凉场地，走入机器工厂，它是黑暗和没有生气了。两支火把依旧还燃着，微弱的光线只照出飞轮，机器工具和起重机的阴暗轮廓。很少有人讲话，讲起来也只是一种半耳语。做母亲的把婴孩抱在她们手臂里摇着，大一点的孩子们便靠着她们或在只打包的箱子上睡熟了。

一群老人坐在一排谈天。虽然我听不出他们在说什么，但是他们说话的嗡嗡声音却给我一种安慰的作用。卡拉胥涅戈夫向他们走过去，在一只给机油染黑了的木箱上找到了他的坐处。老人们静默了一下。接着祖父移动到卡拉胥涅戈夫的旁边去。

“你对这一切怎么想法，华西里·亚里斯达霍维奇？”他问。

人们都挤拢到总机械师旁边来，他那双疲乏的眼睛使他显得比平时更加苍老了。

“我们得等着瞧，”他说，“我想我们今晚是亲眼看到历史的构成了。眼前我们还不能完全认识刚才所进行的事情是怎样的伟大和重要呢。”

更多几个人挤近到卡拉胥涅戈夫旁边来，他迟缓而平静地谈着，几十双眼睛都向他凝视着。

“他们说，德国人在计划着统治世界一千年，”他说下去，“如果他们成功了，就将有一千年的黑色悲惨与恐怖。但是一切善良人类在过去世纪所梦想的事物，一切人们已经为他们自己争取和建设了的事物，已经废除了压迫与剥削的这个苏维埃国家，我们今天所生活着的世界，却是不能消失和毁灭的。”

他的眼睛在他眼镜后面亮了起来。

“在一个月或半年以后，德国人这种恫吓的话已将被粉碎了，那时我们自己会奇怪，怎么我们在今天竟然看不出来我们的胜利是多么的接近和必然呵。今天和明天的事情，在将来看起来，会觉得奇幻而不真实，将来的小学生们听见他们老师替他们讲解今夜这儿的集会，他们会感动得流泪，他们会把今天晚上所说的每一句话重新的组织和纪念着。”

围绕着卡拉胥涅戈夫的已经有一大群人了。做母亲的在手臂里摇着孩子听他讲，老太婆伸长着耳朵想去捉住每一句话，年轻的男孩子和女孩子们张大着嘴巴，体味着卡拉胥涅戈夫所说的一切。他抽出他的香烟盒，取了一支烟，把盒子关上，燃着了烟继续谈下去，仿佛不曾注意到他的听众似的。

“实际上，”他深深地吸了一口烟，缓缓地喷出烟雾之后说，“今天晚上，我们既不是懦夫，也不是英雄：我们只是作为一般普通人民和市民。我们感觉到一种本质的对卑劣的反感。为什么你们是这种想法呢？这是我所怕说的一个悠长的历史。这是由于几世代来所形成的一个传统的问题，是从许多次的残酷的考验，战争，革命以及诸如此类事情中所获得的经验的问题，而最后是在日常平凡生活的进程中所取得的习惯的问题。过去四分之一的世纪中，我们曾经生活在这样一个国家中，人的权利就是法律和我们教育的ABC，这四分之一的世纪已经在我们中间灌输了对于衡量是非的新的水准了。

“德国人也许能够用坦克车来压杀我们，用大炮来轰击我们，但是我一点儿也不相信，他们能够摧毁我们对于善恶的概念，对于什么是可耻和什么是尊贵的概念。那是不可能的！这些崇高的道德水准一度已经存在，它们就不可能再被抹杀了。换一句话，就是说，我们永远有这样的人民，他们把绞死一个孩子看作一种罪恶，把在困难关头出卖同志或在敌人前面卑屈自己看作是可耻。如果是这样，那么这样的人民是必然胜利的，因为没有一个战士是比不肯出卖自己同志或在敌人前面卑屈自己者更强大的。因此，我们没有理由让我们精神消沉。正如他们说的，我们的目的是正直的，我们就会胜利。”

这时，他是大声地在说了，因为他已经注意到围绕在他四周的群众，他这样说才会使每个人听到。

“我说‘我们’并不是想到眼前在这儿这些比较和暖而且可以避风的人。我是在讲他们——他们今夜离开我们上火线去的那些人呵。”

他望望他的香烟，已经熄灭了，于是重新又把它燃着。

“这儿有一件重大的事情，我们可以去做，”他继续说，“我们没法使我们的所亲所爱永生不死，他们中间有些今天就会死去。且让我们祈望这些被毁灭的人不要太多吧！但是我们可以使他们的大炮，来福枪，机关枪和坦克车永生不死。如果一辆敌人的坦克打坏了我们的一门大炮，我们可以在几个钟头之内使它恢复作用。如果我们一辆坦克车失效了，我们为什么不能在第二天早晨就修好它呢？打穿了的铁甲，我们可以用新的更厚实的铁甲换上去。我们这儿有的是五金和机器。我们还有熟练的工人呀；纵使他们是好些时候不做工了的老头儿，也不要紧，他们可以重新恢复他们失去了的熟练，而且他们还可以教小孩子。我们可以去想想怎样解决以前不曾碰到过的一些问题，如果他们用大炮来轰炸我们，让他们轰炸吧，我们可以在炮火底下工作，我们不能够吗？让那些战斗队伍知道我们在支持他们！你们以为怎么样，同志们？”

卡拉胥涅戈夫把眼睛向群众一扫。

“我们就叫它做‘永不屈服’枪炮工厂好吗？不算一个坏名称呢，是不是呢？”

每个人都微笑起来。

“今天我们大家都想想通，明天我们就要开始工作了。”他看到连最怀疑的老辈子以及女人和小孩子都在散射出热情。正在这时，电灯亮起来了——电气工人已经查出了损坏的地方，把它修好了。

“费狄契夫，”卡拉胥涅戈夫跟祖父说，“你去组织一队人，天一亮就去查勘一下广场上一切可以利用做铁甲的东西。你是一个有经验的人，你会懂得的。你在这工作上，可以再想想我们还有什么可做的。也许我们可以用钢去做圆筒形的堡砦，或者什么新的坦克防御物。在所有废铁中间找找，看有什么东西可以利用来做热水瓶，水筒，缽子，或者可以做钢盔。你懂得我的意思吗，尼古拉·亚历克舍维奇？”

“当然，我懂得。”祖父说。

卡拉胥涅戈夫继续说下去，“我们要把这一切都料理起来，使大家可以安安稳稳睡觉，做母亲的去做工的时候也不必担忧她们的孩子。华尔雅·卡那文娜，你可否集合一些女人去找一些火锹，厂里大概很多的。要是这厂里有什么不够的东西，我们可以到其他分厂里去拿我们所需要的一切。还有你们大家都想想看，我们能做些什么，我们能发明一些什么马上可以做起的东西。”

卡拉胥涅戈夫抽出一支铅笔和一本记事簿，像他在工厂全部开工时候一样敏捷地使用着。他走到那长长的平匀地排列着机器工具的末端去。祖父变成一个新的人了，和其他年龄跟他相仿佛的人一样，他非常高兴，因为在这危急之秋他也能够做一些事情了。他们领到了纸张和铅笔头，戴上他们的眼镜，出发去察勘了。

女人们找到了一些布袋和防油布，用她们的肩巾和围巾，在一个角子上替孩子们布置卧床。那些顶小的孩子在睡梦里哀诉着，但是当他们躺到那一排排的临时床铺上时，却并没有惊醒。我的母亲和两个老婆婆留着照顾他们，其余的便都去找寻火锹了。

当众人分散开去，我就溜了出来。天色已经发白了，这是我该实践我决心的时候了。这是一个晴朗的早晨，我觉得很冷。不知什么缘故，炮轰市镇已经停止了，天空上的红光也似乎残褪了。或是大火熄灭了，或是晨曦淹没了火光的反射。只有一次，我看出一条探照灯的光指向云层。

我在一条长凳上坐下来。清晨是全然肃静的，只有远处传来那些在找寻废铁的老人们的脚步声和低沉的说话声。头上，云块滑过阴暗的秋天天空，有一块云的边缘上已经染着红光了。

要是我不想去，那儿也并不需要我去，我对自己辩解着。我仍旧留在这儿，谁也不会讲我一句话的。我可以做做，而且做得很辛勤。终究，这儿也是前线呀。这个地方也给炸过了呀。而且工厂如果不开工，战斗队伍还是无法支持的。那么我在这儿也许比在那边更有用吧。

然而，我却知道得很清楚，不管我要不要去，只要天一亮，我就会去参加战斗队伍的，没有什么能动摇我的决心的。我又望望天空,是不是更亮一点了。无论如何,工厂的房屋是显得更加清楚了。不过,我最好还是再等一下,因为那第一个哨兵也许会在昏暗中间向我开枪的。

一个女孩子的影子从厂里出来,向天空仰望着。这是奥尔珈,她向星星凝视了很久,那星星也在向她回视着。我不知道,从星球上是否能看得清楚地球上,星球上的居民是否能看得出我们工厂上的炮火和爆炸。要是他们看见,他们一定会奇怪,这地球上在干些什么名堂呵。

奥尔珈向我走过来,看见我坐在长凳上,骇了一跳。

“是谁?”他锐利地问。

“是我,辽沙。”我回答说。

“你在这儿干什么?”她在我旁边坐下来。“看星吗?好笑得很,是不是?尽管这儿在进行这个光荣的战争,它们可一点儿也没有改变呀。要是我是这些星星,我一定会焦愁,我会跑到月亮里,看看有什么方法可以停止这一切厮杀和毁灭。可是它们就不在乎,也许它们现在已经看惯了吧。”她冷得颤抖起来。“我得去睡一睡了。一块儿去吗?”

“不。”

她点点头。

“我看看我是否能睡到一个钟头。”

她走回到厂里去。这时人们已经可以看见工厂墙垣上的窗户了,星星已经消失,天空变成淡灰色了。我站起来,冻得发抖。通过大门走向广场,沿着莱米斯林那雅街,经过我们的家门口,沿着战斗队伍所走过的路线走去。

第二部　新的曙光

第一章　重访母校

我走入队伍守卫着的火线内时，已经是大白天了。我在路上被拦住了三次。虽然哨兵们都很认识我，他们却每次都叫我回去。最后我设法从许多后院里溜了过去。

太阳把云雾驱散了。这天看来是个特色的爽朗的秋天天气。这时我沿着公路走去。公路的一边是些有篱笆围成前园的木屋。另一边是通向河里的斜坡。再过去是前几年才盖起来的三座两层楼砖屋。其中一座便是我进过的学校，另一座是所办公厅的房子，第三座是所公寓，叫做“工程师之家”。

我向那所学校的房子走去，我曾经听人家说过，说战斗队伍的总部就设在那里。那里却看不到一个人影。村舍的窗子都遮上了木板，因为在昨天夜里，这儿以及附近街道的居民都已经疏散了。

我走进这屋子时，空空的衣帽室凝视着我，那仿佛是我上学到得太早了，等会儿那些小学生们都会杂沓地涌进来似的。但是却不见耶尔娜·玛脱维耶芙娜——她一向是衣帽室的管理员——从她常常在烤脚的火炉的角落里走出来接我的外衣和帽子。我推开通向长走廊的玻璃门，依旧听不到一点声音。这是一种不愉快的感觉。许多年来，我每天都来到这儿，总是活跃而热闹的。而现在却是静寂得死沉沉了。

我走上第二层楼。大讲堂里高高地堆积着学校的课桌，这些课桌显然是从教室里搬到这儿来的。一株由硬纸板扎成的树沮丧地矗立在讲坛上，我们曾经在那里演过一次戏。一点也看不出这是战斗队伍总部的痕迹。当我决定向我自己的教室作最后一瞥的时候，我已经决心离开这座房子，相信我所听到的情报并不确实。我推开那道门，站住了。提格脱亚坐在一张桌子前面，正在享受一顿大嚼呢。

“哈啰，辽沙，进来呀，”他说，“要吃一点吗？我搞到了一些煮得很熟的鸡蛋和美味的番茄呢。”

在他面前的桌子上，有几块面包，一些盐在一张纸上和两只巨大的番茄。他手里握着一只鸡蛋，他已经把壳剥了。他从一把水壶里喝了口水，咬去了半只鸡蛋。

“你知道总部在什么地方吗？”

“总部？你找总部干吗？”他说。“在下面地底层呢。这儿是瞭望哨。你可以看到的，我正在瞭望着呢。”

在房间上首的一个角落里，有一只军用电话，电话机上一条电线从地板上拖向走廊里。什么人，显然还是在战前，在那块巨大的黑板上写着“终于放假了！”这块黑板我曾经多少次数在靴子里抖着脚向它走去过。大部分课桌都已经搬出去了，教室里看起来荒凉得很。提格脱亚靠坐着的那张课桌上，有人用小刀在木头上刻了一句“辽沙是枚硬果。”这是有一次上物理课时华西里的杰作。我跟他甚至在下课时间里都是在一起的。

“唔，”提格脱亚说，“德国人马上就要到这儿来了，我们就得有一场恶斗哩，辽沙。可是当敌人还不曾看见，一个好士兵就得好好儿吃它一顿。吃饱了肚子才打得好仗呀。”

我走到窗口去。下面是学校的广场和有瑞典梯和球门的运动场，再过去是河，狭窄而平静的，有一座小小的趸船，是我们有一次造起来缆船的。再远一点，是铁路和车站的砖屋，过去是小小一簇房屋，一片公园，公路和庞大的圆形石油槽。靠右一点是一所巨大的村庄，当中有几所砖屋。这是我所极其熟悉的一片景色。我在上课的时候曾经多少次数呆呆地望着一列火车或是一辆汽车从远处经过；我还听过算术老师尖厉地说："喂，费狄契夫，你许是想到院子里去耍吧？到那里可以望外面望得更清楚些呀！"

现在可是没有一列火车在远处，也没有一辆汽车沿着公路在奔驰了。村庄的烟囱上也没有一丝炊烟在袅袅上升。只有那圆形的石油槽上面有一股巨大的烟柱，高高地窜向平静不动的天空。

我离开课室，走下楼去，找到那道通向地下室的小门。站在那儿的哨兵是玛雷雪夫。他还不曾习惯于当兵，带着一副泰然自若的神气。

"辽沙吗？"他看见我，一点也没有惊奇的样子，"唔，这一回是轮到我们了。我们要干一下打仗呢，什么？"

我走过他身边。他显然并不曾想到他的责任是要拦住我。地下室里，一盏电灯泡亮着。家具是一张桌子和几张吊床。吊床上睡着两个人，我却不曾注意是谁。波加契夫和一个穿将军制服的矮小的人俯视着摊开在桌子上的一张地图。后者把一只骨瘦的手指在地图上爬动着。

"这儿是铁托罗夫少校的阵地，"他在说着，"你已经跟他通了电话吗？"

“通了，”波加契夫说，“我刚跟他讲过话。也许你会使我了解一些情况吧。”

“什么情况？正在打，沿着这条线在打。我们在撤回来，但是敌人还不曾攻破我们的阵线呢。”

“有什么地方敌人被阻住了吗？”波加契夫问。

“我们已经在铁道桥阻止他们前进了。一个新增的单位现在正补上去作战。”

“左翼怎么样了？”

“我们放弃了第十号铁道副线。我已经下令守住货车车道。四五五连在那儿奏出奇效，但是一个钟头之内，它必须要更替，或者派兵去代替。再打一个钟头，他们将没有几个人剩留了。……耶尔摩申少校正从这儿向斯达罗柴伏达斯克在撤下来。瞧见这条线吗？这是最后防线了。要是我们今天不想办法守住这条线……”

“我明白。”波加契夫说。

“现在看这儿，”那将军继续说下去，“德国人看样子是企图压迫这条河。在哪儿，这很难说。他们也许会在这儿河曲，或是在市公园。”他沉默地注视了一会儿地图，接着他挺立起来。

“就是这样了，”他说，“我祝你成功。”

他敬了一个礼，向出口走去。波加契夫在他后面，我跟在最后。我们三个经过玛雷雪夫——现在他拙笨地立正着——走出到学校的前门石级。石级前面停着一辆色士车(Zis Car)。一个副官把车门打开，栗托佛采夫坐了进去，又敬了一次礼，车子便驰开了。波加契夫把香烟吸完，这才注意到我。

“你在这儿干什么？”他粗暴地问。

“我来参加战斗队伍。”我并没有多大自信地回答说。

“跑开，孩子，”波加契夫说，“我没有工夫来跟你玩儿。”他看了看我，似乎认识，又补了一句：“我想我在哪儿看见过你。你叫什么名字？”

“费狄契夫。”

“亚历克舍·尼古拉维奇的小儿子吗？”

“是的。”

“哦，我明白了，你是想参加到你父亲的队伍里去吗？”

我告诉他是这样。

“好吧，”波加契夫说，“让我们去。我现在正要到他炮兵队里去。”

他大踏步走去，没有再注意到我。我跟在他背后奔，想象我是他的副官或相类似的重要角色。我们绕过学校，向着河边走去。

沿着河堤，壕沟已经掘好了，漫长的犬齿形壕沟线向着两边远远地伸展开去。战斗队伍已经担任了这条壕沟线，人们这时坐在壕沟边沿上，两只脚向下荡着。他们的形状都极不像军人，短夹克颜色的领带，和普通街市间的便帽。在前进阵地上，看起来十分古怪。有一群人拿某个人在寻开心。当我们走近时，发现那被人家开玩笑的乃是罗普戈夫，他显得非常窘惑。人家告诉他每个人可以发到半公升伏特加和一罐沙丁鱼，于是他就兴致勃勃地跑去要求他的配给物，结果是听了一大套不客气的话被撵了回来。

“他以为我们是到这里来吃沙丁鱼和喝伏特加的哩，”那年纪最大的鲁喀宁弟兄大笑着，这一伙所有五个弟兄都哄然吼笑起来。

波加契夫也笑着走过去。在一架插在地里的机关枪旁边，一群机关枪手正在吃早饭；第一号枪手正在嚼着香肠，一边解释着机关枪可能发生的障碍。沿着全线，人们在吃喝，抽烟，讲笑话，彼此互相教授投手榴弹，或是解释步枪怎样使用于适当的射程。这说它是实际的战争，倒不如更像是平时的军事化野餐呢。但是，我也不时的察看到一种不自然的微笑，或另一种紧张的痕迹，那是因为许多人想保持他们故意的镇静。这些象征告诉我，他们也正在经历着我所很熟悉的那种内心的紧张，那种人身器官所赋予的对于预期那巨大困难将要到来的抗拒，那并不是恐惧，而是恐惧的预期。

绕过那所砖瓦建筑的办公厅房子，我们发现来到那所“工程师之家”的花园里。绿色的花木从石制的园盆里伸出来，园径上精致地布着小石子和三色堇菜，从前面的一个斜坡上伸展过去。两门大炮安在一些矮树后面，还有两门是在一小簇赤杨树的掩蔽底下，炮筒用绿枝缘绕着，宛如节日里拉货车的马匹。

炮手们坐在草地上。工程师高尔林在说笑话。接着我看见尼古拉。他脑袋枕着手躺在地上跟别人说笑。没有一个人注意到我们，我们走下到地下室。我父亲在那里。我们一进去，他就站起来敬礼。

“一切都准备好了吗？”波加契夫问。

父亲回答说一切都顺当了，不过他有点微微担心，就是他好多年没有参加军队，对于炮兵术有许多地方已经忘记了。

“我们中间没有一个是专家呵。”是波加契夫解释。

接着，父亲注意到我了。他微微一笑，点点他的头，看见我来，他并不觉惊奇。但是，他没有说什么，因为他和波加契夫开始在讨论炮兵阵地，弹药的补给和人员的分布。他们所说的，我一点也不懂，但是那谈话使我很高兴，那是多么的勇武和像煞有介事呀。最后波加契夫问我父亲，是否觉得有必要派一个瞭望哨兵到对河去。他同意了。瞭望哨兵从那边可以有完全的视野，虽然这却是危险的。他们两个决定了瞭望哨兵的位置。父亲说，"工程师之家"对面的那两株长杨柳树是个最巧妙的位置，瞭望哨兵可以在那里巧妙地掩蔽他自己，电话线可以沿着河底通回来，那是很少有被切断危险的。

屋角上的军用电话响了，电话手——我这时才最初注意到他——把话筒递给波加契夫。他接了，几乎是同时，把话筒砰的放下来。

"德国人的坦克已经看见了，"他一边说，一边奔出门向楼梯上走去。

我跟着他狂奔出去。我已经断然决定，我的位置将是跟这个战斗队伍的指挥官作为一个跑腿。

第二章　中午，甲虫怒鸣着

就是那么奇怪，我跟波加契夫从"工程师之家"一路赶回学校房子，却一次也不曾望一望河的对岸。我看见人们都在壕沟里站好位置，一个机关枪手蠕动着爬到机枪后面一个舒适的位置上。雪必尔涅可夫在喊着一些什么，我不曾听清楚，他的脸孔发红，嘴巴张得大大的。但我从不曾想到去望一望河的那边；我的心里仍然拒绝去把握那样事实，即是只要抬一抬眼睛，就可以看见德国人正在那边呢。

我第一次看见德国人，是从总部瞭望哨的窗口里，那是当波加契夫和我一步跨几级的踏上楼梯走入瞭望哨的时候。提格脱亚站在窗口，把一只望远镜递给波加契夫，虽然没有这家伙，一切东西也都能完全看清楚的。沿着那满布着黄绿色的秋天野草的平原上，三辆小小的，车身低矮的坦克向河这边在驰过来，好像是那许多扁鼻子的啮齿动物，正从它们的洞穴里拱出来。它们都漆着田野的颜色，而尤其可怕的是它们一齐急遽地在爬过来的样子，那好像在一个噩梦中，看见一些老鼠样的动物在向你爬过来，每一瞬间越来越变大了，你要叫出来，但是不能够，因为你的声音在喉咙口窒息住了。

在一阵冷汗中间，我看到德国人的坦克车向我们突奔过来，被那近拢来的怪物引起憎嫌，我掉过头去。

波加契夫抓起电话筒来。

“伏尔加，乌拉尔，伏罗尼兹！”他向着话筒叫，“准备，等待命令下来再开火！西伯利亚！这儿是莫斯科。敌人已经看见了。三辆坦克在向学校方面冲过来。”

提格脱亚站在窗口，手里握着望远镜。

“请容许我报告！”他异常机警地叫起来，“一个人从我们方面在‘工程师之家’那里泅过河去了。”

“我知道，”波加契夫说，“这是费狄契夫派一个观察哨兵渡过河到那老杨柳树上去。高加索！”他继续向电话里叫，“费狄契夫，是你吗？准备好了吗？干他们一下吧！”

“步兵看见了！”提格脱亚又喊起来。

我冲回到窗口去。德国人在坦克车后面一百至一百五十米突地方用快步在冲过来。我清楚地看见那些握着手枪的军官,士兵们把有粗枪筒的奇形的枪顶着他们的肚皮。正在这时候,父亲的大炮接续的轰起来了。泥泉在坦克车前面飞溅着。德国人的阵线散开来,他们显然不曾预期到这个反抗,但是他们仍然继续向前奔冲。

“费狄契夫在痛击他们啦!”提格脱亚喊。

这是很奇异的,听见提到我的姓氏,和觉察到我父亲在这惊人的噩梦中扮演了一个角色。

“伏尔加,乌拉尔,伏罗尼兹!”波加契夫向电话里叫,“怎么啦?为什么我没有听到你们的机关枪呀?”

大炮不断的轰击着,泥柱飞升向空中。

“费狄契夫在痛击他们啦!不过他还是让他们跑过来了,现在可阻不住他们啦!”

但是,这时机关枪响起来了,还有步枪的噼啪声音。现在德国人是那么近了,我可以看见德国人火器的筒管在痉挛地颤动着。过一会儿我才明白那奇怪的颤动是表示它们在开火,而那古怪的火器乃是德国的汤姆生枪(即冲锋枪)。父亲的大炮这时是不停地在轰击,泥泉就在坦克车的鼻子底下飞溅着。

“雪必尔涅可夫!”波加契夫依旧在喊电话,“你不能加重一点火力吗,干他们一下呀!”

泥土在德国人攻击阵线的中央飞溅起来,两个兵倒下去了,第三个奔了几步也跌倒了,向两边滚着。中间的一辆坦克慢下来了。

“打中啦!”提格脱亚喊。但是,他刚一说完,那坦克又快了起来。“鬼!”他用拳头在窗槛上一击。“费狄契夫又在痛击他们啦。”这时坦克车完全停住了。“这一下可干着啦!”提格脱亚高兴得发狂了。

“披邱拉！继续开火呀,老天爷,你睡熟了还是怎么啦,你的炮怎么不响了呀?”

泥土不断地在坦克车周围喷发着。那两辆没有受伤的坦克突然掉过头去,和向我们冲来时候一样迅速的向后逃跑了。

“他们逃啦!”提格脱亚锐叫起来,“这才是好家伙。费狄契夫!”

三个细小的人影从那打坏了的坦克车里跳出来,伛着身体逃到一旁去找隐蔽。这时步枪打得更紧了。从我这优越地位望下去,我可以看到我们的人把脸颊紧压着步枪的枪柄,急剧地扳动着枪闩。一阵玻璃碎片落下到我身上,我没有注意。我是太兴奋了。

在德国人战线后面,军官们挥着手臂,那些士兵立刻俯伏到地上。

“现在他们躺下啦,”提格脱亚继续用拳头在窗槛上击着,“他们在抱地皮哩,我从前跟你怎么说的呀,辽沙呵!”

“别闹!”波加契夫斥责着,继续向电话里叫,“停止步枪开火！高加索,费狄契夫,搅他们一下!”

提格脱亚在我背上一拍,“瞧着他们！看见我们怎样干他们吗?”

波加契夫把话筒放回去,从椅子上站起来走向窗口。我们所看见的这一角天地又变得宁静和平凡了。那两辆坦克车已经消失在一座小丘后面,景色又变成全然静止了:那样的静止,叫我想起了地理书上的插图。只有一股浓厚的黑色的烟雾升起在石油槽的上面。

在我们的前线，一幕惊人的景象映入我眼帘。约莫三四十顶帽子向空中飞起，接着又落下到壕沟里。我不懂是怎么一回事。波加契夫却诅咒起来。

“天杀的，这些乐观主义者。连傻子也知道这还不是庆祝的时间呀！”

我也想参加到这狂欢中间去，因为在我看来，那危险似乎已经过去了。太阳闪照得更明亮了，大地变得更亲热了，连那些在远处躺伏在地上的德国军队也看来再不感到威胁了。我带着这样一种得意洋洋的感情，奔出教室，走下楼梯，通过校园，奔到最近的一条战壕里去。这儿，一个重要的会在举行着，雪必尔涅可夫站在一只弹药箱上，向着挤满了壕沟把两只肘子靠在两边沟沿的人们演说着。那些铸铁工人全都是意气昂扬的。

“我们起来保卫我们的工厂，”雪必尔涅可夫雄辩地说，“工人阶级决心不让敌人通过，他们就通不过。你们已经看见德国人的坦克车向后转了。……”

他用同样的调子还说了许多，我们都觉得他说得妙。鲁喀宁的五兄弟燃着了五支香烟，他们的脸都发亮了，他们比别的人都喝彩得更响亮。

“敌人在我们这条不可穿越的防线上碰得粉碎了，”雪必尔涅可夫叫。正在这时，波加契夫跳入到这条壕沟里来了，他身体失去均衡，抓住罗普戈夫把自己支持了。

“你们以为是在干些什么鬼名堂呀？”他打断了那演说者。“你以为你们已经有理由来狂欢了吗？以为你们已经打败了敌人吗?”波加契夫是那样生气,他的涎沫都喷溅出来。我看他拖着他的衣领,“你知不知道现在还不曾正式交战呀?德国人离开这儿只三百米突,你就来忙着开会哪!”他凶狠地瞪着雪必尔涅可夫,要叫他马上滚开,但是记起他是这单位的指挥官,便抑制住自己了。“现在,丢弃这种乐观主义吧,准备着!”

波加契夫从这些窘惑和失望的人们中间穿过,人们让出路来给他,他很快地沿着壕沟里走过去。雪必尔涅可夫想要说些什么,但是立刻记起波加契夫是他的上级,便止住了。他反转来命令每个人回到自己的位置上去。铸铁工人回到自己位置上去的时候,都显得很沮丧。我记起我已经自己委任自己做过指挥官的传令兵了,便跟着他奔去。

铸铁工人的中队守着这条壕沟,直到过去一个转弯的地方,那里是由涡轮工人在伊凡·卡尔梅戈夫的指挥下承担着。他是一个坚定的精细的人,和雪必尔涅可夫相反,他是好从坏的方面去看事情的。这儿,一切都平静。他允许他的部下抽烟,他自己也在抽,但是同时他命令他的全体部下坚决的准备战斗,和禁止任何庆祝的企图。波加契夫在他旁边坐下来,询问情况怎么样。

“乌七八糟,”中队指挥官阴郁地回答,“情形并不那样剧烈。”

“为什么?”

“因为我们不知道怎样作战呀。你叫这些人是兵吗?你能当真依靠这样一些人吗?他们只有把事情弄糟。”

他显然曾经正当地强制过他的部下,因为他们都有些自疚和惊惶的神色。这时他一边说一边还是凶狠地望着他们。

“就想一想这件事吧:我走到这儿彼得的旁边——他是我的表弟——要是他父亲还活着的话,他会好好儿给惩罚一顿的——因为他打枪的样子很有点古怪。‘你在瞄准什么呀?’我问他,他回答说:‘在瞄准那极端侧翼上的德国佬。’可是当我仔细地观察着他,我看见他只是旋起他的眼睛,在朝晴朗的天空里放枪呵。”

“他会学会的,”波加契夫安慰地说。

“学会!”卡尔梅戈夫碎了一口。“这儿是学校还是什么呀?德国人在攻击我们,而他才准备来学吗!什么学生呀!”

波加契夫说了一些含糊而不大清楚的话。最后他坚决地说:

“喂,同志们,我们期望着你们守住你们的阵地。德国人现在知道我们在守着这条线,一定马上就要有进一步行动的。”

“我的部下是不能够守住的,”卡尔梅戈夫宣说他的判断。“他们就只是刚才打了一仗。你是毫无办法可想的,他们就是不会呀。他们就只会跑去消夏,可不会当兵呀。”当波加契夫和我继续沿着壕沟走去的时候,我们还听见他在我们背后唠唠叨叨地讲了半天。

这时,我已经很习惯于充当波加契夫传令兵的角色了,而我也安了心,因为他并不曾驱逐我。自然,我也知道,他只是不曾注意到我罢了,也许直到打完了仗他还不曾注意我在他面前呢。我就是这样跟着他跑,神色严肃的和准备着他也许会给我以最冒险的命令。唯一可怜的,就是我没有武装,不过我仍然希望着迟早会弄到一支左轮手枪。

波加契夫沿着壕沟走去,他不时地向那些士兵们说几句鼓励的话，警告他们最剧烈的战事还要到来。每隔一下，我父亲的大炮呼啸地向德国的步兵送出一枚炮弹去。一颗偶然的枪弹从头上嘘的飞过，但是一般说是平静的。有一次，我还看见一只巨大的蓝色蜻蜓从我头上飞过去。

在那座办公厅房子的对面，波加契夫从壕沟里爬出来，伛着身体，在沿着花园到地下室入口的矮树的掩蔽之下走过去。下面是急救站。在第一间房里有约莫两打的担架，排成一列一列的。一个值班的医生——一个叫古尔扬的强壮的亚米里亚人，有一颗突得很出的鼻子和一簇刷子样胡子的——走来走去在发命令。

奥尔珈的声音使我骤然旋过来。

“辽沙！你怎么到这儿来的呀？”

为使波加契夫不会听到，我用种低声让她知道我是被派在总部里，这似乎使她很震动。

“幸运的孩子呵！”她说，声音里含着一种敬意，不过她眼睛仍然显示着她并不能完全确定我是否说真话。她说她已经到各处去过，对于爸爸在炮兵中队里已经组织起来的各种事情的方式，觉得很骄傲。

“尼古拉还是和往常一样呢。你想，这对他只是又一次赛足球呵。”她向我俯过来，她的眼睛比平时睁得更大些，轻轻地说：“你怕吗，辽沙？”

“不，为什么要怕呀？”

“你很对，你不应该怕，即使事情是那么恐怖。”

波加契夫事情完毕，我们又离开了。我必须承认，那些担架给了我一个极其泄气的影响。

回到瞭望哨，提格脱亚站在窗口，从望远镜里在窥察着景色。

“有什么新的事情吗？”波加契夫问。

“看来暂时的休歇是快终止了。”提格脱亚说，“要是我的看法不错，他们是在打算再光顾我们一次呢。”

我们走到窗口去。从那砖瓦的车站房子和荒寂的村子后面，一些深黑色飞机升入到视线中来。由于机身对机翼过重，它们怒吼着，残忍地然而却是异常滞缓地在向我们飞过来。它们好像是从原始时代，当自然界还不曾达到和谐的和悦目的形式的时候的一些丑陋的巨大虫豸。可怖的梦魇又压到我身上来了。

第三章　德国人的轮旋戏

德国人不曾意料到会在斯达罗柴伏达斯克遭遇任何严重的抵抗。他们以为可能遭遇顽强反抗的战线早已过去了。向我们冲过来的那三辆坦克车和步兵部队并不曾想到作战；他们以为可以毫无抵抗地占领这座没有设防的市镇，至多和几个愿意拼死的个别家伙交交手罢了。因此，那有组织的炮队和步枪的火力对于他们成为全然的惊异。

虽然他们对这个抵抗的表示并不十分重视，但是他们显然决定要用纯然物质的压力来打通这条道路，以免牺牲他们的人员。一句话，纳粹决定来表示他们所谓的“德国式的轮旋戏”①。

① 轮旋戏原来是指装有木马木船之平置大轮，以供儿童骑之随轮旋转之玩具，此处指轮流轰炸。——译者

凶恶的营营的黑色甲虫在蓝色的天空上徐动着，直到几乎在我们头上了。接着，机尾几乎是垂直线地朝上耸起，它们以一种眩目的速度，向斯达罗柴伏达斯克的人们直冲下来，那些人们的唯一掩蔽只是狭窄的壕沟而已。炸弹爆发了，泥土冲向天空，又慢慢地飞落下来。人们踡缩在壕沟里，拱着他们的脑袋，想念着他们的家属和所爱的人，而当炸弹爆发的返响静止了，他们惊愕于他们居然还活着，可是他们喘息还不曾定，又是一只俯冲轰炸机的吼叫和啸声击入到他们耳朵里，朝上一望，看见那杀人的机器又正在向他们所蜷伏的地点直冲下来了。

一只攻击的俯冲轰炸机好像老是在直接地袭击着你。你紧贴着泥土，你的生命在经历着你一生中最后的痛苦的片刻，而在轰炸过去以后，你惊奇于你怎样竟能度过这凶灾，你抬起你的头，揩掉你脸上的汗，发现你的手和脚在发抖，对于你自己的柔弱发出苦笑——接着，又看到另一架飞机在向你直冲下来。你四肢瘫痪，感觉猛烈的痛苦，而在这中间，你的手指不停地在故乡的土地里刨掘着。炸弹接二连三的落下来，土地向空中喷发出大块的泥巴和石头，落下的石块痛楚地打着你的身体。你再一次向生命告别，再一次经历这一切。

第一颗炸弹击中学校的院子，赤杨树中的一株不见了，操场上裂开一个巨口。教室里玻璃碎片飞起来，我被摔到在地板上，紧紧地闭起眼睛躺着。当我睁开眼睛来，我看见电灯的装置在天花板上荡摇着，房间里充满着灰尘。提格脱亚站了起来，又回到窗口去；一条细细的血流从他颧骨上一个创口里向他脸颊淌下来。我站到他旁边去。又看到一架飞机在冲下来。这回炸弹落得较远一些——在那办公厅房子的前面。我们头上的屋顶使我们安心,因为它给我们一种有保护的幻觉。

我企图猜一猜下一枚炸弹什么时候会爆炸。飞机的吼声愈来愈响愈近了,这吼声充塞着空间,把一切都排除了,最后,它变成一种短促而尖厉的啸声。“不是这一颗,不是这一颗。”当那飞机冲下来的时候,我向自己重复地念着,炸弹一爆裂,我觉得全身收缩起来。我不由自主地把脑袋缩到两只肩胛里。天地连根牵底的震摇起来,一阵碎玻璃片在洒响着,门户砰訇地在撞,泥灰从天花板上落下来。

提格脱亚凝视着远处,似乎不曾觉得他四周的天地在震颤。想到有另一个人贴近我会给我一点勇气,我就站到提格脱亚旁边去。又是一架俯冲轰炸机下来了,“不是这一颗,不是这一颗,”我又对自己重复地念着,炸弹击中了操场;这一回球门的柱不见了,空气的猛烈震动使我站不稳,但是我没有跌倒。回转身来,我看见波加契夫,而就在爆炸的声音过去之后,我听见他在说话。

“我到地下室去,你听见吗?”

提格脱亚点点头。希望涌入到我心里来,因为我可以跟着指挥官到楼下去,可是当波加契夫离开了,我又打不定主意跟他下去。我极其想下去,但是我觉得离开提格脱亚不好意思。一架俯冲轰炸机又吼啸起来了。我急促地喃喃念着:“不是这一颗,不是这一颗,”仿佛我的保存生命就靠这句话似的。爆炸在很近。我极其困难地才保持了身体的均衡。我忘记了刚才因提格脱亚而踌躇的那个高贵念头,我向门口冲去。

更多的玻璃片在一些地方乱飞,又是一架德国飞机在俯轰了。一种卑劣的念头震击着我，但愿我能够在炸弹爆发之前奔入到地下室吧。我跳入到大讲堂里，但就在这刹那间，什么东西把我震扑倒在地板上。空气在猛烈地颤鸣，房屋在颤抖，课桌蹦起到天花板上，那株纸板扎成的树倒下来了。我用手掩着脸孔，期望就在这刹那中炸成粉碎。那喧声变得纯然和单调了。我察出这是我耳朵在响。我睁开眼睛来。房间里充满着烟雾，但是很平静。我以为空袭已经过去了。但就在这时房子又在摇动起来；我刚才离开的那条通教室的门猛地合上了，可是我听不到它合上的声音。

"我聋了么？"这可怖的念头刺入到我意识里，这时我才明白为什么刚才我以为空袭已经过去了。不过不听到那凶暴的声音也好。这时烟雾沉落在房间里。这是灰尘么？也许是灰尘，因为一层厚厚的灰色东西牢牢地罩着我的身体。我跌撞地走出房间，一看楼梯已经没有了，只有一些扭曲了的钢梁和歪斜的栏杆残余和踏步的碎片还悬挂着。我靠着墙垣。慢慢地觉得好过一些了，直到最后我辨察出又一架俯冲机的尖锐啸声。房子又摇撼起来，楼梯松弛的片段散开，掉了下去。

我在楼梯头上停留了几秒钟，于是沿着那扭曲的破烂楼梯小心地爬下去。快要到底的时候，我仰头一望，从屋顶的破隙中间看见蓝色的天空。一片清净的绒毛样的白雪驶入视线。我迷醉地注视着它。

"为什么事物不能美好如常呵？"我想，想起一座平静的浓荫的树林，白云在头上飘驶，蚂蚁在底下爬上草叶，我的眼泪涌到眼眶里来了。

我听见一架飞机近来。朝上一望，从那屋顶的破隙中间看见那架飞机；它带着一种吼声和啸声的可怖的混合在飞下来。我沿着走廊奔去。房子又震摇了一次。我飞奔到院子里，通过它奔向壕沟去。脚下有新鲜的柔软的泥土覆在草上。我的心仿佛要跳出来似的跃动着，我跳入壕沟里，要在下一颗炸弹爆发之前找到隐蔽。

我跳到什么人的身上，他在我冲压之下只不过搐动了一下。整个的壕沟底里布满了人，一动不动的俯下脸孔躺着。我扑倒下去，当炸弹爆发了，觉得我底下的泥土在震栗和悸动。我脸孔贴着一只巨大而沉重的皮靴，有些金属片嵌旋在那皮靴的足趾和足踵的地方。这只皮靴激恼了我，因为每回炸弹爆发了，它急遽地一搐，踢着我的前额。我想辨出是谁的皮靴，可是我不能够。

情形平静了一下，我朝头上的一条蓝色天空上望了望。我刚这么做，一只德国飞机的黑影又进入到这条天空里，接着向我冲下来。我尽可能的紧贴着土地，等待炸弹下来的时候那皮靴再搐动一下。

我四脚四手的伏着，可是我的臂膀太没有力气支持我的身体了。“你这个贱狗！”我说，发觉我说得太大声了，对于自己都惊异起来。这时我的耳朵又响得那么厉害，使我听不见下一架飞机到来。等到炸弹爆发的时候，才突然扑下去。我身体里的力气都使完了，直到我连一只手指都不能动弹。我像一束破布似的躺在那里，张着我的眼睛，注意到那皮靴底里有一个大洞，而那靴跟已经烂了，我奇怪这是谁呢，在那皮靴旁边，我注意到有一片干黄的草土。

又是一些炸弹震撼着大地和天空。我觉得我不能再躺下去。仿佛再没有什么相干了，我坐了起来，惊奇于我这么做只费这么一点力气。我麻木了的身体在动弹，似乎和我的脑子不相呼应，而且不是我脑子所能控制了。我的头在发晕，我的思想模糊和纷乱。我能够坐起来，似乎只因为我是全身脱散开来了，当我稍稍的牵动一下我的肌肉，我便全身颤抖起来。

我就是那么毫无希望毫无力气地坐在那里，仰望着和注视着那致命的小点子从上面黑色的飞机上离开，呼啸着落下来。我整个身体在苦闷中等待着爆炸；大地又在震颤，仿佛什么东西刺入到它胸口的流血的创伤里。我知道我不能再忍受了。我要叫出来，我辽沙再不能支持了，我要它停止。

我前面一个人动弹了。我认出是罗普戈夫。他颤动着他的手和膝盖，但是他的臂膀是在身体底下互抱着。那不能忍受的啸声又充塞了空中，又一颗炸弹下来了。一阵泥土，石块和金属碎片的狂风掠过壕沟，一阵好大的灰沙向我们落下来。当那灰沙落定了，罗普戈夫先伸开第一只臂膀，接着另一只，慢慢地欠伸起成为一个坐的姿势。他望了望我。他的脸孔和纸一样惨白，他的嘴唇是青的，他狞笑着。

“唔，”他慢慢地说，似乎先要习惯于他的嗓音，“我们看来是要挨炸哪”。

“看来是这样吧。”我带着极大的审慎说。

“但是我们要坚守着。”

“你以为怎么样？”虽然我这么说，我觉得我是在撒谎，因为我一点也不曾坚守，我完全是在放任自己，而且我已经再没有一点力气能做什么了。

一只俯冲轰炸机又下来了，一串炸弹击荡着地面。我们只有仰靠着壕沟边沿的份儿，听到声音甚至连搐动一下也不曾有，因为我们再没有一点力气来抵抗了。

第四章　轮旋戏继续着

一块巨大的草片落入到壕沟里。上面有些枯干的黄色野草。我从半闭的眼睛里看着它，想象这是经过车站与村庄而伸展开去的那片广大田地上的一小片，而我是静静地躺在那片田地上，在从市内出来经过一番远足以后在这儿休息。

“这多好呵，”我的幻想继续着，“躺在这儿，知道再没有战争，而且永远不会有战争了……”这时我想象我自己从乡村的散步之后回家，告诉爸爸关于我的远足，奥尔珈和尼古拉刚好出去看戏了，最后我自己脱去衣服到床上躺下，在睡熟以前借着灯光读了几页关于大草原上一个冒险的故事。

我伴着对于劫数的绝望，紧恋着这个由于我的想象所召现的另一世界的安逸；不，不，辽沙，别去听那以每小时一千里速度向你俯冲下来的轰炸机的吼叫和厉鸣吧，别去倾听那每次都以麻痹感觉的爆炸为终止的啸声和尖声吧！这一切都不过是梦魇罢了，你一醒来就会消失的，现在只要镇定着你自己，记着像这样事情在现实里是不能够有的。在现实里，辽沙，你才十一岁，你已经到乡下去走了一通，而现在躺在床上读书啦。奥尔珈和尼古拉马上就要从电影院里回来了，尼古拉会来告诉爸爸那戏上讲些什么，之后他踮起脚轻轻走进房间里，怕会惊醒你，看到你还不曾睡熟，他会骂你一声“小流氓，”坐在你的床边跟你说笑一会儿，之后他不管你要不要，就把灯熄灭了。这是很好的，躺在床上，听着尼古拉在黑暗的房间走动；这是很好的，可以不听到飞机和炸弹，不感觉大地的颤栗和摇撼……而假如你听到了和感到了，你刚开始在床上辗转不停的当儿，尼古拉会来喊醒你和使你从想象的恐怖中解救出来……

这是我在呻吟吗？我向着我四周的可怖世界睁开眼来。人们在那里和先前一样把他们手指和脸孔在地里拱掘，只是这时有一个人抬起头来，在呻吟着，用呆钝的、无表情的眼睛在望着空间。他的衣服告诉我，他是华斯雅·格鲁亭宁。他的脸孔我简直不能说，因为他的五官由于痛楚而扭歪着，而他的眼睛是死的。不，不，辽沙，别去听那飞机，别去等待那爆炸吧！大地在震摇，这是说还不曾炸到你，还有一刻可以活着呵。

我们已经在这儿躺了多少时间呢？一个钟头，两个钟头，还是十个钟头？你是没法说的，因为每一分钟都是一样，没有什么可以分别出这分钟和那分钟。这儿只有怖人的飞机声音和炸弹的爆裂。多少炸弹他们在向我们丢下来？一千枚？一百万枚吗？我知道我再难以忍受了。我站了起来。罗普戈夫也想站起来，但是他的膝盖软了。格鲁亭宁站起来，鲁喀宁五兄弟也照样。也许一个人站起来，正视着眼前情形，倒会觉得安心一点吧。

老人卡尔梅戈夫沿壕沟走过来。他的脸色苍白，但是他企图微笑。当真，这是一种痛苦的企图，不过比我们其余的人在这当儿所能做的却要强些呵。他说了些什么，但是我听不见；我是眩晕的，我的耳朵在响。泥土又痉挛地向我们飞跃起来。我使个大劲，强迫我的嘴唇装出一个笑容。啊，什么时候这才会结束，这要继续到多久呢？

当那些碎石乱土落定了，奥尔珈和华尔雅梭摩娃沿着壕沟经过我们，在担架上抬着一个人。我们看不见那人是谁，因为他是被外衣遮盖着。我听见一个单调的，无休歇的呻吟声。那两个姑娘的脸孔绷得紧张，她们走过我们旁边，没有显示一点看见我们的样子。那担架在壕沟拐角处不见了。它落下一条湿漉漉的小点子在那壕沟底里的松软泥土上。

又来了更多的飞机和更多的炸弹，土地在它们的震击之下扭曲着和震撼着。这将继续多久呵？一个钟头，三个钟头，还是八个钟头呢？这是一种不能用时间去计算的磨难呵，这永无止境的继续着。我的身体这时是完全麻木了，我感觉不出我所躺着的地面，没有一点热或冷的感觉，我也不知道天色是亮着还是黑了。“我再不能忍受了，我不能，我不能，”我受磨折的心灵在抗议着。“就让那最坏的情形到来吧，只要停止这俯冲轰炸机的啸声和炸弹的爆裂呵！”仿佛在回答这个恳求似的，泥土又飞溅起来了；我闭紧了眼睛，疲乏过度的脑子里，什么东西在划裂着，我甘愿地沉入到昏矇中间。

我是给输送到我们小湖的浅岸外那只半沉的游艇上。太阳无情地在晒下来，但是水面上却是阴凉的。巴胥加在旋着一只旧车子的轮盘，作为船上的舵轮。

“全体到甲板上来。”巴胥加喊。

我们都从船舱里爬出来。

“波浪浸入船身。”奥尔珈报告。

巴胥加咬紧着牙齿。

“雷电交作！从来不曾见这样的大风暴。”

“航舰旋向右舷!”奥尔珈从桅杆上的圆筒里朝下喊。四周的水面是柔滑而平静的,只有不时一阵风吹过岸边的芦苇柔和地飒飒作响,水面被吹起皱纹。游艇的甲板被太阳晒热,发出一种炙焦木头的悦人气息。

接着,我又同着我的侄女泰纳雅穿过一座浓密的森林。羊齿草刺着我们的衣服和阻挡我们的路。巨松的根节盘曲成古怪的形状。腐烂的木头溃散在我们的脚下。最后,我们穿过最后一批灌木丛的障碍,在我们前面展开一片媚人的湖水。黄色的水莲浮在湖面上,庄严的树木俯着身体,把它们的树枝浸入到湖水里。

“从来不曾有人到这里呢,”泰纳雅低声地说,“我是说,人类不曾到过呢。”

“那么别的生物到过吗?”我问,兴奋得呼吸都急促了,准备相信这儿是水神聚会的地方,相信土地神会随时从那株巨大的槲树洞穴里走出来。

“鸟儿到过这里的,”泰纳雅说,“你知道,那种……”

“我知道,”我说,虽然我并不知道那种什么。在这些森林和湖水的神秘居民之前,一种甜蜜的悚然感觉穿过了我整个身体。

我从那昏矇的柔和的深渊里又升浮到现实里来了。我张开我的眼睛。为什么是那么平静呀?为什么没有飞机了呀?我倾听一下,可是什么都听不见。莫非我是聋了。不,我不会是聋,因为我听见远处隆隆的炮声。我抬起头,看见天空是清朗的;只有白色的皱云在湛蓝的天海里驶过。我想站起来,但是我的臂膀没有力气从地上支持我的身体。歇了一会儿,我再试试,用了极大力气想坐起来。壕沟和木然不动躺在沟底里的人,在我眼前摇晃起来。慢慢的,许多脑袋都开始在动了,这边那边人们都在想站起来。末了,一些漠然的眼睛似乎是在看事情是否当真过去了。

人们好像害了一场大病从床上起来似的。惨白的嘴唇想说出话来。这边那边都显现出悲痛的微笑。他们彼此互望着,想着他们刚才经历了一些什么,思念了一些什么:感谢上帝,这是完全过去了。这时人们可以喘过气来,略略的坐起一点了,不忙讲话,且让力气回复到无力的筋肉里来。当人们渐渐地恢复过来,一阵微弱的叫喊声和汤姆生枪的格格声从远处传了过来。在飞机轰炸以后,这声音听起来是极其驯弱和无害了。

最初,我们没有理会到这种喊声和枪声是表示什么。就是即使我们知道这是德国人又在进攻,我们也不能很快的集合起来,我们是那样疲累和乏力了。头上平静和晴朗的天空似乎是世界上最重要的东西了。

刚听到这动乱的声音,卡尔梅戈夫就沿着壕沟奔来了。我不知道他从那儿获得这讲话的力气,和动作得那么有劲儿。

“喂,快!”他在说,“德国人在进攻了!我们该站起来去迎敌呀!”

人们望着他,仿佛不曾懂得他在说些什么。有的人做出一副苦相,好像一个病人被给予最难吃的药物似的。

“快一点,喂,动一动脚呀,”卡尔梅戈夫继续说,“没有时间可以浪费了。”

他继续走过去,在壕沟转弯处不见了。有的人仍然躺着,有的坐起来，摇撼着身体，好像患牙痛似的，有的呆呆地看着一处地方。有些步枪横倒在地下，有的斜靠在壕沟边沿上。我沿着壕沟望过去，看见一些苍白和冷漠的脸孔，无力地垂着的手和茫然地望着自己前面的眼睛。

我站了起来，不去理会这时发生了什么。我爬上射击的踏步，向胸壁外面望出去。那景色还是熟悉的老样子：前面一条河，再远一点是在冒烟的石油槽，公路和铁路，荒寂的村庄和平坦的黄色的田野。但是沿着这片田野，有三排穿灰色制服的人在向我们移动过来。他们和几个钟头以前我从教室的窗口上所看到的一样在移动着。那仿佛这中间的辰光并不曾存在过，仿佛这些灰色的人影一直在那儿走过来似的，把那种有肥大枪筒的左右摆动的枪顶着他们的肚皮。

我带着一种在侧线上做瞭望兵的沉静，想着德国人会渡过河，袭取壕沟和占领市镇，再往后我可不能想了，我的思想彼此互相纠缠。“什么都完蛋了，”从我脑子里闪过，我企图去明了这些话的意义。当这话沉凝成为一种难堪的注意压迫着我的时候，我的心窒息地猛跃起来，喉咙口给什么梗塞住了。我不能再去望那些越过黄色田野向我们移动过来的灰色制服，我爬了下来。

这时，大多数人都已经站起来了。慢慢地舒展着他们僵硬的肢体，拾起他们的步枪，走上岗位去。卡尔梅戈夫又到这条线上来了，为了什么缘故在大声咒骂着。人们爬上射击堤把步枪放到胸壁上。什么地方一架机关枪突然活动起来，立刻又沉寂了。一门大炮也轰起来。波加契夫沿着壕沟奔了过来。

“很好，这正是时候！”他喊。

罗普戈夫瞄准和开火了。鲁喀宁五兄弟把枪柄贴着脸颊。一架机关枪格格响起来，接着另一架也响了。我依旧在想着一切都完蛋了。这时，沿着全线步枪都噼啪地打起来，大炮子弹一颗接一颗的向德国人方面轰出去，两侧的机关枪同时怒吼起来，人们和第一次攻击时候一样的严肃和活泼。空弹药箱不断地向壕沟后面滚去，奇迹在出现了。

当德国人开始进攻的时候，铸铁工人曾经被轰炸过，毫无办法，没有一个人会想到他们还能够作战。五分钟——不，不到三分钟以后，他们已经又找到开枪的力气了。起初是乱开一通，接着逐渐的正确起来。他们这样打着，精力又涌回到他们的身体里，他们和习熟的战士一样的进行作战。全线的步枪都在噼噼啪啪响，敌人的士兵倒下去，滚到黄色的田野里。突然德国人不见了，仿佛被大地吞噬了去似的。

他们是在贴近河岸的地面上掩蔽起来了。

第五章　铸铁工人向前推进

对面河岸伸向水边的前面地方，有点微微耸起。德国人就投入到那里去找掩蔽，像许多狐狸似的在亲自掘着狐穴。几分钟工夫，他们的工作便完毕了；只有一些新掘起的泥土露出在草地上。我父亲的炮弹落在敌人阵地内，爆发的地方，泥土间歇地在飞溅。斯达罗柴伏达斯克的人们倾听着德国人的子弹从头上呼啸飞过。

德国的炮队加入进来了。我们听见炮弹嘘嘘的向我们飞来。又是一处学校的墙垣崩倒了，一座小木屋冲天飞起，落到公路上。那座办公厅砖房的一支烟囱给轰掉了。河里的水像喷泉一样激起三次。当德国人瞄准好射程，他们的炮弹便开始在我们这边河堤上爆炸开来，离开我们火线约莫二十米突左右。这时，我是坐在学校的地下室，战斗队伍总部的一个黑暗角落里。

一盏煤油灯在波加契夫的台子上燃着，他两手插在衣袋里，来回踱步，吹着口哨，他的影子在砖墙上奇异地跳动。电话手坐在附近。时间本身似乎已经弛缓下来了。战斗队伍伏在壕沟里，德国人已经在河的对岸掘好战壕。许多人以为最坏的情形已经过去了，敌人已经被阻住了。

波加契夫知道，这战斗才是开始。虽然提格脱亚从瞭望哨上再次的报告下来，说一切平静，他却几次的向各中队指挥官叫出电话，警告他们期待敌人攻击和坚决的准备应战。不过队伍的心情是松弛的：人们是太疲乏了，紧张的神经要求休息。

我瞌睡了一会儿，当我醒来，一切却依旧和刚才一样。波加契夫在电话里跟各指挥官讲话，询问情况和再度警告他们注意紧迫的攻击。

当所有单位几乎都同时报告，说德国炮队的炮火更紧，显然一个攻击随时就要开始了。波加契夫同等地警告了雪必尔涅可夫和卡尔梅戈夫。可是当攻击到来，它却是那样突然，在铸铁工人还不曾注意，炮队还没有轰击之前，德国人已经渡过河到这边来了。

德国人显然知道得很清楚，什么地方水只有膝盖深，他们可以涉水而过。一般说，水位是很低的，因为秋天是个旱季。

从七月以来就不曾下过雨。

“狄文那，狄文那，”波加契夫向电话里厉声叫：“加重火力！披邱拉，你们的机关枪怎么不响呀?!”

我还不曾完全了解发生的事情，不过从波加契夫的声调里，我可以判断情形很坏。最后，联系着我们和铸铁工人的电话线断了。

“狄文那，狄文那，你们在哪儿?”波加契夫重复地向电话里叫。得不到回音，他放下话筒，奔向门口去。在门口他撞到一个人，那人正把雪必尔涅可夫背进来。他是死了。

“波加契夫，让我去带这个中队吧!”说话的是提格脱亚。他刚冲到房间里来，一大步跨过这房间。

波加契夫没有回答。他甚至没有瞧提格脱亚一眼。

“听我说，波加契夫，”提格脱亚很固执，“我有权力来带，你不能拒绝我!”

“必须把德国人逐过河去，”波加契夫在对刚才进来的那个人说。“你们铸铁工人应该这样做，提格脱亚会来担任指挥。”

他旋了一个身，走进学校里，爬上那破烂的楼梯到我那间旧教室的瞭望哨去。我跟着他，再不怕他会赶我走了，因为我知道这时无论什么人都是需要的，没有人会停下来想到我只有十五岁呵。

当我们爬上去，从荒废的大讲堂穿过去的时候，铸铁工人正在学校后面激战。这时德国人是在学校对面的壕沟里。另外一排穿灰色军服的人俯贴着地面，沿着对河的田野在向我们奔过来。步枪和机关枪沿着我们所控守的全线在噼噼啪啪地响，在“工程师之家”的花园里，三尊大炮在不停地轰击，那第四尊是给炸弹炸坏了。

要是德国人所占领的壕沟继续控制在他们的手里，这情况就威胁到了极点。这一翼人掩护着渡河，更多穿灰色军服的人从那边田野里走过来，在每株矮树和每个起伏不平地方的后面找着掩蔽，准备渡过河，向斯达罗柴伏达斯克压迫过来。

这时，铸铁工人从学校后面出现了。提格脱亚领导他们在攻击，穿过校园，面着汤姆生枪的爆射向德国人的壕沟里冲去。在铸铁工厂做工是需要具有常人以上的体力的，这些人个个都是宽阔肩膀，粗壮筋肉，有角力士脖子的高大个子。脑袋顽强地向前俯着，他们跟在提格脱亚后面往前冲。提格脱亚在高举的手里握着两枚手榴弹，似乎正要丢出去。他的脚步审慎而坚实，好像他要夸炫一番似的。他们需要冲过去五十米突，但是每一米突都是被千百颗敌人的子弹在扫射着，每一步路都有千百个死亡在等待着那些攻击者。

但是，他们冲上去了，脑袋顽强地向前俯着，刺刀紧握着，什么都没有看见，除了那条多么难以达到的壕沟。提格脱亚的后面是鲁喀宁的五兄弟；他们五个一起奔过一块高耸处，又一起投入到弹穴里，没有理会那些子弹，只是看着那条他们要去克服的凹狭地缝。安东·罗普戈夫跨着平匀的大步，看来好像在向后控着他自己的身体，以免在别人之前单独先到达目的地。亚历克西耶夫一家——叔叔和侄儿——跟在他后面。战线的最上首，我看见华斯雅·格鲁亭宁和卡那文。这是我第一次目睹的攻击，那和我以后所看到的不大相同。

铸铁工人移动得很快，但看起来他们好像在悠闲地散步。他们的姿态上有一种信心和冷静，那在进攻中间是很少见的。进攻是一种突击，一种跨过死地的拼命奔冲，每个人都想尽可能迅速去越过这死地。但是这儿却有一种审慎、顽强，一种纯然的没有感觉。他们前进着，像一群怒熊，像一群看见挥红布而疯狂了的野牛，不觉得危险，只望着他们的目标。空气由于射击和爆炸而在颤动着。但是我想，我是能听得到那些铸铁工人的平匀而坚决的步伐。

他们还不曾到从前那株赤杨树的地方，费沃多·鲁喀宁蹶颠了一下，再往前冲几步，便扑倒在地上了。狄密特里、伊凡、舍奇和亚历山大继续前进，仿佛并不曾看见他们兄弟扑倒似的，他们的脖子只是以一种更顽强的角度扭了一下，他们的刺刀更向前推进。

格鲁亭宁在一个土坡上突然站住，仿佛迟疑着不敢从土坡下来；他的膝盖蜷曲拢来，以一种最后的奋力，把步枪高高举起，向着前面的壕沟猛投过去。提格脱亚从肩胛上回头一看，发声喊。铸铁工人向前冲过去。

从前面壕沟的胸壁后面，汤姆生枪凶猛地向他们喷溅着。罗普戈夫的左臂突然弯倒了，但是他用右臂来提枪，像握短棍似的握着那枪杆。这时四周的人都倒了下来。舍奇和亚历山大，好像被同一颗子弹所击倒。舍奇完全不动地躺着了，但是亚历山大还打算爬到另一个土堆上。到了那里，他也不动了。伊凡和狄密特里继续跟着冲锋线前进，仿佛不曾看见他兄弟们倒下似的。

赤杨树的根株和以前是运动场的地带都落到背后去了。

攻击者直接望汤姆生枪狂喷的枪口前面冲过去，汤姆生枪对准着最前面的人猛射。但是铸铁工人向前冲过去。

提格脱亚首先到达壕沟。离开目的地还有几步，他抛出一颗手榴弹到壕沟里，发起喊来。泥土和一块炸碎的木板飞了起来；一个穿灰色军服的肥矮德国人从地缝里跳出，伛着身体往河里逃去。一颗子弹把他在水边结果了，他的脑袋垂到水里去。铸铁工人一个接一个跃入到壕沟里。直到这时我才注意他们到达的人只有那么少，而那么多的人是躺倒在后面被惨杀在地面上。当他们冲入到壕沟里时，从河的对岸，有更多的灰色军服的人正跳到河心里来。

父亲的大炮这时在河里激起喷泉，浇淋着那些在渡河的德国人和用榴散弹喷溅着他们。卡尔梅戈夫爬出邻近一条壕沟的胸壁，涡轮工人都跟着他。起先，他们还用膝盖爬行着，接着站了起来，迅速地散开成一条线。当最后一个人还在爬上来，最前面的人已经跟着卡尔梅戈夫向一个个正在向我们河岸爬上来的德国人冲去了。

战局的决定是在铸铁工人的身上了。要是他们在肉搏战斗中间被击败了，德国人会从后面向涡轮工人展开火力和掩护渡河，直到法西斯的后援都渡过来。罗普戈夫的个子是那么高，当他握着步枪的枪杆向四周德国人挥舞着枪柄的时候，他的脑袋和肩膀老是露出在地面上边。伊凡和狄密特里背对背的打着，当狄密特里倒下去了，伊凡陷入到绝境，他向四周的德国人乱刺乱击着。狭小的地带里挤着那么多人，使德国人和我们的人完全混杂在一起。这时刺刀已经没有用了，也没有空隙来挥舞枪柄了。

从我这有利的地位看下去，我看见人们扼着彼此的喉管，有的是站着在扭斗，有的滚在壕沟底里作拼命的搏击。徒手的肉搏在河边也展开了。涡轮工人迫逐德国人回到水里去，炮弹在炸沉那些渡河的人，可是尽管这样，更多的德国人还是在渡过来，麕集在我们的河岸上。我听见波加契夫好像在远远似的向电话里叫：

“费狄契夫，”他在说，“把你所有的一切都打出去……”

父亲大概在尽他最大力量在干。德国人还是在涌过河来。壕沟里这时的情形简直不可能讲了。泥柱不断地冲向天空，空气被爆炸所颤栗着，随着紧迫的每一分钟，愈来愈明白，这桥头堡的战斗是失败了，德国人会突入到市镇里来。

第六章　情况好转了

我现在一点也想不起来，那铸铁工人的攻击和壕沟里的搏斗究竟进行了多久。在这全部时间里，我一直站在窗口，那么紧紧地贴着墙壁，墙壁上突出的砖头在我脸颊上所压出的印痕，过了许多日子还留着。窗框早已炸掉了，窗子只成为墙上一个大洞，我望着眼前的景象，已经丧失恐惧的感觉了，那仿佛我和我的命运并不算什么一回事。波加契夫的声音在我听来很微弱，好像他是在远处似的，虽然他只是在两米突之外向军用电话里发出他的命令、恳求和劝告。我听他的声音那样模糊，因此我起先并不知道他是在对我说话。

“你聋了还是怎么的？”他在叫，“德国人还在渡河吗？”

“他们还在渡。”我最后回答说。

“西伯利亚，你听见了吗？”波加契夫又向电话里叫，“你的机关枪在哪里呀？那你要花多久时间哪？”

他的声音又退到远远去了，远到我仅仅能听得见。我并不曾把他零星而不能理解的命令和外面进行的情况联系起来，因此我所目击到的事件在我看来仿佛就是偶然的遭遇。决定于波加契夫的它们必然的逻辑结果以及它们所包含的意义，直到后来我才明白。

我看见两个人，都伛着身体拉着一挺机关枪，沿着校园与邻屋的场地之间的沟里在奔。他们提起机关枪迅速地越过一条沟，滚进到一个炸弹穴里，在那里把它架起。在另一边，学校的左首，也有一挺机关枪在移动，安置到一块大圆石的后面，这块大圆石，从前我们同学曾经想把它推到河里去过的。这时在河边作战的涡轮工人，再不是阻夹在机关枪和渡河的人的中间了，于是两挺机关枪又向着河里打起来，河里那些灰色军服的人把颤动的粗枪筒的汤姆生枪顶在腰际正在渡过来。父亲的三尊大炮给这些渡河的人一阵消灭的连发轰击。

河水好像在沸腾。中流里两个人倒下去了；第三个也沉没了，起先还用手在水面上拍，接着就沉下去了。对岸的德国人对着他们前面这沸腾的大釜踌躇起来了。我们的有一挺机关枪抬得高一点，对河岸上几个人倒下了。其中有一个捧着肚皮坐倒，其余的逃跑了。

一瞬间以前，我们的情况是严重的，甚至是绝望的。我们的大炮曾经不能放手轰击，因为德国人和我们的人都在壕沟和河岸上混杂在肉搏的战斗中间。河岸上的涡轮工人曾经跑入到我们的机关枪和桥头堡之间。要是我们的决定是放在肉搏战中间，那只有使我们自己不利，因为德国人可以不断地获得增援，而我们是没有救兵的。

这时，机关枪向前移动了，它们又可以毫无阻挡的向着河心扫射了。再加上父亲已经测出对渡河的人的正确的射程，使他可以放手轰击，不必担心会打到我们自己的人。这是要归功于对岸杨柳树上的瞭望哨兵。有了对渡河者的侧面瞭望，他才能每一下都打得正确。

这时，情况突然的转向有利于我们了。德国人不能向我们这边河岸射击，因为他们的军队是和我们的混杂在一起。因此，德国人的炮兵把火力移向远远的后方去，那里是打不到一个人的；住在毗连队伍阵地的区域里市民，早已搬到市镇的下端去了。

那些已经渡过河的德国人认出渡河的人是在炮火底下，不能再有援兵过来了，他们便踌躇起来。而由于踌躇，使他们吃了严重的亏。有个人回头去望一望河里，立刻就给枪柄打倒了；另一个恐怖地喊了起来，当德国人一发觉他们的处境绝望了，惊惶就把他们扫倒了。

我们的人，相反的，已经有把握在这搏战中获得胜利了。知道了这个，便加倍增高了他们的力量和勇气。这个当儿，我虽然不清楚那战后的每个细节，但是那趋势却是很分明的。我可以看到涡轮工人会占优势，而在我的兴奋中间，我这时蹦上蹦下，由于全然的高兴，拍着我的膝盖。那局势确实是有利了，在我全部战争的经历中间所看到的，没有旁的可以和它相比拟。但是我不曾想到去目击那种原始的体力，这时对涡轮工人起了那样的帮助，由于我的高兴，把这件事完全忘掉了。

当河边在进行着搏斗，德国人在渡过河来之后看局势转向于我们有利又逃了回去，这时候一个生死的斗争正在高头一点的狭窄壕沟里进行着。喘着气、流着汗的人们拼命用他们的赤手空拳，他们的膝盖甚至他们的牙齿在奋力杀敌。刀子在砍着刺着，仿佛这是在发明火器以前的时代；壕沟里是给那些搏斗的人挤塞得那么紧，以至于说不出脚下是谁的尸体，那些死了的依旧直立着，因为没有地方可以让他倒下去。这是一座地狱，在这里，强者的双手把弱者的生命在慢慢地挤出去。

这时，这儿的搏斗已经结束了，那些胜利者跌跌撞撞的，仍然没有明白究竟遭遇了什么，什么也没有感觉，只是战争的惯性迫使人不断地打下去，他们爬出了那残杀的地缝。浑身血污，衣服撕烂，有的握着刀，有的像握短棍似的挥着枪，摇摆着脚步，呼吸沉重，冲下坡向着河边上奔去。在那儿，穿灰色军服的人们还仍然支持着。

最初，我辨认不出这些恶鬼样的斯达罗柴伏达斯克人是些谁，他们这时正猛扑入到殴斗中间去。这花了我几秒钟工夫才辨认出那领导着他们的是提格脱亚；他像喝醉酒似的跌撞着，一手握着刺刀，另一只手不断的拭着眼睛。这是因为血从他前额的伤口上在流下来，使他眼睛看不见。伊凡·鲁喀宁也不像原来的面目了，他在头上舞着枪，向着敌人猛扑过去。他们全部的人数不超过十五个——这条壕沟是牺牲了一笔极大的代价呵。

接着，他们进入到下面的混战中间。我看见鲁喀宁的枪柄以一种可怖的力量打下去，一个高大的德国人翻倒在地上了。鲁喀宁弟兄们的最后一个也扑倒在他的尸身上；或许是一颗流弹把他打倒了，否则便是他早已受伤，而是借他最后的力气奔到这河边来的。

铸铁工人剩得没有几个了，但是他们在暴怒中间是那样可怕，他们的打击是那么突然和猛烈，使德国人崩垮和溃散了。他们一个接一个的叫起来和举起他们的双手。有一个德国人做了一个盲目的奔冲，想找求安全；他起初跑错了方向，接着被一颗子弹把他在水边打倒了。

对河的德国人一看见他们本国的人投降了，便立刻开起火来。显然，他们现在是不怕打到自己人了。回答这个动作，父亲便抬起他们的大炮向对岸打去，炮弹开始在对岸的德国人阵线里爆炸开来。这时，我们方面的人把俘虏赶回到壕沟里，俘虏者和被俘虏者都同样钻入到壕沟躲避德国人的炮火。同时，工具工人中队移动到壕沟里来填补这个空隙了。这时这条壕沟已经变成防御的地位，机关枪又退回到先前的位置上。立刻，沿着河边的防御战线又完全恢复了。

我觉得一只手落在我的肩膀上。这是波加契夫，他已经走到我旁边来了。

“我们把他们打回去了，”他说，微笑着，虽然他的眼泪看来就快爆出来了。“你看见我们是怎样把他们打回去的呵，孩子！”

他用只震摇的手摸摸我的头，接着，脚跟一转，走向门口，我跟着奔去。

刚才弄清楚德国人的进攻已经击退，立刻炮弹又开始在学校和其他砖屋附近以及我所能看到的战线两端，爆炸起来了。德国人的大炮是从远处在打过来的，虽然泥土一直不断在喷溅，可是在我们已经经历过刚才那空袭打击以后，这炮轰看来是温和得多了。我们工厂里的姑娘们从医药站奔出来，去救护那些受伤者。

她们低低地俯伛着，尽可能地减少自己的目标，从火线下爬到河边去。到那里，她们俯视着沙滩上的身体，开始把受伤者运回来。她们曾经决定把死了的暂时搁着，等天黑了再说。波加契夫和我等了很久，等抬担架的过来。有些受伤者苍白而衰弱，有些脸孔绯红，用炎热的发亮眼睛四处望着。奥尔珈和娜达·卡耶文娜走过来抬着罗普戈夫。娜达把她的上衣盖在他的肚皮上；那伤大概是很可怕，因为那厚厚的上衣都给血渗透了，一条细细血流在朝地下淌。罗普戈夫是昏迷不醒了。他的脸孔没有一点血色，他的脸相就像死尸一样的僵硬。

那些还能够走的人，由护士扶着他们臂膀走着。提格脱亚就在他们中间。虽然血从他脸上在淌下来，而他是危险地在跌撞着，他却企图从支持他的玛鲁锡斯·亚雷育金娜和娜达·科兹罗娃的手里挣扎出来。

“下流的狗仔！”他用极大的声音咒骂着，显然多半是由于他头上的受伤的关系。“你们以为提格脱亚全部失败吗？是吗？等着吧，老子会给你颜色瞧！”

他一遍一遍的重复着同一句话，只是一句比一句更加强烈。

“波加契夫，”他看见我们叫起来，“他们以为我已经完蛋了。你明白吗？我告诉你，波加契夫，我还有很多战斗力气呢……”

姑娘们推着他走过去。

我跟着波加契夫走下到医药站里去。地下室里灯点得很亮，古尔扬医生，卷起袖子，露出多毛的下臂，在一排排的担架中间走着。房间里充满呻吟的声音，有的低弱和仅仅听得到，有的很大声和痛楚——以及粗暴的、发烧的呼吸。

医生俯视着一个担架，迅速地检查了受伤的人；轻轻跟旁边的看护说，"替他准备用手术。"他向那人微笑了一下，又补了一句："只是缝一下，你会完好如前的。"可是他的眼睛里却没有微笑。

他在罗普戈夫旁站了最久。当他揭起盖在受伤者身上的外衣时，这医生的脸孔变得非常严肃了。罗普戈夫在受检验的时候动都没有动；他死一般地躺着，只是呼吸像吹呼哨一样的响。医生把盖的衣服依旧覆上去，摇摇脑袋。

"用不着做手术了，"他跟看护说，"那只是使他受不必要的痛苦，因为他就会在手术台上死去的。"

正在这时，罗普戈夫张开眼睛来，那对眼睛大而无光，反射着一种难以描述的震怖的恐惧。他的身体在担架上痉挛地蜷曲拢来，血喷到地板上。接着他又松瘫开来，眼睛合上，整个身体似乎僵硬了。古尔扬摸摸他的脉搏，随着轻轻地放下那只手，又走向另一只担架去。

我再也忍不住了。

外面天色已经向晚了，房屋的影子投伸到公路以外，天空上被这彷徨于日夕之际的特别清明的光彩所燃耀着，在房屋后面的什么地方，太阳已经下去了。

"啊，为什么事情是要像这样呢！"眼泪涌满了我的眼睛，一颗颗的滴落到地上。"我现在去做什么呵？"这问题像块红热的铁似的炙烙着我的脑子。

“即使我死去也不管，即使他们虐杀我也不管。我只是以我一切所亲所爱的名义，誓言……”我大声地说。我不能用话说出来，我所要去做的是什么；然而我断然相信我的誓言会决定我的一切行为，会给予我以力量，使我在行动中光荣而勇敢，使我忍耐和坚定，使我不会忘记从罗普戈夫茫然无光的眼睛中所看到的那种恐怖。我刚才曾经带着纯然的无助大哭过，但是现在我觉得好过了。我拭干我的眼睛，等了一会儿，使我眼睛里的赤色褪掉，接着走到“工程师之家”去。我要去看看我的父亲。我要他用理解我的眼睛望着我，使我能够把握这可怖的一天的意义。我没有想到，这一天还不曾过完，而在天黑以前，我还得经历许多事情哩。

第七章　瞭望兵坐在柳荫里

父亲和亚雷育金——他在平时生活中，是个工程师和第二机器工厂的监督——坐在通向地下室的最后一级石阶上。在他们上面的石级上有两架军用电话。

落日渐渐淡下去了，黑影从地窖的深处伸向楼梯底下的走廊上。这儿很冷，地窖里的霉气荡漾在我们的四周。德国人的炮火已经衰弱了，只是每隔一会儿一颗炮弹在爆炸。但是它们已经不再恼人了。我是那么渴望着安谧，我把那些事情抛在心外，而使我沉溺于黄昏际罩落于万物上的肃静的享受。显然，这可爱的秋天黄昏也同样征服了父亲和亚雷育金。

“当你年纪老起来，你就更会欣赏自然了，”父亲在说，望望蓝色的天空和伸出在那些树立于地下室入口四周的栅栏上面的绿枝。“我们城里人也许是习惯于人行道和煤烟了，可是我们还是喜欢看到一两株树和一簇丁香或是窗外一些花坛的。我相信，当人们生活得更合适的时候，我们都将有一座在花园里俯临河流或湖沼的小舍，而且在那四周还有松鼠和啄木鸟呢。”

亚雷育金笑了起来。

“我们认识有好多年了呀？十年吧，是吗，还是更多呢？可是我想在这些年中间我们在工作上还不曾交谈过几句话呢。来了一场战争，才使我们真正的互相认识了。”

父亲也微笑起来。亚雷育金伸手去拿起电话筒来问：“怎么样了？”那回答大概是满意的，因为他点点头。我看见亚雷育金和爸爸在一块很觉失望，因为我想跟他谈谈体己话和告诉他在这一天中间我肉体上和精神上所经历的一切。

“啊，辽沙，”父亲忽然注意到我了。他仿佛在黄昏的平静中间已经听出我的思想了。“着实的挨了一天吧，是吗？”

我脸红了，为了某种缘故，感觉有点窘惑。黑影愈伸愈长，直到太阳沉下去，我们所在的花园和房屋以及整个城市都被一个巨大的黑影所吞噬了。只有在旷阔无涯的天海上，迟滞地驶行着的那金色边缘的云块，依旧反射着落日的余晖。一只灰色的大猫从地下室里钻出来，跳上那栅栏，打个呵欠和伸着懒腰，把脚爪露了一下又缩进去了。也许它也觉得这扰乱大地自然安静的战争声音已经过去，而大地上的一切又恢复到正常的状态了。

在远处，一门大炮刷达的轰出去，接着又是第二声、第三声，在离开我们不远的地方，炮弹便接二连三的爆炸起来。那只猫停住，紧张地听着，坐下来，向四周望了一望，接着，显然它断定情形并不很好，便从它坐的地方跳下来，竖起尾巴，带着一副俨然审慎的神气沿着走廊，向地窖里的安全地带走去了。

父亲抽出一支香烟，燃着了，把火柴丢到地板上。

“又开始啦，”他说，“他们为什么就是那么鬼着急呀。”

电话响了，父亲拿起话筒来。

“这儿是高加索，”他说。“在运动场上吗？我想我应该把我的大炮对准河那边的老渡口上。你以为怎样？好的。”

亚雷育金爬到楼梯的顶上。我稍稍仰起一瞧，看见栅栏外面每隔几步伏着一个人。

“目标：进攻的德国人。”父亲说。

“目标：进攻的德国人。”亚雷育金重复说。

“目标：进攻的德国人。”栅栏外面的人一个接一个的传达过去。

“榴霰弹。”父亲说。

“榴霰弹。”亚雷育金重复说。

“榴霰弹。”沿线的叫过去。

“角度，四十—oh—oh—”父亲说。

“角度，四十—oh—oh—”亚雷育金重复说。

“角度，四十—oh—oh—”命令一个接一个传过去。

“高度，oh—oh—五—”从父亲那儿传到炮队里，“瞄准，三十五。”

电话又一次响起来了。父亲去接。

“这儿是高加索。好的。”他放下了话筒，微笑着。“又来袭击老渡口了，好像上一回他们还不曾受够哩。”他从口里把香烟拿开，严厉地说：

“开炮！”

“开炮！”亚雷育金重复说。

“开炮！”从矮树丛里回应着。

“开炮！”向大炮那边叫过去。

闪光亮了半秒钟。空气被轰雷一样的声音所劈裂着，这是我生平所听到的最响的声音。这是我第一次站在轰击的大炮旁边。我的耳鼓似乎要爆裂开来。直到父亲又在叫电话了，我还不曾从这突然的震击中间恢复过来。

“怎么样？”他向电话里叫，“你能看得清楚吗？如果你需要帮助，我可以派一个人来，好的。”他放回话筒，又拿起另一只话筒来。“波加契夫吗？怎么样了？看来很要得，好的。”他又放下第二只话筒。

“开炮！”

我看出那一架电话是联接着队伍的指挥官的，另一架是联接着河对岸隐蔽在老杨柳树上的瞭望兵的……父亲又在叫那瞭望兵了，他的报告大概是满意的，因为他这时又在命令继续开炮。

这时大炮接二连三地把炮弹投向德国人方面。瞭望兵报告说，他们像一幅漂亮的图案画似的躺开来了。

看来这一次德国人很难在这块上回吃过亏的地方获得成功。我们的人的精神比上一回更加激扬了。机关枪手、炮手、步兵，都以更大的信心和技巧在战斗着。瞭望兵不时的报告，炮弹超过目标了或是打得太近；每一回父亲就调整了瞄准机，于是炮弹又正确地打到它们所要打到的地方。波加契夫在电话里说，步兵很感谢炮手们。

父亲当真很快就恢复了他关于炮兵学的知识了。他对于战事的进行很满意，很高兴知道别人在称赞他的工作，而他是这个刚建立起来阻止德国人进迫的军事机构中的有用的重要的一环。

德国人的大炮开始来狙击我父亲的炮队了，但是他们的射击很不正确。炮弹从头上嘘嘘叫过去，在马路上爆炸开来。当它们飞过的当儿，炮手们向那些炮弹喊着好航行呵。

这是值得注意的，人们的精神能够多么迅速就鼓舞起来。几个小时以前，在我们看来，德国人就好像一种魔鬼似的不能制胜的力量，那一定要不停地席卷而来，而我们是准备着去牺牲，那种恐怖深深地隐藏在我们所有人的心里。然而，现在面对这些德国人，却再不叫我们恐怖了，即使我们知道他们还不曾被击退。

这时，瞭望兵报告说，德国人已经放弃袭取这条河流了。接着，波加契夫也来电话证实德国人的进攻已经被击退。不过他以为这还是要重来的，命令大炮积极准备随时射击。父亲确定告诉他说，炮队现在已经测准射程，在准备着正确的射击。

同时，德国的炮兵继续在探测父亲的炮位。这时炮弹落得较近了。第三班里有一个人受了伤，但是精神仍然很高昂。事实上，人们的脸孔都比刚才战事中止时间更加活泼和热烈了。几乎每碰到一件事情，会任意地引起一阵笑声和戏谑。

我们起先从波加契夫的命令里，知道德国人又在准备新的进攻了,他在电话里说,已经窥察到德国人正在面着“工程师之家”的扇形地带向河边移动近来了。一分钟以后,我们的瞭望兵报告说,敌人正在离开那株隐蔽瞭望哨的杨柳树约莫两百米突的一条沟里集中。父亲朝那里送出一颗炮弹去,瞭望兵报告说,恰巧打中了那些德国人的中心。这时瞭望哨是在目标地区的直接附近了,对于敌人的部署可以看得完全清楚。当真,这时瞭望兵是陷在很大危险中间,他随时都可能被炮弹炸中的。

波加契夫来电话说,这次预期要到来的猛烈进攻,可能是在那些老杨柳树的扇形地带里。

“辽沙,”父亲说,“你来管这只电话吧,把报告传达给我。”

我点点头,就去守着那只电话。

“喂,”我向话筒里说,“你听到我吗?”

一下子,那边没有回答。接着,一个熟悉的声音操着低音传到我的耳朵里。

“他们在搬浮桥船哩,”那声音说,“我可以看到几只小浮桥船已经放出在沟的那端了。看来他们马上就要架桥哩。”

“尼古拉!”我喊起来,“是你吗,尼古拉?我是辽沙呀!”

“喂,辽沙,”尼古拉回答说,“仔细些听着我的话,孩子。我想他们马上就要动手哩。”

“尼古拉,”我接下去说,“你怎么样呢?”

电话寂然了。尼古拉显然是在注视着沟里的情形。我猜想他是躺在离开德国人那么近的那株树底巨大而多节的根株中间,离开我们的炮弹马上就要爆炸的地方是那么逼近。我的心沉下去了。我竭力避开去想到那可能发生的事情,但是我却不能除去这时在纠缠着我脑子的那可怖的预感。

第八章 “你听见我吗，尼古拉？”

在这次战争中间，也许有过几千回吧，德国人攻击了我们以为他们不会来攻击的地方。而当我们认识了事情并不像我们所想象的那样简单和容易，这些恶作剧便渐渐停止，而他们的面目却一次比一次变得更加狰狞了。

这时，我的天地非常狭小。在我所栖息的楼梯第一级底下，只有房子的墙壁，几簇矮树和那越来越黑的灰蓝天空可以看见。每隔几秒钟，当大炮一轰，每样东西都被一道闪光所浸浴和被一声可怕的爆炸所震撼着。

在轰击中间，隔着一些短促的间隙。在这当儿，我可以听见当他们把炮弹装入大炮里去的时候，炮弹箱在地上拆裂的声音。虽然我不能够看到他们，却可以描想出那战斗队伍的警戒和紧张。在半暗中间，锻铁工人排成纵队从我们前面经过，去增援那些守着“工程师之家”面前一线的工具工人。朦胧的微光由于那紧迫战事的威胁也在颤抖着。我竖起耳朵在听着电话的那一端发生了什么，那边老杨柳树底下，尼古拉是彻夜不眠地守着。电话沉寂了一些时候。接着又传来了尼古拉的声音：

“再过去约莫二十米突。”

“再过去二十米突吗？”我向电话里重复问了一遍，然后传达给我父亲去。“再过去约莫二十米突！”

我开始来猜想父亲是怎样计算出他向那些炮兵指挥官所传达的数字，那些锻铁工人从胸壁上窥出去在他们前面看到了一些什么，以及怎样握着话筒才能听得最清楚。我尽我最大的努力把那种使我心中充满痛苦，使我胃脘作呕和使我心脏猛烈悸动的感觉，从脑子里驱除出去。我感觉那巨大的严重考验立刻就要开始了，也许就是在几分钟之内吧，我竭力不去想到它，使我能够支持下去。我向父亲仰望一下。他俨然地和肃穆地坐在那里！用清晰而坚定的声音在发布命令，一边在计算他的数字。他无疑地也感觉到几分钟以后将发生的事情了。我和向来一样，猜疑着尼古拉是否也知道了这个。

“你听得清楚吗？”这是尼古拉在电话里的声音。那似乎是他很渴望听到我的声音，他不愿失去和我的接触，他是害怕孤独地留在那边的。

“是的，尼古拉，我听得很清楚。你呢？”

“很清楚。”

此外，再找不出什么可以用言语来谈论的了。一声步枪的射击从壕沟里响出。一架机关枪喷出一阵突发的子弹。在另外一边，接着也是一阵。但是大炮却没有响动。

“辽沙，你听见我吗？”尼古拉是在查察电话的路线，但是我知道他是想听到我的声音，使他可以感觉一切都很好，而他在世界上并不是孤独的。也许他是不要去想到那马上就会发生的事情吧。我觉得我应该对他不停地说话，这样使他可以知道他并不曾和一切人和一切事物脱离，他依旧是很好的。但是我能对他说些什么呢？我找不出话来，因为重大的事情把我的心压住了。

“你听见我吗，尼古拉？”

“我听得很清楚哩。”他声音中有一种欣悦的调子。他大概也正在想说一些什么吧。“比刚才更清楚了。”

“那也许是因为我把手遮在话筒口上的缘故吧。”

“我想你是对的。”

我们又没有话说了。我企图去想出他躺在老杨柳树底下的样子。他大概是全然不能侵犯地躺在深沉的黑暗中间。他的眼睛也许是在巡视着他后面那平静的河流。这时罩盖在他上面像黑色天篷似的杨柳树颠,他前面的田野,以及这时正在爬动着那些德国人的黑影的沟隙。夜晚的潮湿也许使他感到一点不快吧,也许他在一块地方躺得太久,使他的臂膀发麻吧,或者他身体底下有什么尖硬的东西顶着他俯伏的身体很痛吧。

“辽沙,你听见我吗?”

“我听见你哩,尼古拉。”

“辽沙,德国人在奔向河边了。”

“德国人在奔向河边!”我喊。

“二十七,瞄准,二十七。”父亲在回应着。

“二十七!”亚雷育金重复着。

“二十七!”沿着战线叫过去。

三门大炮接连的轰出去。三道连续的闪光照亮了房屋的一边,向着天空直窜上去。三颗急旋的炮弹跟着穿裂过空中。

“辽沙,你听见我吗?”

“我听见哩,尼古拉。”

“过来约莫四十米突。”

“过来约莫四十米突。”我喊。

“更靠右一点,啊——啊。——七,瞄准三十。”父亲说。

三门大炮又接连的轰出去。三道连续的闪光照亮了房屋的一边，三颗炮弹急遽地飞向远处。

“你听见我吗，辽沙？这一下打中啦。”

“打中啦！”我用最大的声音重复说。

“好！”父亲说，“继续轰击！”

这时大炮不断地在动作了。

“你们打得很准，辽沙。你听见我吗？”

“我听见哩，尼古拉，爸爸，尼古拉说你们射程很准哩。”

“继续轰击！”

闪光接着闪光，轰发接着轰发，在对河什么地方，也许就在尼古拉的旁边，炮弹在爆裂着。

时间痛苦地慢慢地爬过去。每一秒钟和下一秒钟之间隔着一个战栗的间隙，这中间时间是停滞的。在这些间隙里，我的脑子一次又一次的陷入同样停滞的状态。我只是不要去思想，不要去思想。最后我发觉我自己是在难忍地等待着那事情的发生。“我在干什么呀？我在等待着什么呵？我可是疯了吗？”从我脑子里突然闪过。

“辽沙，你听见我吗，辽沙？”

尼古拉的声音是平静的。但是从那声音里我觉察出一种惊惶的调子。我知道他是要听见我的声音，爸爸的声音或是任何一个依旧活在这个和他实际上已经割断而他是再不能回来的世界上的人的声音。我觉得他已经没有力气来想出一个跟我谈话的借口了；他不知道该说些什么，便只好依旧不停地重复着那一句：“你听见我吗，辽沙？”我可以想象出每一次他的心怎样的沉下去，因为，害怕会得不到我的回答。

接着是一个长久的停歇。电话是全然沉寂了。我惊恐地紧握着话筒。

“尼古拉,你在那儿吗?尼古拉,你听见我吗?”

那边没有回答。大炮继续在轰发,闪光照亮了整个可以看见的世界。忽然,尼古拉的声音传来了,简促而急遽的:

“向那些杨柳树轰击!”

这一刻已经到来了。我几乎不能把握这句话的意义,但是这使我领悟我所预期的恐怖是来到了。我茫然无言的坐在那里,紧紧地握着电话听筒和某种绞缠着我的感觉搏斗着,直到那话筒,使我手发痛了。我用尽我所能使用的一切力气,把那句话从我口里叫出去:

“他说,你们去轰击那些杨柳树呵!”

父亲站了起来,从我那里接过话筒去。我凝视着他,从绝望中间仍然希望他能想出一个解救的办法,爸爸是那样的聪明和有经验,他一定会想出一些什么方法来的。

“尼古拉,”他在向电话里讲话,“是我呀。爸爸。你怎么说,孩子?”

我虽然听不出说话,但我却从话筒里听到尼古拉的声音。我想我从他所说的中间觉察出一种犹豫和迟疑的调子。

“好的,孩子,”爸爸说。他把话筒放下。一刹那间,他似乎变得颓丧和苍老了,他的思念转向远处。大炮仍然在响。房屋的墙垣突出于朦胧之中,只是反投出每一下的闪光,空气被那声音所震颤着。在这一切中间,我听到什么人在发布命令,我仿佛看到那些炮手们像魔鬼似的在我四周工作着。机关枪这时也不停地扫射,伴着那沉着的步枪噼啪声音。一道闪光照出了亚雷育金明显的轮廓。他在吸着鼻子和用手掌擦着他的眼睛。

“啊——啊——三，”父亲在说，“二十六，”接着，他又加了一句，仿佛是追想起来似的：“炮队，继续轰击。”

“轰击！”从远处返应过来。

炮弹凶恶地咆哮，负着它们的使命飞向尼古拉所躺着的地方。我把电话筒紧贴着耳朵，可是不敢向话筒里说句话，怕那边会没有回答。

“尼古拉，”我最后问，“你听见我吗？”

“我听见哩，辽沙，”他回答说，他的声音里含着欣悦，“我能听见你。告诉爸爸说现在很好。”

“现在很好！”我喊，但是那“好”字却带着一种奇怪的声音。

一阵接一阵的轰击震撼着地面，我的脑袋由于那凶猛不断的闪光和隆隆的声音，开始晕旋起来。我化石般的坐在电话旁边，看不见也听不见我周围的世界，只意识到一种感觉——在我身体深处的那种咬啮的窒闷的痛苦。

大炮静寂了，那接着而来的静寂却是可怕的。在昏暗中间，我辨出亚雷育金站在顶上那一级，向远处在窥望。他旋过身来，慢慢走下石级，乏力地坐下了。

“杨柳树的树颠已经轰掉了。”他说。父亲用疲乏的眼睛望了望他，回过头去。我不停地向电话里说着话，迟疑地和害怕地，深恐那边会没有回答。

“尼古拉，你听见我吗？”

话筒寂然了，我用微弱的声音重复叫。

“尼古拉,你听见我吗?”

父亲走过来,站在我的旁边,用一种茫然的凝视的眼睛注视着我。亚雷育金也站起来等在一旁。

“尼古拉,”我声音里含着一阵呜咽。“尼古拉。”

从话筒里传过来粗厉的痛苦的呼吸声音。

“是的,辽沙,”尼古拉迟缓而审慎地说,“我能听见你。”

他的声音里有一种空音,他慢慢地缀成每一句话。他伤得怎样严重呢?但是,用这样的话去问一个也许几秒钟之内就会被炸成碎片的人是不得当的呵。

“你们打得很准,”尼古拉慢慢地说下去。“只是你们该给他们更多一些打击,因为他们仍然在搬浮桥船哩。”

我把这一切话,一字一句的重复说给父亲听,他用一种被虐杀的野兽的眼睛在望着我。

“继续向同一目标轰击,”他说。亚雷育金带着迟疑凝视着他,仿佛不明白要他做什么似的。

“你听见我跟你说的什么吗?”父亲拍了他一下,“把命令传达出去!”

“继续向同一目标轰击!”

“继续向同一目标轰击!”命令沿着路线卷旋过去。空气又在劈裂了,墙垣又从夜的黑的黑幕后面跳跃出来,炮弹又应着它们的使命在怒吼了。

我对自己描绘出那老杨柳树四周的情景:黑色的人影在昏暗中奔走着,离开尼古拉所躺的杨柳树根株中间的凹陷狐穴约莫一二十步路,血从他伤口在流出来,把他的衣服和身体黏住了;用外国话叱咤着的零零落落的命令从黑暗中间在传过来；一种痛苦在刺穿着他，感到他是在一个仇恨的世界里，而他所熟悉所亲爱的世界是在他的后面，而唯一使他和这世界相联系的乃是这细细的电线铜丝以及通过这铜丝的声音。

大炮继续轰击着，机关枪在发出它最密的声音，步枪也打得更紧了。德国人又向河边冲了一次。父亲向亚雷育金叫了些什么，亚雷育金又向其余的叫了些什么。突然，步枪和机关枪声停止了，代替的是一阵欢呼，那比较起来可是柔和得多了。

我听见这一切，但是它的意义并不曾记入我的心里。我的全部注意都集中在那没有声音的电话上。我不曾知道那些德国人已经不能够集合他们对岸的兵力了，他们只运了两个半中队到我们这边建立了一个桥头堡。我不曾看到那锻铁工人所作的英勇的反攻，他们一下子就把两个半中队打回到河里去了。我甚至不曾注意到当我父亲把炮火移向河渡中心。我也不曾看见那少数德国人的伤兵——他们是那两支半中队所剩留下来的全部——爬到对岸上去。我主要的事情只是从那电线上传回来的静寂。

“尼古拉，”我不停地重复着叫，“你听见我吗？”没有回答。“尼古拉，你听见我吗？我是辽沙呀，尼古拉，你为什么不回答呀？”

我吹口气到话筒里，看它是否还灵。我的手抖着。“你不能这样呵，”我对我自己说，歇了一会儿。但是过了一两分钟，我又在叫电话了。

“尼古拉，你听见我吗？你为什么不说什么呀？”

但是那边没有回答。

我仰起头来，看见父亲从楼梯阶级上在走下来。我浑身抖着，紧握着话筒，似乎我整个生命都靠在这话筒上。我想要说话，但是一句话也说不出来。我把话筒递给他。他向话筒吹了口气，听了很久，显然是想把那不得不相信听不到什么的一刻再拖延一下。

“喂，喂，”他最后说，“尼古拉，你听见我吗？”

他站了很久，听着那全然的静寂。之后，他轻轻地和慢慢地放下那话筒。

“我怕，只剩下我们两个了，辽沙。”他说。

波加契夫来了电话，显然是来庆贺这次炮队的作战。

“是的，这是很正确的轰击，”爸爸痛苦地微笑着。“可是，我丧失了我的大儿子哩……在瞭望哨上，波加契夫，在杨柳树底下呀……叫炮火直接向他射击，等待他亲生父亲去杀死他呵……”

他的声音断了。波加契夫——我可以听到他也是被这消息所震倒——仍然还在说话，父亲却把话筒放下，走开了。他高大的躯体在黑暗的墙垣上投出一个更黑的影子；只有他仰起的脸孔在昏暗中间显出一小片浅黑的颜色。

“你该回家去了，辽沙，”他最后说，“去告诉你母亲吧。”

我们四周可以听到那些救护兵抬着伤兵到急救站去的急促而低沉的脚步声。附近什么地方在传布命令，人们在大声地谈话，甚至还有笑声了。我爬上楼梯去，让父亲一个人和那架曾经把尼古拉声音传达给我们的电话在一起。

除了一些散漫的射击以外，这时什么都平静了。炮兵们在他们大炮旁边忙着。有群人走过去，用低声在谈着话。天空是漆黑的，只挂着一些巨大的闪烁的星星。这是黑夜了，在天明以前，德国人是不会攻击的。这是一天的最后了。而尤其重要，这一天乃是我们的。

第九章　大炮又响了

这一天里所发生的许多事情，我在那时毫不知道。后来我从波波夫上尉那里知道了很多，他的部队是后来扼守我们阵地毗邻战线上的扇形地带的。

他曾经从炮火中撤退下来，只带着六名红军的可怜残部，过于饥饿和疲乏，使他们除了睡眠和食物之外，简直什么都不能想了，那上尉说。这个被打垮的和脚走得发痛的一群在路旁歇息下来吸着从口袋里搜刮出来的烟蒂所卷成的香烟，在他们遭受战败的严谴以后，尽量来享受他们休息中间的奢侈。掉队的红军士兵和军官，单身的或成群的，从他们前面走过；他们在路旁坐下来，有的睡熟了；有的站起来跟着小群的人又继续他们疲劳的行程；还有一些离开了中队，向着各个不同的方向走去。这儿没有一种向心力把这些人集合在一起，三十个红军士兵不成一个半中队，一百二十个人也组织不起一个中队。波波夫也同着他所剩留下来的一小群人坐在那里，对于他们为了某种莫名其妙的缘故留下在不远的小舍后面的两门大炮不知道该怎么办。他们曾经互相诉说，他们应该把那两门大炮留下来，使马匹有一个休息的机会和吃一点草，但是波波夫知道得很清楚，他们是希望把这些拖累的东西丢落在后面。

正在那个时候——上尉继续说——三个军官，一个少校两个中尉沿着马路走下来。那少校站下来问他，这些人是否都是他的。波波夫回答说他没有更多的人了。

“你们大炮也没有了吧，我想？”那少校说。

波波夫回答说，他在小舍后面有两门大炮，但是没有炮弹。少校派了一个中尉去找。

“你们可以跟我来。”他忽然对波波夫补说了一句。

波波夫和他的人跟着那少校走去，上尉想这回他可找上了，可是太疲乏来不及抱歉了。他们走到火车站，车站的名字波波夫已经不记得，他们在那里发现约莫有一百个兵士坐在地下或是爬在车站站房后面睡觉。他们似乎彼此都不相认识，显然是从公路上集合到这儿来的。

“这是你的中队，上尉，”那少校说，“让他们休息三个小时，之后带他们去吃饭。军厨就在那边二层楼房子旁边。联队的总部也在那边。去找栗哈契夫少校好了。”

少校走开了。他刚一走，一打的问题就跳到波波夫的脑子里来。对于他原来的指挥官该怎么办呢？调他到这个中队来是不是有命令呢？但是那少校已经走了，波波夫只好躺下来，立刻就睡熟了。他醒转来，生怕睡过了头，把吃饭耽误了，他匆匆地叫士兵排起队。那些士兵热烈地应承了，不仅因为他们都很饿，而且因为生活又一次的显出有秩序的模样了。

军厨在那座二层楼房子隔壁冒着蒸汽，对于那伙食，这中队是没得话说的了。在到那边去的路上，波波夫上尉看见他的大炮在一些陌生的士兵手里，在一架炮车上坐着他曾经看见和少校在一起的那个中尉，那中尉认识他，向他招招手。

另外有几个中队，跟波波夫的中队一起在军厨前面排着队。当士兵们都吃饭了，各中队的指挥官便聚到一起来。

“你怎么样，”其中有一个向波波夫问，“你这中队带了很久吗？”

“今天才第一天呢。”

那个人笑了起来。他是一个年青人。尽管他穿着军服，波波夫可以看出他是个新参加军队的。

吃过饭，便开始来委派半中队和小队的指挥官，检查枪支和弹药和找寻宿营的地方。最后，一个中尉走来找波波夫，自己介绍说是第三中队的指挥官，告诉他联队指挥官要找他去。

在总部里，谈话集中于管理和军需的问题，当波波夫半夜里回来，他头脑里充满着许多焦虑，关于明天到哪里去搞些大车，派谁去领取弹药以及千百个必须解决的小问题，为了使他再一次来指挥一个战斗单位。

这一天里，有几百个指挥官和几万个士兵都和波波夫与他的中队做着同样的事。那些曾经迎接过德军冲击的压力而被打垮了的军队的动摇和脱阵分子，重新又抓到一种什么而复苏过来了。

第二天一早，波波夫领导他的中队到指定的阵地上去。当他们在移动的时候，他看见一长列大炮每隔几步的放开着。有一门他看来很熟悉，走近一点，他看见那曾在炮队里当油漆匠的招牌画匠画在炮筒上的黑箭。这是他带回来的大炮中间的一门。

波波夫掉落在中队的后面，和一个年青的炮兵中尉搭讪着。从他谈话中间，知道他曾经是个学生或工程师。中尉告诉他，这些大炮绵亘不断几乎排到三公里长。二公里以后都是些重炮，也有一大批，他说。那些星散的和打垮的炮队又集合起来了，挑选出来，开到新的作战营地上去。

“这是最小的一列炮哩，你知道，”中尉说着，“那边还有更多。它们一齐轰起来，那才好看哩。”他兴奋得很，一支接一支地抽着香烟，急促地说着，瞟瞟那长列的大炮，好像一些可笑的野兽拖着尾巴朝天拱起尖长的鼻子坐着。经过前几天的失望、狼狈和混乱之后，他显然感到欣悦，知道他依然有份去参加那要做的工作。波波夫匆促赶上他自己的中队去，他告诉他的半中队指挥官关于那炮兵跟他说的话。三个中尉静静地听着他。最后有一个问：

“这也许就是转机吧，上尉同志？你以为怎么样？”

傍晚，几千门大炮都集合在战场上。每一门，只要还能发射一颗炮弹的，都马上修好去使用。这儿有一个人就能放的小炮，也有架在铁甲炮床上的大炮。同时，这些新组成的中队和战斗队伍都移动向沥青铺的公路和迂曲的污秽的丸石的小路上去。

高仑科夫，那个后来替父亲的炮队运炮弹的卡车司机，告诉我他怎样奉命到斯达罗柴伏达斯克工厂里去领炮弹。“我们的中尉告诉我，这以后工厂会直接送炮弹给我们了。”他说。

“我到那边的时候，天已经黑了，”他告诉我。“他们告诉我直接驶到厂里去，那里我听到机器在隆隆地响和看见炮弹装到木箱里去。我车子刚开到，他们就把木箱装到车子上来。我问他们是不是专为我们这个炮队造炮弹或是也为其他炮队。‘我们工厂要管二十四个和你们一样的炮队呢，假如你们所有炮队一齐不停的轰打三天，我们都能供给你们，’他们说，

‘事实上，我们就期望他们这样干，这是为什么我们并不想在这三天中间减少一点数量。’”

“我感到兴趣便又接着问他们：‘你们答应给每个炮队多少炮弹呢？’‘他们能用多少，我们就给多少，’他们说。当车子装满了，工厂监督走来说：‘你去告诉你们指挥官，说他不必担忧炮弹。如果这些还不够，我们可以再送些去。’”

“我们正在说着，又一辆卡车开到了。那车子看来很熟悉，我就停一停。看出那是我们从隔壁一支炮队里开来的，也是来运炮弹的。我把车子开走的当儿，它也果真已经装好了。”

以后三天中间，高仑科夫每隔两个钟头就到厂里去一次，只有趁装卸炮弹的当儿偷睡了刻把钟。有一次，他说，工厂的监督刚在一个石级上坐下来看他们装车，就立刻睡熟了。后来他们花了好大力气才把他弄醒哩。

把打垮了的炮队的残部重新集合和集中在一个地方，使他们重新恢复，组织了炮弹不断的供给，阻止了退却，以及允许那些作战困惫了的人有一个休息和重新振作他们的体力。这一切都需要时间——也许有的只不过是几分钟和几个钟头，但无论如何总是时间呵。而这些宝贵的时间，在这个决定命运的一天里，就是由那些在学校操场上牺牲生命的铸铁工人，那些在“工程师之家”击退敌人的锻铁工人，以及指挥炮火直轰击老杨柳树的我们尼古拉所争取来的呵！

我可以断定，那些从斯达罗柴伏达斯克工厂出来，在学校和“工程师之家”作战的人们，没有一个曾经理解到他们在这一天里守住这地方是含有那么重大的意义。他们只是尽他们的力量在作战，没有一点想到他们自己，看到天夜了他们还守着他们阵地便觉得欢喜。他们高兴，只因为白天已经过去，夜晚将较为平静，两者加起来，他们可以从敌人手里争取到二十四个小时了。他们都精神旺盛，即使他们并不知道整个战线上的情势，因为从常识上他们可以知道，他们是碰在一起的大群中的一份子，告诉他们，那巨大的力量正在他们后面什么地方开始行动。他们感觉到那慈善的时间的悠缓拍子以及每一分钟的非常重大意义，因为他们知道每一分钟都是在增强那巨大力量的成长和颠覆现在敌对着我们的那单纯的计算。

第十章　星空下的黑路

天空，在我看来，常常是像个半圆形的大篷盖，它既非蓝色，也非灰色，也非黑色，而是三者俱有。在这大篷盖上，太阳在爬行，云霞在流驶，在晚上有星光在照耀。但这时它却两样了。当我爬上地窖的楼梯，在“工程师之家”的花园里站下来望它的当儿，我带着一种震愕感到它的两样，我的心因凄哀和寂寞而沉痛起来。

这时，头上没有天空，只是一片无底无边的虚空。星星不再是散布在天鹅绒般的黑色大篷盖上，它们是倒竖在虚无缥缈中间，有的近些，有的则远到几乎看不见。脚下的大地也似乎是悬挂在虚空中间。但是这时，那种常常使我怖栗的无边无际的感觉却不再叫我恐怖了。相反的，我在这中间获得一种奇异的安慰。在这个无边无垠的虚空旁边，死似乎比起罗普戈夫巨大的身体在血污的担架上痉挛，或是尼古拉在电话线的那端寂然无声，显得更自然和没有那么可怕地不调和了。

在“工程师之家”的黑暗花园里，我可以听到一些零落的低声谈话，突然的笑声以及脚步在石子上的摩擦声。一支火柴在矮树丛后面一闪，照出两张彼此靠拢的脸孔，又熄灭了，只剩下两点灼红的香烟头在黑暗里。

我绕着屋子走过去，穿出在公路边的大门。那儿有些人边走边谈的沿着路步行着。我看不清楚他们，也听不出他们在说什么；我所能辨认的，只是一些黑色的人影一下子显现，一下子又消失到黑暗的朦胧中间。因此我不曾注意到公路上的人是在愈来愈多的增加，直到我发现自己是在一大群的人中间了。有人捉住了我的肩胛。

“伏罗特雅!”一个声音说，一个老太婆把脸孔逼到我前面来。“对不起，孩子，我以为是认识你呢。”

老太婆走开了。我的眼睛渐渐习惯于那星光，我看见人们在路上走着，站下来打量每一个他们所碰到的人，和叫着某些人的名字。有些男人痛苦地曳着足在走，是被引导他们到镇上去的女人们所扶着，母亲，妻子，父亲和儿子们排列在四周，在那些从火线上回来的轻伤的人中间找寻他们的亲人。

“库兹尼佐娃！库兹尼佐娃!”有人在喊。

“她到哪儿去了呀，她刚才还在这儿哪。”另一个声音向我说。忽然人群分开来，让那个在答应叫唤的小女人急急地奔过来。

“他在哪里呀？他在哪里呀?”她一边走一边喘着地问。

两个看护扶着一个高大的人，他痛苦地在走，不时地因为衰弱而跌冲着。库兹尼佐娃是那样神志完全不清，她奔过她的丈夫前面都认不出来，却奔到另一个人前面去了，那人用老头子的声音回答着。

“唳,唳,要我变什么样的库兹尼佐夫呀。我只是维托胥金呵。”

有人笑了起来。这时库兹尼佐娃已经找到她丈夫了,她哭笑一齐迸发出来:

“我到处都找遍你哩。”她啜泣说。

有一个看护把地方让给她。

“我到处都找遍你哩……”她重复说,似乎除了这句话她再找不到话可说了。她背后跑来一个约莫十岁的孩子,他也不知道该做什么。他先从这一边走近他的父亲,又从那一边走近他,终于在他母亲旁边跌倒了。

“你伤得很厉害吗?在哪儿,在足上吗?”问题一个接一个的急滚出来。

“没有什么,”库兹尼佐夫回答说,“只是膝盖上擦坏了一点,一个礼拜就会好的。”

那第二个看护问他的太太,是否能够一个人带他回去,因为她该回到她的岗位上去了。

“自然,我能够。”库兹尼佐娃立刻回答说,而且为了某种缘故,吻了那姑娘。这时做妻子和儿子的扶着那受伤者走了,一路兴奋地谈着。我听不见他们在说些什么,但是那声音里有笑又有眼泪。

更多的看护扶着更多的人,沿着马路走来,在叫着他们的名字,直到有人答应了。做妻子的奔到她们丈夫前面去。小孩子们围绕着他们,一家一家的从马路上消失了。

有些人被群众所包围着,他们把问题像雨雹一样向他抛掷过去。譬如：从涡轮工人中队里来的那个康诺华罗夫，依旧被刚才的经历刺激得那样兴奋，使他的妻子简直没法在他向热心的听众们说完全部攻击情形以前把他拉开去。

“现在情形怎样了？”人们问，“他们还在守着吗？”

“自然，他们还守着，”他带着确信说，“现在德国人已经得不到机会了。你瞧，他们那时来得那么突然，我以为一切都完蛋了，……在这一切中间，莱育胥加·维托胥金问我……”

“莱育胥加·维托胥金！你跟他在一起吗？”从黑暗里传来一个声音。就是一会儿以前被误认为库兹尼佐夫的那个老维托胥金，在查问他的儿子。康诺华罗夫变得竦然和沉默了。

“莱育胥加不曾挨过吗？”老人又问。

康诺华罗夫的沉默，除了那做父亲的以外，谁都明白他是给打死了。

“莱育胥加怎么样了？告诉我，”那父亲恳求说。他不肯相信他的儿子是死了。

“我很抱歉，安特烈·伊凡诺维奇，”康诺华罗夫说，“但是我怕，那是没有希望了。”

我穿过人群，沿着马路走去。最后我赶过了那些受伤的人，显然我是从火线下来走在这条路上的第一个人。

“是谁？”有人在问我。

“费狄契夫。”

“那边情形怎样了？”

“我们在坚守着。”

众人立刻把我完全围住了。这中间有熟悉的脸孔，但是我辨认不出来。我依旧在迷惘中间走着。

“一般说是怎么样了，战事的结果如何？”一个老头儿问我说，显然他觉得很困难组成他的问题。

“我不知道，”我觉得我无法把我们或德国人阵地上的情形作一番连贯的叙述。突然，老玛里亚·鲁干尼娜摇着我的肩膀。

“你看见我的孩子们吗？你一定看见，他们是五个在一起的。”她用那样的一种音调说，显示她对于她的五个儿子感到怎样的骄傲。

“我哥哥尼古拉给杀死啦，”我说，用这话代替了回答她的问题。

“尼古拉，也死了！”有人说，那人大概是跟他很熟的。我不能在那儿停得太久了。我必须往前走。当我走时，众人在我前面分开路来。

再过去，路上荒寂了。寒冷的秋风吹干了我的眼泪，瑟瑟地拂着树木，和从远处的什么地方吹来了一阵微弱的海的气息。我的四周，世界又全部重新显现出它那旷阔的庄严，那露水田野里的清新以及那浓荫的森林的慰人的安谧。也许过分敏锐的感觉会引起那由于种种所形成的幻象：激浪冲击海岸的吼啸，新开地清朗湖水中鲤鱼跳跃的闪光，一只睡鸟的恬静，河水淙流的恬静，森林里野兽审慎的脚步，以及深夜里农家牛犊悦意的安息。然而，在我四周，战争的现实却是固执着那地平线上时隐时现的火闪，震颤着空气那远处炮声的轰发，以及我头上什么地方一颗炮弹在呼啸着，飞向它最后爆炸的地方。

在路旁，一个女人坐着在哭。我走过去在她旁边坐下，虽然我并不认识她。天太黑了，我辨认不出她是年老的还是年青的。

“她是丧失了丈夫或儿子吧，”我想，凝视着我面前的黑暗田野。“她伤心伤肝地哭着，念着她所爱而也是爱她的人，忘记了那广大的世界，在这世界上，每个人都想生存，都想深深呼吸和过得幸福……”

那女人啜泣着。当我从黑暗中间窥望我四周的世界，我感到它是在渴望着幸福，被一种对于幸福的全能的热烈冀求所撕裂着，甚至尼古拉的死对于我变得更明白更理解和更单纯了。因为为了这大地所渴求着的幸福而死，并不能说是没入于黑暗的忘却之中，没入于虚无之中，而是和整个的宇宙融合成为一种混合体，那是人类的一切事物，一切希望，一切冀求所借以形成的。

我站起来，继续走过去。风从海上吹来，我大口地吸着那咸质的凉爽的微风。两旁屋宇暗暗地往后溜去，我发现自己到了一个熟悉的广场，穿过那熟悉的大门，越过那工厂的场地，向着熟悉的工厂里走去。

有金属遮罩的灯在一排排机器上放着光。不过那儿只有很少的人。有些人听说战线已经守住，战事已经弛缓了，便回家去偷睡一刻，有的跑到公路上去打听他亲人的消息了。只有很少一些机器在隆隆地响着，有些老人俯在那些机器上面，当那锋利工具穿入钢铁的时候。

我向祖父走去，他用那样一种眼光向我望着，那告诉我他已经知道了。他关上马达，我们走到外面来。院子里依旧和昨夜一样的黑暗和荒凉，工厂墙垣默默的形状在黑暗中间隐现着。

“安特罗夫家在革命中间死了五个，在保卫斯达罗柴伏达斯克的战争中又死了两个，”祖父慢慢地说，凝视着头上的星星，“这不如让我们这些老的去死，那会死得安心些，不至于那样的悲惨。反正，我们有用的日子已经过去了。可是事情竟不是那样，愈是年青力壮的，愈是最要得的，倒去死了。那好像一条法则，你应该把你最亲爱的贡献出去。你父亲怎么说？没有说什么吗？”

“没有什么。”

“那是应该的。这是没有办法呵。你父亲是比我要得的一个人。尼古拉看来会比他更要得。他们是在杀死我们的人，不过，尽管这样，新的世代是在成长了，那是什么也征服不了的呵。你，辽沙，是我家最后一个了；你现在也在经历这个地狱，可是这将给予你以你所梦想不到的力量。他们从前把我们投入狱中，把我们在绞架上吊死，把我们放逐到西伯利亚，想破坏我们的精神和肉体。但是在一九二七年，我们把沙皇轰倒了，他们发现我们已经积聚起巨大的力量了。现在德国人又向我们压过来了——让它来吧，我们会坚守着的！如果我们丧失了最好的兵士，新的兵士会成长起来，那是没有人能打败的。你应该会懂得这个，苦难会给予我们力量呵……”

他擤了擤鼻子，除下眼镜来拭擦他的眼睛，又把它戴上了。

“应该是让我们老头子去死好些呵，”他说，“我们已经过了时，再不能当兵了。现在，辽沙，回家去吧。你娘要奔出来找你，是我把她拉回去了。我告诉她，你回来也许饿，她应该去料理一些吃的。这样,她才回去准备夜饭了。”

我离开祖父,他坐在工厂院子里的长凳上——一个枯衰了的老人,孤零零的在满布星星的天空的黑暗无垠之下。

第十一章　尼古拉伴着我走下街去

当我沿着黑暗的街道走着,我听见尼古拉的脚步在我旁边,他的声音从夜的虚空中传来,和平日一样的平静,从容而叫人慰藉地低沉。

“你瞧,辽沙……”这清楚的调子一直也没有错。他常常是这样开头来回答我的问题的。他的说话中间从来没有专断,那与其说是一种对于事实的自以为是的论述,毋宁说是一种对他自己看法的阐释。这仿佛是他明白地在想,企图和我共同的作出回答来。

“你瞧,辽沙,在我看来……”

他议论别人的时候,那说话的态度也是一样。

“我相信他是不好……”或是“在我看来,他如果是个诚实的人,那就不应该干这件事。”

我觉得他的手放在我的肩膀上,他那只宽阔的、强壮、亲热地抚爱的手。

“觉得不好吧,孩子?”他问我,这个发问,即使并没有给我完全的安慰,却足以使我感觉事情并不如我所想象的那么坏了。

我记起我有过一些怎样琐细和无关紧要的烦恼,尼古拉都以他那种体贴的诚挚和关心来和我分忧。我记得有一次,我在学校里犯了过失弄得很窘急,老师恐吓我说要去报告我的爸爸；又有一次，我把爸爸的锯子弄断了，那锯子是我没有得着他的允许就拿来的；还有一次，我和孩子们赌钱，输了十个卢布，要是我拿不出来，我会有挨一顿殴打的危险的。

“觉得不好过吧，孩子，”尼古拉说，用他巨大的强壮的手抚摸着我的头发，“不要紧，我们可以想办法。只要记住别再跟那些人去赌钱了。他们也许是故意使你上他们圈套，以后又来笑你呢。告诉他们等明天还他们的钱，明天我可以拿到工钱了……”

他常常有好话跟你说，虽然却没有一个人会摸着他的头发，或对他说“不要紧，我们可以想办法。”尼古拉常常把他的烦恼一个人放在心里，从来不烦扰别人。我记得当奥尔珈到巴胥加那儿去的时候，他是多么难过，但是他表面上却一点也没有什么改变。他还是和平日一样的头脑清楚，脾气温和。

“觉得不好吧，孩子？”我听见那虚幻的声音在我身边重复地说。尼古拉，也许只有你知道，我是怎样的难过，悲哀是在怎样撕裂着我的心呵。你是死了，再没有人来对我说“不要紧，我们可以想办法”了，我要知道你对于我和我所做的事情有怎样的想法，因为我不知道该怎样做人，我常常犯了错误和做了我所不应该做的事。我现在要做什么呢？我为你悲痛，因为我不知道没有你我将怎样生活呵。我不能想象，在你失去知觉以前你是怎样面对着死亡，你经历着怎样的磨难，或是恐怖，或是痛苦。我只是要你在我旁边，摸着我的头发，说：“你觉得不好吧，孩子？不要紧，我们会想办法的。”

不，尼古拉，现在是没有办法可想了。这是终结……这是死亡，痛苦和虚无呀！

我又觉得尼古拉在伴着我走下街去。我感觉他的手在我的肩上，要是天不是那么黑，我也许已经看见他友爱的微笑了。这种感觉是那样生动，使我要告诉他我巨大的烦恼，要向他要求救助和安慰，但是可怕的现实的认识使我突然停住了。我记起我已经没有哥哥了，这儿并没有尼古拉呵。

黑暗的街道在我前面伸入到黑暗的世界里，阴沉的房屋排列着，蜷缩在路边，门窗紧紧地关起，抗拒着那外面的恐怖、黑暗和战争。街上没有一个行人，只有寒星冷冷地俯视着底下空寂荒凉的大地。仿佛战争像瘟疫似的，已经扫荡了这世界，没有留下一个生物了。也许尼古拉也在害怕这个他已经被埋入的冰冷而没有生命的土地吧。

一刹那间，天空被一道红光所照耀；头上一颗炮弹像一条可怕的恶龙——它好像是我们地球上唯一剩留的居民了——慢慢地穿过空中而在另一阵闪光和轰然的爆炸声中滚落到荒凉的街上，直到它本身消散了化为乌有。

“我能做什么呢，尼古拉？我怎能忍受这一切呀？”

“不要紧，辽沙，我们会想出一些什么。我相信……”

“我知道，尼古拉，你要说什么。我这样讲，是因为苦难已经使我长进了。我知道你是怎样死的，尼古拉。你不能告诉我比这更美丽的和更叫人信服的事情了。”

我就是这样走下那黑暗的荒凉的街道，跟我已经死去的哥哥谈着，直到我发现到了自己的家门口了。可是我得鼓起我的一切勇气去推开这扇门。我将怎样去告诉我的母亲呢？我知道如果我在事前站下来想一想，我就决不会走进这扇大门，我却并没有往下想，就干脆进去了。

母亲在等着我。她已经放好桌子和铺好我的床。我又突然从外面没有生命的寒冷世界投入到光亮、活泼、舒适的世界里来了。这世界是由于人类心的温暖以及人类手的亲切照料使它变得美好和周到的。灯在桌子上面照耀着，盆子，杯子和银器都放在桌上，一只茶壶被茶壶罩子罩着，母亲就坐在桌子的一端。她肩上披了一块羊毛肩巾，在织手套。每一回那羊毛线一抽，毛线团就在地板一滚，仿佛一只看不见的小猫把审慎的脚爪在抓它似的。母亲的眼镜还是滑下在她的鼻尖上，她从那眼镜上面望着我微笑。

"你终于来了，"她说，"你该累了，可怜的孩子。你最好马上吃些东西就去睡吧。最好你还洗一洗澡，我烧了一些水等着你呢。"

我把帽子挂在衣架上，在桌子旁边坐下来。

我将怎样去告诉她呢？

她走到炉灶旁边去，舀出一盆汤放到我面前来。

"这些洋芋我藏在地窖里，"她慈和地对我说，"我很高兴你掘来这些洋芋，等你爸爸和尼古拉回来有点东西吃才好呀——过一会儿，他们一定会让他俩回来的——或者给奥尔珈吃，当她进来的时候。"

她又继续织起毛线来。她的举止似乎没有注意到我痛苦的沉默和难过的神色。可是我却明白她。她也许已经看出有些什么岔子。我知道她是看出了，但是她相信愈是男人们难堪的时候，做女人的便愈该平静。我们家门外面尽管在打仗，可是在家里，一定要让人们能够有几个钟头的温暖休息。这就是她的哲学，在家里，一定不要再有人去想到我们这个世界出了什么岔子了。

织毛衣的针在她手里继续着那嘀嗒嘀嗒的动作。

“玛利亚·尼古拉耶芙娜进来过一下，”她说，“她坐了一会儿，我们说些话。她的丈夫也参加了战斗队伍，她的女儿是个看护。她收到华里西一封信。那是一封写得极好的信。‘翘起嘴唇等着吧，妈妈，’他写着，‘我马上就会回来看你的。’”

毛线断了，她捏住它，背着灯光打了个结。头上又是一颗炮弹嘘的叫过去，在不远的什么地方爆炸了。当那爆炸的回声静了，织针又继续动作起来。

“妈妈，”我说，“你沿着街走着的时候，可想些什么吗？”

“想什么呀，孩子？”她从眼镜上面望着我。

“拿我来做例子吧，当我沿街走着的时候，常常想象我是另外一个人，那人曾经做下大事业，或是做了一些对人家的好事……这一切事情都浮到我脑子里来。”

“自然，我也想的，”她微笑着，但是我可以看出她很难找到回答。“譬如：尼古拉，我幻想他成为一个著名的医生。有时我想某一个人病得很厉害，每一个人都对他绝望了，之后，一架飞机载来了那著名的医生费狄契夫。每一个人都凝住了呼吸，不知他是否来得刚合适，或是已经太迟了。于是他走进病室去，接着开出一张以前别人所不曾想到过的新的治疗方法。每一个人都害怕那难免的冒险，但是像魔术一样，它把病人救活了，他睁开眼睛，开始平匀地呼吸起来。接着，我想象那病人的妻子奔到尼古拉面前，吻他的手，但是他谦虚地把手缩回来，而她由于纯然的高兴却不停地哭泣着……”

“但是关于你自己呢？你也想象一些什么吗？”

“不，”她微笑着，“我年轻的时候，我想象过，以后主要是想象我的未来丈夫，我把他想象成一个有种特别的名誉心的人，每个人都尊敬他和爱他。而现在我是在幻想我的儿子们了。”

“你可曾想象过尼古拉是个战争的英雄，他立下了一些英勇的伟大战功，在可怕的战役中间击败了敌人，从毁灭中间救出了我们约莫一师的人？”

毛线又断了，母亲举起线的两端，背着灯光把它们结好。接着织针又动作起来，毛线团在地板上滚着，母亲微笑了。

“不，我可真不曾想象过他是这样哩。”

我知道，我是不会再有勇气来告诉她了。

“你的汤喝完了吗？”当我放下汤匙的时候，她说，“我还替你留下一点东西呢。”她放下活计走到厨房里去。我知道，我是没有法子说出来了。怕我会突然哭出来，我没有脱衣服就在沙发上躺下，闭起眼睛假装睡熟了。

“你瞧，辽沙，”当她从厨房里回来，说，“锅饼哩！不是普通的锅饼，是蜜做的锅饼哪。你爸爸生日的时候从集体农场买回来的一点蜂蜜，我藏在一只甕头里。今天我在地窖的架子背后找到了。”

接着，她看到我，以为我睡熟了，轻轻地说：“可怜的孩子，他大概疲乏透了。等他醒来再吃这锅饼吧。”

她依旧坐下来织她的毛线。我微微地张开眼睛，望着她。我可怜的母亲，她是在经历着那样的地狱呵。她整整一天，大概是在忙着安慰和鼓励那些比她年青的人，当炮弹嘘嘘飞过在市内爆炸的当儿，而当她不在做这个的时候，她大概是在厨房里忙着为男人们准备一些东西等他们回来吃。我可以想象得出，当她在地窖里找到蜂蜜的时候，她是多么的高兴，而她又是怎样担心着那牛油。蜂蜜的发现是个好兆头，而牛油也并没有坏。她心里曾经存着希望，希望每样事情结果都很顺利，德国人会给打败，战事会停止，父亲和尼古拉会从战斗队伍上回来，我们全家又将聚在一起喝晚茶……

人类怎么不需要快乐呵！她是一个老妇人，她的男人们就在两公里以外的火线上，炮弹就在面包店和合作商店的前面爆炸。冬天挟着它的寒雾到来了，而德国人就在市外。可是，她知道这一切都必须忍受，而她就忍受着这一切。不仅忍受这一切，而且还做她的日常事务，操作着和使家务照常进行，对于未来的快乐，希望着和欣慰着。她是一个奇妇人呵。不，不，我不能告诉她尼古拉死了。我紧紧地闭上我的眼睛。

我静静地，一动不动地躺了很久，虽然我是想呻吟出我绝望的悲哀。接着，门咯吱一响，有人走进房间来了。

第十二章　父亲来找寻儿子

我的父亲站在门道上。他的头俯下着，从皱起的眉毛底下在瞅着母亲。他脸上有种异常疲乏的神色。没有除去帽子，他就走到桌子旁边坐下了。母亲抬起头来，向他微笑着。

“你回来啦，”她说，“很好，辽沙也在家里。你告假时间久吗？”

她把织着的手套放开，除去眼镜，站了起来。

“我还准备了一些当晚饭的好东西哩。自然，不是顶好的。就是普通的锅饼，不过有点蜂蜜和在里面罢了。记得是你生日那天我们从农场里买回来的吧？我倒了一点在甕头里藏过了。还有一点新鲜的泡茶，照你的意思泡得浓浓的。浓茶和蜜锅饼，是着实一顿好餐哪！”

她又忙碌起来，把茶壶从厨房里拿出来，在桌子上放好一只杯子。接着，她停了一下，靠近地望着父亲。

“你很疲乏了吧，是不是？”她柔和地说，“把这重重的靴子脱了吧。唉，我来帮你。也许你想洗一洗澡吧。我已经烧了一点热水呢。我是给辽沙烧的，但是他不要洗。他吃完就睡去了。他是乏了，可怜的孩子。把你东西解下来吧，亚历克舍，用热水洗一洗，换上干净的衣服吧。”

父亲朝她望了一眼。她歇住了。

“亚历克舍，什么事呀？”父亲没有回答。“出了什么岔子吗？”父亲沉默着。“什么呀，尼古拉出了什么事吗？别瞒住我呵，他受了伤吗？”

父亲没有回答。母亲似乎在竭力使她自己镇定。她变得非常严肃和认真的样子，心理上准备去做什么——也许是到医院里去慰问她受伤的儿子，当他们替他施行手术的时候，她坐在旁边握着他的手，这样使他不至于过分感觉痛苦。她是在鼓起她全部的勇气，而她是有很大勇气的，这个老妇人！她显然是在想鼓励父亲，也许她以为尼古拉伤得很重，也许已经丧失了一只臂膀或一条腿。不要紧，那是可以忍受的。她要去跟他谈话，告诉他即使失去了一条腿的人是依旧可以工作的，说这只是最初的震惊，以为你一生是完了。也许她要告诉他说现在他们正在制造奇妙的假腿，那几乎是和你自己的腿一样完整呢。

父亲默然地坐着，眼光掠过母亲。

“你为什么不说话呀？”她几乎是耳语般说。

父亲旋过身去。

“打死了吗？”母亲说。

父亲不做声。

我睁大了眼睛，真想跳起来。

父亲和刚才一样的坐着，两只手放在膝盖上。母亲似乎被震撼了，我第一次看到她肩膀忽然狭小起来，惊奇地想她是多么的纤瘦。眼泪从她面颊上滚落下来了。

“尼古拉呵！”她只说了一声，就没有了。沉默又笼罩下来。

一只蟋蟀在屋角上吱吱叫着，时钟沉重地嘀嗒响着，从那扩音器上传来节度计低沉的拍子，在消磨着战争的时间。

“尼古拉呵，”母亲说。她窒息住了，接着话就不连贯地喷吐出来。在某些瞬间，看来她已经不能控制她自己了。“为什么？为什么这会是他呀？他是那样一个温和安详的孩子呵。他连只苍蝇也不会伤害呀。有时他觉得不好过，他就说些笑话，免得叫我忧愁……而且又是那样一个杰出的工人呀，所有的工头都那样说，卡拉胥涅戈夫也这样说呀。他的所有做工的伙伴又都是那样的喜欢他呀。啊，上帝，为什么会是他呀？”

她突然沉默了。父亲一动不动地凝视着空间。我可以看到他的脸色是那样的极其疲乏，仿佛有几百岁年纪似的，而在他背后是隐藏着几世纪的悲痛呵。什么地方地板吱的响了一下，厨房里发出悉索的声音——也许是一只老鼠在偷偷溜过吧——接着又是一片沉默，房间里依旧和平时一样，和那极其遥远的三个月以前的太平日子里，父亲在读书，母亲坐着在织毛衣或补缀衣服，当她想起了什么，偶然地微笑起来，那情形是一样的。

“为什么是他呀?”她又说起来了，“为什么他一生中就没有幸福呵？人家恋爱，结婚和生孩子，人家遭遇了什么事，总还有个孩子呀。”

眼泪从她面颊上滚下，落到她的羊毛颈带上。她的脸颊皱缩拢来，眼泪流得更快了，她的脸孔也变得可怜的瘦小了。她把手贴着颧骨，苦呻着，急促地前后摇着她的脑袋。

父亲叹息了一声，从椅子里伸直他的身体。母亲放下她的手，平静下来。

“我们的大孩子就是这样死了，亚历克舍，”她说，一阵痉挛又使她的脸孔皱缩拢来，“他受了痛苦吗?”

“我不知道。”父亲回答说。

接着，他站起来，拿下他的帽子，把手在头发里掠着。母亲望着他，突然地站起来。

“亚历克舍，”她焦虑地说，“你还不曾把全部事情告诉我呀?”她探求地望着他，但是他把眼睛避开了。

“什么呀，还有什么呀?”她轻轻地问，浑身颤抖着。“你在这儿，你没有事。辽沙也在这儿呀。”

她直望着他的脸孔，要求一句回答，但是父亲还是避开她的眼睛。我浑身颤抖起来，由于一种迫人的感觉，感到一些什么意外的事情，一些什么可怖的事情要落到我们身上来了。我看见父亲回过头来，他的眼光落到我的身上。母亲一动不动地立着。她似乎不能呼吸了。她跟着父亲眼光的方向，急促地摇着头。

“不，不，”她狂暴地低声说，“你别想这个，我说，你别想这个，你可以吗？”她直率地，恳求地说，对她自己所说的并没有信心。父亲又旋过去，叹息起来。

“我们不得不呵，妈妈，”他用一种混合着痛苦与决心的声音说，“我们不得不呵，”他重复说。

母亲放平她的肩膀，抬起头。她又是从童年以来我所熟悉的庄严而有力的女人了。

“不，”她说，“我不肯让他去。”

她走到我的床前来，站在我和父亲中间。我听见父亲又在叹息了。

“我们不得不这样做呵，”他说。

“可是他才十五岁哩，”母亲说，“他们并不要这样的娃仔到军队里去呀。他还是一个小孩子呵。他应该玩玩游戏。哼，我不相信他会拿得动枪呀。”

父亲站在那里，样子高大而有点窘惑。我不能断定他究竟有否听见她的话。他是在想他自己的心事，他是给一种固执的意念所支配着了。

“亚历克舍，”母亲央求说，“我们刚丧失了我们的大孩子哩。人家并不能要求我们把一切都献出去呀。”

父亲没有说什么。

“我要去找波加契夫，”母亲说，“我要问他，是什么上面说的，孩子们也要去打仗？让他拿出这么一条法律来。我们尼古拉已经给杀死了。这对我是多残酷呵。亚历克舍，我已经献出一个儿子哪。这一个还这么小。难道我当真就不能保住这小的一个吗?”

“他一定得去,妈妈。”父亲重复固执地说。

“你怎么敢这样说呀,”母亲说,“你难道不是一个做爹的,难道他们不是你的孩子吗?这儿并没有一条法律说可以让一个十五岁的孩子去当兵呀。这是你自己的主意呀,因为你并不管。你是一个狠心的人呵,亚历克舍。想想看,辽沙还是一个毛头小娃仔,你应该教他许多事情呀,你应该保护他呀,而你却相反的拉他去死。不,我不能让辽沙去,我已经献出我的大孩子了。我已经分担了苦难,我不能再献出我的孩子了。”

母亲不再是在央求,而是在要求了。她把头抬得高高的,直视着父亲的眼睛。又是片刻沉默。时钟嘀嗒响着,节度计打着拍子,和时钟一同地消磨了时间。母亲坚决而自信地站着,把我从父亲那里遮开来。父亲望着旁边,依旧和刚才一样的沉思着。接着他吐出一口深深的叹息,又说话了。他迟缓而柔和地说着,不时地停下来找求一个适当的语句。

“你瞧,妈妈,”他说,“尼古拉是我炮队里的瞭望兵。那是说,他带着他的电话尽可能的靠近敌人,去察看炮弹落在哪里,向我们报告回来,使我可以正确地去瞄准放炮。”

父亲歇了一下,似乎想按次序去回忆那些事实。他无助地咬着嘴唇,叹了口气又继续说下去。

“这样,你明白,德国人从各方面移动过来。他们不能够通过照他们原来所计划的地方,因为我们的炮轰得他们太凶了。于是他们又移到右方来。我们的尼古拉是躺在那株老杨柳树底下,你知道就是‘工程师之家’对岸的那一株。德国人就在那儿渡河。尼古拉打电话要我直接轰击那株老杨柳树，我拿起地图，看，把那地方划出来，给大炮指出那轰击的方向。”

又是一下停歇。这一次很久。显然他是很困难说下去，但是他表面上还是镇静。他咳嗽着。母亲默默地凝神听着他说，不曾动一动筋肉，几乎没有透气。

“于是你瞧，我就把方向指示给那些大炮，”父亲重复一句，“和下令轰击……”

他又歇住了。他似乎是在想。

母亲一动不动地站着等待。

“大炮忙碌起来，”父亲继续说下去，“他们轰掉了那杨柳树的树顶，泥土向四周飞溅开来。尼古拉又从电话里告诉我。‘爸爸，你听见我吗？’他说，‘自然我听见的。’我回答他。‘你打得太远了。’他说，‘你瞄准得更近一点。’‘好的，考尔耶，’我说。这以后他就再没有电话来了。大概就是这一次我指示那正确的方向。”

父亲抬起他的头，做出一副轻微的频蹙样子，仿佛在斜睨着我们那座旧桃心木食架上面糊壁纸的图案。

“唉，妈妈，”他用一种意外响亮和坚决的声音说，“你现在已经听到这一切事情了。告诉我这个，为了尼古拉的缘故，我们是不是有权利让辽沙待在家里？”

又是一切寂然了。这是那样的沉静，我仿佛可以听到一只蜘蛛在网上爬动。它拉着细细的丝，沿着网爬去，它黑色的细腿移动得很快。母亲大概当真是疲劳了，会让蜘蛛弄到我们房里来。唉，这刹那我是多么的渴望着和平，渴望看到一只乳兽在泥浆地打滚，一只雏鸡从它母亲的翅膀下钻出来，和一头母牛在牛栏的温暖而臭浊的黑暗中间啮着它的反刍物呵。

母亲猛然仰起头来。

“呵，上帝呀，”她说，“把你的诅咒落在那些挑起战争的人们身上吧。呵，诅咒他们吧，天父，让他们千千万万的孩子死在他们的眼前吧，让他们所亲所爱者每天都毁灭吧，让那最卑劣的恶狗都背叛他们吧。如果是有地狱和永恒的火的话，让这些挑起战争的人在那火中去焚烧一千年吧！”

她把手遮着脸孔。我父亲把我的帽子从木钉上拿开，轻轻地说：“阿门。”

他走到床前来，触触我的肩膀。

“亚历克舍，”他说，“醒来吧，亚历克舍。”

我张开眼睛来，迷茫地望着他，仿佛我还在半寐中间似的。我不要使我双亲知道我刚才听了他们的谈话。

“你跟我到炮队里去吧。”父亲说。

“好。”我说，站起来，擦擦我的眼睛。

母亲把绒线衫交给我。

“穿上吧，”她说，“这是羊毛的，你在这寒冷的夜里用得着。”

我穿衣服的当儿，她又忙乱起来，包起几块锅饼，一块肥皂和我的牙刷，塞到我的口袋里。

“现在你是到军队里去了，”她说，“你幸亏离家里那么近，你可以随时跑回家来，叫你妈妈替你做茶和替你料理床铺。也跟你爸爸去当一名指挥官吧。我会要他对你特别好的。”

她还有勇气来拿这个说笑。她是想鼓舞我呵。

父亲和我出去了。爆炸的闪光来得更勤了。炮弹几乎是继续不断地飞过去。德国人是在轰击莱米斯林那雅街和卡尔·马克思广场。我听见我们的炮队在作战。

从远处传来工厂的沉着的隆隆声。工作是在那边进行着。老人和孩子们在开动机器,马达不停地响出沉着的嗡嗡声。

父亲和我走下列宁街,经过学校和水塔,走近我们防御的前线。机关枪在格格响着。一朵火闪发出一道寒光,照亮了那些蜷缩的房屋。我一边走,想着孤零零地留在空寂房子里的母亲,我企图想象她这时在做什么,现在没有人可以去鼓励她了,她只有一个人怀着满腹的思念。一阵深切的柔情掠过我的全身。我父亲用手拉住了我。

"这儿,"他说,"我们不如沿着沟里走。德国的狙击兵正在从对岸射击呢。"

我们跳下到沟里,伛偻着向前走过去。

第十三章　睡吧,明天还得作战呢!

整个晚上,我们队伍的人在河岸上工作着,掘着地下室,加深交通沟和建筑掩蔽物。父亲和我走入新近掘好作为炮队指挥哨的地下室里。从一盏套着烟熏煤污的罩子的煤油灯微光中,我们看见一张由未刨过的木板所造成的小桌子和两条狭窄的长凳沿壁放着。

"我们得先找个地方给你睡觉,"父亲说,"我怕这儿没有地方呢。"

他在凳子边缘上坐下,靠着桌子。

“爸爸！”

我们回过头去，看见奥尔珈坐在地下室一个黑暗的角落里。我们刚进来的时候没有注意到她。

“是你吗，奥尔珈？”父亲说。

几天以来，她已经体重减轻了。她的眼睛从昏暗中一瞬不瞬地凝视着。那眼睛看起来很大。

“我在等着你呢，”奥尔珈说，“我们明天去埋葬尼古拉。”

父亲探究地望着她。

“你渡河去过吗？”

“是的，”她回答说，“那些人们帮助我，我自己是没有办法的。”她的眼睛燃烧起来。

“他什么地方……给打中了？”父亲沙哑地问。

“一块炮弹片击中他的后脑勺，”奥尔珈回答说，“我相信，他是立刻就死的。”

父亲点点头。

奥尔珈继续朝前面一瞬不瞬地凝视着。

“爸爸，”她说，“你是否想我曾经待错了他吗？”

“这和现在相干吗，奥尔珈？”父亲乏力地回答说。奥尔珈扭弄着她的手指。

“即使这对他现在并没有多大相干，我们为了自己也应该坦直的说出来。”她说得很快，话和话互相碰撞着，“这是异常重要的。也许由于他的死，我们大家都应该变得更善良、更进步些。想想看，一个生命已经结束了。一个伟大的生命呵。也许他有些什么极重要的事情在心里吧。我们不知道，不知道……”

她扭响着她的指节，她的眼睛在黑暗中闪光，巨大而不映动的。

“你活了很长久，爸，”她用那同样急促的态度继续说下去，“你在一生中也许已经看过许多事情。告诉我，该怎么办呵？”

父亲迷惑地望着她。她的话慢慢地刺入他的意识。他是给一些复杂的内心矛盾过于纠缠着了。他与其说在听别人说话，不如说是在听着他自己的思想与情感的奔流。只是他一向对于别人的关怀，迫得他从那苦恼着他内心的事情中间分心开来。

“我不明白你，奥尔珈，”他说，努力想去理解她的意思。“你为什么苦恼你自己呢？”

“我不知道，假若没有战争的话，会发生一些什么，”奥尔珈打断他。“也许一切事情都会照老样子吧。也许我会懂得去关心巴胥加吧……却是现在，我简直不能想象，我以前怎么竟会和巴胥加去结婚呀。现在，我所爱的人死了。上帝哪，我将怎么办呵？”

一颗炮弹从地下室上呜呜叫过去，但是奥尔珈继续的说着，仿佛不能停止似的。有几个人谈着天从旁边走过。奥尔珈一动不动地坐着，黑暗中间她眼睛猛烈地燃烧着。

“我刚才坐在这儿想，常常是最好的人在战争中被杀死。他们是更勇敢而诚实的。尼古拉要不是那么善良，他也许早已离开此地了。他也不会那么艰苦地渡过河去了。这儿，在火线上，每个人都能看出他是多么优良。但是在战争以前，我们可曾知道他当真是怎样一个人呢？也许你和我是知道的，可是别人呢？那许多人看起来都比他聪明和优良。这是不是说，他应该那样被每个人都把他看作一个平庸无能的人而活下去呢，爸？他们说，最好的人，那些最仁爱和最诚实的人是最先去死的人。那些老太婆说：他是活着太好了。这是废话。"她残酷地笑。"但是考尔耶是死得太好了，他是应该活着的。人们说这些话是因为使那些鄙夫可以更安心的活下去。"

她的眼睛继续燃烧着，当她不曾想得完全便冲口说出话来。她突然伸起她的双手，似乎惊愕于她在说着那些和支配着她心中的全腹思绪比较起来是那么琐小的事情。

"他从来不知道我在爱他，"她声音里带着一种恐怖说，"只想一想这个吧，他从来不知道！而现在他是死了，我不知道没有他我将怎样生活下去。我不停地想着他，猜想他孤独地躺在那里的时候是怎样的感觉。他曾否回忆过他过去的生活？他是否看出我们大家曾经对他不公道？我们是怎样的错待了他？他躺在那里也许很想有个人来和他分担一些恐怖和苦恼，但又怕去烦渎人家。我可以想象出他在对自己说：不要为我去烦渎他们，他们自己大概也够苦恼了吧。"

父亲用手掌在桌子上砰地敲一下，站了起来。他的脑袋弯俯着，肩膀碰到了地下室的木条屋顶。

"停止吧，"他用粗嗄的声音说，"你不知道你自己在说些什么呢。"

接着，他控制住自己，又坐了下来。他这时似乎很平静了。但是我知道他自己内心的骚乱是在拒绝着其他一切。他是用他的心耳在倾听着尼古拉在电话里的声音，企图用他最内部的感觉，直达到那株老杨柳树底下的狐穴里，在那最后几分钟里和他儿子在一起，去知道当死神直视着他脸孔的时候他是怎样感觉着。那是十分重要的。也许他，做父亲的，应该做一些什么事，或是对他儿子说一些什么话，以安慰他最后的一刻吧。也许他当真是错待了他吧。

这时，父亲想对奥尔珈表示谢罪，因为他刚才粗鲁的语气。

“你不要去想这个吧，奥尔珈，”他柔和地说，“我们现在能做什么呢?”他的眼睛落到我的身上。“你应该去睡一睡了，辽沙。我怕这里没有地方呢。让我们到提格脱亚的地方去吧，他说过我们可以睡到他的地窖里去。”他慢慢地带上他的帽子，站起来。“你最好也该休息休息了，奥尔珈。”

奥尔珈一动不动地坐在屋角里。她的眼睛在黑暗中间，张大而充满着恐怖，像猫眼睛似的闪亮着。

我们走出地下室，穿过花园和工地上的黑暗，到学校里。经过了这二十四小时，每个人虽然都是可怕地疲乏了，但是我们仍然到处都听见低沉的声音。人们都不曾睡熟，他们在纪念着那些战死的人，惊异于那些他们多年熟悉的人，在战争中所显现出那种无可怀疑的品质。这儿仍然有一些零落的射击从对岸打来。一架机关枪喷射了一下又沉寂了。远处一声轰射，一道闪光飞过车站屋顶，照亮了一块天空。

我们走下通向战斗队伍总部的石级。值班的军官坐在电话旁一张桌子边。在地窖的底里挤着一些人，睡在油布上。父亲轻轻地叫着提格脱亚的名字，他立刻就坐起来。他还不曾睡熟呢。

“你能替我的孩子和我找一个躺的地方吗?”父亲问。

“当然，”提格脱亚说，“这儿空得很呢。”

我们在一个砖头烟囱背后的角落上安息下来。周围有些箱囊，我们就利用来做枕头。我已经躺下了。父亲说：

“这样很好，你睡吧。我还要出去一下，我得去看看。”

他走出地窖去了。直到我躺下，才感到我是多么的疲乏和渴睡。有的人在附近深而平匀地呼吸着，有的很响的在扯鼾。人们不时在睡眠中间喃喃地说着一些什么。灯的火焰很低了。提格脱亚忽然抬起他的头来。

“你睡熟了吗，波加契夫？”他问。

“没有。”波加契夫回答说。他躺在靠壁的边上。

“你知道我在想着什么，”提格脱亚坐了起来，把腿盘在身体底下，“我们在这儿，你和我，和我们所有的人。我们都愿意每个人快乐和幸福。我们都愿意耕种土地，生长出丰茂的五谷和制造出机器，以及使用我们所可能获得的一切，建立一个巨大的力量来团结我们所有人，和使我们每一个人都适得其所，使我们每一个人都强健壮盛。因为不是这样，我们的工作就成为没有目的了。

“换句话说，就是建设一个苏维埃国家。这就是一切政治家、科学家、士兵和将领以及千百万各种人民现在所忙着工作的。我们中间许多人为这个牺牲了我们的生命。这就是苏维埃国家怎样慢慢建立起来的。之后，有一种人觉得苦恼起来，他们要知道为什么锡陀罗夫可以有一间供他独占的办公室，和难得有工夫跟他谈天，或是为什么工头是伊凡诺夫而不是他；还有一些蠢人要人家都停止了工作来关心他个人的困难。这不是一个蠢人吗，波加契夫？”

“当然呀。”波加契夫完全同意地说。

“他却还不仅止此，”提格脱亚说。“我们大家都有我们自己的小小需要和嗜好。我们有的想买一套衣服，有的想过一个假期，有的想结婚。但是有些东西却是为每个人，我们整个国家，所需要的。但是有种人，却说我的那些小小需要是比大家一般所争求的事情更重要；有种人只想着他自己的舒服而绝不关怀其他事情。这种人一定是反人民的。明白我的意思吗，波加契夫？”

“我明白你的意思。”波加契夫说。

“好，那么睡吧。我大概吵扰了你一夜了。”

他们躺下了，地窖里又平静下来。父亲还不曾回来，我决定出去找他。我轻轻地爬出地窖，爬出那酣睡、平匀的呼吸、扯鼾和说梦呓的王国。父亲是坐在石级上。我几乎一下就闯到他了，但是他却不曾注意到我。他是伛偻地坐着，凝视着黑暗，沉迷在他自己的思索中间。

我叫他，但是他不曾听见。于是我又回到地窖里来。看来每个人似乎都睡得很熟了，可是波加契夫的脑袋又抬了起来。

“提格脱亚，你睡熟了吗？”他问。

“没有，”提格脱亚又撑起肘子坐了起来。

“你在想些什么？”

“战争呀！你呢？”

“我也是。你瞧，提格脱亚，我们自己算不了什么，是不是？我们今天也许算是把德国人打回去了，但是明天，一切也许又会垮台，德国人还是要打过来。可是想一想我们的全国——莫斯科，列宁格勒，斯佛特罗佛斯克，诺伏锡勃斯克，卡尔科夫，佛拉狄伏斯台克，和一些叫做布伊的，或是叫做纳尔哈达的城市，一百，两百以及成千的城市，再想一想这一切城市里的人民。想想他们现在都在听着无线电，急于要知道斯达罗柴伏达斯克在发生一些什么。每个人，所有工程师、工人和学者，都在焦灼地探知我们这儿需要一些什么。每个人都守住他自己的岗位。你明白我的意思吗？”

“自然我明白。你无需来说服我，波加契夫。这一切我已经懂得很久了。我只是有点傲慢，这就是了。你不能想象要不傲慢是多不容易哪。可是没有伙伴，你是不能生活的，你不能靠你一个人生活的。你也得照他们所思想的去思想，去做他们所做的工作。嗯，波加契夫，假如我照我今天作战的样子作战下去，你想他们会不再把我看作和他们两样的人，而是把我看成他们的一份子来容纳我吧？”

“当然，他们会那样，提格脱亚，”波加契夫说，“睡吧，不久我们就又要起来啦。”

“好的。”提格脱亚驯从地说，把衣服拉上去盖着他的头。

但是下一分钟，波加契夫又在叫他了。

“喂，提格脱亚，也许转机已经到来了，你以为怎么样？”波加契夫弯着腿坐了起来，“你是否曾经有过感觉，以为一切都完蛋了吗？”

“有时感觉过，不过我从没有说出来。”

“我也没有。但是你知道，这是很可能现在有个好转。无论如何，他们已经停止前进了。”

“当然，他们是停止了，”提格脱亚说，“眼前是个转机，不错。那是没有疑问的，我们要打赢这个战争。而这是说我们国家是早已适当地准备好了。”

“自然，”波加契夫说，“这不会是吹牛的！战争完了会发生一些什么呀，提格脱亚？”

提格脱亚大笑起来。他躺下去，用外衣盖好自己。“睡吧，波加契夫。”他说。

波加契夫也笑着躺下去了。但是提格脱亚还不曾说完。

“战后的主要事情将是使战争废止。那是说，现在许多困难而必要的事情，那时将是不必要了。我常常想到这个。你是不是也想过呢？”

“是的，我也——”波加契夫说，“常常想。睡吧，提格脱亚，我们明天还要作战呢。”

提格脱亚叹了一口气，侧转身体。那些睡着的人平匀地呼吸着。那指挥官在桌子上打瞌睡。我又听见了那些铸铁工人沉重的脚步声。几千个人在我眼前闪过去。他们在奔跑着，握着枪准备射击，越过操场向河边奔去……接着，我又看见天花板上的一个洞，蓝天从洞外窥视进来，还有一片白云，我猛腾上去，腾到蓝色的空中。那白云轻柔地轻柔地撞击着我，直到我完全睡熟了。

第十四章　新的曙光

当我们击退了德国人，而在黎明时分再来作战的当儿，炮兵将领栗托佛采夫已经准备好把炮兵重新集合起来。这儿有重炮和小炮，有装在炮床上炮身庞大的大炮，有不是向上而且向前伸着长脖子的高射炮。这儿有各种各样口径的炮。它们连续地轰击的，没有停歇和间断。在敌人的路上筑下了一道钢铁和高度炸药的墙。对岸的德国人没法抬起他们的头。直到那几千门大炮停止轰击以前，一切前进的企图都是无望的。

波加契夫这时可以轮流地把他的部队从前面阵地上调下来，给他们几个钟头的休息。

从栗托佛采夫将军那里送来的一车一车军服和装备，一早就到了。一个工厂跟一个工厂的人们都开到市内的澡堂里去，在那里发给他们大衣、紧身衣、裤子和皮靴。每个工厂都编成一个中队。我跟着别人，找出恰合大小的一双靴子和一件外衣。我跟着别人站在镜子前面，惊异地注视着那镜子里映照着新的陌生的自己。

九点半，我们走到市公园里去，那里已掘好了一个巨大的公墓。昨天在战役中倒下去的人都肩并肩的躺在公园大道上的一个木头尸架上。工厂的旗帜，各个工厂和各个队的旗帜都在晨光中下垂着。女人们在她们的儿子和丈夫尸体旁边哭泣着。小孩们用惊怖的眼睛望着他们父亲失去了生命的样子。秋风已经剥裸了公园里的许多树木。干枯的树叶铺覆在石子小路上。枯裸的树枝到处向天空伸出它们粗大的手臂。我走到尼古拉躺着的地方去。他的眼睛紧闭着，他的脸孔苍白而平静。死并没有改变他的样子。

母亲呆呆地木立在他旁边。

我走完那排尸架。鲁喀宁五兄弟躺在一起。那老太太站在他们旁边，几乎不敢相信这五个全是她的儿子。才隔了一夜，她似乎已经萎瘪了。

安东·罗普戈夫旁边却没有一个人。大概他的哪一个邻居已经把玛霞带着了，我想。

我走过这些一动不动地躺着的人的旁边，始终感觉他们不久就会起来重新开始谈笑似的。那很难想象，这样高兴、爱生命、快乐、强壮的人们，竟会长眠不起了。

到了十点钟，这些尸身被运到坟墓里去。女人们呜咽着，老人们啜泣着。大炮依旧在远处震轰。巨炮和小野炮的轰鸣混成一种单调的隆隆声。但是在公园里，这声音是静寂了。

这是一个有云的日子，草地上和小径上落着一些树叶。铁铲挑起泥土，当那些战士安入坟墓内，泥土又落下来。接着，女人和老人默默地拿起铁铲。泥层愈来愈厚了。这时，它已经平满了坑口，坟上开始耸起一个堆堆来。在那静默中间，你可听到泥块落下的声音。有的人轻轻地、无言地从人群里走出来，去代替那些掘得疲劳了的人们。

末了，最后一块泥土落到它的位置上了。那庞大的黑色坟墓耸起在公园的中央。过些日子青草就会长出来，过些日子，花朵会在这上面开放，而一块简短而凄哀的墓碑会装饰上去。再过些日子，我们的悲哀将因时间而慢慢减轻，而我们会以骄傲的悲痛来纪念今天这日子。可是那时，许多今天聚集在这儿的人，将已经不在了。风吹拂着黄叶，新坟上的泥土是黝黑而潮湿的。

父亲走近母亲，在她旁边站下了。母亲依旧无声地啜泣着。父亲在过去几个小时中间是变得多么憔悴和消瘦呀。或许那是军服的关系，使他看起来两样吧。奥尔珈和其余的人离开一点，孤独地站着。父亲向她看了一眼，她慢慢地走近他。父亲用他宽阔的手抚摸着她的手。祖父站在我的后面，一个瘦削的身材，在捋着他的胡子。华西里·亚里斯达霍维奇从众人中间挤出，低着头，向父亲走过来。

“这对你是很残酷的，亚历克舍·尼古拉维奇，”他说，“当真是很残酷。我是幸运的。我的儿子平安地在后方。但如果依我的话，他现在也会在那儿掮着枪走向‘工程师之家’，或许甚至是走向对河的那株杨柳树。要是依我，他会……那他和我将在同样的地位，而不见得比我们这儿任何人更幸运了。”

他没有再说什么，过了一会儿，走开了——一个寂寞的老人啊，他显然是和其余任何人同样不幸的。

这黑色的土堆看来是多么庞大呵。它是多奇异而荒诞耸起在公园的中央。它的右面是漆成浅蓝色的露天舞台，有一条巨大的长叠木，画着一只竖琴和一个假面。它的左面是跳舞池子，同着一座弦乐台和一个卖冷饮的柜台。再过去是餐室，围着一道长满着常春藤的篱笆。这一些建筑原来都是为了舒息和娱乐的目的，竟想不到会来目证这市镇的悲哀呵。

波加契夫爬到坟墓的顶上。他向四面扫视了一周。风在搅动着树上的叶子，吹断了那些向潮湿的秋天土地悲哀地震颤着的枯枝。市民默默地站着。当他看着这一切，波加契夫又一次地感悟到，这儿已经无需作什么演讲了。因此，当他说话时，他是用着低沉的声音，仿佛他是在沉思着似的。

“唔，我们无论如何是把他们挡住了，”他说，“他们终究不能打进到市内来。凭着我们的一切经验，证明我们是比他们更优越的战斗者。这是我们悲苦的日子，同志们，但这也就是我们光荣的日子呵。”

他停止了。群众移动起来，人们带着难过的脸色向两旁让开去。波加契夫看到他们惊惶的脸孔，当他们给一个小姑娘让出一条路来，那小姑娘捧着一只壶，裹在一块肮脏的手巾里，手巾的末端，结着一块突出的面包的边沿。这是玛霞·罗普戈娃。她向四周瞟视着，在找寻她的爸爸。每个人都回过脸去，生怕碰上那个他们所不敢回答的发问。有一个女人啜泣起来了，静默变得迫人地难受。

“你要什么呀，玛霞?”波加契夫问。

“我给爸爸送了一些汤来，”玛霞带着一种懂事的调子说，“他们说他也许还不曾吃中饭哩。”

波加契夫从坟上下来，走向那小姑娘。他在她前面站住了，庄重而亲切地凝视着她。

“不，”他说，“我们都吃了饭哩。我们今天吃菜汤和猪肉，面包，不用配给证的。”

“那么爸爸也吃了饭吗?”玛霞要知道。

“他不饿，”波加契夫说，“他到别处去了。我们有重要任务派他去。”

玛霞似乎着恼了。

“他走以前为什么不到家里去一次呢?”她质问着，“家里有许多木柴要劈，还有水要挑，我只剩得三个卢布啦。”

“是的，是的，”波加契夫说，“他告诉了我们。他走得很匆促，你知道，他没有工夫到家里去了。我们告诉他，我们将为你去劈柴，挑水和给你钱。他叫我们告诉你，搬到你的哪一位邻居家里去住一个时候呢。”

“好的。”玛霞说，“我要到顿尼雅伯母家里去。”

“好，”波加契夫说，“你要什么尽管到我们这里来。我们答应过他，说我们要帮助你，直到他回来。”

“他要去很久吗？”

“是的，但是别烦恼。我们不让德国人到这儿来，所以你没有什么可怕的。要有什么事情，你就直接到队伍里来好了。我们会照料你的。当仗打完了，你将是一个漂亮而时髦的大姑娘了，我们会给你造一座房子，一座有花园的奇妙房子。我们还将在花园里造一个秋千，你要荡秋千的时候你就去荡好了。”

他把玛霞抱在手臂里，高高地举起来。几个女人向前过去，等待着。

“唔，”波加契夫说，“你愿意跟谁去住，你自己挑吧。”

“我来带她吧，”我母亲说，走上一步，“我现在只一个人了。我们要一起看家。”

“好的。”玛霞同意了。

波加契夫把她放下来，玛霞把手伸给母亲。众人分开路来，让她们一起向铺着树叶的小路上走去。波加契夫在她们后面凝视着。他拿掉帽子，把手在头发里掠着。接着，他旋过身来，突然地喊出命令：

“集合！”

一个小时以后，我的那支中队列成队伍了。因为我是最小的一个，我站在队伍的末尾。步枪的皮带不习惯于我的肩胛，老是要滑下来。我是可怕的慌乱。我怕会触犯命令，或是把左右弄错了。

中队的指挥官发出命令，于是我们沿着学校走去，跳入到交通壕里，排成单行的纵队走着。我紧紧地握牢我的枪，走得很快，情不自禁的低着脑袋。在我的左首，我看见人们的背和紧压着脸颊的枪柄，那些枪柄在颤动着，当步枪打响了。

又是一个战争的日子开始了。

伐莎·杰耐斯诺伐(三幕剧)

高尔基

高尔基死前不久,《十九年文选》第九期上,曾刊过高氏在一九一〇年第一次发表的剧本《伐莎·杰耐斯诺伐》的一个改正本。这改正本和原本所发表的有很大差异,可以说是一篇完全新写成的作品。

这剧本是写高尔基所洞悉的旧俄商人的生活环境。这种生活环境曾引起高尔基的深刻注意。他晚年的戏剧作品,如著名的《叶高·布雷曹夫》等,都是描写这种生活的。

《伐莎·杰耐斯诺伐》的初本曾用过一个俏皮的副名,叫做“母亲”。高氏似乎想把一个商人阶级的母亲,她的子女只会说“妈爱大洋钱”的,和他自己著名的、惊人的工人阶级的母亲尼洛娜,这两种女人中间的对照,作一个有力的刻画。

这两个不同的本子,中间隔开这样一个长久时期,研究起来是很有兴味的。从这里可以看出作者,在观点上、确信上和对艺术的全部概念上,所经过的种种变化。

高尔基回头去用旧的题材写作,是件非常有意义的事。这表示高尔基希望把旧的题材重新审查一遍,以期在现在自由的苏联环境下，把沙皇文字检查的压迫下所不能说的话，痛快地来说一下。

人物：

伐莎·布立梭佛娜·杰耐斯诺伐——一个快四十二岁的女人，看起来似乎还没有那么老。

绥奇·披特罗维契·杰耐斯诺夫——她的丈夫，一个六十岁的人，从前是黑海商船上的船长，后来在内河轮船上做事。

泼罗可尔·布立梭维契·卡拉泡夫——伐莎的哥哥，五十七岁。

娜妲里亚——十八岁的姑娘
鲁蒂密拉——十六岁的姑娘 } 都是伐莎的女儿。

拉契儿——媳妇，约三十岁。

安娜·安诺申可伐——三十多岁的女人，伐莎的书记和心腹人。

梅尔涅戈夫——地方法院的推事。

由金——他的儿子。

高里·克罗脱契克——伐莎的运输管事。

里莎
布娜 } 女仆。

披亚契尔金——一个二十七岁到三十岁的男人。从前当过兵，现在在内河轮船上当船员。一头粗硬的、丰盛的头发，像顶无边帽般覆在脑壳上，胡子显然是很小心修理过的。

第　一　幕

布景：

位置在屋角上的一个大房间。伐莎最近十年中，大部分日子都是消磨在这间房子里的。家具：有一只大写字台，写字台前面，放着一把轻巧的安乐椅，椅上装着一个硬垫子，一只安全保险箱，壁上挂着一幅巨大的、著名的伏尔加河上游和中游地方的地图——从里平斯克到喀山的。地图底下，放着一只宽大的沙发，铺着毛毯和叠着几个垫子。房间中央是一张椭圆形的小桌，和几把高背椅。一个法国式的窗子向着走廊，从那里可以望见花园，还有两个窗户，也同样可以望见花园。那边有一张很大的皮安乐椅，窗槛上点缀着几瓶牵牛儿花。在两个窗子的中间，有一只木桶，插着一支月桂。一只小架子上放着一只古斯拉夫族人的银壶，和几只古式的镀金杓杯。靠着沙发，有一道门通卧室。写字台的对面，又有一门通其他房间。

这是三月末的一天早晨。媚人的阳光从门窗上的玻璃中射进来。一般的印象，是一个光亮的，宽敞的，愉快的房间。（伐莎和克罗脱契克进来。）

伐莎　一千个普特重，三个半卢布——算起来一个普特连半个戈比都值不到。那几家轮船公司给脚夫给得太少了——他们要把货拖上四十多码地呢。扯起来，他们每天只能赚到一个卢布。他们一天要吃许多东西呀，而且他们不吃些肉是不成的。你应该把这些情形记下来，请一个人写篇文章去登他的报。还有，你应该找个人，去和那些脚夫谈一下。你能找得到这样一个人吗？

克罗脱契克 （高兴地）啊，找得到的，不成问题。

伐莎 那么，好！这可以叫那些大轮船公司吃一点儿亏。我们的公司呐，规模小，我们的货件呐，又轻；我们很少用到脚夫，只消水手把货丢到码头上就行啦。

克罗脱契克 这可不是那么简单。就是给自己的水手搬吧，一千个普特给两个卢布也是太少呀。

伐莎 我为什么要多给呢？你瞧，高加索水星公司跟那几家大公司，现在都把工钱提到一千普特五个卢布了。这样一来，主顾就要来找我们了。只要生意好，那我们加水手一些钱也可以呀。对不起——我们打算把你那张草稿毁掉。

克罗脱契克 （扮一个怪相）是的，不过，伐莎·布立梭佛娜……

伐莎 你现在该去找那些老让你叫他们做小家伙的，譬如那些客户啰，小磨坊老板啰，给他们一些小折扣，他们就会把货让我们装。你这样去干，一定很行的……

克罗脱契克 （多少带着一点儿骄傲）去年我们结账可不坏呀。红利也还可以哩。

伐莎 什么话？——什么东西都还可以——就算了吗？嗯，我们要弄得更好一点才行呀。你为什么不高兴把事情弄得好呢？请吧，——我还忙着呢！

（克罗脱契克鞠了一躬，没有说什么，就退出去了。）

伐莎 （倾听着）安妞妲！（安娜进来）你来——把这东西

抄一抄，快一点儿。高里出去的时候，可嘟囔什么没有？

安娜　是的，他好像不大高兴。

伐莎　他说些什么？

安娜　我不大清楚。好像说些什么关于保守主义的话。

伐莎　啊，自然啰。你瞧，他是一个社会主义者呀。他谈社会主义就和我哥哥谈上帝一样。我哥哥老是瞎祷告，可是一点也不相信上帝。你可别去相信他的瞎吹……昨天傍晚的时候，你们在谈些什么？

安娜　他告诉我，德国的社会主义者跟他们的皇帝在合作啦。

伐莎　他跟你谈了一夜德国社会主义，倒不会把你肚子谈得大起来呀。

安娜　呵，我可没那么蠢。他在追求你的大小姐娜妲里亚。

伐莎　我知道。唔，娜契亚也不是一个蠢人。

安娜　他同样也在追求二小姐鲁蒂密拉……

伐莎　哼，他那一张嘴要吃几碗饭吗？（电话响了）是的，我……是的，可以……那么我等你吧。——那是聪明的梅尔涅戈夫（挥一挥手叫安娜出去。在写字台旁边坐下来。她一边整理着纸张，一边显然在想着什么事，接着皱起眉毛，向前凝视着。）

梅尔涅戈夫　（从安娜的房间里进来）早安，亲爱的。

伐莎　劳您驾了。请把门关上。坐下来，好不好？唔？

梅尔涅戈夫　我带来的消息不大好。初步的调查已经完事了。现在一切全在检察官的手里。审问的裁判官告诉我，他将尽可能地把案子缓和下来。

伐莎　我想，花三千卢布他就可以把案子完全取消了。

梅尔涅戈夫　那不可能。我看过那老太婆的证据。她好像招口供一样，把一肚皮的话都说了出来。

伐莎　这么说，一定要开庭了？

梅可涅戈夫　那是免不掉的。

伐莎　判起罪来怎么样呢？

梅尔涅戈夫　大概是——徒刑吧。

伐莎　这种事情在法律上叫什么？

梅尔涅戈夫　说明白一点，到底怎么一回事呢？

伐莎　就是——跟小孩子们——玩玩的事情。

梅尔涅戈夫　强奸幼童。

伐莎　下流话！那么——以后要怎么样呢？

梅尔涅戈夫　以后检察官会签张公诉状，送给被告，于是他要给逮起来。

伐莎　他们全要给逮去吗？他们的老太婆也要去吗？

梅尔涅戈夫　当然啰。

伐莎　但是，检察官还能不能把他们轻易释放呢？

梅尔涅戈夫　本来，一个检察官是能够这样办的。可是这个家伙想干一番事业，那就很难了。虽然外面有个谣言说那些共谋犯——对于这件官司很想干一下……

伐莎　嗳哈！那正好，瞧瞧。我们也来干一下！去试一试吧。给那检察官一些相当的条件，叫他把案子缓和下来。我要把这官司完全取消掉才行，我已经有女儿了。

梅尔涅戈夫　伐莎·布立梭娜，我虽然对您极其尊重，而且对于您的恩惠，我是非常热烈感谢的……

伐莎　请别说吧，要等我们的事情全弄妥了，才谈得到谢呢。你得先去干一下。

梅尔涅戈夫　我实在不行……我完全不能够。

伐莎　记住我的话——像这样的官司，我是不怕花钱的，假如事情弄得好，我可以把你的借据还你。而且还可以另外加你一千五，凑成五千卢布。那还不够吗？

梅尔涅戈夫　是，不过——我还是……

伐莎　你得勇敢一点呀！

梅尔涅戈夫　最好您自己……

伐莎　啊，不，要我去向那检察官低头，那简直太给他面子了。要我给他钱，是可以的，可是要我向他去鞠躬，那我可不干。而且——我是一个粗心直肠的人，怕也不能够把这官司冠冕堂皇地了结。你今天马上就去。请吧。弄妥了打个电话给我，告诉我要花多少数目。我盼望你运气好。怎么样？

梅尔涅戈夫　我怕要走了。我马上要到法院去。

伐莎　那么好，快去吧！（闭着眼睛坐了一会儿。把写字台的一个抽屉打开来，找寻什么东西。最后，找到了一只盒子，审视它的内容，和用笔杆儿去搅几下。这时门后可以听到一些喧声。她迅速地把盒子藏到口袋里。鲁蒂密拉进来。）

鲁蒂密拉　（用男人的名字叫她）嗳，伐西耶老太太，我亲爱的。我做了那样一个奇妙的梦，美丽得了不起。

伐莎　（吻她）你醒着的时候，生活对你也是很美丽的呀，鲁道克。

鲁蒂密拉　但是听呀……

伐莎　你吃饭的时候告诉我吧。

鲁蒂密拉　不，那时娜契亚会笑我的，或者别的人会来打断我的话；再不然，我会把它忘记了。梦是顶容易忘记的。现在听吧。

伐莎　不，鲁道克，出去吧！叫里莎马上到这儿来。

鲁蒂密拉　呵，天哪，你今天多么别扭呀！

伐莎　（独留着，自言自语的呶呶地说）别扭……蠢话。（里莎进来）我哥哥说你不听他的吩咐，他那些锁，你都没有上油。

里莎　太太，我可不能每一件事都管到呀。家里只有我一个佣人……我太吃苦啦！再去找个小丫头来吧，——让我有个帮手。

伐莎　别这么瞎想吧。我可不能让这屋子里有一个懒人。小姐们多帮着你做就成了，一个人做，工钱可以赚得多，尽力的做吧，少睡一些。——我哥哥在里面吗？

里莎　不在。

伐莎　去请老爷到这儿来。（她站在房间中央，凝想着。咬咬她的指头，又摸摸口袋。杰耐斯诺夫进来。他穿着一件盥洗时穿的上衣，蓬着一头卷曲的头发，面颊上和下颌上长满着短发，胡须是粗劲而灰色的。）

里莎　你是刚起来，还是刚睡呀？

杰耐斯诺夫　你找我干吗？

伐莎　（把通安娜房间的门猛力关起来）别大声嚷，这吓不倒我的。

杰耐斯诺夫　（向另一道门口退过去。）

伐莎　（绕着他过去，把那道门也关了）人家控告你的案子，检察官已经批准啦！

杰耐斯诺夫　（紧握着一只椅子的背）我不信！你在骗人！

伐莎　真的，他已经批准了。

杰耐斯诺夫　我打纸牌特地输给他九千，这狗东西！我想叫他明白……而且我已经输给他一万二千多卢布……

伐莎　过不了几天，你就会接到那公诉状，他们就要把你抓去坐牢。

杰耐斯诺夫　这都是因为你太小气了，小得他妈的似的。你给那审判官太少。给梅尔涅戈夫的也不够。告诉我，你究竟给了多少？

伐莎　强奸幼童要判处徒刑的呀！

杰耐斯诺夫　（突然坐下去，脑袋向四周旋着，用一种奸诈的声音）你可高兴啦？

伐莎　你的女儿已经长大了。你给人家抓去坐牢，她们怎么办呢？还有什么体面人肯来娶她们呀？你已经有了孙子，那孩子马上就是五岁了。绥奇，你干出这种不要脸的事，还不如去谋死什么人好一点！

杰耐斯诺夫　我要谋死你！我早该要这么干的。我早该杀你，把你的狼心狗肺掏出来喂狗吃！叫我去浑干的，叫我去堕落的都是你……你……

伐莎　别瞎扯，绥奇，这对你一点儿也没有用。而且，你瞎扯给谁听呢？给你自己听吧，别这么着，人家听得都难为情呢。（走到她丈夫前面，把手心压着他的前额，把他的头抬起来，注视着他的脸孔）我求你，别把这事情弄到法院里去，别叫你家里人丢脸。我向来很少求过你什么事——我们一辈子都在一起，我已经跟了一个酒鬼，跟了一个浪荡子，过了一辈子艰苦可耻的生活了。现在我求你的，不是为我自己，而是为孩子们呀……

杰耐斯诺夫　（致命恐怖地）你要我做什么呀？什么呀？……

伐莎　你知道。

杰耐斯诺夫　没有的事，不，没有的事……

伐莎　你要我向你下跪吗？好，我就跪！跟你跪！

杰耐斯诺夫　走开！让我走！（竭力想站起来。）

伐莎　（把手压着他的肩膀，把他揿在椅子上）把这粉子吃了。

杰耐斯诺夫　让开……

伐莎　想想看呀——一来，你要给抓去，再呢，全城的人，都会跑到法庭上去，朝着你瞧。然后你就是一个囚徒。在牢里慢慢的死去，死得孤凄凄的。——你那样死法是可怕的，可耻的。可是，在这儿——你可以马上死去，没有痛苦，也没有什么可耻，只是心脏一停——你就睡去了。

杰耐斯诺夫　别管我！走开！让他们让我吃官司吧。这对我都是一样的。

伐莎　那么孩子们怎么样呢？大家的面子又怎么样呢？

杰耐斯诺夫　我请求他们把我送到修道院去，让他们把我的头发剃光，当和尚去。就是一定要我往黄泉路上走，我也还是要活下去的。

伐莎　你胡说。吃这粉子！

杰耐斯诺夫　(站起来)我不吃！你给什么我都不吃……

伐莎　你好好儿吃吧……

杰耐斯诺夫　不吃，怎么样？你要毒死我？

伐莎　绥奇，你想想你的女儿吧。她们是要活下去的，孩子们可不该为她们的老子不要脸的罪名去受罪呀！

杰耐斯诺夫　那么就该为她们的娘吗？

伐莎　你胡说，你要明白，绥奇，上了法庭，我不会变成哑巴的。我要供出你怎样把那些野鸡带到家里来，怎样和她们胡调，做给娜妲里亚和鲁蒂密拉看。我要供出你怎样教孩子们喝酒……

杰耐斯诺夫　这是鬼话！教她们喝酒的是泼罗可尔呀！你自己的哥哥呀。那是泼罗可尔……

伐莎　你威吓鲁蒂密拉！吓得她脑子衰弱起来。她不懂事了。她什么都弄不好。

杰耐斯诺夫　可是娜妲里亚什么事都在跟着你学呢。

伐莎　得了吧，你要知道，我在法庭上什么话都说得出来的，叫什么人都晓得。

杰耐斯诺夫　(站起来，咆哮地说)滚开！我看着你就害怕。让我走！

(把她推开，向门口走去。)

伐莎　(跟着他)把这粉子吃下去，绥奇。

杰耐斯诺夫　不！(他们出去了。里莎出现在门道上，拿着一只盘子，盘子上放着各种挂锁。泼罗可尔·卡拉泡夫直跟着她进来，手里拿一把锁仓库的大锁。)

泼罗可尔　(用乖戾的声气说)他们在吵什么呀！

里莎　我不知道，我只听见太太在劝他吃什么粉子。

泼罗可尔　什么粉子？

里莎　总是药粉什么的吧，我想。

泼罗可尔　什么药粉呀？

里莎　我怎么会知道呢？

泼罗可尔　你多蠢，绥奇向来不吃什么药的。他跟骆驼一样强壮。昨天晚上我们打纸牌，喝白兰地，整整闹了一通夜——一直玩到早上四点钟才歇手的。

里莎　那么一定是她叫他吃苏打粉了。

泼罗可尔　蠢透了！喝过白兰地，还吃什么苏打呀？你愣在这儿干吗？把锁放到桌子上去。你简直什么也不懂，什么也不知道。我白白的送你礼物了。

里莎　不错，你送过我一件礼物，不是吗？人家马上就要注意出来啦。——你这种好礼物！

泼罗可尔　我比披亚契尔金总要好呀。把这张皮椅子推开一点，皮子晒在太阳里会糟蹋掉的。它值六十四个卢布呢。

里莎　什么？你说太阳吗？

泼罗可尔　哪里，我说这张椅子呀，这张送给我妹妹的椅子呀。太阳值什么呢？慢着！你这算什么意思呀？开玩笑吗？哼！别忘记你自己是什么人呵。可不是，太阳糟蹋了皮椅子，我妹子就糟蹋你，——就好像老妈子糟蹋猫一样。滚出去吧！（瞧着桌子上的那些纸，冷笑了一声，唱起来。）

苍茫忧郁的秋天黄昏，
一个少女凄凄独行。

爱是她神秘的保证，

而……

娜姐里亚　（进来）天气多么好啊。

泼罗可尔　那还得瞧，这会儿才是早晨呢。你像一只野熊一样的冲进来干吗？瞧你的头发，——懒姑娘！

娜姐里亚　你知道了没有？他们已经决定把爸爸抓去吃官司啦！

泼罗可尔　（吃了一惊）谁说的？

娜姐里亚　梅尔涅戈夫的少爷由金这么说。

泼罗可尔　（突然坐下来）呵！见鬼！……那么船长是跑不掉了。杰耐斯诺夫一家完啦！卡拉泡夫——这么一个光荣的旧家——也完啦！我们就走的这样一条路呀。船长真把得好舵哩！呵！多么丢脸呀！一辈子也洗不清！

娜姐里亚　也许他们会把他释放吧？

泼罗可尔　问题不是在这里！你想想吃官司，这是多么丢脸的事。他们也许会把他判罪的。这个玩艺儿现在挺时髦哩：你有钱，你就得有罪，这些有钱的人——才是顶倒霉呢。你要明白——假使是我家里的人，他们就不会像你的爸爸那样去判罪了。

娜姐里亚　难道一点儿办法都没有吗？

泼罗可尔　我们只有跑到美国去，所有警察局要抓的人都躲在那边呢。

娜姐里亚　我们不能拿钱运动法院吗？

泼罗可尔　我们早做过了。你妈妈已经花了好几千，想把这场冤枉官司打消。警察方面已经用过钱了，审判官那儿也用过。现在看起来，都是白费力气。这一来我也别想当市长啦。你跟鲁蒂密拉两个，就是带着嫁妆也别想在你们这些有钱的人里去找丈夫了。你爸爸把你们的名誉糟蹋得才好听呢。这狗养的，这该死的混蛋。呵，你妈妈才是一个呆子哩！

娜姐里亚　妈妈？

泼罗可尔　当然啰。

娜姐里亚　她不是呆子。

泼罗可尔　那么鬼叫她跟船长结婚的呀？你爸爸比她要大二十几岁呢。

娜姐里亚　是你劝她去结婚的呀。爸爸是你的好朋友。

泼罗可尔　我吗？不错，我是一个不通世故的人，不是这尘世上的人。我是一个心地老实的家伙。一个天生的艺术家。当我年轻的时候——我梦想在一个歌剧里去扮一个丑角。他呢，那时正在航海。嘿！那时把世界看得真干净，好像大海上就没有什么肮脏东西飘浮着似的！

娜姐里亚　妈妈从前爱他吗？

泼罗可尔　嗯，见鬼！一个女人从那样的地位去高攀——那算什么恋爱。那是发痴。就算是有些绅士和吉普赛女人，或者女戏子结婚的，这可不是我们这种人的习惯——我们不能把它当作规矩，那是一定的！

伐莎　(正在这时进来)该不合做你们的规矩？

泼罗可尔　只有娜姐里亚和我在这儿……

伐莎　我看见呀，娜姐里亚和你在这儿……

泼罗可尔　绥奇怎么样？

伐莎　很好，只是说心脏有点不大好过。娜妲里亚，告诉他们，替我弄些茶来。

娜妲里亚　你不如老实说，我在这儿碍你的事！……

伐莎　不错，你在这儿，碍我的事。不过，我还不曾喝茶呢。你嚷些什么呀？

泼罗可尔　这叫随便哪个都要嚷的。这么说，吃官司是不能免的了？

伐莎　我自己会告诉他们的。

泼罗可尔　娜妲里亚早知道了。我还是她告诉的呢。

伐莎　可是——谁告诉她的？

（鲁蒂密拉轻轻进来。）

泼罗可尔　那个梅尔涅戈夫的儿子。姑娘们实在不应该让他老到这儿来。

鲁蒂密拉　他很有趣呀，我们在这里闷得慌。我们那些女朋友近来老是害病，从来不肯来看一看我们。

伐莎　鲁达，去帮里莎收拾收拾屋子吧。

鲁蒂密拉　我要跟你在一块儿，干吗老是要撵我走？

伐莎　这里有事务要料理呢，鲁特。

鲁蒂密拉　呵，你老是事务，事务，事务！从来不替你自己的女儿腾出一些工夫来。

伐莎　好了，我马上就要喝茶了，那时你再进来谈天吧。但是，现在你一定得出去一下。

鲁蒂密拉　这简直叫我哭。我知道。你打算来骂泼罗可尔舅舅，因为他叫爸爸做浪子，我知道的！

伐莎　（把她的女儿送到门口去，一边抚着她的头发）叫人家做浪荡子是算不得什么侮辱的。浪子——浪子还会浪些东西回来呢。有谁把不要的东西散在那里，浪子就会去搜刮来。就拿我来打个比方吧。我一辈子就在那里搜刮人家不要的东西。……

鲁蒂密拉　你简直拿我在开玩笑。我知道浪子是什么，这就是泼罗可尔舅舅！

（伐莎企图把鲁蒂密拉关到门外去，但是办不到。）

鲁蒂密拉　（从她母亲手里挣脱出来）他是一个浪子。他把里莎的肚子弄大了。她骂爸爸，她不喜欢他。

泼罗可尔　你胡说八道！不管怎么样，我们老辈子的人不是那么随随便便喜欢人的。

鲁蒂密拉　那么，妈妈，你喜不喜欢爸爸？

伐莎　得啦，得啦。

鲁蒂密拉　你为什么不喜欢他？舅舅是个酒鬼，你还是喜欢呢……喝酒是种病，金·梅尔涅戈夫说的……

泼罗可尔　见他妈的鬼——这聪明的宝贝！

鲁蒂密拉　他说是像种疝气痛那样的病……

（里莎拿着一把小火壶进来。娜妲里亚跟在她的背后，拿着一盘瓷器。伐莎把手臂绕着鲁蒂密拉的颈项，在房间里四周走着。她很兴奋，但是想把她的兴奋掩饰起来。她站下来瞧瞧那些锁。）

伐莎　（对她哥哥）你还是在弄这些玩艺儿？你老不嫌腻吗？

泼罗可尔　这又不是什么很花钱的玩艺儿。也许根本就不是玩艺儿。

伐莎　那么，是什么呢？

泼罗可尔　唔，说来谁知道呢。除了我！就没有什么人在收旧锁了。我可以算是一个白头发的大孩子吧。唔，不错，锁是一件好宝贝。无论什么东西，只要锁起来，就保险无事了。假使我们从前不知道把财产锁起来，那现在还会有个屁？没有一个鞍子，要去制服一匹马，能成吗？

伐莎　嗨！——你还不算蠢哩。把茶倒出来，娜妲里亚。

泼罗可尔　（望着她）你以为我在糟蹋银子吗？可是这把仓库锁，我只花了七个卢布买来的，现在我要卖它二十五个卢布呢。将来等我收集了一千把锁的时候——我把它们卖给博物院。哼，要卖它两万卢布呢！

伐莎　呵，好极了，那好极了。希望我们的老猫也会捉到一只老鼠吧。（旋向鲁蒂密拉，出乎意外的高声说）我十五岁以前，和你爸爸开始恋爱，十六岁——我们就结婚了。是的，但是到了十七岁，——那时我已经怀了小孩子！就是菲沃多——我们在圣处女日喝茶的时候，我偶然把一点牛油落在你爸爸的靴子上，他要我用舌头替他舔去。我就舐了，还当着客人的面前哩。那时候大家瞧不起我们姓卡拉泡夫的。

鲁蒂密拉　呵，伐西耶，你为什么把这些事情来告诉我们呀？

娜妲里亚　（始终从盘子背后，凝视着她的母亲。）

伐莎　你爸爸从前是一个有趣的人，很会说笑话的。

鲁蒂密拉　他是那样吗？

伐莎　娜妲里亚，你记不记得？你怎样在墙壁上钻了一个洞，偷看你爸爸寻开心？

娜妲里亚　是的，我记得。

伐莎　你看了跑来向我说："赶他们出去！赶他们出去！"

娜妲里亚　是的，我记得。你这算是在开家属法庭吗？

泼罗可尔　啊！什么话！

伐莎　那么，你还记得，娜妲里亚那很好！一个人没有一点儿好记性是不成的。我一共生过九个孩子，现在只剩下了三个。一个是胎里就死的，两个女的还没长到一岁，两个男的活到五岁，一个活到七岁，都死了。事情往往就是这样，我的孩子。我今天告诉你们这些话，就是教你们对于结婚，别太性急了！

鲁蒂密拉　你向来不跟我们说这些话的。

伐莎　我从前没有工夫。

鲁蒂密拉　为什么他们都死了，只剩我们活着呢？

伐莎　这是你们的——运气。我们只能这样说了。他们死，是因为他们生得虚弱，他们虚弱，是因为你爸爸喝酒喝得太多，又常常打我。你的舅舅知道。

泼罗可尔　唔，——不错。他常常打你。那是真的。我常常把你妈妈从船长手里拖开来。你爸爸航海的时候就学会打人，所以讲到打，他是挺拿手的。

鲁蒂密拉　你干吗又不结婚呢？

泼罗可尔　我结过婚的。我记得在一曲音乐喜剧的歌词中间，有过这么两句话：

结婚真容易，
同居就太难。

鲁蒂密拉　你唱起来总是那一个调子。

泼罗可尔　这个调子比较简单。我记词儿没有你那么强。——我跟我女人同居了四年。再不能忍受下去了。一个人自己管自己的生活，要比较安静一些。你，就是你自己的主人。外面有肥马可以租，干吗你自己还要养马呢？

娜妲里亚　菲沃多哥哥来不来跟我们同住？

伐莎　等他病好了一点，自然会来的。

娜妲里亚　拉契儿呢？

伐莎　唔，——当然啰——她是他的太太呀。……

鲁蒂密拉　她真好呵——拉契儿。

娜妲里亚　但是——假使爸爸吃了官司——你想他们还会来跟我们同住吗？

伐莎　（骤然怒起来）你问得太多了，娜妲里亚！而且你的好奇心，简直有点下流了！

鲁蒂密拉　别发脾气了——你不要——

里莎　（恐怖地进来）太太，——老爷——

伐莎　（惊跳起来，然而平静地说）什么？——他叫我吗？

里莎　他好像死了……

伐莎　（愤怒地）你发疯！（急促地走出去。鲁蒂密拉跟着她：娜妲里亚已经站起来。她直立在那里向她舅舅凝视着，他也狠狠地凝视着她。）

泼罗可尔　真怪——我的腿在发抖呢！去吧，娜契亚，去……那边发生了什么事呀？

娜妲里亚　如果他死了，就不会有人去吃官司吗？

泼罗可尔　我说，你去呀！（一个人独留着，喝一些凉茶，又喃喃地说）见鬼的事嗐！

里莎　（奔进来，用恐怖的低声说）舅老爷，这怎么说？他刚才不是蛮好吗……

泼罗可尔　什么？——怎么的？他完了吗？也许是一时昏过去吧？

里莎　他刚才还是蛮好的……舅老爷——那药粉到底是怎么一回事？——刚才……

泼罗可尔　（昏乱起来）什——么？那么你——。（突然暴怒起来，捉住她的喉咙，狂摇着）假使你——你这野蛮的，死相的蠢货。记着——假使你……嘿，你这妖精！你想的是什么故事呀，唔？你敢？（把她推开，擦着他自己的秃顶。）

里莎　不是你自己跟我说的？要把什么事情都告诉你。

泼罗可尔　告诉我什么？——我要你告诉我，你亲眼看见的，听见的，——可是——这件事，你亲眼看见吗？你简直在瞎扯！瞎——扯！滚出去！你这蠢货。我要给——药粉你吃，不许你记住这句话……（把她赶出去。在房间四周瞎闯了一会儿，闯到门口，似乎再也不能提起脚来。伐莎和鲁蒂密拉进来，后面跟着披亚契尔金。）

泼罗可尔　怎么的？伐西耶，他当真……？

伐莎　是的，他死了。

鲁蒂密拉　妈妈，我把那桶月桂搬出去吧？

伐莎　好的，搬出去吧。

（披亚契尔金把月桂连木桶旋出去。鲁蒂密拉从窗槛上把花瓶等拿下来，走出去，立刻又回来了。）

泼罗可尔　奇怪——这怎么发生的？他原来蛮——好的……今天早晨四点钟以前我们还……

伐莎　还喝白兰地是不是？

马泼可尔　对呀，里莎刚才告诉我——说一种药粉……

伐莎　他说过心里有些发烧，问我要苏打。

泼罗可尔　（高兴地）苏打？嗳嗳——哈！

鲁蒂密拉　舅舅真可怕哪，爸爸才咽气，你就笑。这是怎么说的呀？

泼罗可尔　别多心了，鲁道克。

伐莎　（拿起电话筒）六——五三……是的……谢谢……谁呀？是您吗？杰队勃·耐伏维契……请您来一趟。……不，现在马上来……是的，绥奇·披特罗维契死了……不，他本来蛮好的……真是突然的……没有人看见，怎么样……嗯，请了。

波罗可尔　（轻轻地说，声音里带着一种赞许的口吻）你真是一个了不起的家伙，伐莎，真的，你是！

伐莎　（愕然）这什么话？你说的什么呀？你在发昏吗！蠢货！

［幕下］

第　二　幕

几个月以后。仍然在这间敞朗的房间里。伐莎坐在皮安乐椅中，娜妲里亚，安娜，由金·梅尔涅戈夫坐在大沙发上。他们刚喝过茶，茶具和茶盘还没有收拾去。这时是黄昏，灯已经亮了。房间里的光线是一种柔和的，曙光般的红色。从窗子中，可以看到月亮下花园中的黑色树木。

伐莎　好吧，刚才我已经告诉你们了，从前时候的结婚仪式是怎么样的。从前时候丈夫跟太太是怎样在一块儿过活的。

安娜　（低声说）那是可怕的。

娜妲里亚　而且蠢得很。

鲁蒂密拉　为什么人们都不快活呢？

由金　因为他们蠢呀。

伐莎　我不知道，他们为什么不快活，鲁道克。娜妲里亚跟由金·奥尼金知道，他们说那都是因为蠢。可是我听人家说过，——不错，我自己也见过——聪明人要比蠢人更不快活呢。……

由金　假使你认为有钱人比穷人要聪明一些……

伐莎　当然有钱人要比较聪明一些，可是他们过着一种腐化的、卑鄙的生活，而且有钱人也决不能像一个穷人那样痛快地去享乐的。

安娜　那倒是真的。

娜妲里亚　这么说，一个人该去过穷生活了，是不是？

伐莎　不错，是这样。你应该去经验一下，娜契亚，你去试试吧。跟我们这位奥尼金去结婚，过你们自己的生活去。他快做步兵少尉了。那么你就是军团里的甜姐儿啰——军团里是有这样一种女人的：我预备不给你嫁妆，让你们去过四十卢布一个月的生活。你们要用这几个钱去吃，去穿，去管你们的鞋袜。还得去招待招待客人，请人家吃吃饭。将来还要用这些钱去弄孩子，是的……

娜妲里亚　我不要养孩子，干吗一个人要生许多可怜的小东西呢？

伐莎　那自然有道理的。事实上为什么一个人要那样做呢？那么，现在你知道了。奥尼金，你只有四十卢布一月的前途，你的勤务兵每天只能替你买些瘦牛肉来煎牛排吃呢。

由金　（阴郁地）我打算调到海军里去。

鲁蒂密拉　我连结婚也不想：听你们说，吓也吓够啦，那真不如去旅行旅行，看看那些植物园和温室，和阿尔卑斯的草原……

娜妲里亚　世界上什么事情都快要改变啦——结婚和全部的生活，和每一件事情！

伐莎　得啦，你马上去改变吧。高里·克罗脱契克会告诉你怎样去做哩。

娜妲里亚　我用不着他告诉。我知道的，这要从——革命着手。

伐莎　是的，革命曾经像火一般的烧起来过，可是它终于烧完了，剩下来一些烟子，什么都没有啦。

安娜　你是说国会（Duma）吗？

伐莎　是吧，——或许是说它，烧焦了的木头，现在还在嘶嘶响呢。潮湿的木头，不是一下烧得完的。高里是个很好的教师，他拿两百卢布一个月，教我管理商业，可是你给他十五个卢布左右，他就会来教你怎样去干革命了——只有五十个戈比一课哩。当他第一次到我这儿来的时候，他穿着破烂的裤子，可是现在——哼，我不久以前在戏院子里看到他，——

他的太太浑身都是雪亮的金啦。姑娘们，这就是革命的作用呀。那么，奥尼金，你决定去当水兵吗？

由金　还没有决定呢。干吗你老是赶着我叫奥尼金[①]呀？

伐莎　最好就决定吧。你是该有委任状的时候了，可是你现在还是一个士官的候补生呢。——我叫你奥尼金，是因为……

娜妲里亚　一点儿也不像歌剧里的奥尼金呀。

伐莎　不像吗？我看他很像呢。——那么犟头倔脑的……呃，不错，你自然更知道他啰。娜妲，你说说看，他像谁呀？

娜妲里亚　谁也不像。

伐莎　什么？谁也不像吗？

由金　（忿然的口吻）我真不懂你算是在开玩笑呢，还算是在说正经话。你这人真有点儿古里古怪的！

伐莎　好了，你别发痴了，也别跟我不高兴了。你自己去领会一下吧！现在让我来告诉你们一个故事：有一次码头上发生一个罢工，那些兵士赶来了。有一个叫费斯罗姆脱赛夫的装配工人，向那少尉说："您先生只赚四十个卢布一个月，我呢赚七十五个卢布，而且我还可以升到一百。你们既然是替有钱人服务的，"他说，"那么，我就比你有钱。这么说，你们就不该向我来开枪了。"

由金　我真不懂，你这些话是什么意思。

娜妲里亚　妈妈老喜欢嘲笑人的。

---

① 奥尼金，是普式庚歌剧中的一个人物。

伐莎　不错，这是我的一个缺点！我是世界上人的一个仇敌！

鲁蒂密拉　没有这话，伐西那！

伐莎　不，一点也不错，是一个仇敌。啊，好吧，我们已经谈了半天，把大家的故事都说了。姑娘们，现在你们各人该回房里去了，我要做一些事呢。安娜，你留在这儿。你们都去吧。等我们吃晚饭的时候再见。（向安娜）现在说吧，由金的老子当真加入了“俄国人民协会”吗？

安娜　是真的。

伐莎　这都是为了他儿子的缘故。人家想把由金赶出军官学校呢。我怕他会把我的姑娘毁了，这个花花公子！

安娜　据我看来，娜妲里亚跟他胡缠，只不过因为太无聊就是了。

伐莎　脾气不好的人，从不会感到无聊的。

安娜　她自从船长死了以后，就很消沉。自然，再加上那些谣言……

伐莎　还有人在说吗——那些谣言？

安娜　是的。

伐莎　那么，你也相信吗？

安娜　我不，只是里莎的自杀使我很不快活。我不明白，她为什么连自己的性命都不要呢。她是那么好的一个姑娘。从孩子时候起，她就跟着您。个个人都喜欢她呢。

伐莎　那都是泼罗可尔弄出来的。他逼迫她走这条路。

安娜　她跟他同居过的，是吗？

伐莎　是泼罗可尔强迫她的。可是人家相不相信，里莎是在浴室里被蒸气闷死的呢？

安娜　很少人相信吧。

（布娜进来。）

伐莎　你要什么？唔？这样鬼头鬼脑做什么？说吧。

布娜　（低声地说）外面来了一个女人……

伐莎　什么样的女人？晚上这个时候还要会我？

布娜　那名字怪难叫——好像总是墨西爱佛娜什么的。

伐莎　谁——？（急促地向前走过去，又突然停住了。向安娜说）别告诉姑娘们，我要叫她们奇怪一下呢。也别让什么人来打扰我。（向布娜）把这把火壶拿出去，那把小的放在这儿。（出去了。）

安娜　怎么样？在这儿弄得惯吗？

布娜　这儿不大好服侍呢，起先我以为只要服侍服侍几位小姐就是了。太太总该有个贴身老妈子的。舅老爷也该有他的一个男佣人呀——我可不能每件事情都替他做呀。

安娜　他麻烦你吗？

布娜　呵，他真是一个不要脸的家伙——真讨厌！这会儿他身上什么也不穿，只吊着一件汗衫儿，东荡西荡，嘴里只管把那老调儿哼来哼去。昨天晚上人家都睡了，他老先生还在那里摇着那一串旧锁，哼他的调儿。真叫我不高兴。安娜，他那种样子究竟算什么呀？

安娜　他有点疯里疯气的，他是个酒疯子——一个酒鬼。

布娜　不过我究竟很感激你，这所房子可不错。

安娜　只是这房子里的人太不好了，你是不是想这样说？

布娜　我并不想去议论人家。我自己还在吃官司哩，虽然他们把我放了，我的官司可还没有完结呢。还有一件事情呢，他们说，从前这里的佣人，是在浴室里吊死的。

安娜　这是瞎说，她是被蒸气闷死的。她肚子里还有小孩子呢。

布娜　啊！肚子里有小孩子！

鲁蒂密拉　（搬着一只圆凳子进来，披亚契尔金跟在她的背后，搬着一只种着花木的桶。）这儿，放在这儿，它要多晒太阳呢。不，你放得不对，把它移到中间来。

披亚契尔金　我会的。这样行吗？（他一边问，一边跪下去。）

鲁蒂密拉　对了，你的头发多么可怕呀。这硬得像什么东西。

披亚契尔金　一些也不硬呢，你摸摸看。

鲁蒂密拉　（抚摸他的头发）这真像一个狮子毛。

披亚契尔金　那就对了。个个人都这么说。

鲁蒂密拉　个个人是说谁？

披亚契尔金　所有我所认识的人，以及——一般人。

鲁蒂密拉　你干吗老是跪着不起来呀？

披亚契尔金　我愿意跪在你的前面。

鲁蒂密拉　得啦，你说鬼话：我从来不在一个男人面前下跪的。

披亚契尔金　用不着你跪，我已经跪在你的面前了……你只要随你自己高兴，想跟男人做什么就做什么好啦。

鲁蒂密拉　我不要做什么，我也不高兴做什么。

披亚契尔金　那就随你便吧。

鲁蒂密拉　等一等，我要去问问花匠，我们要把那一些花搬出去。（出去。）

安娜　（从她自己的房里进来）披亚契尔金，你真是贪多嚼不烂哩。

披亚契尔金　你别吃醋。你晓得什么呀？你什么事情都想来插一下。

安娜　如果伐莎要晓得你跟她谈的那些话……哼……

披亚契尔金　她怎么会知道呢？

安娜　……那你在一秒钟里就得从这屋子里滚出去！

披亚契尔金　你千万不要说，等鲁蒂密拉懂得这个把戏可已经太晚啦。只要你不来破坏我。你破坏我，对你有什么好处呀？就算是我明天被他们从这屋子里赶出去了，你还不是老样子赚你的工钱。哼，以后你的鬼把戏怕也玩不成啦……

安娜　这一切关我什么事？我还是梦想不到你能混到老板队伍里去。这么着，你倒还可以有点门道哩……

鲁蒂密拉　（回来了）你可以去了，披亚契尔金，现在没有事哩。

披亚契尔金　我祝你今天百事快乐，永生永世的快乐。

鲁蒂密拉　好个懂礼貌的家伙，你瞧他。

安娜　是的。

鲁蒂密拉　你还应该瞧瞧他的跳舞，他真跳得出奇哩！

安娜　不过，你对他应该留神一些，鲁特。

鲁蒂密拉　他会对我怎么样呢？

安娜　会叫你肚子大起来——你就要生小孩子了。

鲁蒂密拉　呃！多讨厌！

安娜　讨厌什么？讨厌小孩子吗？

鲁蒂密拉　不，讨厌你！你说的这些讨厌话。（出去。）

安娜　（在背后叫她）但是，我只说小孩子呀！

伐莎　（进来，做一个掠臂的姿势，叫安娜和布娜出去。拉契儿——一个三十岁左右的，惹目的，美丽女人，装束上带着一种庄重而朴质的大方，跟着她进来）好吧，拉契儿，坐下来呀，告诉我们，你是打哪儿来的？怎样来的？

拉契儿　我是打外国来的。

伐莎　啊，这个我知道。那么他们终究让你回国了吗？

拉契儿　不，我是装作一位太太的朋友——一个音乐家来的。

伐莎　你是说——用别人的护照来的吗？你真是一个乖孩子呀！了不起！而且你比从前更长得漂亮啦。像你长得这样好，——唔。好吧，菲沃多怎么样了。告诉我实话吧。

拉契儿　我可用不着说假话。菲沃多是没有希望了，伐莎·布立梭佛娜。他一天一天的衰弱下去，医生说他怕活不到两三个月呢。

伐莎　杰耐斯诺夫船长的儿子——他就是这样完了吗？

拉契儿　是的，他瘦得差不多没有肉了。他知道他的命运已经完了。不过他还是和平常一样的快乐和聪明。——我的考尔耶好不好？

伐莎　菲沃多·杰耐斯诺夫完了。我的继承人哩。这全部商业的主人呢？

拉契儿　考尔耶睡了吗？

伐莎　考尔耶？我不知道。嗯，我想他大概已经睡了。

拉契儿　我可以去看看他吗？

伐莎　不，你不要去吧。

拉契儿　为什么？

伐莎　他不在这儿。

拉契儿　但是——请原谅我——这是什么意思呢？

伐莎　并不是说他有什么。考尔耶是在乡下，那边有松树和沙地很不错呢。住在城里对他不大好。他的扁桃腺有点毛病。这孩子先天很不健全。

拉契儿　那边很远吗？

伐莎　大概有六十俄里远。

拉契儿　我怎么去法呢？

伐莎　你不必去吧。拉契儿，唔，我们别谈这个了。

拉契儿　他死了吗？

伐莎　他没有死，这样一句话够了吗？还有什么话说呢？不错，他活着，而且很好，是一个很好很伶俐的孩子。问他做什么呀？

拉契儿　我已经决定了，要把他带到外国去。我在外国碰到了我的姐姐。她跟一个化学教授结了婚，他们恰巧没有孩子。

伐莎　呃，我刚才正想过拉契儿这回来一定要把她的儿子弄回去。可是我不打算把他给你哩。我不能让你带考尔耶的！

拉契儿　这是什么意思？我是他的妈呀。

伐莎　我是他的祖母呀，是你的婆婆呀。你不懂得吗？

我是你们的家长。我是这家庭的头脑，我的孩子们是我的手，我的孙子是我的指头，不懂得吗？

拉契儿　慢着……我真的不懂你哩。你可是当真吗？这简直太古板了。你是一个有知识的女人。你不应该这样想的。

伐莎　那么，我们不必多费唇舌了。你闭着嘴巴听我说，我是不愿意把考尔耶还给你的。

拉契儿　不行！

伐莎　我不给！你能对我怎么样呢？屁！从法律上讲——你不能算一个人的，法律只认识你是一个革命党，一个亡命徒。假使你敢公开出来，马上就把你抓到牢里去！

拉契儿　你真的想利用我目前的环境吗？我可不能相信！你不会那样干的。你会把我的儿子还我！

伐莎　你在说蠢话，你只是白费唇舌。我说得出就做得到。

拉契儿　不！

伐莎　别这么讲？静一点！我不能把考尔耶还给你，他应该有另外一种命运。

拉契儿　但是……呃……你可是一只野兽吗？

伐莎　我告诉你别嚷。这样嚷有什么意思呢？我不是一只野兽。一只野兽把自己的小野兽喂大了，便告诉他说："跑开去养活你自己吧——任你高兴去怎么样。你要吃鸡仔，你就去吃鸡仔，你想吃小牛，就去捉小牛吧。"当然，我这话并不是指家兔那一些东西说，我是指那些真正的野兽。你不肯让你的孩子出去自己找饭吃，可是我也不愿意让我自己的孙子出去呢。我的孙子是卡拉泡夫·杰耐斯诺夫轮船公司的承继人。这个百万家资的唯一承继人。除了他的两个姑娘——娜妲里亚和鲁蒂密拉——要分去一小部分——每人分她们五万可不算少了。——其余的便统统归他。

拉契儿　你以为这样就可以买服我了吗，或者安了我的心吗？那你就错了，大错特错了。

伐莎　我为什么要买服你？我为什么要安你的心？你要知道，我从来没有把你当作一个仇人看待过。就是从前你把我的儿子带了跑的时候，我也没有这样看待过他病得那样子，对我有什么用呢？我从前对他并不好，可是我瞧你倒挺爱他，那时我就对你说："好极啦，你去爱他！他虽然是个病人，也需要有一些快乐的。"为了菲沃多我向来是感谢你的。

拉契儿　（骤怒起来）这都是谎话！我要吐了！我不能相信这些话……这是卑鄙的！

伐莎　你只管不相信，可是你还骂我呢。不打紧，你要骂就骂吧。你这样骂，就是因为你不明白。你想想看，你能给你儿子一些什么呢？我知道，你是一个倔强的人。你决不肯抛弃你那些虚幻的梦想。你是在想把革命的火焰再煽动起来。可是我要发展我的生意呢。你会被人家从这个牢里，赶到那个牢里，从这个地方充军到那个地方去。那孩子呢，就会跟着一些陌生人住在一个陌生的国家里去——做一个孤儿。拉契儿，死了心吧——我不会把你儿子给你的，我不会。

拉契儿　（轻蔑地，但是用一个比较平静的口吻说）嗯，自然啰。我知道你是干得出的。你甚至还能把我送到警察的手里去呢。

伐莎　不错，我也会那样干。我什么事都能干得出的！人家说，恋爱与战争中，什么都是光明正大的！

拉契儿　我哪里会懂得你这种残忍的心肠呢？你的心肠——野兽的心肠！

伐莎　你又来啦！——叫我野兽。我告诉你：人比野兽还更不如哩！不如得多哩！我知道的！因为世界上有人，所以才有人在想把天压下来，压到那些人身上去。把他们的房子都压倒，把他们所有东西都烧掉，把他们都剥得赤条条的，使他们去挨饿，去冻得和偷油虫一样……你瞧！

拉契儿　见鬼，你才有些那个呢，你们这种仇恨在你看，很像了不起喽！

伐莎　你是比较聪明的，拉契儿，我常常想，可惜你不是我的亲生女儿。我这样想过，不止一次了。我从前不是跟你这样说过吗？我这人老是想到什么说什么的。

拉契儿　（瞧着她的表）今天晚上，我大概只有住在这儿了吧。——可以吗？

伐莎　为什么不可以？睡在这儿吧。我不会把你送到警察局里去的。姑娘们很高兴见你呢。她们非常喜欢你，她们知道你来才快活呢。可是考尔耶我是不肯还你的，这一点，你也得要明白。

拉契儿　我们再看吧。

伐莎　你想把他偷了跑吗？那是不名誉的。

拉契儿　不，我不想再谈这个问题了。我已经很疲乏，而且你逼得我太厉害了。你真是谁也给你吓得倒的，人家听你说话，总会想，世界上是有那样一种东西，叫犯罪的典型。

伐莎　这就得啦，再找不出更坏的话了吧？什么话都给你想出来啦。

拉契儿　可是，你们，跟你们那一伙，迟早要倒的。另外一伙人要起来了。这种力量正在扩大，有一天总要把你们毁灭——毁灭得你们不能存在！

伐莎　呵，多么吓人哪。呃，拉契儿，如果我相信你的话，就会说："拉契儿，我把全部财货和聪明都输给你吧！"

拉契儿　那是假话……

伐莎　……但是慢着，我的预言家，我并没有相信你呢，我不能相信你的。你说的那一套——那是决不会有的。决不会。

拉契儿　你恼了吗？是不是？

伐莎　我恼了又怎么样呢？唔，你呀，你才从来不明白我。我的丈夫从前在一个夜晚，把所有的轮船、码头、房产和全部商业一古脑儿在纸牌上输光了，我还是高兴的。后来他在最后一场牌上，就把输去的全部赢回来了，而且还倒赢了一点儿哩！……之后，你知道的，他就胡乱喝起酒来，一直到现在十五年工夫，我们家里这种大买卖就落在我一个人的肩膀上。我这样做，是为了孩子们呀。我把毕生的精力都花费在这上面，只有孩子们是我的希望，而我的孙子就是我的名义。

拉契儿　你就猜猜看吧，我听见我的儿子要去代表你们这种黑幕生意的名义……要为你们这种卑鄙的买卖去牺牲，我会怎样高兴呵。

伐莎　这难道不高兴吗？好了，别放在心上了。从你话里已经知道你怀恨了。让我来喝些茶吧。我们在姑娘们前面，大家要放得客气一点，对不对？

拉契儿　别告诉他们，我是用假名字来的。而且也不必让她们知道，我们刚才在争论些什么，反正她们是不能够决定什么的。

伐莎　那当然，不消说的。（布娜出现在门道上）去请姑娘们来。可是告诉她们，别让那军官学生进来。跟她们轻声点儿说。别让他听见了。还有把茶壶也带来。去吧。拉契儿，我们就算是这样会过了！

拉契儿　一个不快活的会面呢。

伐莎　这有什么办法呢？只有孩子们的世界才是快乐的，可是也不会长久的。

拉契儿　不过，在我看来，这可笑得很呢——这一切……

伐莎　（蹴着一把椅子）你怎么说——可笑？

鲁蒂密拉　（奔进来，娜妲里亚跟着她）呵！这是谁呀？这不是拉契儿？拉契儿！

娜妲里亚　你干吗不先打个电报来呀？

伐莎　娜契亚真喜欢问人哩，假使你跟她说“早安”，她还会问你：“为什么”哩！

拉契儿　鲁蒂密拉，你一点也没有变样呢，你还是和从前那么可爱。这两年工夫，你就好像没有长大过哩。

鲁蒂密拉　那不好，是不是呀？

拉契儿　好呀，为什么不好？呵，娜妲……

娜妲里亚　娜妲可老啦。

拉契儿　不必你来说，你是长得更像男人了，你给我的印象就恰恰是这样。

娜妲里亚　你应该说——成熟了。

拉契儿　不——那可有些不同(姑娘们看到拉契儿，非常高兴。她却说得有些疲乏了。很少把眼睛离开伐莎。姐妹俩坐到大皮椅上去。伐莎靠桌子坐着，平静地弄着茶)。

鲁蒂密拉　坐下来呀，谈谈你自己的事情。

娜妲里亚　菲沃多哥哥怎样了？他好了一些没有？

拉契儿　没有，他病得很哩。

娜妲里亚　那么，你为什么离开他呀？

拉契儿　我是为我孩子，为考尔耶来的。

莎伐　不过我不想让那孩子到外国去呢。

鲁蒂密拉　拉契儿好嫂子，考尔耶长得挺乖呢，那么聪明又那么可爱。他住在科默多夫，在森林里。那边真是一个可爱的乡村哩，那样的一个松树林。

娜妲里亚　怎么？他已经离开鲍古杜科伏了吗？

鲁蒂密拉　鲍古杜科伏也是个好地方。那边有一座菩提树的林子，还有许多蜂蜜窠。

拉契儿　看来连你们都不知他究竟在哪里呢，是不是？

伐莎　你们都坐到这里来吧。

拉契儿　告诉我，你们是怎样过活的？

鲁蒂密拉　我吗——我过得挺惬意哩。春天里，你知道，我和妈妈到花园里去弄园艺。每天早上她跑来叫我：“起来呀！”于是我们吃了早饭，到花园里去呵。拉契儿，你知道现在我们的园子是什么样子呵！(安娜进来和拉契儿默默地握手。她跟伐莎说些什么，两个人同着出去了)你一走进园子里，瞧，满园子里都是露水，在太阳光里闪呀闪的——就跟一件锦缎织成的道袍一样，真叫人心醉哩——多好看哪！两年以前，我们差不多放下一百卢布的花种子。这城里再没有第二家比得上我们啦！我读了几本关于园艺的书，我又在学德文，我们工作的时候，大家静得跟尼姑一样，就好像哑巴似的。我们不说话，可是我们知道大家是在想些什么。有时我或者唱几句。等我不唱了，妈妈就喊起来："唱呀！"于是我才瞧见她的脸孔——远远地，一张又慈爱，又温和的脸孔……

拉契儿　那你不是挺快活吗？唔？

鲁蒂密拉　是呀！快活得甚至叫我惭愧呢，生活是——这么好得出奇！

拉契儿　那么你呢？娜妲。

娜妲里亚　我吗？呵，是的。我也是一样。

泼罗可尔　（醉醺醺地进来，抱着一只吉他）唷，这不是拉契儿吗？

（唱起来）："好孩子呀，你打哪道儿来的呀？"呵，你长得多漂亮呀！

拉契儿　你还是那老样子。

泼罗可尔　不错，也不好，也不坏。还是那一副赢牌的手气。

拉契儿　这些时候不喝酒吗？

泼罗可尔　一点不含糊，那是我的生意经。我的特点就是有副豪爽的快乐。这是我的天性。杰耐斯诺夫船长死了，为了我们的门第和我们生意上的面子，我可不能不替我们俩争口气，去喝一些酒呀。

拉契儿　可是拖得很久吗？

泼罗可尔　呵,不错,他已经拖得很久了。是该走路的时候了,那倒是真的。

(鲁蒂密拉咯咯地笑起来。)

拉契儿　我不是说那个,我说,他的病拖得很久吗?

泼罗可尔　谁?说船长吗?他没有害过病。这是突如其来的——就此——“同着圣徒们去安息了!”

娜妲里亚　别说了,舅舅!那是多么难听呀!

泼罗可尔　什么?讲讲圣徒们也难听吗?你别来教训我了,小姑娘,你还不够去教训人呢!——可是你是打哪里跳出来的呀?“太太,使我生活——光辉——的太太?”从瑞士来的吗?菲沃多还活着吗?

拉契儿　是的。

泼罗可尔　他的病不大好吧?

拉契儿　是的,很不好。

泼罗可尔　杰耐斯诺夫家里的子孙,老是不能长命的,我们卡拉泡夫家的人就比较强哩!不过你那儿子考尔耶倒是一个很不错的小家伙,这小坏蛋,真乖。有一回,我跟杰耐斯诺夫在吃饭的时候吵了架。第二天我碰到那孩子。我说,“喂,考尔耶!”他就说,“滚你妈的蛋,你这酒糟鬼!”嘿,还揍了我一顿哩,那时还是早晨,我的酒还没有醒呢。哎,你们在这儿干吗呀?哦,在喝茶。只有赶马车的才喝茶呢。规规矩矩的人口干了是讲究喝酒的……快弄些酒来吧。……葡萄酒,这种葡萄酒!就是西班牙人也快不肯闻一闻的。娜妲里亚,你也来一杯吧……

(向门口走去,伐莎向前走过来,迎着他。)

伐莎　俱乐部里发生什么事了？

泼罗可尔　俱乐部里？你怎么会知道的？

伐莎　我在电话上听到的。

泼罗可尔　是一些关于政治问题的争吵，很简单的。

伐莎　他们又要在报纸上讲你了。

泼罗可尔　讲我做什么？我只打了一拳。那小子在骂国会哩，我在他眼角上揍了一下子。

伐莎　听着，泼罗可尔……

泼罗可尔　我一分钟之内马上就回来，再来听你吧。（唱起来。）

除非不得已，
千万别惹我。

鲁蒂密拉　他多么滑稽呀，不是吗？近来他越喝越厉害啦。他还教娜妲里亚喝酒呢。

娜妲里亚　他已经把我教会了。

拉契儿　你也喝得很凶吗？娜妲。

娜妲里亚　不错，我非常喜欢酒，而且我还喜欢带点儿醉意。

伐莎　你最好再加一句——“而且醉了也没有人来管我。”

娜妲里亚　而且醉了也没有人来管我。

伐莎　娜妲里亚，别这么蠢相！

娜妲里亚　不是你教我这么说的吗？

伐莎　算是你运气吧，我没有工夫来收拾你。

鲁蒂密拉　娜妲对妈妈真莽撞得可怕。拉契儿，你不瞧见了吗？我以为这很要不得。

伐莎　你应该学学上等人呀，娜妲。要有礼貌。像你现在这一套，那简直是个猪。

娜妲里亚　猪养得好的，人家也会把它看得很高哩。

伐莎　（愤怒地）我们就是这样过日子的，拉契儿。

拉契儿　这样生活当然很不好。可是你们也不配过更好的生活。你们只配过这种无意识的生活的！

伐莎　胡说。

拉契儿　不但你个人是这些，你们这一伙人全是这样。

伐莎　呵，她疯了。

拉契儿　那些在外国的人，也是过得和你们一样坏。不过他们也许比你们堕落得更深一些，因为他们要比你们安静，而且也没有像你们这样，你折磨我我折磨你的。

娜妲里亚　真的吗？还光是拿来安慰安慰我们的？

拉契儿　真的，娜妲里亚，我绝不是拿话去安慰人家的那种人。你们的世界是在崩裂了。不过他们那儿比起你们这儿，还是有组织一点。什么东西都在崩裂了，先打家庭里开始。那边的家庭虽然还能说是像座铁的笼子，可是我们的，只能说是像座木头笼子了。

伐莎　拉契儿！

拉契儿　什么？

伐莎　跟我们来住在一块儿吧。你刚才不是自己说，菲沃多快死了吗？像你这样躲来躲去，东跑西跑的，也流浪得够了。来跟我们住在一起，带带你的孩子。我的女儿都在这里，她们很喜欢你,你不是也很喜欢你的孩子吗?

拉契儿　世界上还有些事情,比我们私人关系更重要的不知多少哩。

伐莎　我知道,这是说一个人的商业。可是它的结果是这样的:纵然你能赚到一些,而且你也能找到地方去安放,可是你有时却不想去用它。

拉契儿　这不是你自己的思想——你所说的。

伐莎　什么意思?——不是我自己的思想?

拉契儿　你有时对你的商业,也许会感到讨厌,可是你决不会感到它的毫无意义,它的残酷——你决感不到的。我很知道你。总括一句话,你是一个奴隶,虽然你是机警的,强壮的,可是你是一个奴隶。虫子,霉菌,腐锈,把东西腐烂了,而那些东西就来腐化你。

伐莎　说得真奥妙啦。可是这决不会是真的。我所要的,是叫省长替我倒夜壶,叫牧师来念祷告——不是对上帝祷告——而是对我这罪孽多端的人,对我这黑暗的灵魂来祷告。

拉契儿　这好像陀思妥耶夫斯基说的呢,可是你不配。

娜妲里亚　妈妈可不懂得什么陀思妥耶夫斯基。她是不读书的。

伐莎　什么陀思妥耶夫斯基?我想到我吃过多少苦,我才这样说的。有些事情,我真是受的冤枉呢。姑娘们都知道。我今天刚告诉她们过:我是怎样……

泼罗可尔　(挟着两瓶酒进来)瞧呵,可不是开玩笑哪,伐西耶,让我请你来喝一盅吧。你决不会懊悔的。这是非常名贵的好酒哩!

伐莎 好呀！那么，孩子们来呀，到这儿来吧！我们干吗不喝一点儿呢？我的媳妇老远跑来看我们。我们喝吧。泼罗可尔，你今天打的是哪一个？

泼罗可尔 一位聪明的梅尔涅戈夫呀——我给他眼角上一拳头。还有几个别人哩，这算不得什么一回事，马上就会治好的。

伐莎 你懂得什么？梅尔涅戈夫已经在“俄国人民协会”里有名字哩。

泼罗可尔 哼，那又怎么样呢？这有什么了不起？我在电话簿上还有名字哩，可是我一点也不骄傲呀。来，碰一杯吧！

（电话响了。）

伐莎 这是给我的。（听电话）谁呀？……是的，是我……什么船？……为什么呀？……蠢东西！……谁装的？……在乌发吗？退伦梯夫吗？叫他滚蛋！这蠢货！……一定要我来吗？为什么？……他们已经把驳船扣起来了吗？……还有什么？……除了那些皮子……呵，混蛋！卫生委员在那儿吗？检查员也在吗？……我马上就来了（放下话筒）好，你们好好儿在这里等我吧。那边发生了一些争执。他们把一只驳船扣起来啦。那混蛋的书记没有等卫生检查员敲过印，他们就把皮子装上去了。那船上，除了那些皮子，还有羊皮，鹿皮和麻屑呢。好吧，我去了。（出去。临走时候，对了拉契儿一眼。）

泼罗可尔 又去买通水上警察呢。这儿的水上警察，就是十足的强盗。那些马路上的警察也不是东西。总之，都是见他妈的鬼！还是喝我的酒吧。娜妲，这比你爱吃的那种酒还好哩。（像在礼拜堂里似的唱起来。）

注满你的酒杯吧，兄弟，注满你的酒杯。

干了你的酒杯吧，兄弟，干了你的酒杯。

［**幕下**］

第　三　幕

就在伐莎·杰耐斯诺伐离开之后。泼罗可尔在吸一支雪茄烟。鲁蒂密拉一心在吃饼干，她边瞧着果酱，边吃着。娜妲里亚坐在拉契儿旁边，握着一只酒杯。拉契儿似乎在沉思。

泼罗可尔　我们过的就是这样一种生活啰，拉契儿，一种不安定的生活。我们老是给警察在麻烦着哩。（咯咯地笑起来。）

拉契儿　你现在当了市长吗？

泼罗可尔　我——我在梦里当过的。可是往后我自己想可不是活见鬼吗，干吗我要去弄这样一个鞍子来驮驮呀？我生活得舒适一点不好吗——像一个哥萨克人样自由自在的。

娜妲里亚　那不对，你一点也不像自由自在的哥萨克。你市长落选。只因为你没有用。

泼罗可尔　娜妲里亚老喜欢这样顶我，这真可怕呢。事实上，她对谁也要顶一下的。她虽然那样年青，倒像是一只十足的九头鸟哩。像——不过，她说的倒是老实话。当她说话的时候，我老是很留神的。自从船长死了之后……

娜妲里亚　自从爸爸死了之后，外面的谣言说，他是自己服毒死的。……他们甚至说，是我们把他毒死的，因为想躲掉那场官司。

鲁蒂密拉　这么胡说八道。

泼罗可尔　真是胡说八道。这场龌龊官司是检察官自己取消的……

娜妲里亚　因为是证据不足。可是舅舅被这些谣言吓得要死呢。他怕市长不能当选。

泼罗可尔　得了吧，娜妲卡！

娜妲里亚　他应该勇往直前呀，不管什么谣言，不管人家……

泼罗可尔　她才老是这样子——什么事情勇往直前，对谁也不管的。

拉契儿　（抚着娜妲里亚的手）她就该是这样的！

娜妲里亚　拉契儿，假使证据不足，这也不能够说，被告是无罪呀，对不对？

拉契儿　不，不是那样说的。

鲁蒂密拉　可是，拉契儿，一个人就当真该和个个人去作对吗？一个人，就不能生活得……

娜妲里亚　……生活得和一个蠢猪一样，和鲁蒂密拉·杰耐斯诺伐一样。

鲁蒂密拉　你用不着提着我的名字叫，这惹不动我的。拉契儿，我真不喜欢结仇这一类事情呢。

娜妲里亚　你只喜欢吃饼干和果子酱。

鲁蒂密拉　因为我喜欢吃，你才妒忌我。你发脾气，是因为你没有这个好胃口。如果你能多吃一些,你就不会有这样坏脾气了。

泼罗可尔 (唱起来:)“我没有发脾气,虽然我的心痛呀,”鲁蒂密拉除了饼干、果子酱和一切糖果以外,还喜欢打扮得像个军人的样子,戴上一些羽毛——跟一个红种的印第安人一样。

鲁蒂密拉 一点儿也不对!

泼罗可尔 让我们别讲这一切关于家庭,关于从前,跟那一些事吧。——滚他妈的蛋!现在大家意气都消除了,来热闹一下吧。我来介绍你一位跳舞大家,拉契尔——啊,你才会敬佩得嘴巴都闭不拢来呢。好,鲁特,去叫披亚契尔金进来吧。

鲁蒂密拉 呵,那才了不起呢!

泼罗可尔 叫他把吉他带来。(向拉契儿)你什么时候去看你的儿子呀?

拉契儿 他在很远吗?

泼罗可尔 大概有二十三俄里到二十五俄里路吧。他在养病,虽然不大强壮,可是一个挺乖巧的小家伙哩。

拉契儿 他的祖母不肯把他还给我。

泼罗可尔 她的话也是很对的。你现在是个亡命徒,你带着他干吗呢?

拉契儿 你觉得怎么样?娜妲?

娜妲里亚 想法子叫她把孩子给你,如果她不答应,就把那孩子去偷了来。

泼罗可尔 哦呵!

娜妲里亚　不错，把他去偷了来，把他带走，藏起来。你知道我们都是些什么样人呀，你就知道……

拉契儿　把他去偷来吗？把他带走吗？那我干不了。

娜妲里亚　为什么呢？

拉契儿　我有更要紧的事情要办呢。

娜妲里亚　比你自己儿子的事情还要紧吗？是不是。如果你有更要紧的事情，那么，为什么又要生小孩子呢？唔？

拉契儿　我知道，这是一个错误。

娜妲里亚　可是你的事情是什么呀？是不是——你在两年以前讲过的那一套。我记得的，我记得很清楚呢。

拉契儿　但是——你不是不相信这个吗？

娜妲里亚　嗯，我不相信。

拉契儿　那是因为你不懂得这个。至于我呢——我除了这个以外，就没有别的生活了。即使说我失掉了——即使说，我不能再看见考尔耶了……

泼罗可尔　慢着，把这孩子去偷了来。这倒是一个好主意呢，——拉契儿，Phew，这好比给我妹子拦腰里刺一枪。拉契儿，干一下吧，来不来？娜妲和我都会真心帮你忙的。我还可以去拉披亚契尔金来，——他什么事情都能干的。

拉契儿　呵，得了吧！

泼罗可尔　亚里胥加·披亚契尔金不行吗？呃，他曾经偷过一个主教呢，何况一个小孩子！

拉契儿　这好像把我的儿子让你们要把戏呢……

泼罗可尔　他是一个勇敢的青年，披亚契尔金，他曾经在军队里服过务的——多半是在后方。里胥加，让我们来唱"上帝的小鸟”吧。记着,这支歌是为外国来的客人唱的,为欧洲人唱的,必须唱得很正确,绝对不能错!(泼罗可尔从披亚契尔金手里把吉他取过来,调弄着。鲁蒂密拉刚才已经带了一只俄国二弦琴和一只手鼓进来。她把手鼓交给她的姐姐。)

泼罗可尔　来吧,姑娘们,带一点温柔的忧郁吧。特别是敲手鼓的,要轻轻儿的,不要大声敲……

鲁蒂密拉　晓得啦。

泼罗可尔　开始吧。(用他那种老调子唱,鲁蒂密拉和披亚契尔金跟着。)

上帝的小鸟不知愁,
不知艰苦,也不知争斗,
他从来不曾阻碍我们,
在一切生活的四周。
他整夜的安睡在楱木上,
直到东方射出了晨光,
上帝的声音把它惊醒了,
他整理了羽毛,引吭而高唱。
(合唱)
太太,我的太太,
来找一些欢乐呀,
太太,我的太太,
你就是那上帝的小鸟呀……

努力一点儿呀,里胥加,好好儿唱下去,使一点儿劲呀,喂！喂！

一位太太打从洛斯托夫来，
特来看望托尔斯泰，
从奥耐尔又来了一位，
于是，她就悄悄离开。
太太，我的太太……

（披亚契尔金做了一个很好看的古“巴令亚”舞的滑稽表演。鲁蒂密拉津津有味地唱着。泼罗可尔兴奋起来了。娜妲里亚机械地摇着小鼓，一边注视着拉契儿，她像做梦似的呆坐着。）

我的太太有事上外国，
去到欢天喜地的巴黎城，
她到了那边瞧到了，
一个红发的法国佬在狂饮。
太太，我的太太……

娜妲里亚　得了吧！

泼罗可尔　为什么！

娜妲里亚　我不要再听了！

鲁蒂密拉　Phew，她真可怕呀！

（拉契儿站起来，走开了。娜妲里亚更悠闲的样子，跟着她过去，在窗旁站着。）

娜妲里亚　你觉得怎么样？

拉契儿　可怕得很。

娜妲里亚　我觉得宁可把那孩子杀了，也比把他留在这儿好。

拉契儿　（把一只手臂环绕在她的肩膀上）伐莎·布立梭佛娜不帮我的忙，我是有法子把孩子带到外国去的。

娜妲里亚　舅舅会替你打算的。想法子去捉弄妈妈，他是挺高兴的！他会去把孩子偷来，我们把他藏起来之后，我们再把他送给你。

拉契儿　送到哪里去呢？我还不知道，如果我回到瑞士以后，将住到什么地方去。我在那边只能住几个礼拜，还要回到俄国来的。我没有机会去带考尔耶。不过，假使他能够到劳桑尼我姐姐那儿去，那对他倒是顶好的。

泼罗可尔　（叫披亚契尔金停止，叫起来）你们不喜欢听吗？

拉契儿　是的。

泼罗可尔　你一点没有艺术的感觉！

拉契儿　可是你的唱歌叫人家受不住呢……

泼罗可尔　这个你得原谅我。我的拿手戏是喝酒和打牌——那你没有法子比得过我的。但是上帝却没有给我一副唱歌的喉咙。我的灵魂是柔弱的，可是我的喉咙却太干燥了，几乎是破声的。出去吧，披亚契尔金。你真要不得，我们并没有打动听众哩。拉契儿，到我的房里去，我要给你看我收集起来的大锁。

拉契儿　我已经看见过了。

泼罗可尔　什么时候看的？你现在应该再去看一次，我有三十七把仓库锁，四把城门锁，四十二把锁箱子的八音锁。你在别处决计看不到这样东西的。还有——来吧，我有话跟你说，很要紧的话呢。（握着她的臂膀带拖出去，她勉强地跟着他。）

娜妲里亚　（向她妹妹瞟了一眼）你又要怎么啦？

鲁蒂密拉　没有什么。我想去睡觉了。

娜妲里亚　去吧。

鲁蒂密拉　我觉得没有趣味，又寂寞，我真想哭啦。

娜妲里亚　到你床上去哭吧，哭到你睡着了。

鲁蒂密拉　事情老是这样子。我要等伐西耶回来呢，她不在家，我真恨哪。

娜妲里亚　你近来愈发喜欢叫她的名字哩。

鲁蒂密拉　因为我爱她，你不爱她。

娜妲里亚　我不爱她。

鲁蒂密拉　她知道哩。

娜妲里亚　是的，假使她不知道，那才滑稽呢。

鲁蒂密拉　可是你像她哩，像得很。

娜妲里亚　那就是为什么我们大家不管大家呀。

鲁蒂密拉　他是喜欢你的。

娜妲里亚　她喜欢磨折我。

鲁蒂密拉　这是你磨折她。

娜妲里亚　我是那样的？

鲁蒂密拉　你多下流呀！舅舅也是太下流，还打算绑考尔耶的票呢。

娜妲里亚　这件事别告诉妈妈。

鲁蒂密拉　我自然要说的。

娜妲里亚　为什么呢？

鲁蒂密拉　好吧，我就不说吧。那徒然叫她着恼的。我可不高兴说。

娜妲里亚　（叹息一下）是啊，你这人真有些软弱，不长进，一点也不像别的人。

伐莎　（进来）你们——在吵什么呀？

鲁蒂密拉　没有吵，只是说闲话。

伐莎　平常说闲话不要这么大声。泼罗可尔又在这儿抽过雪茄了吧——我跟他说过几次了，叫他不要在我房间里抽雪茄。娜妲里亚，看来你酒又喝多啦。

娜妲里亚　我还能站得挺稳哩。

伐莎　（倒了一杯葡萄酒）那茶冷了吗？倒一些给我。

（娜妲里亚替她倒了。）

伐莎　花了七百个卢布呢，——我真不如把钱丢到水里去。无论哪里的人都要运动费，每个人还有他们的价钱哩。你们刚才在这儿做些什么呀？

娜妲里亚　我们在喝茶。

鲁蒂密拉　披亚契尔金跳了舞。还有舅舅，想劝拉契儿去偷考尔耶呢。

伐莎　他又在开玩笑了，是不是？拉契儿又怎么说呢？

鲁蒂密拉　她没有答应，她近来变得有些沉闷了，远不如从前啦。很不快活。所有聪明的人都不快活。

伐莎　呵，照你说，那么我是一个蠢人了？

鲁蒂密拉　你不是一个蠢人，也不是一个聪明人；你就是一个平平常常的女人。

伐莎　我可以说，并不懂你的话。这大概是比一个蠢人更不好吧？好啦，我们不谈吧，就算我是——一个平平常常的女人吧。把那把火壶拿出去，叫他们再去热一热。娜妲里亚，你可愿意到外国去吗？

娜妲里亚　是的，我愿意去。你知道的。

伐莎　你可以去，带着安娜同去。

娜妲里亚　假使要我带着安娜，我可不愿意去。

伐莎　为什么呢？

娜妲里亚　我有些讨厌她。

伐莎　我可不能让你一个人去呀。哎，孩子……

娜妲里亚　唔。

伐莎　我没有工夫跟你谈了。

娜妲里亚　可是你要抽些工夫来带考尔耶，你可愿意吗？

伐莎　他不要花很多工夫的。

娜妲里亚　他至少比我要花更多功夫。

伐莎　和安娜到外国去吧，你可以去看看你哥哥菲沃多呀。

娜妲里亚　那激我不动的。

伐莎　（锐叫起来。）你这小鬼！闭你的嘴！

娜妲里亚　好，我就不说。

拉契儿　（进来）什么事呀？

伐莎　我在骂——没有什么，是的，没有什么。我有些烦闷，心里好像有一种刺似的。唔，拉契儿，泼罗可尔可是替你在打主意，要偷考尔耶吗？

拉契儿　他是喝醉了酒说说的。

伐莎　不过他酒醉的时候，怕也会做得出来的。——你们可以去睡了吧，孩子们，时间不早啦，可不是吗？

鲁蒂密拉　可是晚饭怎么说呢？

伐莎　哦，我忘了。我渴得很呢。我要喝些热茶。好吧，叫他们去放台子。你要说什么呀？拉契儿。

拉契儿　听我说，伐莎・布立梭佛娜，把孩子还给我，我要把他带到外国去。

伐莎　那么。你又要跟我来辩论吗？不行，我不会把他还给你的。

拉契儿　我想不通，你究竟要他做什么呀？你打算怎样去带他呢？

伐莎　你不用愁，我们会料理他的。我们都是生活安定的人。我们又有钱。我们可以请最好的教师，来给他一些教育。

拉契儿　你不会把他教成一个诚实的人应该懂得的事，考尔耶只能同着这些二弦琴，同着这些吉他，同着这些丰富的食物，同着那位酒鬼舅公，同着那两位大小姐。一位大小姐还是吃奶的孩子，那一位呢，又太狠毒啦。伐莎・布立梭佛娜，我很懂得你们这一伙人的，不管在外国的也好，在这里的也好，你们都是害着不可救药的病！你们机械地生活着，被你们的商业所支配着，那些并非由你们创造出来的东西，把你们屈伏了。你们就是这样过下去的。谁也瞧不起谁。你们是为什么活着的？你们对别人有什么用处？这一类问题，你们从来不敢去想一想。就是你们中间最了不起的，和那些聪明的人吧，也不过是为了不肯死，怕死，才活着呢。

伐莎　你说完了没有？静一会儿，听我说吧。我不能了解你的，就是这一点：像你这么一个理直气壮的人，一谈起生活来，就是那样糊涂。这是怎么说的呢？你老是“你们这一伙，你们这一伙”的。我的好孩子，我那位运输管事高里·克罗脱契克谈起这些理论来，比你还懂呢。他说：革命只有当它对于愚昧的穷人有利的时候，才是对的。可是你却来高谈非法的革命——那多少是不真实的。克罗脱契克很明白这一套呢。他说：社会主义者应该站在工业和商业的利益上，去和工人联合。这是他说的——说得非常对！他在这一套上可并不是一个糊涂蛋呢，不过在买卖上实在太不精明了。

拉契儿　他那个名字克罗脱契克——本来就是柔弱的意思。他说的那一套大道理，正好配他的名字哩，那是要使所有的工人们都柔弱起来。像他那样的人，并不止他一个呢，还可以碰到很多的。不过因为他是你的好奴才，你就让他爬上高枝儿去了。

伐莎　你必须明白，拉契儿。我是伐莎·卡拉泡夫，我和你说的这一伙人没有什么关系。你说，这一伙人快灭亡了吗？那不关我的事。我很强健哩，我的买卖是在我的手里。没有人能阻止我。你也吓不倒我。我很来得及活到老呢，而且我还给我孙子留下相当的钱。这就是我所说的主要点，这就是我的意思。我就不会把考尔耶还给你的。这样，让我们把谈话结束了。您现在是该吃晚饭的时候了。我也乏了。

拉契儿　晚饭我不要吃。你的面包会噎死我的……我睡在哪儿呢？

伐莎　那么去吧，娜妲里亚会告诉你的。（困难地从椅子上站起来，又坐下去，大声叫，）安娜！（没有回答）我的面包会噎死她哩！……还有谁敢对我说这样话呀？哼，这泼货！（打铃。）

布娜　您按铃吗？

伐莎　还问谁在按铃呢，活见鬼！安娜哪里去了？

布娜　跟小姐们在一块。

伐莎　去叫她来。（坐在那里倾听着什么，扼扼她的喉咙，咳嗽着。安娜进来）我出去了以后，可有过什么事情吗？

安娜　泼罗可尔·布立梭维契主张去偷考尔耶哩。

伐莎　是他提议的吗？

安娜　是的。起初他说："伐莎是很对的，你没有理由把孩子拖在一起跑。"之后，忽然一来，他似乎高兴地想到了，这事情不是能给她妹子来一家伙吗？

伐莎　娜妲里亚说了什么呢？

安娜　偷孩子的主意是她起的。

伐莎　你别跟我装糊涂了！你在撒谎！

安娜　我没有装糊涂。事情是这样的：拉契儿说你打算把考尔耶留着。泼罗可尔说："那也很对呀。"可是后来，娜妲里亚说要去偷孩子，他又赞成了。

伐莎　他赞成吗？他不过想来捉弄我一下吧。他拉我一下后跟，或者咬我一口，他才高兴呢。

安娜　他还说，披亚契尔金能够替他去偷过一个主教，还怕一个孩子吗？

伐莎　披亚契尔金，这是一只龌龊狗！

安娜　一个十足的下流货。他一点儿良心和面子都不顾。这样一个难对付的胡来的家伙。

伐莎　我们可以感化他的。

安娜　你没有觉得怎样吗?

伐莎　怎么的?

安娜　我瞧你的脸色,才这么说的。

伐莎　我的女儿不曾说过,我脸色怎么样。好吧,我要把你送到外国去,安娜。

安娜　(呆住了)我吗?

伐莎　是的,你。跟娜妲里亚同去,或许就是你一个人去。

安娜　好家伙,我多快活呀!我简直说不出该怎样感谢你了。

伐莎　你无需谢,这是你应当的。你从来不曾对我撒过谎,可不是吗?

安娜　我从来不曾。

伐莎　那就是了。你要替我送封信给菲沃多。别把这信给娜妲里亚瞧。到了那边,马上给我来信,告诉我菲沃多怎么样了。问问那边的医生看。你的德文还记得吗?

安娜　是的,呵,是的,我记得。

伐莎　那么,好……如果菲沃多的病很厉害——就等着到他死了。嗯。好吧,我们以后再谈吧。现在——你要先来做一件事:到政治警察局去,见宪兵团长——他叫波波夫。你无论如何一定要找到他!如果他不在,叫人去找他来。告诉他们说,事情是非常紧急而且重要的。

安娜　伐莎·布立梭佛娜……

伐莎　听我说，你告诉他，政治逃犯拉契儿·托巴士从外国回来了。住在我的家里。他是知道拉契儿的。上回拉契儿就是他捉到的。你跟他说，如果他们一定要拿她，就应该在外面下手——在街上，或是什么地方，不要到我家里来。懂得吗？

安娜　懂得，只是……怎样呢？

伐莎　你听我说，听呀！如果他们到我家里来，那很显然是你放的风了。也许还要说是我放的。——我可不愿意在这城里，再弄出一些难听的谣言来。明白吗？

安娜　我……不能够……

伐莎　（惊奇地）你不能够？为什么呀？

安娜　我没有勇气干。

伐莎　你替她可怜吗？你就不替考尔耶可怜吗？她无论如何总是要被捕的，不是明天——就是后天。怎么，你拒绝替我做事吗？那才奇怪呢！我简直不能相信。

安娜　不，呵，上帝哪！不！我整个生命都是你的了。我为什么要去可怜那犹太女人呢？你知道，她瞧不起我哩。

伐莎　（狐疑地）你在嘟哝些什么，我可不明白。唔？

安娜　叫我晚上到警察局去，我有些害怕。

伐莎　呵，别这么蠢……他们会把你怎样呢？他们还会吃掉你不成？（瞧瞧她的表。）不过，你的话也许不错，现在已经太晚了。波波夫大概到什么地方打牌去了。好吧，明天上午早些去吧。大概七点钟左右去。一定要他们去把团长叫醒来。

安娜　好的——多谢你。（握着伐莎的手，吻了一下。）

伐莎　（在围裙上擦着手）傻瓜！怎么的，你在淌汗呢，瞧你脸上淌着的。……（安娜擦着她脸上的汗）拉契儿老想吓我，老是向我瞎吹。什么这一伙，那一伙的。我倒要知道一下！我给点颜色他们瞧瞧！她恨我，哼！恨我！倒像吉普赛人偷马一样，想把儿子从我手里偷走呢。可是她别做梦吧！别想把那孩子弄回去吧！（静静儿坐着，想了一会儿）我有点不大好过，太疲乏了，还是怎么的？给我去烧些覆盆子茶来喝喝吧。我想发它一点汗呢。

鲁蒂密拉　（进来）伐西耶，晚饭得啦。

伐莎　你不想吃吗？

鲁蒂密拉　我想吃，很想吃呢。

伐莎　我有一件事情，要叫你惊奇一下。不过不是关于吃的。是关于住的。

鲁蒂密拉　你老是……

伐莎　我已经决定了，我们隔壁苦拿西伐郡主的房产去买进来，这样可以把我的小花园弄得大一些，不是吗？

鲁蒂密拉　呵，妈妈，那多么有趣呵！

伐莎　不错。那个年轻王爷分明已经把钱赌光了。

鲁蒂密拉　我的天哪！那多好呀！

伐莎　那郡主急于想脱手，我明天就要去付她定钱。这给你听来，不是跟过节一样快活吗？

鲁蒂密拉　你怎么就有工夫，管到这许多事情呀？去吧，我们去吃晚饭吧。

伐莎　我不想吃，我不大舒服。我只想喝一些覆盆子茶就去睡觉。你们去吃吧。

鲁蒂密拉　茶呢？

伐莎　是的，把火壶去拿来。我想喝呢。拉契儿在那边吗？

鲁蒂密拉　她一个人关在那黄房间里，也不要吃什么。她变得多讨厌呵。那样神气活现的！

伐莎　去吧，鲁特，去吧。

（一个人留着，在房间四周小心地走，好像在水上走着似的。又握着椅背，咳嗽，和恨恨地说：）买卖，——事务——愈弄愈多啦。（想坐下去，又踌躇过来，把背对着门站住）我该不该去找找医生呢？

披亚契尔金　（有些微醉，头发比平常更乱了——可以说是直竖起来。他走进来，伸一伸舌头，扮一个鬼脸儿，接着把他的吉他提起来，在低音弦上，当的弹了一下。）

伐莎　（吓了一跳）呵，什么呀？——谁？你来干吗呀？

披亚契尔金　我刚进来，拿我的吉吉——吉他。

伐莎　滚出去！你这鬼！

披亚契尔金　我就走……为什么不走呀？嘿，我不是一条狗，我并不想呆在阔佬的房间里。

伐莎　蠢货！什么鬼东西！……（在大沙发上重重地坐下来，想去解开她衬衣的领子，侧着身体倒下去了。舞台沉寂几秒钟。）

安娜　（捧着一盘子进来，盘子上放着茶壶和茶杯）。要不要把茶送到你卧房里去？（站着等待她的回答。盘子在她手上抖动起来，震得杯子咯咯作响。她小心地把茶盘放到桌子上，俯下身去瞧伐莎的脸孔。接着把身体挺直起来，大声一些的低语着。）呵，天呀，伐莎·布立梭佛娜，你怎么哪？（倾听了一会儿，急奔到写字台上去，把一个抽屉打开来，在里面搜索着，找出一些钱，匆忙地塞入胸衣里。她又把桌子上的信盒打开来，那里面也有些钱。她把那钱也藏起来，又取出一些钥匙，放到口袋里去，又把信盒重重地合好。接着，奔出房间去。）

娜妲里亚　（急促地进来，泼罗可尔跟着她。安娜，布娜，披亚契尔金在后，一个一个地进来。娜妲里亚摸摸她母亲的脸孔，用不必要的大声说。）她死了。

波罗可尔　嘿，你们瞧！杰耐斯诺夫是突然死去的，现在——她又死了。外边的人又要来议论了——又是那一套蠢话，如果不是……就是那个鬼……

娜妲里亚　闭你的嘴！

波罗可尔　闭嘴做什么？娜妲，不如拿眼睛去管着安娜吧。我们要那些钥匙，那保险箱的钥匙，安娜她知道一切的。看看那些钥匙可在伐莎的衬衫口袋里。

娜妲里亚　我不要。给我出去！

波罗可尔　唔，好，我就走，你压着我这样干的。

安娜　（哭着进来）娜妲里亚·绥奇爱佛娜，鲁道胥加昏过去啦……

娜妲里亚　打电话去叫医生呀……

安娜　我已经打过了，天呀！我们怎么办呢？

泼罗可尔　钥匙在哪儿？保险箱的钥匙在哪儿？

娜妲里亚　他们通知了拉契儿了没有？

安娜　我们要去通知她吗？娜妲里亚·绥奇爱佛娜。

娜妲里亚　你是一个十足的蠢猪！（急促地出去。）

安娜　（呜咽地）她为什么要这样气我呀？

泼罗可尔　得啦，你……别装傻了。我问你，保险箱的钥匙在哪里呀？

安娜　泼罗可尔·布立梭维契。你别忘记呀……十三年工夫，我始终是一股忠心的……（在伐莎口袋里摸索着。）

泼罗可尔　你有多少就拿多少吧。

安娜　我的全部青春都为你们牺牲了……哪，这是钥匙！

泼罗可尔　（走到桌子旁边，跟披亚契尔金说）里胥加，别让什么人进来。慢着……这是什么呀？（带着一种显然的满足）在孩子们长成以前，我就是他们的监护人呀。哼，要不是这样……这还不能实现呢！嘿！（咯咯地笑起来，瞟了安娜一眼。）滚你的蛋吧！安娜，你不必再像一只讨喜的小猫似的呆在这儿了。滚吧！明天就滚。我讨厌你得要死啦。专门侦察人家的消息，偷听人家的说话。我讨厌你，你这母狗！

安娜　泼罗可尔，你会后悔的。这对你没有什么好处呵，你这样……

泼罗可尔　走吧。你已经有你的份了。你已经捞得够了。快走！

安娜　不让我停一会儿，我还有点儿……

泼罗可尔　不错，你还有点儿，我算定了你还有点儿。这就是我说的。（拉契儿和娜妲里亚进来。）

拉契儿　（向泼罗可尔，他正在桌子上的纸堆中搜索）你偷东西？

泼罗可尔　为什么我要偷？我拿我自己的东西！

（布娜带着鲁蒂密拉进来。）

鲁蒂密拉　（从布娜手里挣出来，投到大沙发上）妈妈！妈妈！

拉契儿　（向泼罗可尔）你自己的！你们自己有什么呀？

［幕下］

（注）这剧中人物的名字，照俄国习惯往往有几种叫法，如“伐沙，伐西耶”“鲁蒂密拉，鲁特，鲁道克”“娜妲里亚，娜契亚”等等。都是表示亲爱的称呼。——译者自注

怎样写作——高尔基文艺书信集

高尔基 著　以群　邵荃麟 合译

第一部　给初学写作者

一　怎样选取题材

请原谅我搁置了您的稿子，但是，那是因为没有时间，未能早些读。您的诗比散文合意些。

您没有像诗一样地弄散文，您的散文不大有特色。但是，诗一方面，却看得出：谁写的及为什么写的，写得很好，很成功。——不过，您的诗里面有许多不规则处，错误的音节，贫弱的不响亮的韵，思想表现得拙劣的地方，这点不能不说明。

如果我再早一点认识您，那么会劝您不出版诗集。现在，您恐怕不能听我的劝告吧。我劝您不出版，是因为您能够比现在写得更好。

而您到现在为止所出版，所写的东西上，您都是觉得很不满意的。必须明白：您到现在为止所写成的一切，别人也许在从前就写得更好了，您现在的诗里面，没有润饰，没有特点，也没有力量。

生活的事，什么都不能向别人慨叹。但是，因为生活的腐败，因为人们的冷淡及同志间的不合理的关系，因为他们要骑在自己周围的人的头上，而责备他们，却是非常有益的——我相信您是了解这点的。您如果努力自己的修养，更多地阅读模范作品，就会明白这一切。

您并非是唯一的及最初的独学作者。——为着学习，从许多人当中选取劳动的人们的生活与思想，而更强力更明了地描写它们，是必须记住这点的。

不要将您的全部注意单停留在自己身上，不要单写您自己的生活和思想。——几万的人们像您一样；甚或生活在比您坏许多的状态中。请记住这点！请努力寻找一切劳动者所共通的思想、感情和憧憬，并努力简洁、强力而单纯地描写它们！

不要慨叹生活的痛苦！——慨叹是弱者；但是，却必须为着尊敬自己的人，要求承认有自由的劳动和自由的生活的人权。

要求虽然要求，但是不依赖，不诉苦，不叹息；因为这是失去了要求的权利，而乞怜的乞丐的事。

人必须尊敬自己，必须带着夸耀向一切人说："我是像你一样的人。我一切都是和你平等的，我像你一样有好好地生活一生的权利。"

重复说——您很早地将自己的作品付印了，这对您是很坏的。您的第一本书比第二本优秀，这是您写第二本书时比第一本更匆促的证据。

再会！健康，请您更严格地对待自己！

(注)这信是给一位叫 P. A. 托拉文的青年的，发表于一九二八年出版的《人民的教师》第一号。大抵是一九一一至一九一二年之间所写的。

二 从哪里写起

像您信里所表示的一样，您对自己采取批判态度，您以前的自信遭失败的打击而崩溃的现在，正是您应该认真地对待自己的时候。

您是水分多而不曾燃烧着的湿柴，可是，现在这湿气已从您身上蒸发完了。啊，做做工作看！

您过去只是非常幼稚，非常肤浅地对待生活与文学的。阿志巴绥夫会对您粗暴——这件事应该忘记了。虽然相信您是有才能的人，但是您必须从自己身上找出自己修养的力量。

我想劝您：现在立刻开始写最单纯的——例如以“日常”为主题的短篇。

请试写您的日常生活——您怎样醒转来，到什么地方去，看见什么，怎样就寝，以及这类细小的，滑稽的，忧郁的一切——一切！——对于您的梦中的生活，对于您所要求的一切，有着怎样的关系。

单纯的东西是最困难而重要的——请记忆着这点而写作！且试试看！

您的信里，颓废的心情包围着您，我觉得即使答复，恐怕也没有什么效用，所以不会答复。但是，您似乎并不会不利于这心情地过活。

事情似乎是那样发生的；如果不是我的错误，那么我是很高兴的。

请更谨严地对待自己！胸襟开阔是好的。但是，“抑制”也因此是有价值的。

祝健康！再会！（一九一六年九月）

（注）这信是给马克·西莫夫的。发表于一九三二年十一月份的罗斯托夫报纸《昂扬》上。

三　怎样处理生活

当然，对于您，多写是必要的。但是，更接近生活，而直接利用它的暗示、形象、画面、颤动，血及肉，也同样是必要的。

无休止地集中在自己身上，而后再将全世界集中在自己心里。人生有许多毒，也有蜜。试找出它们！

不可以单做抒情诗人——不可以将自己的精神禁闭在您自己所造成的围栏里。

请拿出要做幽默家，叙事诗人，讽刺诗人以及十分愉快的人的精神来！请撮取一切，而将一切给予生活和人们！

现在，大部分诗人似乎处在生活之外，生活的混沌之外，而完全住在无人的荒岛上。这当然比生活在现实的混沌中容易而愉快。但是，这样却等于掠夺自己。

不可以做鲁滨逊！生活，叫喊，笑，骂，爱，都是必要的。探究尚未发现的东西——新的语言，音韵，形象，画面，也是必要的。诗人不仅是自己灵魂的乳母，实际是世界的音响。是

这样的。再会。（一九一六年十月二十五日）

（注）这信是给亚美尼亚的批评家兼诗人阿夫米安的，发表于一九二八年四月十日第夫里斯的报纸《东方的曙光》上。

四　怎样分析现实

我还没有收到您的作品，所以不能断定它是有价值或无价值的。

您会说到：莫斯科新闻杂志记者们对于初学写作者的“不公正”态度。但是，我觉得您的立场是完全没有根据的。《贫穷》（刊物名——译者）认为您的作品不坏；同时，它也还不能说：这是好作品。《农村青年》承认《贫穷》的批评，而且说：“应当努力”写作。对于这点，您这样说：《贫穷》是褒扬的，而《农村青年》却贬抑着；这非常奇怪。其实，他们谁也没有褒扬或贬抑你。只是说：努力文学！

诸位初学写作者常常骂编辑主任；其实，大多是不正确的。诸位应该知道这样的事实：在革命前，杂志编辑者每年收到几百篇稿子，而大部分都是缺乏才能的作品。但是，在形式方面，多数总比现代的初学写作者优越。在目前的时代，编辑者收到几千篇稿子，大部分也缺乏才能，而且修养不足。依我个人的经验及和我同时代的作家们的经验说来，我们旧时代的编辑者们对于“初学写作者”的态度，比现代苏维埃编辑者不关心、不注意得多，简直不能比较。我这确信特别可以因《贫穷》及《农村青年》编辑部对您所表示的同志态度，而确定地说。

关于诗，我不大记得；大概也许因此不能褒扬您的诗。在

《雨后》这诗里，有一节似乎有发生波浪，而波浪变成湖的场面，还没有充分地表明理由。“池底的天空”呀，“会没有吧”呀，这类句子不是韵语，并且还是拟得很坏的错句。下面一节到底是什么意思？我难以理解：

我的生活——瞬间的欢喜
苍白阴冷地流着的雾底

诗里面出现了“西契伊”这发音，我不欢喜。“夫歇伊”或“乌杰伊”之类的发音，也同样是讨厌的。

其次，依您的意见，受“旧时代的真正的儿子”这出身的妨碍，而只能做“党外的社会主义者”，即不能加入“青年团”，也不能进“高等专门学校”；您因此隐蔽了这点。

这当然是为难的事。关于农工政权对待有产层出身者的态度，提出抗议的并非您一人。

可是，工农政权对待这类人的不信任的严峻的态度，却是因极多数的这类人的行为，而证明是正确的——虽然很遗憾。有产层出身者们将苏维埃政权及劳动层的党所做的事业看做社会的实验，而且认为大抵终究不成功。在这期间，他们像室内用的或是带着锁链的狗一样，柔顺地遵从着劳动层的事业。然而，现在苏联的社会主义改造已经不仅是革命的实验，而是伟大的迅速地发展着的事实。他们（指有产层出身者）明白了退回到旧时代去的路被封闭了的时候，就卑怯地逃到旧主人留居着的地方去，做狗来服侍它，由此找到一片更肥厚的猎物，而放弃了对于全世界工人的伟大责任——苏联的劳动层勇敢地负担在自己两肩上的责任。

他们逃走了，而尽可能地将一切的人和一切的物出卖给工人及农民的不共戴天的仇敌。这样的叛徒并不少。现在，有两个叛徒就满足了欧洲有产层报纸及外侨的小报，说到曾经如何像狗一般地服侍过的、唯一的法律的主人——工人和农民，而用这类卑鄙丑恶的无聊话满足了那些报纸。

这类可厌的背叛行为，必然在工人和农民中惹起不信任有产层出身者的念头，这完全是当然的。再，因为少数人的这类卑鄙行为，而致工农的真诚朋友或同志蒙受许多损失，也是当然而不可避免的。然而，他们却不应该将自己的苦恼归罪于劳动层，而应该归罪于劳动层的叛徒。

我们劳动层愈深刻而广泛地实现了它的历史使命，则不忠实于劳动层的人，机械地适应劳动层的事业的人，就会逃得愈远。但是，劳动层性质愈统一化，愈巩固化，则劳动者的党对于大众的影响却会愈强烈起来。

五　怎样处理主题

你的作品，读过了。

您送了两篇稿子来，但是两篇都是“太匆忙”的，缺乏精思熟虑的写法，而且实在是疏忽的；我曾约定付印，且曾以活跃的情感打动过的这两稿的作者，消失到哪里去了呢？——我想要这样说。

不仅如此，在作品《超越》和《召唤》中，不论是对于文艺工作的热忱或对于读者的尊敬，都感觉不到。您如果缺乏这两个条件，那么您要写作熟练是不可能的。因此，您也不能在语言艺术的部门里做个有希望的工作者。

才能是从对于工作的热情中成长起来的。极端地说,甚至可以说:所谓“才能”,本质上不过是对于工作,对于工作过程的一种“爱”而已。向作家要求对于读者的尊敬,恰恰等于顾客向面包铺要求对于顾客的尊敬。如果面包师适度地调和了面粉,而由手里的脏东西或灰尘混进了面粉,那么,可说这面包师没有考虑到吃面包的人们。或者,那面包店是把顾客看做比自己低贱的下等人;否则,他就是无赖,以为“人虽不是猪,但是什么都是要吃的”,而故意将脏东西混入面粉里——就是这样的人。在我国,读者有着值得尊敬的特殊的根深蒂固的权利。因为从历史方面看来,读者是刚加入生活舞台的青年,对于他,书籍不是游戏,而是扩大关于生活,关于人的知识的武器。

从您处理《超越》的主题这点看来,您对于目前的现实,只是非常表面地考察而已。

这作品的主题是新鲜而独创的。当女织工的母亲在工作上和她的女儿竞争;女儿虽然答应竞争,但胜利被经验较深的母亲夺去了。可是,依您,母亲的胜利对于女儿,引起了幽默的态度。这事实,对于许多女儿和儿子,是有极大的教训意义的,而这也一定是更加正确的。这胜利会使旧工人不能不发生对青年们夸耀自己的经验的自负心吧。然而,关于这点,您什么也没有写。您推想:竞争自然会影响母与女的家庭的个人关系,但却没有说到这点。在您面前,有了这样的充分的可能性——即应该指示出“两个时代的相互关系”这比较小的事实;然而,您却没有利用这可能性。大体说来,您虽然采取了非常有趣的主题,你因为完全不了解那生活的意义,而随便地将它毁损掉了。

您用了怎样的写法呀？你用这样的句子开始："风没有用姣美照耀。"对于这句，读者有这样期望的权利，就是作者必须向读者说明，这样奇怪的文句的意义，阐述：为什么"风没有照耀"。可是，你关于风，什么也没有说，而费了几行叙述"一点也没有描画着美丽的春"的小村落的事。各句、各词对于读者，必须有正确明了的意义。然而，做读者的我就不明白：为什么"在这小村落里一点也没有描画着美丽的春"。难道别村的春从这村里夺去了吗？还是春没有平等地赐予伊凡诺伏·伏兹奈逊加亚州的各村呢？

其次，隔六行，你这样写着：

"难堪的静寂被青黑色的天空抑压着，在黑暗中窒息。"为什么，并为谁，"静寂"是"难堪"的呢？您忘记了说到这点。所谓"静寂在黑暗中窒息"，是什么意思？如果是仓库里，也许还可以谈黑暗像窒息一般。可是，现在是村落的街道，那么周围该有许多旷野；在那旷野的顶上，会有"青黑色的"天空。在这样的条件之下，静寂是有充分广大的场所的。因此，所谓"窒息"似的"静寂"，是没有根据的。

这作品的第九页，完全是用这样的蠢话写成的。所谓"很负责地声明了"，是什么话？又所谓"无论为谁都特别地尽心"，是什么一回事？我想，在这里或许应该用"注意"这字吧。总之，"尽心"这字是旧时使用的；从发音上讲，也不是可佩服的。现在不是不大用的吗？这字变做形容词，"尽心的"，现在要用的地方也稀少。又，你在另外地方说着"毒汁温暖了"之类，"毒汁"这词是指从毒蛇和蛇身上采来的东西。蛇是冷血动物，这里，试想看“温暖”之类的字是否适当的？还有，“兹多列”这字是什么意思。

最后，引出如下的乱缠的文句来看看：

> 竞争，最近大大地压迫了小组。而且简直像白日做梦一般的，通过这胜利面在青年团中做了健全的工作者，以休假两星期当做奖励，这并非双重困难的事。

这样的文章的写法，不单是疏忽，在双重意义上，不能不说是无修养。同志呀！从以前所看的您的“速写”上推测，觉得您大概是二十五岁到二十八岁的年龄。如果这样，那么您是上了两倍的年纪了。此外，我觉得你对于“人”、“生活”或“社会主义的竞争”诸事实，有点感染着“随便”的态度。

主题好，而表现了这样绝望的拙劣写法——对于您这样的作品，我为什么要如此多言呢。

那是这样的。做“全世界的名誉”的候补者的诸位的大多数，都急于要“一跃”而获得这名誉，于是扑向这类重大的，有着深刻的生活意义的主题。可是，这样的主题不适合于诸位当中大部分人的力量。因此，诸位用无聊的，缺乏精神的或者只稍稍想了一下的语言的碎屑，来搅乱，歪曲，毁损它。在如上的主题背后，隐藏着活的人，伟大的戏剧，现代的英雄——即劳动层底无数苦恼。工人是不会因为诸位将他的血肉造成的现实畸形化了，而说声“谢谢”的。

是的，工人什么也不说；如果要说，那么一定是说比我刚才所说的更激烈的一些话。

六　怎样选择用语

你的作品这样地开始：

> 从早晨起，细雨濛濛地降着。
>
> 从天空的情景看，是秋天；但是从格里西加的脸色看，却是春天了。
>
> 黑的两眼，恰如上星期买来的新套鞋底降起的后跟一般的闪光。

显然，这恐怕不是处女作。我觉得：这作者的作品也许已经付印过而且受过褒奖吧。如果这是事实，那么这赞赏之辞给了他有害的结果。——因为他以此发生了自负心，而引起了不考虑语言的意义而装饰语言的倾向。

所谓"从天空的情景看，是秋天"，是什么意思？这能够给读者一种怎样的情景？天空中有云的情景并不限于秋天，而是春夏都有的。大家都知道，秋非常激烈地涂改、变化地上的风景，但并非改变天空的风景。

"从格里西加的脸色看，是春天"，这是说：格里西加的脸色变成了绿色了呢，还是说他的身体里像树木的发芽一般的长出芽来了呢？眼睛的光辉和套鞋的光辉比较着。这样继续下去，作者不是甚至可以将格里西加的脸和刚刚用洋灰（Pik）涂过的屋顶比较了吗？看来，这作者是把自己当做工匠。因此，才用了粉饰铺张的写法。

作品的主题——事实——的正确性似乎是可疑的。以胸前所佩的蝶形领结脏了的理由，而嘲笑自己的同志，这样的工人和示威者是难于想象的。垂死的时候，还将自己儿子从毯子上割下来一片有条纹的棉布送给儿子，像这样感伤的工人是更难于想象的。

这作品，彻头彻尾地写得太急，太草率。对于工作太自信的职员的态度，最不可表现出来。这样的作家和职员在地方上是非常多的。他们很欢喜写关于十月革命纪念日及其他的“纪念作品”，这恰恰如过去的作家特别欢喜写关于“复活”、“复活节”的作品一样。他们平常，差不多病态地富有自爱心，不能接受批评，没有用功的能力。他们似乎自以为已经是什么都懂，什么都能的了；可是，却缺乏着最重要的对于工作的“爱”。文学工作对于他们，只是“职业”的手段，只是“副业”。只有这样的文学者，才会平静地作出如下的混乱文句：

> 十月革命抓出了威尔尼亚的心脏；这恰如稚气的年轻人抓出了女人的乳房一样。

这语句的丑恶，他们完全不能理解，反而信以为：丑恶得愈乱杂，愈动物性的，就愈是革命的。

在劳动层的文学里，不可以有这样的“专门家”；而对于这样的专门家的繁殖，应该极无情地斗争。因为在本质上，他是文学的寄生虫。

七　怎样使用语言

你的作品读过了。这并不比采取同类主题的其他作品坏，你如果对用语采取更认真的态度，描写得更简略，不用“姑娘的胸部在花洋布下面并不充盈”之类甜蜜的句子，那么也许会发扬得更好；这样的文句，使人忆起旧式女人愁叹的场面。“充盈”之类的动词，在我们俄国话里似乎是没有的。

“娜达莎站在被照亮的脸子的两眼之前”——这样的文句不能说是很有修养的写法。

“华西里的心脏破裂在那被云雀诗歌声所诱惑的天上”——这是很不行的文句，这证明您有着要写得“诗一般的”美丽的奢望。

您还写着如下的支离破碎的句子：

关于转变的梦，被帝政主义残酷地蹂躏掉了。这恰如蒲公英的嫩毛被突发的疾风撕裂了一样。

一九〇五年——一九〇六年的革命运动不能和“蒲公英”比较。这是可笑的比较。这里，已经暴露了您没有社会常识。而且，对于撒播“蒲公英”的种子，“突发的疾风”之类并非必要，往往是由于小孩子的一吹。

对德战争宣告的当日，英国的态度还是不明的。

寺院的长老并不能用十字架发“火车出发的信号”；这不是他的权限，而是站长的工作。

依您所写的，则从“被砍了的太阳穴”上流下来的血是“像碎布片一般的滴下来”。又“被砍了的太阳穴下面，眼睛发着光”。从这点看来，显然您是写着自己没有见过的东西。这样的事是不可以做的。

"不白的云在旷野里开始白起来了","多毛的白雪绵密地笼罩了旷野"——这是内容不同的两首歌,但是你将它合二为一了。

所谓"修道士"并不是用金线织成的僧衣或扁带子,也不是糊上金银箔而弄洁净的东西。

这样的错误、谬误和愚蠢处,在您的作品里有很多,而它们就损害着作品的价值。

其次,你没有考虑到读者,即您并没有努力使读者明白地理解自己所说的话。您说:"曾洛荷尔那里的农民像在酵母中一样"——这到底是什么意思?是说他脆弱呢,还是说太酸了?

媳妇问婆婆:"茶炊预备好了——煮什么呢?"

茶炊通常是煮茶的。因此,如果朱伦·乌达洛夫那里有饮藿香草,小连翘,可可,咖啡,干水枣,蜜茶之类的习惯,那么您就应该将这点预先向读者说明。

……①

我国,在各县或各郡里,还有各自的"方言",各自的语言。但是,文学者却应该用俄文写作品,而不应该用伐特加市的方言或用反语写。

你们是为着广大的,多样的国人们写作的,因此你们应该将下述的简单真理当做自己的所有物——什么也不指教人的书籍是不能存在的。还应该知道另一真理——为着人们更快更好地互相理解,必须说同样的语言。

"我不是从幸福中来的"——您说着。这到底是什么

① 这里一段讲到几个字用得不正确或不适当,有的是时代的关系,有的是地方的关系,在俄文里大抵只差一两个字母;中文无法译出,只好略去了。

意思？

这样的语言，您用得非常多。但是，这是不能装饰您的作品的。

做了俘虏的马加尔人，您使他用乌克兰话说："是的，我不能。"

还有，您不照当然的顺序排列语言的地方，非常多。例如你写着"佩着糊在头上的丝织发饰的女佣"，糊在头上的东西恐怕是没有的。

如果你打算写"长篇小说"，那么必须避免这样的语言缺陷和您现在所犯的疏忽。

必须注意"引人入胜"的文句。依您所写的，某人第二次和一个姑娘结婚，爱那女人的大概是四十岁的男子，可是夜里朦胧地，将近四十岁的衰弱的岳母和十八岁的年轻妻子弄错了这样的事件，是难以使读者相信的。

八　怎样丰富语言

我想，像《农村通信员的话》那样的力作，是尚未成熟的，对于语言的正常发展也有不少的毒害。你的力作，"希望"跑在"实际"前面。以仅有可疑的价值的材料为基础，急急于下了结论。所得的结果是：您将"方言"和"乡村语言"当做独创的语言形体。然而，事实上，你所表现的材料，只告诉我：——丰富、宝贵的俄罗斯话，生动、准确的俄罗斯话，是被歪曲，被"卑俗化"了。

坚固而优秀地定型化了的语言，它的卑俗化的过程，是自然的，不可避免的。法国语言，在大革命后，蒲列塔尼亚人，诺曼人，普洛万斯人等冲进了事件的风浪中的时候，也体验着这样的现象。这样的过程,往往是战争、军队及兵营所助长起来的。日德内无意义地毁损了的苏菲亚·菲道尔钦珂的杰作《战争中的民众》及伏伊特洛夫斯基的优秀作品《探访战迹》。我想,对于真正的热烈言语的爱好者——您,显然是非常有益的。

我也读着许多工农通信员、新进作家和学生诸君的信,因此,我得到了这样的感想——俄罗斯的口语被歪曲,被卑俗化了。它那准确的形式充满了方言,吞下了弱小民族及其他的语汇而膨胀了起来。口语的生动、正确及准确的程度更少了;反之,却更啰嗦,拖沓了。用语往往不包含意义,而与口语平行。不过,我已说过,这是自然的不可避免的现象,这是语汇的丰富化和扩大的过程中不可避免的。然而,依我看来,这并不是我国国语的精神中固有的言语创造的过程,而是机械的过程。

但是,您的想法似乎与我所见的不同,就是您太急于假定和确认:那自以为是"语言创造"的成分。您将口语的纯外表的丰富化,当做口语的创造。我国有产层中有许多人说法国话,但是这决不是将他们造成为更文明的人。

您的力作告诉我:现代的有文字的农民在语言的驱使方法上,比莱维特夫和格莱伯·乌斯宾斯基及其他作家所描写出的农民拙劣得多;又,农村通信员的语言,在生动正确和准确的程度上,比菲道尔钦珂和乌斯宾斯所描写的兵士的语言拙劣。

"狠毒的"、"恶魔的"笑,不能和"蜜似的"、"钟声似的"姑娘的笑并列。姑娘还没有熟习"狠毒的"笑。"狠毒的"和"蜜似的"这两句话,在心理上,完全是不同的人们的语言。所谓"蜜似的笑"并非新用语,您定是从安特列·裴契尔斯基的《在树林中》找出这用语的吧;又,您会发现如下的古歌的文句吧——

姑娘呵，你

用狡猾的你的蜜似的笑。

将心脏……

这是从佛乌克·克拉笛特的歌的译文中取出来的。

将“天蓝色的”骤雨和“激烈的”骤雨并列，虽可说是对于同一现象的两种处理法，但这也是不可以的。然而，如果是有抒情气氛的农民，那么看见了雨“透过太阳”而降着，他们不是也会叫它做“天蓝色的”骤雨吗？

所谓“钟声似的”笑，是非常不好的形容。因为这是不正确的。钟，大小或声音，都有很多的种类。您能够想象钟似的笑吗？将笑比作小铃的声音，尤其是假定从远处听它的场合，那可说是正确的。

“可爱地响”这话，您似乎当做新的尝试，但这是不当的。因为加拉姆金已经使用着；此外，在农奴合唱团所唱的赞美歌中，也一定能发现吧。在这类赞美歌里面，有“像百合的容颜的姑娘们”或“西风一般幽雅的声音”之类的表现。一九〇三年，农民们在宾沙市附近，曾经这样地唱：“沉静的西风吹着山谷；从美丽的国土，从故乡科斯特洛马。”

“虚伪”这用语，您从各种的部门中取来；菲塔及其他诗人，主要的是将这当做浪漫的世界的东西，被用做“甜”和“美”的意思，但农村通信员，主要的却从社会的立场处理它。不过，农村通信员恐怕也不能避免“甜的”虚伪。

我想，从事语言创造的人，必须知道：我国语言的极丰饶的民谣的性质——尤其是那可惊的易懂而准确的谚语及俚语。我国的口语大体是宝贵的，以它的简洁、强韧占优胜。而其中，例如像您所要利用的“神人同形说”，我看并不多。“神人同形说”虽然可说是不可避免的，但总是拘泥想象和空想，并束缚思想的。

以上的一切，我是因为考虑到下列的事而说的。就是：如果我们将语汇的机械的丰富化的过程，当做一种切合新思想新感情的新语言的创造过程，那么，结果，我们会因此使工农通信员和青年作家得到这样的思想：——这些人们（使语汇机械地丰富化的人们）是语言材料十分丰富，并非常正当地“执行着语言的创造”的。这思想是不正确而有害的。

现代的青年文学者，大抵都用功不足，因此进步迟缓。他们当中的一个这样说：“自己要写东西，就不读别人的东西了。”这是真实情形吧。第一次作品的成就并不坏，但第二次的作品却比这坏，第三次更坏。这样的作家非常多。而且，关于怎样学习语言，批评家也并不指示他们。

九　怎样创造典型

您的作品读过了。这是写得很好的作品。这主题，虽然已经反复地被采取，被蹂躏，被搅乱过，但总还能读得很有趣。这兴趣，或许是因为我和您个人会面对的缘故；这也许会反映在对于作品的态度上。不过，纵使如此，我也不能将您的作品认做成功的作品。在“长篇小说”这名称中，已经感觉得到：作者窥探独创境地的企图。还有，二百四十页差不多全页都看得出这点。就是:这独创性是“由智慧中”出来的,是作者忍耐困难而获得了的;而且,这是大大地妨碍:作者成为更真挚和作品成为更有说服力的。您不要“像别人一样地”写,因此,勉强要和别人所进行的方向不同,结果,写得比自己的力量所能做到的还坏。这里我所说的,并非单是形式的问题。当然,形式是能够毁损任何有价值的材料的。

您的《父亲》的处理方法,和别的许多青年作家所做的一样,是肤浅的。所谓“父亲”是社会性的个人,这“社会性的个人”只有根据那在生活的习惯风俗及其他的基础上形成的“理性”,才能和儿子区别出来。依我想来,当做一个人“典型”的父亲,已经不应该当做单纯的“社会性的个人”看;还应该当做生理的个人,更细心、更深入地来观察。纵使父亲大学毕业了,读了许多好书,但大体上,几世纪以来的先祖们的社会经验,还是支配着这位“父亲”的一切“知识”。而人间社会中的这“几世纪以来的经验”,必定会发生一定的生理学的影响。这里,我不是说遗传,而是说某种更深刻、更保守的东西;这种东西隐匿在理性的深处,而使父与子在生理上互相不可理解。

当做文学典型的父亲,应该深深地自信:自己是保卫几世纪间造成的生活法则的。这法则对于他(父亲),是生理上所必要的,犹如水对于鱼,泥土对于蚯蚓一样。还有,这父亲应该感觉到:儿子的革命的意志,是为着推翻及消灭他(父亲)住惯了的,没有就不能生活的地盘、氛围气及由最大以至最小的一切而发生的。

当做典型的儿子,也应该是革命的意志的化身,他的革命意志的目的是在将来。在父亲所体现并保卫着的“现在”当中，没有一样东西是不妨碍儿子的意志之成长，不阻止儿子活动的。

伊凡·帕多夫和他的儿子彼得·帕多夫的冲突，是个人间的，是目前已成熟的悲剧的小插话。如果我们想要充分地理会这悲剧的最巨大的历史意义，那么我们必须将那基本的人物当做唯一的典型来表现，必须当做完全不能和解的两种世界感受的冲突来表现。这基本的主题当然可以分裂。但是，即使表现同一的分裂，也必须明白地表达出主题的真实而深刻的意义。基本的意义是简单的，即为着消灭或反对生活的一切不幸、一切罪恶及一切畸形的源泉——“××××××××”，而执行无情的斗争。

偶然当了白军，被动员，于是以自己的手杀别人，或者在某种场合杀自己的亲爱的朋友，只不过为了使教父的私有财产如以前一样地存在。突然或逐渐地理解了这点的儿子，您试想象一下看吧。

将这私有财产解释做一片的××吧。这××是由父亲相信这私有财产为唯一坚固的生活基础，而创造起来的。将儿子当做被这××俘获了的牺牲来表现，而将他们的生活当做晴空之下的××来表现罢！

下面，再说说您的作品的风格吧。“无意义的，某种疲倦的，无聊的死，吹散着一样的气息”——第一二九页里，您写着。这是非常奇突的句子。这句子里面，关于“死”的概念虽然下了三个定义，但是关于“死”，还是缺乏着明了性。用“疲倦的死”，而在“疲倦”这词上，又加上“某种”，那么“疲倦”这性质形容词的正确性，就变成可疑了。这里，您为什么要加上

“无聊的”这词呢？这样的语言的堆积，到底为什么是必要的？其次，您说着：“叶子尚未有的菩提树”，如果用“尚没有叶子的菩提树”则简单得多，为什么说“叶子尚未有的”之类呢？此外，一六六——一六七页的语言非常纷乱。而这一切，都是您要获得独创性的结果。但是，您却反而应该探求语言的简单、明了性。

“在现代，我能够成为作家吗？”——对于您这问题，如果您在给我的信里没有说到“世界观与世界感受”之间的“不调和”，那么我会给以肯定的答复吧。

这“不调和”，在诸位的时代里的人们和诸位的社会环境中，显然是并不稀奇的一种病症。但是对于这点，我怎样解释，前面已说过了。依我看来，则革命的“理性”和他父亲的“世界感情”如果在某一个人心中并行或对立，那么对于这人是很大的危险。而这样的现象显然表现着下列的事：即那人在“知识方面”虽是革命的，但在本能的感情的方面，却是反革命者。除此之外，我不能理解所谓“不调和”。如果有这样的不调和，那么正是说明您没有力量去适应时代的要求，而为着时代意志的表现者——劳动层的利益而工作。这是显然的道理。

您更如下地声明：“不用技巧（Triek）写作，我做不到；我在被技巧牵引，而穷究文句的当中，忘记了目的。”这是不好的事，非常不好的事。试想想看，诸位不能够简单明了地写作，这样的文章到底对谁是必要的？又，即使能够简单明了地写，而因您的理性和世界感受之间的“不调和”的结果，作品的意义必定会带着二重性质。这样的文章，到底对谁是必要的？

你说:“我根本地研究了哲学。”像您自己所想的那样根本的研究,您做了吗?我想,这是您的错想。不然,您应该不会将安达森和哈姆逊①混到一起吧。前者一点也没有什么哲学,他只是拙劣地模仿契诃夫的人;后者承认所谓“命运”,而是以依从命运为必要的人。这点,从他的最后作品《大地的液汁》、《托拉夫斯疗养所》、《放浪者》等看来,是显然的。

您的信在我脑里种下了奇怪的感想。您的时代是堂皇地钻入生活,进入“火和暴风雨”的时代。旧世界的敌意和憎恶迎合您。但是,我觉得那敌意和憎恶似乎正是创造勇敢的人的。您在解决着的任务是巨大的。因此,您必须要完全地支配理性和感情。您日常为它服务着的工作,纵使看去好像细小无聊,也是巨大的,它的勇敢程度是空前的。

您的手里握着能够“推翻世界”的阿基米德(Arehimeder,公元前二八七——公元前二一二年——译者)的杠杆原理。

可是,意外地,却说“理性”和“世界感受”之间有不调和,这是奇怪的。

十　怎样处理人物

您的作品是拙劣的。但是,您自己感觉到这点,这是好的。因为根据这点,可以明白:您有着对于艺术真理的感觉。这作品的拙劣点,就在于这艺术的真理被您破坏了。

您是因为自己所选择的拙劣的语言,而破坏了这艺术真

---

① 安达逊(Sherwood Anderson)是现代美国作家;哈姆逊(Kunt Humsun)是现代挪威作家,一九二〇年曾得诺贝尔奖金。

理的。“当户主的农民”和禽兽一样的实际场面，你企图对人们表现出来。这老农民为着想做狂妄的享乐者，而将自己的同乡人和当“青年团员”的儿子出卖给白系无赖汉。对于这个人物，妻子被白军杀了是扫兴的，而儿子由白军的手杀了则更加扫兴。但是，这种感情还是没有阻碍他再妨害那倾向苏维埃方面的同乡人。而他用自己的手杀了的第二个儿子，也正是这同乡人的同伙。你十分正确地指责着上述的事实。

父亲和儿子的激烈的不可避免的斗争，开始并进行着，结局，是应该以新人的完全胜利终结的。您叙述这斗争的时候，在父亲的兽性的残酷及其戏剧性上，是特异的。为着描写这样的场面，你应该用非常简单正确的语言，和最真挚而激烈的语气，去描写它。您如果这样写，那么，这作品是会有说服力的，会获得艺术真理，同时获得教育意义的吧。

然而，您聚集了许多的语汇，并列着无数毫无用处的文句。例如——

“臼炮(Mortar)战栗了”“臼炮热病似的常常用火吐唾”“逃去的形姿隐约地开始闪烁了。被村子遮蔽掉了。”

用这样支离破碎的文句来叙述表现——换句话说，就是要使读者看得见所描写的东西，是不可能的，您因为这样拙劣的语言，而破坏了作品的戏剧性。

臼炮参加了战争，这是非常可疑的。当教师的您，当然应该知道：“吐唾”这用语自然是吐唾液的意思。

您的主人公太多，而且太心理的。依您，他关于儿子的尸骸是这样判断的——

“看到的好；也许并不是他。或者……不，是他，是阿寥沙,颊上有小痣。而且,也有卷毛……这样白,白的卷毛。血结成了块,粘住头发。”

这是不真实的。在彼得那样的人身上看出这样的温稚,是虚伪的。这样的人即使有感觉,也不好判断。彼得这人,不是因自己的儿子不要生活在父亲住惯了的野兽般粗暴的生活中,就能够杀了儿子的半兽性的人吗?

您开始写着作品的时候,您一定知道那结局,就是彼得杀了亚力山大的结局。这赋予了您一种义务,就是免除冗长的语言,而以粗粝的手法和激烈的感触来描写那叛徒——杀戮了儿子的人的形姿。然而,你对于读者,有时表现着感伤的农民,有时表现着野兽,使这人附着了两份的思想和感情,而两方面都没有说服人的力量。一句话,你毁损了良好的材料。

为什么达到了上述的结果呢?就因为你只抓住自己所知道的一点真理。可是,即使有良好的材料而只描写一件事实,也不能产生能够说服读者的典型的、艺术方面正确的现象的性质,恰如一片瓦不能造成完全的房屋一样。

当您写这作品的时候,如果知道了那主人公彼得·开林是:努力要停止历史的进行,保卫那对我国国土有害的,非文化的,无意识地浪费土地的私人经济,射击青年团员,在集体农场里放火,用尽一切手段阻害新文化新历史的成长及发展的老农民;又如果想起了这各式各样然而到处都同样地狂暴而凶恶的人,那么,您关于这负着历史的死亡命运的、根深蒂固的麻木者的代表,就一定能够创造出艺术方面正确而有说服力的典型。艺术家创造艺术的真理,像蜜蜂创造蜜一样;蜜蜂是从各种花里一点点地择集最必要的分子的。

十一　从事切实的工作！

您要使我相信："马克思和列宁错误了"，断乎声明："地上建设社会主义是不可能的。"当做那不可能的证明，您做了这样的计算：

"地球上只能养八十亿住民，然而，现在住民的数目是二十亿。因此，距今一百四十年乃至一百八十年之后，地球上就有了八十亿的庞大的人口。这样，究竟怎样好呢？"

承您费心启我愚蒙，不胜感谢。我欢喜自己学习，更甚于欢喜教别人。而这点，也是您衷心希望的。但是，不能不说的，就是您的教法是拙劣的。

您的计算证明："地上建设社会主义是不可能的"，您说社会主义只能存在一百四十年至一百八十年。那么，这以后怎样呢？关于这点，我能够以十分的确信这样地向你断定：——笨伯和不学无术者会没有了。再过五年或十年之后，关于社会主义像您现在这样想法并且教训人的不学无术者，就会没有了。

教训您的笨伯一定这样说：——距今一百三十年前，即一七〇八年，英国人马尔萨斯著了《人口论》一书。在这书里面，他教训人：地球上的人口比生存手段增加得快。

可是，这学说不单被马克思推翻了，同时也被有产层学者——凯里、巴斯笛亚、斯宾塞等推翻了。推翻《人口论》的根据，大体如此，即动物愈聪明，愈有知识，则繁殖愈缓慢。像二十乃至二十四个月产一子；一只雄猪能使雌猪受二十四只的孕，仅八个月妊娠期，而且产十只猪仔。

人间社会里也看得到同样的现象。比较非文化的人产较多的孩子，农村的住民比都市的住民多产。农民几乎每年生孩子，而富裕的有产者则非常广泛地适用着“二子”的制度。由此证明：人的无意义的繁殖可以节制，而且已经在节制中。

然而，事情并非单在这里，也在于下述的一点，即马尔萨斯，不，就是马克思在著书的当时，也没有知道那不断发展而满足人类的科学及技术的不能想象的迅速成长。汽车的普及使马匹不必要；种燕麦的庞大土地面积会变做小麦或裸麦的莳种地。细菌学及化学钻进了农村经济，会帮助收获的增加。化学将大量肥料供给农村，并会灭绝谷物的害虫：蝗虫、甲虫及其他昆虫，乃至西伯利亚产的土拨鼠、野鼠等啮齿类。增加谷物的收获率，丰富食粮物质已经是人的力量和意志范围内的事。您——农民应该知道这一切。知道这些，比计算人口的增加——还是不确实的增加，更加有益，人口增加的计算不是您的工作；这样的事对于您，像非常了解农民的作家乌斯宾斯基所说，完全是“无用的思想”。

将马尔萨斯的理论介绍给您的人，没有告诉您：这理论非常符合厂主、地主及其他富裕的人们的意吧。这理论给了富人们说这样的话的可能性，就是“劳动人民的贫困，罪过在于工人农民本身”。富裕的人们依据马尔萨斯的理论，说：农民及工人层贫困的原因，不是因为土地少，不是因为土地的耕作法坏，也不是因为工资少。换句话说，通常不是因为富者的掠夺，其实是因为劳动人民的繁殖厉害。

他们更会和您同样，这样地证明——可以改善勤劳人民的贫困状态的方法手段，完全没有；帮助他们生活得较好的办法，完全没有。所以，不如不帮助。甚至认为：马克思给予贫穷者以社会的援助，这足以增加贫穷，所以是有害的。

"哥索普沙"县的农民——您自己所说的说教，就如上所述。我很为被您灌输了这类思想的人惋惜。而将这样的思想灌输给您的人，在我看来则是无赖，是勤劳人民之敌。

您还是做点什么别的工作，比鼓吹这样可鄙的蠢话好些。做农民的您，应该想到：无用的灌木和树林怎样多地浪费着土地，杂草怎样吸尽宝贵的土地的液汁，以及怎样危害谷物，山谷怎样破坏了广大的土地，必须使它干燥的湿地在我国怎样多，可以用白白地注入海里的河水来灌溉的干地怎样多，还有其他无数的事件。由此所得的会很多。否则，您批评马克思和列宁，而您并没有读过这两者的学说。因此，关于科学的社会主义，不能作任何的想象。

就中，您应该想到：小私人经济怎样浪费土地？非文化的，拙劣的土地使用法对于我国怎样有害？

——一九三〇年——

第二部　给契诃夫

一　生活的态度

（一八九九复活节）

基督复临！

亲爱的安东·泼佛罗维契：

我和警察总监发生了一些纠纷以后[①]，离开雅尔塔，于星期六下午六点四十分安抵莫斯科。我忘记了您的莫斯科住址。在车站上我曾碰到考胥，但忘记问他了。我只记得是狄密特罗佛加。我在莫斯科遨游了一下，早晨去看过克里姆宁宫，又到伏罗勃耶夫山去过，晚间便首途到尼兹尼来了。

我和颇赛思与另一熟人同车来的。整日夜里我睡不着，我非常疲惫……当我走出尼兹尼车站时，我才瞧见我的妻和颇赛思与苏哥佛斯基一起在走。当我知道了我们都在一列火车里，而彼此会没有碰见，真使我愤怒极了。我怕这封信不一定会寄到您手，但我所要说的，是我非常高兴曾晤见了您，高兴得可怕！我相信，您是我所碰到过的第一个自由的和不崇拜任何事物的人。您能把文学作为生活中主要的事业，这是多么好。而在我自己，虽然觉得这是那么好，可是我不能照您那样去生活——我有太多的其他爱好和憎厌的事情。这使我愤怒，但是也无可奈何。

我请求您别忘记我。坦直地说——我愿意您时时指出我的缺点，给我劝告，而把我当作一个需要教训的同志。

我在雅尔塔的时候，就想把这话跟您说的，和请求您这种光宠。但是，我觉得当面讲比写信更难以表达。不过，我在谈话时也做过这样的暗示，也许您在那时已经懂得我的意思了。

---

① 据一八九九年三月十五日尼兹尼总督给多立特总督的公文四三〇号中说："谨通知阁下，在尼兹尼受特别警察监视的A·马克星摩维支·配休可夫曾呈请内务部赴雅尔塔勾留二月，以便治疗疾病，业已批准。"

写一个剧本吧，安东·泼佛罗维契。真的，这是每个人所需要的。我在莫斯科时，和铁姆戈佛斯基整夜地谈着戏剧。他是一个有学问的和看来很聪明的人。他有一些伤感的倾向，和喜欢从事哲学化与研究哲学。望着他和听他的谈天，我很觉怅然您不曾读过他的剧本。我非常愿意知道您对于它的"意义"的意见。颇赛思不断地要请您替《生活》(Zhizn)杂志写些稿。老实地说，我也希望您那样做。颇赛思非常喜欢您，对于您给他的杂志帮忙，将引以为荣。您读过梭罗佛尤夫论您的那篇文章吗？我不喜欢他讲到您那一部分。不过，一般说来，这是一篇很生动的文章，而且也很有趣的。虽然，所谓真实的批评，什么时候才会有呢？全部地说来，梭罗佛尤夫的文章给我并且加强我一种意志，想去写些关于您的文字，并不是因为我能作一个"真实的批评"，而是因为我能比梭罗佛尤夫更深刻的处理这一题材。

作为开始，我将写一篇有趣的小说，呈献给您。您不反对我这样做吗？请让我知道。再会了！我祝您好。您不久要上克里米亚去，那是很不错的。在莫斯科，您将碰到和我们此地一样的坏天气。

亲爱的握手。

您的配休可夫

二　写作的态度

(一八九九，五月。)

尼兹尼·诺伏哥罗特

寄莫斯科省，米立哥伏

我把那剧本读完，送还给尤斯脱了。[1] 为我劳神，谢谢。这是您的好意。

一个勇敢的瑞典人呀！我从来不曾见过像这样对于一个谄谀的贵族的有力描写。在剧本的技巧方面，我看到有一些缺点；我以为裘丽和小厮关于他们家庭的对话是多余的——不过这是小节。这戏剧的主旨使我惊叹，而作者的笔力引起我的嫉妒与惊奇，以及对我自己与我们的文学周围的伤感思想的不满。

您使我很惊奇！您从那里看到我和斯特林堡有共通的地方？那位瑞典人是那些诺曼人的嫡裔。那些诺曼人在历史过程中，无论在哪里都是强健、美丽与新奇事物的创造者。在十字军的恐怖时期，他们在西西里建立了一个真正武士的国家。在那黑暗时代中，他们是人类与精神优尚的火炬，无疑的是那时最好的国家。斯特林堡乃是 Ragnar Leather breeches——他在古黄金时代向苏格兰人和辟克脱人愉快地说"矛兵们集合起来"的——的化身。他是一个有勇敢的胸襟与清楚的头脑的伟大人物；他不掩饰他的恨，也不隐秘他的爱。我想，他曾给予了那些麻木不仁之徒以许多不能成寐之夜。他是一个有远大志向的人。我和他怎能有共通的地方呢？我这样说，并不是小觑我自己。我是以沉重的心情来这样说的，因为我难道不想有我的"自我"？我的灵魂上不是有一个紧锁的门，那

[1] 是指斯特林堡的剧本《菲罗根·裘丽》。契诃夫曾将 E. M. 莎佛罗佛耶·尤斯脱的译文寄给高尔基："我把斯特林堡的剧本《菲罗根·裘丽》寄给你，读完了烦还给原主。"（一八九九，五月九日的信。）

使我勇敢的思想不能有自由吗?

尼采曾经在什么地方说过:“一切作家都是伦理或其他的小厮。”斯特林堡不是一个小厮。而我则是一个小厮,我替一个我所不相信与不尊崇的太太在服务。可我认识她吗?也许不。这样您明白是怎么一回事了。讲到我,这真是很悲哀和沮丧。安东·泼佛罗维契。而因为您也没有一个很愉快的时候,我不愿在此多讨论我精神上沉重的桎梏了。

四月三十号,他们在塔弗立斯上演《万尼亚舅舅》[①],一个朋友写信告诉我他的印象。他们接连演了两次,他两次都去看了。我很觉怅然不能将他的信附给您,但我可以告诉您,他是深深地被感动的。我把他寄给我的《高加索日报》上的评论附给您,他曾经骂过这篇评论。据我的意思,是这评论者没有深刻的认识,了解事情很不行,很肤浅的。不过,这也许会使您感兴趣吧。

读一下那加罗中奇特堡的作品吧,安东·泼佛罗维契。我确定您一定会喜欢它的。

那太坏了,您看了一次却加的恶劣表演,虽然在我,即使是一个恶劣的,我也要去看过。请告诉我,您在罗巴斯诺住有多久,什么时候到克里米亚去。我将告诉那牧师来看您和把他的书寄给您。我自己不去,我不到任何地方去。我将全夏住在尼兹尼。我的妻和孩子现在伏尔加河中的轮船上。当我的妻回来后,她将马上到卡马,和直到披尔姆去。我将孤寂地住着和工作着。“孤寂是智慧之母”,奇特堡的一个主角说,而

① 《万尼亚舅舅》是契诃夫著名的剧本。

另一个却加上一句说“也是愚笨之母”。我是赞成第一个主角所说的。我喜欢完全的孤寂，比您还孤寂。有一个家庭自然是很好的，可是您没有一个家庭却更好。

那位读者是否全意把《苐罗根·裘魔》给《生活》呢？我很愿意它在这个杂志上刊出来。

“别人没有比我更好，这是一种安慰。”琴说。这个可憎的谄谀者！他多么清楚的用这样的话，把他卑劣的灵魂暴露出来了。

而我又将问我自己和您——为什么我们中间不能有一个寄特堡或斯特林堡或一个易卜生或霍普曼呢？

为什么呢？那些人说，这是教育与我们的中等学校窒息了个人主义，使一个人成为无特性的，和摧毁了他的灵魂。这可是对的吗？

我的长信使您疲乏了。

再会吧？祝您好。我希望您兴致很好而想工作。

亲爱的握手。

A. 配休可夫

三　写作的方法

（一九〇〇年，正月初。）

尼兹尼·诺夫哥罗特

寄雅尔塔。

快乐的新年！

我照老样子没有目的地生活着。我感觉我可怖地衰弱。

我将于三月底或四月间赴雅尔塔——假使在这以前不害病的话。总之,我非常渴望把生活改变为更灿烂更豪放的——尤其是豪放。不久以前,我看过《万尼亚舅舅》上演。它演出得非常好!(我对于表演并不专门,但很巧的,每回我所喜欢的戏剧总是演得不错。)无论如何,《万尼亚舅舅》是有一种力量,能使演员把它演成很好的。这确是事实,因为有一种剧本并不会因坏的表演而损害,而有一种剧本则反而因好的表演会失败。最近我在玛蕾戏院里看过《黑暗的势力》。从前我听到人家朗诵它时,会笑它,但却是喜欢它的,可是现在这引起我的憎恶,甚至以后再不愿去看它了。这完全是因为好的演员表演的结果,他们无情地把它的一切粗鄙与无聊都显示出来了。这在音乐上也是同样的:当我听一个蹩脚的提琴师奏恩斯脱的曲子时,我也会欢喜得出神,但假使是一个名音乐家在奏一些俗曲时,那就会变成全然可厌了。我读您的《达马》。您知道,您是做了一些什么呀?您是在终结现实主义[①],您会终结它,因为它早该死了。这种方式已经背时了,这是事实!在您以后,再没有一个人能在这条路上更前进了;没有一个人能和您一样,去把那些朴质的事物写得那么朴质了。读过了您的小说中最琐细的地方,其他一切看来都是粗糙的,好像不是用笔而是用篱柱写成的。而——这是主要点——其他一切似乎都缺乏质朴,不自然的。那是确实的。在莫斯科,有一个

① 高尔基这里所指的,是十九世纪九十年代中俄国流行的伤感色彩的、静态的现实主义。高氏向来不高兴它,故这样说。曾见有人把"You are Killing the Realism"读为"你是达到现实主义的顶点",这是很错误的。

学生叫乔奇·久尔哥夫——您知道，他模仿您最成功，好像是一个富有天才的青年。您这样去杀却现实主义，我是非常高兴的。让它这样！把它丢到地狱里去吧！

事实是，需要英雄的描写的时代已经到来了。每个人都在需要那有刺激性与灿烂的东西，那会不像是现实生活，而比生活更优越，更好，更美丽的。现在的文学必须确定的开始去渲染生活，当这样做时，生活本身才会得到色彩。这是说，人们能够生活得更豪放，更灿烂。看看他们现在眼睛里有的是些什么呀？——沉闷，忧郁和迟钝啊。

您做出这伟大的工作，以您的短篇小说去引起人们对于昏睡的，半死的生活的憎厌。（让魔鬼带走了它！）您的《达马》对我产生了那么一种影响，使我马上想调换一个老婆，和在这样的意气上去烦恼，去咒骂等等。但是我不会调换老婆——也没有老婆可换。我只是和我的妻与她姐姐的丈夫——我的一个密友——可怕地吵了一场。您也许不曾想到会有这样的结果吧？我可不是说玩笑话——这确实是发生过的。这篇小说不仅是这样地影响了我一个人。不要笑。您的小说是巧妙地盛着一切生活的气味的小瓶，请相信我——只有一个敏锐的鼻子才能从这些精妙的、强烈的、健康的气味中去辨出什么是“真实的”、确有价值的与本质的东西，那在您的每一个小瓶中都是备着的。好吧，说得够了，再说下去，您会想我在恭维您了。

关于把我的佳作出一个专集，这是您的好意[①]。我将把它

---

① 同年一月二日，契诃夫给高尔基的信中说：“我将从你的三个集子中去选出一些最好的作品，出一本一个卢布一本的小册子……”

整理起来，不过我却不能同意说《旅伴》是一篇好的小说。

用这种题材去写是对的吗？请把那些彼此有同等价值的小说列举出来。好吧——《草原上》《伊绥吉里》《在筏上》《旅伴》《还有什么？》《拆尔卡士吗？》《玛尔佛》怎么样？

您待我很奇怪，这可以说不是奇怪而有些令人惊异——我是说有些不应该。换句话说，是应该我那样来看待您，而不该是您这样来看待我。您的信给我一个特殊的印象。这不仅在现在，当我可怖地衰弱的时候，而一般的都是这样。我非常的爱好它们的。请原谅我的长谈不休，但是你可看到，每一回我给您写信，我总是想告诉您一些有趣而愉快的东西。一般的说，是使我们在这个极可厌的世界上的生活能较愉快和适意一些的东西。谢谢您给我关于斯利廷的消息。他同样的也是一个落在地狱中的很好的人。只有一件，我一世也不明白，他为什么喜欢铁姆可夫斯基？这里是有一个问题！请致意斯利廷。

他们说，您将和一个外国名字的女演员结婚。我不相信这件事。但假使是真的，那我也很喜欢。只要不是一个乡下女人或不是激烈的女人，结婚是很好的。但最好的还是小孩子。啊，我有那样的一个"小流氓"儿子，很顽皮的。春天里我把他带来，您可以瞧到他。他只会向我学会骂人的话，去骂无论什么人，我可又不能叫他学不会。这真是有趣——不过不是可喜的——这一个才只两岁的"老三精"拉足了喉咙向他妈妈叫，"马上滚出去！你这个混账王八蛋！"

他把那"混账——王八——蛋"念得多么清楚啊。

好吧，再会了，祝您好。我的《福玛》还不曾刊出来。您读过那些德国人怎样在称赞您的文章吗？近来彼得堡有人说，《万尼亚舅舅》比《却加》好。这是一件弄不清楚的事。

请给我写信。

A. 配休可夫

四　关于托尔斯泰

（一九〇〇年，正月中旬）

尼兹尼·诺夫哥罗特

寄莫斯科

是的，我去看过莱夫·尼古拉耶维契[①]了，现在虽已经过去八天，但我还不能把我的印象集中起来。最初，是他的外貌使我惊奇：我起初理想他是另外一种样子——高高的躯干，巨大的骨骼。但他却是一个瘦小的老人，而在某种理由上，使我想起那些关于奇僻的天才——梭伏罗夫的故事。而当他开始谈天，我听着而惊愕起来。他所说的一切都是惊人的明了和深刻，虽然也有些地方是完全不正确的——我以为如此——但却是非常好的。主要是他极端的质朴。全部说来，他像是一班乐队，但不是每一样乐器都入调的。那很好，因为这才是真实的人类，即是说，人类的习性。一般说来，去叫一个人为天才，那是非常愚蠢的事。这是绝对不可能去说明天才是什么。这

① 这是高尔基与托尔斯泰第一次的晤见。莱夫·尼古拉耶维契即托尔斯泰的另一名字。托尔斯泰在他一九〇〇年一月十六日的日记中写着："高尔基来访。我们谈得很好，我很喜欢他，是人们中间一个真实的人。"

是一种——简明地说，为莱夫·托尔斯泰——罕有的而完全创造的，断然和其他不同的。而因此是特别坚强的。去看莱夫·尼古拉耶维契是很重要而有益的，虽然，我并不把他当作是一个自然界的奇迹。当你望着他，你将非常欢悦地感到你也是一个人，而一个人能成为莱夫·托尔斯泰。您懂得吗？对于一个人一般的欢悦。

他待我很好。但自然这不是重要的事，也不是他讲到我的小说。最重要的应是：他所说的一切与他讲话和坐着向你望着时的样子。这完全很配合的，和非常美丽的。过去我从不相信他是一个无神论者，虽然我曾这样感觉过。但是现在当我听到他怎样说基督，和瞧着他的眸子——那比一个信徒的眼睛要更聪慧得多——我才知道他真正是一个无神论者，并且是很深邃的一个。这不对吗？

我和他坐着谈了三个小时以上，接着去看《万尼亚舅舅》的第三幕，又是《万尼亚舅舅》，又是。而我仍将预先买了票去瞧这出戏。并不是我把它当作一种珍奇宝物，而是因为我能比别人瞧到它更多的内容。它有一个伟大的象征内容，而在形式上完全是创造的，和其他一切完全不同的。太坏了，佛胥尼佛斯基没有了解他所扮演的角色；但是差以自慰的，是别的人都演得非常好。斯旦涅斯拉斯基扮亚斯特罗夫有时也难免超越他应有的地位。不过，他们全体都演得惊人的好，把“玛蕾戏院”和这个剧团比起来，简直是太不行了。他们是多么聪明的人呀，有多么充分的艺术识别力呀。克涅堡是一个很好的女演员，一个可爱而非常聪颖的女人。她和梭蕾耶合演的那一幕演出得多么好。他们每个都完全能懂得他们该怎样做，即是佛胥尼佛斯基对范耶叔叔错误的表演，也可以从他扮演的立场上去原谅他。总而言之，这戏院给我一种真实的、严肃的工作的印象，伟大的工作的印象。而他们不用音乐与把幕布向后拉，而不是向上升是多么的适合他们。真的，您知道，我从前甚至不能想象到这样的表演。真好——我甚至感到怅惘，不能常住在莫斯科；否则，我常常可以到这种很好的戏院里去了。我看见您的兄弟。我站起来喝彩。我从不向演员喝彩的。这是对他们的侮辱，即是说，这应该算作是一种侮辱的。

好的，您看过 Cyrano de Bergerae 的演出吗？我最近看过它，非常喜欢这戏：

给自由的加斯孔人让开路来呀！
我们是南国天空的儿子。
我们都是在中午的太阳之下诞生的。
我们的血液中有太阳。

我非常喜欢“我们的血液中有太阳。”这是一个人该怎样去生活，该像 Cyrano 而不该像万尼亚舅舅以及与他同样的人。

但是，我无疑又使您疲倦了，再会吧。

我害着肋膜炎。我咳得很厉害，因为腰肋痛，晚上简直不能睡。我决定春天里到雅尔塔去治疗。

我祝您好。看到斯利廷时请代我问好，并请他代我向耶尔脱西夫与亚里克新致意。

您的 A. 配休可夫

第三部　给安特列夫

一　安特列夫的自白(附录)

亲爱的亚力克绥,这是当然的事:当我写这信给你,写这名字的时候,感觉到心头的汹涌。至少,最初的瞬间,也没有想要写什么既定了的道理。原因是在我们之间,已有了几年郁闷的沉默,因之,应该说的话积贮得非常多。那么,暂且回到我们以前的理解和以前的关系吧。首先,要以我现在大体怎样及对你怀着怎样的人情这点开始!

我觉得我:大体像以前一样。而最重要的,是对你也觉得还是那样。以前所有的思想,现在也仍旧有着;以前所欢喜的东西,现在也还是欢喜。只除了随着年岁的增加,一切都更加郁闷,更加不活动,更加乏味,更加定型化起来。意识盘踞了整个的心,吞蚀了黑暗的部分——所谓"天真"几乎消失了!恰如站在车站的开车的月台上一样,那里虽然有许多可行的路,但是,结果却变做了一条唯一的不可回避的铁道。随着岁月,增加了各种的辛惨,现在也不必再说。我简直像身上穿着丧服一样,悲惨地变成了阴暗的人。不过,这是对个人的生活和性格而说的,事物的看法却不是这样。甚至于即使是个人的生活,如果在几种较好的条件之下,我觉得也能够回复到以前那样的愉快——到不知满足的明朗的生活欲方面去吧。这几年来,我被频繁的头痛苦恼得非常厉害。这病症,有时使我陷入难堪的阴暗心情中。当然,苦恼的并非单是头痛,而是它

(头痛病)妨碍工作,使我离开桌子,不得已而停止活动。它将不安和无把握的心情带进了一切的企图和几乎全部的工作中来。

说到我的朋友,像以前一样,除你之外没有任何一人。就是,只有你是常常友谊地对待我的。住在这里,我的心情也一点未变,因此,无论怎样要将你想做不相干的人,也是不成的。实际,我是像爱看好的兄弟一样地爱着你的(不,更甚于此。)同时,也暗暗地将你当做一个人而深深地爱着——就是尊敬着的意思。不,我非常强烈地爱着你。即使这音信不通的几年间,你在我的生活中,也比活的人,即在身边活动着的人,更占着活的地位。虽然是奇怪的说法,但可以说:一点也没有想到你的事的日子,一天也不曾有过。有时候,我和无聊而讨厌的人们的许多杂谈里,也努力转到你的事上。我知道这只是想念着你的事,只是需要得着你的允许和同意罢了。然则,你不在这里这一点,究竟有什么关系呢?——我对于你的心情,对于你的意志,比你的"在"或"不在"更有着现实性。但是,也许那毕竟只是一种慰藉而已。再那慰藉即使是正当的,也不是始终可靠的。因为说过之后,即使急急于要听你的意见,也是不可能的。

亚力克绥,请相信我的话,有一点,我觉得也许是你对我采取敌对的乃至否定的态度的理由,现在我很难明白地说出这点。我的外表的,生活上的错误,那是我也充分而大体打算知道的。但是,我的错误——却并非我本身。不,反之,我觉得:自己能忠实而不变地做你的盟友,这一向是根据我的感情,我的思想——因而是我的全部生活的存在。反复说一句,我一点也没有改变。曾经被我管的同一的我，现在也是存在的。不论在我的心上或脸上，生活都不曾种植任何一个敌对你的新特征。你和我——是突然离别了，突然孤独起来，并在荒凉的生活的沙漠之中，几乎不见了彼此的足迹的朋友或兄弟。想到这点，是难堪的。喧嚣的新闻，各种的谣言，以及A. N. 铁霍诺夫[①]那样的朋友（他关系你的生活，告诉了我许多好话）的逝世，会使我们完全不见了彼此的形姿吧。尤其是新闻和谣言，只会分裂人的关系。还有，我们的作品本身，也已经消失了以前那样的活的关联。简直好像有一种雾遮蔽了思想和语言的明确的特征，而在一切的上面加上了朦胧的疑问号。

那么，是什么东西拉开了我们的呢？——要答复这疑问，我就突然开始感到了一种特别的头脑的不安——这往往是一触即发的——总之，那恐怕并没有什么特别的理由。不过，成为动机的事情已经很多了吧。而且，那成为动机的事情，又都是十分无聊的；大体——那是不知究竟的，把握不住的事情，就是像由愚不可及的梦的烦恼、焦躁的心情而来似的。大抵，是我错了的。或许，你明白那理由。但是，我却无论怎样也找不出来。比亚特兹基彻头彻尾地制造出来的那可怕的关于《知识》[②]的话，不是一个原因吗？……我给你的最后的信[③]——我决不会以那信来非难你，只是要听你的意见而

---

① 技师兼文学家。

② 高尔基主编的杂志，创刊于一九〇五年。

③ 高尔基的信之一。

已——不知是不是理由？还是，可说这都是偶然发生的呢？事实，你没有回复我的信；同时，那几年间的沉默就来了……但是，对于我理由之类，有或无都是一样的。

我曾屡次动手写信给你。过去的十二月间，到意大利去，也非常想念你。但是，实在有点担心，并不是担心别的什么重大事情，头脑里原不曾有什么重大事情。只是担心：由于几年不通音信之后常有的那种沉闷的不良心境，以致即使会面，也不能好好地谈话吧。你究竟要不要会我，我并没有确信。就是这信，也已经写了一个多月。但是，即使寄了一年，也没有自信写一定该写的和非写不可的事。因此，不能不这样——头脑只有更加不灵敏起来。

就这样，将这里所写的寄给你。因为如果要丝毫不漏地写，那就一定要费几个月。总之要给回信，要告诉我不给信的理由。如果，你也这样想。那么过去的一切，就都不要再提。因为，总之，都是已经过去了的事呀。回信也只要答复这信就好了。只要告诉我：是否像以前一样地宽恕我，别的什么都不需要。但是，即使你不复我信，我也不想向自己这方面收回这信里所写的任何一句话哟。即使不复信，也还是像以前的爱你一般——打算继续这样沉默地爱着你。

其次，我要确定：不再要提起任何已经过去的，我们的个人关系。使我写这信，是由于对你的真切的心情。但不仅此点，还要加上被某种别的猜测。事实或现象（虽然，在这类现象之前，我们两人都单只是高尔基，只是安特列夫而已）所刺激；否则，也许我还会长期间地下不了决心写这信。我以为：我们是敌是友，那并非单止于个人的问题。而且，我觉得：这点当俄国文学在四分五裂的状态中，各种势力激烈地分散，新进的有才能的人们迷了应走的路向——一切东西都要求并希望着唯一的状态，即团结的时候，尤其是显明的事。我认为：我们如果长此继续孤立，不将分散的势力为着共同的目的而团结起来，那岂止是难以宽恕的错误。潜伏在疲惫的精神中的真的反动，已经断绝了；而在我们之前，违反我们的另一浪头，又已经逼到了彼方。俄国的形姿可厌得悲惨，俄国的情势可厌得无聊。对于新的工作，对于困难的革命工作的欢悦的呼声，到底产生在什么地方？然而，从俄国现在的实情看来，则沉在忧患当中的，反是什么都不知道的人们；有智慧的人们，倒怀着明朗的心情。现在正是应该互相团结友谊的时候，——正是应该互相幸福地团结的时候。预言者一定这样说。一切的人们似乎没有十分意识到这点。但即使没有意识到，也在互相聚集、互相接近中，要求着新的团结的口号。因为大家知道：在旧的东西上面，已经显然标上了轧轹和反目的符号。——那么，谁团结他们呢——这是问题。如果你在俄国，曾经以《知识》丛书发挥的作用，再为昏乱的文学发挥一次，再团结民众一次，那是好的；但恐怕你并没有注意吧。然而，在一般民众之间，不，即使在他们的无聊的闲谈之中，我也常常确实地看到你的名字在生长起来。我看到：你的名字像筑了闸之后的河流一样，向岸边拥挤过去。而注意到了这点的人们，恐怕已开始比以前更加憎恶你。——这事实，也是如实地说明着：现在的情势怎样必需你的。将新文学导引到革命的团结——能够完善地完成这点的，除你之外，我在别的作家中找不到一人。而你现在生活在外国这事实，实在也是不可解救的悲哀。

听铁霍诺夫说(再,看了最近的《现代人》而确信这点),你已经开始团结的工作。当然,这样的办法,你一定也能完成非常多的事。但是,我想单止于《现代人》是不够的。和出版新杂志也不能的活泼的青年作家们极密切地联合,不知是否必要的。再,怎样创造这联合呢?由常常举行作家集会?由举行一个大会?或者由纠合俄国极伟大、有能力而有权威的人士?(当然,这样说,完全不是指我呀。因为我决不要将自己抬举为一流的编辑者)关于这点,还必须多多地考虑,多多地讨论。但是,总之,是急迫地要听你的答复。

啊,亚力克绥!我简直不能相信:我们大家议论风生的是遥远的以前的事,转瞬间我已迎接着四十四的年纪——以及我的头脑像被割裂一般的痛。心情上,我像那遥远的从前一样的年轻着。就连这信,也不能不感觉到好像并非写着加普里①的地址,而是写着尼兹尼②似的。我真切地感到想要恢复到那议论风生的往昔的时日。现在,我自己所造成的个人的阴暗,蹙着眉退到一边去了。我现在,忘记时间地点地欣悦地兴奋着。不可骂我是轻薄呵!这是大大地经过思考的事,即使表面穿着滑稽的服装,也是十分真挚的。还有,我用打字机打这信,也请不要深责;用手写简直弄得乱七八糟;由于急躁的性情,弄得只是歪曲地毫无间隔地接连写下去。因为要写

---

① 意大利的岛名。一九〇六年,高尔基因肺结核复发,出国居意大利的加普里岛疗养,至一九一四年始由意大利回国。

② 尼兹尼·诺夫哥洛特是高尔基的故乡,现改名高尔基镇。

得清楚，所以用了打字机。打字机现在非常熟练了。

如果要回信，封面如向来一样好了。“芬兰台·奥里基，L. N. 安特列夫。”挂号，经斯高特哥路伊，是妥当的吧。

要写的话还很多很多，再谈。

珍重。

你的莱奥尼德

一九一一年十月十二日

二 文学的使命

我对你的态度，莱奥尼德呵，在本质上，在心底里，也一点没有变化。一切都像以前一样，对于我，你是重要的人物，也是有兴味的人物。并且，对于你的宏大的期待，我绝未厌倦。我相信你的才能，也了解和爱惜有它的价值。我说这话，并非为着模糊我们的关系的裂痕。已经发生的事——要完全拭去，反会更加蔓延开来——那已经是不与我们相干的事。我只相信：我们两人彼此不会吹嘘或欺骗这一点。

但是，为什么发生了那样的事呢？——那么先说吧！第一，是《黑暗》[①]的事。在那作品里，我对你感到了愤怒。理由是因为你在那作品里，从俄国下层阶级的人们那里，夺去了他们的宿命地担负着的怜悯之情。实际事情是并不能像你所叙述的那样地发生的。不，它应该发生得更堂皇，更有人性，更有意义。可说反而是那姑娘所占的地位，比那中止做革命家而怕将那事情告诉自己或别人的人高尚得多。再，一般民众

① 一九〇一年发表的安特列夫的作品。

的心情也应该有更明朗的地方，并应该有人性的感情对于兽性的感情的胜利。然而，你合着无政府主义的调子，使兽性的阴暗感情对人性的感情奏了凯歌。然后——《我的手记》[①]也是可愤怒的作品。第一，这完全是合着无能的N. N.式的哲学的节拍的；其次，是对于人生的态度的说教。——即那儿有着：对我是意外的而又不适合于你的说教。

我国的不幸，在于我们因浓重的东洋的血汁而中了毒，这是无可怀疑的事。这血，对我们固有的丑恶和无力，唤起了消极的迷想的态度；并刺激那对于所谓“永远”呀，“空间”呀，“一切高级的物质”呀，“自我完成”呀，以及其他个人琐事的愁望。而且，我们当做国民论，则被我国种种愚蠢的事件所束缚，同时对积极的执拗的努力却完全是无能的。这是因为在幻灭之中疲倦了，失去了希望，而连信仰的力量也消灭了，也因为由盲目的信仰辗转挣扎到虚无主义。这点，我们谁都是这样，无一人例外地是这样的。但是，对于这样的歪曲人心，阻碍人的自由成长，削弱个性，降低能力的恶劣成分，首先却有斗争的必要吧。必须爱俄国，必须在它的里面唤醒那能力，那美和力的意识以及它的本来面目——你这思想，我并非不赞成，但是即使有这类思想，我还是不能同意《我的手记》。《黑暗》也是同样。

所谓“名声”是怎样放散着恶臭的东西，你确实也曾有过一嗅它的必要；不，是竭力好好地嗅过的。嗅完之后——则急急地吐出，而踢开去，驱逐掉了。——而且，如果雇用一个单

---

① 一九〇八年发表的安特列夫的作品。

纯地理解着:“你是关心一切人们的事,全世界的事的人”,以及“对你,休息和舒适的场所是必要的”这点的良好女佣;那么,对于你,这女佣一定比所谓名声之类有用得多,可爱得多。然而,你——却做了名声的俘虏。梅列鸠可夫斯基,这被饲养的蚤虱似的男子,现在俨然以“思想家”自居,他写到你的事说:你进而钻进了“猿猴的手中”[①],这确实是对的。当然,这是那个有智慧的人对你怀着恶意而暗中唆使的吧——我读着这写到你的论文,发生怎样的心情呢?因为这论文完全是以对人散放露骨的言语,而自己侧耳听着的老年女乞丐的腔调写成的呢!

但是,我即使严厉地责备你,也是可以的。因为我是爱好文学的。你也爱好文学——那么即使这样说,也是不可发怒。不过,即使这样,而你的那类梅列鸠可夫斯基式的审判官N. N.式的下仆,以及各种各样地放播着你的事的声音响亮的婢仆们,却使我非常愤慨。听着他们的不调和的呻吟声,我——确实地知道了:他们立刻会背叛你,搅扰你,使你苦恼,因而感到大大的痛苦。

现在,事实上,这事将要发生;而且,你——自己进而要借力给它。

俄国的作家应该是伟大的人。除了作家,俄国没有值得惊异,值得低头的人。——因此,俄国作家当那骨出嶙嶙的肮脏的手要紧抱住它(俄国)的时候,随时都必须喊声——滚开!我自己十分明白自己在我国国土中是怎样的人,故有向它一

---

① 自己进而寻求伤害的意思。

喝的必要。莱奥尼德呵！在我国国土中，这样说是适当的。因为将我国国土的创伤怀在自己心脏里保护着的，确实是我们作家们。并且，保卫着国土的我们的心脏，因此被兽类的蹄爪无情地蹂躏着。——这点，你应该是已经了解的。然而，你却是将你和“无用恶棍们”的距离缩短了一步，而且因此使文学的意义降低了。我当然知道：你以外还有库普林及许多这样的人们——这样的人们的多数，恐怕都说——安特列夫那样做，那么我们也那样做吧——而以你为模范。

其次，你打了电报给亚欣斯基呵。啊！我准确地知道：他所写的东西，你一行也没有读过。你当然没有理由不知道：这肮脏险恶的老人在俄国文学中占怎样的地位，他为什么东西服务。但是，莱奥尼德·安特列夫爱着伊洛尼姆·亚欣斯基——这无论如何，是一幅忧郁的图画。

这样，如你所了解的一样，我是赞成卢那卡尔斯基的。他对你曾经有什么可以说的，但批评你坏是当然的事。你加入了墓场的舞蹈而跳舞这事实，以及“乱七八糟”地将亚欣斯基认作值得注意的人这事实，一定实在地残留着。这一切事实确实不是可赞美的。一切——都是错误的连锁——是匆忙的办法，而造成了降低自己的价值减少人们对你的注意的结果。

不过关于《知识》，现在再说也无益，而你关于比亚特兹基的批评，我也是赞成的。是的，他是有病的。那顽强的人，内部开始腐烂了。你脱离《知识》，对我一点也没有受创；但那杂志归到柴特林手里，是觉得遗憾的。因为他虽然也到我这里来过，但他的力量是在金钱；说到头脑的活动，则是完全没有的男子。

现在再移到：我对你的态度怎样，仍然给我的创伤是怎样的东西吧！

不过，这样的事，不知是否不说的好？请你随便解释，还是不要一一商量的好。我不被语言说服；以前也决不会被说服过。还不如再一度尝试创造新的气运吧，新的气运。

我比你更加打算生活在俄罗斯之中。因此，我不大相信“气运的腾达”之类。但是，制造这腾达，是必要的吧。只是不能期待它。这“腾达”，现在的情境也许已经比两三年前更可期待了。然而，究竟谁是不打倒我们的呢？要受外来的侧面的刺激这种心情，显然证明：我们尚设有为自由斗争的自由的力量，而在这里，就有着我们的迫切的工作。这就是集中分散的力量，而将这力量从疑惑、惊惶或不信等等之中解放出来。

这工作——只要已经着手——是足以使俄国文学复归于它的本来使命。即被各种“服务者”降低或更动了的文学使命，使它回复到原来的地位。

像布卢佐夫一般的过去的“纯粹艺术”的拥护者们，也已经开始不满诗和生活的分离——当然，这是自然的转变，是非等待不可的。这里，我当然不是说到“倾向”或“纲领”，而是说到精神或气氛。就是，人们似乎感到了祖国生活中的自己的孤独。不，有的人甚至痛感到这点。这孤独的悲哀已经被某一些人理解着。这就是说明：大众开始从永远或无限的空间或两性的宿命的对立及其他一切黑暗的东西之中，匍匐向光明，他们开始为自己经营“人”的堂皇的生活的权利，而转向言论的自由。

所谓“人”——即使现在我也还是热衷于它的。虽然一面骂着一面也还倾注着它——就是它也是恶汉！如果人不是这样懒怠的，那么他一定了解“活动”的美趣。

但是——这样复杂艰难的事情，必须见面讨论吧！

开大会？大会确实也可以吧。不过，在这之前，我们似乎会一次面，或详细地写封信为妥当。怎样的大会？请在信里告诉我——关于人，时日，地点及其他一切的事！

我觉得似乎可以圆满地做去。不过，无论何时，无论何事，我都觉得似乎可以圆满地做去。或许是因为我这五年间的生活，完全是可怕的滑稽的失败的连续，因此弄得内心不稳定。于是，照例造作种种的空中楼阁，而不断地写着。这是有兴趣的事，而在这时候甚至也是适合时机的事。

对《现代人》[①]十分疏远，因此不曾参加那“宣言”的发起。这点，要请你明白地了解。

三 关于托尔斯泰的尊敬

（一九一一年十一月三日）

莱奥尼德，你这样的写着——“你的信，每一句都充满着疏隔和不了解的气息”，可是，却并没有感到什么“疏隔”。就是你，恐怕也不相信疏隔吧。

如果事实并非如此——即你相信疏隔，而我也感到疏隔，那么，“想一起友爱地工作”的梦想就是虚伪的。这是显然的事。

不过，“不了解”也许倒相当接近实际。虽然如此，但你不

---

① 安菲亚特洛夫所办的杂志。

寄责难的信给我，却是不对的呢。也许，那信恰恰是答中我心的。因为我不是头脑里，而是心里爱着你。

你的小说，我非常——不，等不及似的期待着！

然而，啊！至于死魂灵们对于《活尸》[1]的骚扰，那是多么可恶的事呵。又，在这骚扰中，多么无耻地暴露出了社会——尤其是报纸对于L. N. [2]的尊敬的缺乏呵？

我爆发了愤怒。那是甚至逐渐要征服我的。珍重。再会。

四　写作和生活

你写着——“你到现在为止，决不会承认：我对你是率直的，而现在也未承认。”但是，我想那是不对的。从十六岁到现在，我都是当别人的私语的听者而过活着的。这恰如有一只眼睛看不见的手指指着我的额说：“这里有倒垃圾的场所。”我所闻见的事情究竟有多少呢，还是不知道的。而完全忘掉那一切，又是怎样艰难的事呵！

一方面，触及我自己的个人生活的事情，什么人也不曾承认，而且也不打算承认我——纯然是我。因此，即使我感到心痛，那又与别人有什么相干呢？将自己所受的伤痕对世间公开出来，而公然地搔弄它，自己挑挤血脓，对人们表示勇敢，这是许多人所做的把戏，尤其是那有害的天才，我们的陀斯妥耶夫斯基更曾以最讨厌的方式干过这把戏；——然而，这却是丑

---

① 托尔斯泰的戏曲。

② L. N. 托尔斯泰。

恶的事，也当然是散布毒害的事。

我们虽然都是立刻就会死去的。但是，世间——以后却还继续生存着。不过，“世间”这东西，以前曾屡次使我看见并使我沾染许多邪恶和污秽的东西，而我现在也还憎恶它所有的讨厌的地方，并且也没有接受它。我从世间接受到的东西是更伟大的。因此，我没有对它(世间)报仇的任何理由。而且将自己的讨厌的创伤暴露出来，使别人发生厌恶的心情，或是榨出金属的声响，而震聋别人的耳朵，这到底有什么必要呢?

所谓“朋友的关系”——这在我们的理解中，并不是向对方公开自己的内部的丑恶和污秽。好，即使不能完全废弃这点，至少，这样的事应该顾忌而沉默，是实在的。

说到现代到底写点什么的人们，则最近更加讨厌起来了。就是，他们或是连衬裤也不穿地往来人群之中，或是卖弄新奇，而对世间悲哀地暴露出自己的痛苦的立场。而且，他们感到自己的立场痛苦，是因为不知道自己的可以静静安定下来的场所。

“你有怎样的根据，而要裁判我的生活呢?”——你写着；但是，我决不会怎样裁判你的生活。我只是说到你的文学而已。就是文学，虽然说到过，也决不曾裁判。我只是说到自己合意的和不合意的而已。

然而，究竟怎样的书本比人更有长久的生命呢?——一注意到这点，则书本对于我就变成了比人更有害或更有益的东西了。而且，对于凡俗的我，书本比创造它的头脑有更深的兴味。——这里，我以头脑为问题，是因为现在人们不知道用心来写作的技术。原来，所谓“世间”是由种种的事件支持着的，它（世间）随着以后的进步而渐次成为确实的，有凭倚的东西。因此，无论怎样的人，只要是固执地对世界取着消极态度的人，对于我就是仇敌。

我相信：自己毕生对人生，对人们采取积极的态度，是必要的。这场合，我就称作狂信者也是可以的。然而，许多受异端者、虚无主义者伊凡·加拉马佐夫式的滥调迷惑着的人们，却交谈着关于：“世间”是“冷酷的”，“无意义的”，对于世间“应该采取否定的态度”等极低级的议论。如果我做了县知事，则我宁可不将革命家之类处绞罪，而打算吊起这类“否定态度的人”们的头。因为玩弄这种无用的诡辩的异端者们，对于我国倒比带有“黑死病”（Pest）菌的老鼠更有害。

《莎西亚》[①]读过了，那是失败的作品呢。——既没有趣味，而且又乱糟糟的。以我看来，写得好的，只有莎西亚的妹妹一人。你不故弄新奇地写的只有她一人，而且是进行得很好的吧。但是，莎西亚却是陈腐的无气无味的制品，不过是俄国文学中已经玩厌了的“斯文男子”之类而已——就是，一身承受“世间的罪恶”，自己做了罪恶的牺牲，背着负担不了的重荷，而自己欢喜地钻进围栏中，就这样不能挣脱自己的束缚，往往从八十年代活到九十年代中，而无检束地叹息着的羔羊。

而且，在他，平常是完全没有自己的意志活动的——没有那样的力量。只是义务地被别人强迫活动，绝没有为着自己活动的事。

---

① 安特列夫的小说。

总而言之，你太文学了。就是说，你的感情只是冷淡而做作的。你虽然是写着："我所写，我所想，我所感觉的一切，都是我个人的体验之所赐。"不知道你是否以这话欺骗自己的。所想的，所感觉的，暂时放开——因为这里没有触及这些的余裕——毕竟，你恐怕不能确信：《莎西亚》是你个人体验的产品吧！因为这小说虽说充满着俄国现实的种种的事实——但是，事实本身的注释和解析完全是文学的，就是造作的，不活的。你总以为在那关系乌拉尔地方的强占事件的律师那里得到公诉状及预审侦查文件就好了；如果到手了这类东西而读过了，那么也许还有几分可以说是"个人经验"。我倒想使你从这些文件中明白地看到莎西亚的全部生活环境是怎样歪曲的，格奈多伊一家是怎样多余的。现在，我这里也住着一位很了解莎华兹基中学生时代的事，并关系他的工作的男子。当然，个人的证言也许因为它的主观性的缘故而没有大价值，但是，无论如何，现实这东西，总必须比你现在所取的态度更认真地去对待它吧。

纵使你愿意被处发配伐特加[①]的流刑，你决然已从你所说的冷静的《海洋》[②]中飘浮过来，撞着现实的岩岸而大声地吼叫出来，喊出人性的怒号，这是一定的。

你和我是离别了。而且今后也一定更加远离开去。但这决不是因为我们之间没有发生私人的关系，而是由于没有发生私人关系的余地。我们之间，私人关系虽然似乎是可能的，

① 是俄国在欧洲的都会。

② 安特列夫有一篇作品叫《海洋》。

但是那却错了。我们彼此太不同了。我是从侧面来的人，也生活在侧面，而且也不是知识分子。——上帝呵，请保佑吧！

虽然如此，但是休拉夫人[①]不在，却是很可悲的事呢！她是怎样伟大的人呵！现在我也还爱着她。那眼睛，那微笑，以及那微笑中的不整齐的牙齿，现在似乎也还明白地出现在眼前。牙齿不整齐实在是好的。

至于你的牙齿则完全是整齐美丽地排着的，但因此却反而乏味。

不过，我既不欲以自己为道德上的外科医生，也不愿认为：人们生来就有的东西是能够自由地割掉的。当然，没有那样的事。因为如果是圆鼻子，到死也还是圆鼻子。

我们大家都是带着生来的鼻子的。本来，这样的事也没有一心坚持的必要。至于我的鼻子——那正是这地上最敏锐的，优美的鼻子，因为这鼻子到处都在嗅采着颓废的气息。

五　“陈旧的感情”

莱奥尼德，说我给你的信是猜疑的，讥讽的等等，都是不对的。——在那信里面，既没有，也不当有任何那样的成分。

第二封信里面说到“率直”的话，完全是一般性质的，并非针对你而说，而是针对我国的丑恶的现实生活上的特质而说的话。所说“向世间公开自己的创伤”——并非是写你的。《别墅中的人们》[②]里面，伐尔伐拉也说过这样的话，而从那时

① 是安特列夫的离别了的夫人。

② 是高尔基早期的剧作。

候起，我已十次地反复说过这句话。又，在《关于现代》[①]的手记里也反复说过这句话。

我头脑里所想的“率直”——是说夸耀自己的私人痛苦。即充满在一切俄国文学中的陈旧的感情。这虽然是带着在生活上投射暗影的禁欲的性质的，从我们的基督教主义而来的东西；但在我国，也是托尔斯泰呀，陀斯妥耶夫斯基呀，梭洛彼约夫呀——现在的罗沙诺夫呀等基督教的拥护者们所有的感情，而对于我们也是有害的东西。

我虽说到犹太的文化，但并不是特别想到你而说的。我未作妥当的说明，忘记了波波夫、哥洛华诺夫及其他和这问题有关的人们的事，而提罗斯拉莱夫之类，是非常对不起的。那里，我说到过这点——那是关于街头文人的。我不曾说到：他们怎样地在将重大的观念恶俗化。我想着应该更多地说到这问题，并且当时打算一定不忘记和你的《犹太》[②]明白地区别出来。原来，在我想来，那当然和你的作品没有特别关系。

勃洛克的东西刊登在《知识》上，拿来当做我的没有首尾一贯性的例——是不对的。刊登勃洛克的作品的，是皮亚特尼兹基和米洛留波夫。在我看来，还和以前一样，觉得勃洛克的东西没有刊登的必要。但是，不想阻止；因为我对《知识》的关系已经改变过了。当做我没有首尾一贯性的例，你倒不如举写了信给罗沙诺夫一派较为妥当——那里面是有了什么的；或者举我对夏里宾的态度，也许是妥当的。因为在这事

---

① 是高尔基的论文，发表于一九一二年一月。

② 安特列夫一篇小说名，发表于一九〇七年。

上，有许多人非难我。

总之，你的信是一种巧妙地充满疯狂腔调的东西——不，事实是粗暴的。我以粗暴的腔调写，那只是我的方式；但是，在你的场合这恐怕不适合。你似乎并非愤怒我的信，而是愤怒《关于现代》这论文。你一定没有好好地读那论文。不，一定是带着偏见读的。

我的信即使某一点刺激了你，但比之于你的信所给我的“无礼”，则不算一回事。就是，那是一封胡闹得可惊的信。

我觉得你以那样奇妙的腔调写，是非常遗憾的。——那是束缚我的手而搅乱我对你的关系的东西。我们如果仍旧继续通信——那么，今后我或许在给你的信中，不能不“寻找婉词”。但是，那样的事，在我无论如何是不可能的。我觉得：如果你对我的态度更诚实，更率直些。那么，像这回一样的大误解，是不会发生的。

在某一封信里对你说的话，我还清清楚楚地记着呵！就是：“我决不会裁判你的生活。我只是说到你的文学而已。就是文学，虽然说到过，也决不会裁判。”我说到了亚欣斯基的事，那只是为着说明：我和他的亲密比之于对我取着太尖刻、偏颇的态度的你，几乎是相反的。

六 论 争

莱奥尼德，我确信：通信更使我们的关系混乱。我们对于世间的一切的见解太不同了。无论看你哪一封信，都只是我想要反驳的话。简括地说——就因为那些信完全带着独断论的性质。

论争，等会面之后吧！会面谈好些。

斯特林德倍克很可惜呀[1]！他曾经是一个伟大的叛逆者。

七　关于安特列夫的剧作

我看来，当做批评，可以给你这样的指责。

《旧约》并没有将莎姆逊当做预言者。他只是监视者，只是将自己的一生献给上帝——而宣誓：不喜非行，不剪发，不接触死者的人而已。破了这誓言的时候，监视者就有非剪去自己的头发不可的职务。“发的力”有着比喻的意义。这力，可以也应该解做完成对上帝的誓言的意志力。

其次，不论圣经或历史——以我记得的有限——都没将旧约时代的预言者们和王政时代的预言者们关联起来说。因此，不论称莎姆逊为“预言者”，为“公爵”，或“伊斯拉爱尔王”，都断乎不可以。

莎姆逊对于犹太的憎恶不可理解。在旧约时代，犹太尚未以国家而存在，只是在死海和菲里斯特里安国之间的巴莱斯坦因沿岸营生的一个犹太民族而已。

莎姆逊的种族——达诺夫族远离了犹太族，而生活在沿西顿市的约但河间。几乎不知道，也不曾交战的犹太族，莎姆逊为什么憎恶它呢？憎恶自己种族的人们，一定是可能的，但是，这里却是不能容许的。除了犹太，而将伊斯拉爱尔带到合理的地方，较为妥当。我觉得这点非常重要。

不很重要的地方是——

---

① 指斯特林德倍克的死而言。高尔基很高地评价他。

莎姆逊的胡须剪做阿西里亚式——这既不可信，也不可能。菲里斯特里安族虽是阿西里亚族的人民，但考察起来——是由爱格海沿岸移住到巴莱斯丹因的。所以，他们在旧约时代有否采取阿西里亚的习惯或风俗，是个疑问吧。

“链甲”之类，当时一定还没有；有的只是甲胄吧。

玻璃已经有了，这也是疑问。

犹太式的剑有了否，也同样是可疑的。他们是游牧民，以投石器和枪等为武器。

莎姆逊不说自己的种族（达诺夫族）的事，以及不说自己有妻子，都是可笑的。

最初的二幕很成功——我觉得；第三幕感到似乎太长，尤其是五至八页。第四幕，母亲出来的场面很零碎。第二景里，莎姆逊的独白可以取消。

除第一场和第二场，达里拉不很活跃，忘掉她了吗？在第三场，你有忽略了她的倾向。

阿菲梅里约克两次问她：

——达里拉，那是真的吗？

——达里拉，也是这样的吗？

但是，她一句也没有回答。

在我，她终是不可了解的。她藏在内心的到底是什么？只是“爱”吗？这也不明白。觉得想要再给她点什么——那么，后悔？不，当然不是。倒还是对于人的罪的恐怖，乃至——如果那预言者做了我的爱人，我征服了他便怎样——为什么上帝不使那预言者做我的爱人呢？——这样的燃烧着野心的梦较为妥当。

再，为什么不将达里拉放在和盲人及母亲反对的地位呢？这人物，我觉得并非戏剧性的。

法拉对于达里拉的爱，浮雕地写出来就好了。

加里兰说了许多奇怪的话，我不以为观客或读者是理解它们的用意的。

（注）这信是对安特列夫的戏曲《被锁住了的莎姆逊》的批评。

怎样了解高尔基

M. J. 奥尔金　著

译者前记

关于高尔基的传记，国内已经出版好几种了。不过多半是关于他的历史的记录。M. J. 奥尔金所著的这本小册子，虽然仅仅二三万字，但是却完全以崭新的、正确的观点，和从高尔基思想发展的过程中，认识高尔基前进的道路。因为无论怎样的天才作家，他的作风决不能不随着他的时代与环境而变动的。现在的高尔基和早年的高尔基显然有着很大的不同。所以，对于高尔基，必须从俄国革命发展的历史过程中上去认识他。关于这一点，这本小册子中说得很详细和明确。作者把高尔基文学生涯分成五个时期，并且说明每一时期中的特点、缺点，和与俄国革命发展的关系。对于高尔基的缺点与错误，这儿并不掩饰，这更显出高尔基是一个怎样与时代车轮并进的伟大人物。

高尔基不仅是个文学家，并且是个革命政治家。这很少有人说过，这里却叙述了高尔基怎样参加实际的活动，尤其是小册子运动。高尔基曾创造了一种新的文学，即是把艺术的描写与新闻文体混合起来。这是战斗中最有力的武器。“当他觉得有些东西不能用艺术家的描写去表现时，他就粗鲁地像政论家般用致命的瞄准作直接的猛击。”“他时常的把艺术家的齿轮掣子，换上新闻记者的大槌。”所以，如果只把高尔基认做一个纯粹的文学导师，而忽视他政治上努力的成绩，那是对高尔基过低的评价。

不幸这艺术的导师，这时代的战士，竟于本年六月十八日逝世了。当噩耗传出的时候，全世界是怎样的震惊啊！

“高尔基是我们的！”全世界的前进文学青年在叫。

“高尔基是我们的！”全世界的劳苦大众在叫。

不错，全世界的现代文学青年，全世界的劳苦大众，应该了解高尔基，接受高尔基给我们的遗产。在了解高尔基的时候，译者相信这一本小册子，是能给我们很多帮助的。

一　忧郁之宫

高尔基走入俄国文学界，是当时一件很激动的事。他和俄国一般作家的风格是那样的不同。

俄国文学在九十年代中叶踏入了一个忧郁的时期。七十年代至八十年代初革命运动的失败(指民粹派运动，那时他们想鼓励一个农民革命)以后，支配俄国知识分子的那种绝望情调依旧流行着。真的，在八十年代末崛起的产业的迅速发展，是给俄国一个巨大的改变；真的，工人的活动与数目是在增加，而第一次群众战争也已出现了，然而知识分子却往往是落后的。当时俄国知识分子进步的一派是可以表现于这样一句“格言”内:“这不是干大事的时代啊!”适应目前环境,企图替“穷苦的兄弟们”做些事——或者教他们读书写字,或者替“饥饿的农民”捐些款。对于那位戴皇冠的野兽,亚历山大第三完全取不抵抗主义,而同时却对被蹂躏的人们表示同情,和对自己的特殊地位表示嫌憎——这不仅是当时一般社会的调子,也是比较进步的文学的调子。

最足以代表这种情绪的是契诃夫①,一个对于人类性情和人类弱点有锐利的了解的人,他带着轻快的心情和愉悦的微笑走入文学界,但是很快地便沉入忧郁情调的黑潭里了。他的天才愈发展,他的微笑便愈悲哀,他对于生活的态度也愈消沉,他的希望愈遥远愈朦胧。他希望在有些地方在有一个时候,时势可以好一些;两三百年以后,世界上也许会组织起来一个美丽的人类环境。然而在目下,一切总是那样黑暗,而一般地没有出路。这一位曾经一度愉快过的有趣味的人,在他作品中往往带着一种更高的讥讽调子。凡读过,或在戏台上瞧过他的《三姊妹》或《万尼亚舅舅》的,终会了解契诃夫悲哀的深处,是由一种朦胧的希求在调和着的。

对于被压迫者的爱,对于压迫者的仇恨和鄙视,在契诃夫作品中是不会少的。事实上,这是当时俄国文学上主要的调子。但是他缺乏生动,缺乏积极精神。这是为情绪而表现情绪。纳尔逊的诗在当时俄国知识分子的读者大众中广大地流行着。这位早在二十余岁便夭折的抒情诗人的作品,在这时,

---

① 关于书中人物,请参考后面人名注释表。

几千万本地翻印起来。他的诗只有一种情绪:人类的灵魂在暴风雨之前战栗。一个受难的人找不到慰藉。一颗心的心弦在低诉着难以听清,而是,唉,那样悲伤的调子。生活被笼罩在黑云下,只有凶兆,没有慰藉。

另一个作家迦尔洵(Garsin)也是很受欢迎的。他是一个对残酷的生活经验那样伤感的人,那真可算是发疯了(也许他并没有真的发疯,但这是一样的)。他的一本 Attalea, Pninceps,是写温室内一株棕树的故事的,那本书可算他作品的代表。那株树渴求要获得自由,它想呼吸外面的新鲜空气。但是除了把这牢房的玻璃窗打破之外,那是没有办法的。于是它长大起来。它一枝一枝的苞开来。它终于碰到玻璃屋顶了。它把玻璃撑破了。但是它在外边找到的是什么呢?一阵寒风使他颤栗着。雪盖着它胜利的皇冠,于是树给折毁了。自由不是为这些牢笼中的东西而有的啊。青年的俄国读到这个故事,便把他自己比作了那棵可爱的树。

这时文学的潮流是不狭窄的。事实上,托尔斯泰的伟大的呼声还没有衰弱,托尔斯泰还在写他的《复活》和其他有力的小说,但是这时他是沉溺在宗教的情绪里,恳求人们去自爱和作内心中的神的冥想。陀斯妥耶夫斯基是有权威的,但是他的书指引人们到神秘主义和宗教摸索的黑潭里去。科洛伦科是一个值得敬爱的青年作家,但是他是失败者,他的小说,虽然是充满了"人类慈爱的蜜糖",却是失败主义的小说。乌斯潘斯基,是个城市与乡村实际生活的探求者,却疯狂起来了。他的小说是自然主义的,提出了问题而没有答案。这时的俄国文学界认为:一个时髦作家第一件事要有些"忧郁病"。

差不多每个人都这样说:"我们没有权利来享乐生活,我们没有权利来高声地笑,这儿不能有豪放的声音。这是我们的责任,去表示我们都不快乐,以指出我们对于现行制度的不满。"

二　褴褛的一群

在这"忧郁之宫"中踏入了高尔基。他和当时流行的调子是相反的,他并不忧郁,而很快乐。他并不悔恨,而很勇敢。他的声音并不沮丧,而是一个人向这世界叫出来的洪亮的声音。他对于任何底层的人,都没有什么怜悯,因为他自己本身就是从"底层"出来的。他不仅不作这种怜悯态度,并且粗鲁地向这种"怜悯"的作家集团讪笑,似乎说,"用不着你们的怜悯,我们自己会当心我们自家儿的。"在那全世界都在悲愁呻吟的时代,只有他,如大风一般的豪放,似乎说,"生命是一个不可抵御的玩笑的大胡闹啊"!(Life is one great riot of irresistable fun.)

他第一时期作品(大概自一八九二年——一九〇一年)内的主人公,都是传奇的男子与女人,或是流浪汉(Bosyaks 等于美国的 Hobo,或中国的走江湖跑码头的,但并不完全相同),高尔基的传奇人物都是带着超人的力量,和强烈的情绪的;而他所写的那些流浪汉,都是有坚强的意志,和藐视法律与秩序的个人。他们大多数都有显著的个性,有强烈的自尊心,对于传统社会的道德有很深的鄙视,以及对生命有猛烈的渴求的一群人。传奇人物中,如劳哥·左巴(Loyko zobar)杀死那要求他去崇拜她的,那美丽而骄傲的处女娜特(Radda),是为了他要救护他自己的自由与独立(见《马加尔·丘特拉》,Makar chudra)；又如但戈(Danko)，那个心中有烈火的男子，把心从身体内剖出来，高持着，为了给他的伙伴们照出一条从黑暗丛中通到广阔的太阳底下去的道路(见《老意善吉尔》，Old Izergil)，又如老可汗和他儿子共同爱上了一个俘来的哥萨克妇人。他们决定把她丢到海里去，为了要使他们中间没有吃醋的愤恨。但是，后来那老可汗摩索林·爱尔·亚斯佛伯又自己纵身从高崖上跃入海里死了，因为他没有东西可以爱了(见《老可汗与他儿子》。)又如那骄傲的鹰不愿爬伏在地上，而准备去毁灭于搏斗之中。“啊！骄傲的鹰呀！在和敌人的搏斗中，你流血以至于死……然而有一天会到来，你点点的热血将在生活的黑暗中像火花般燃起来，将燃起许多心中对自由与光明狂热的渴求，我们替这勇敢的狂热来唱一首歌吧！”(见《鹰之歌》。)这些是在俄国文学上从未有人道及过的。这把作家们从忧郁的沉寂中震惊起来。这里发现一些新的东西了！这是一个真实的挑战！

而那些流浪汉的人物，却写得更扰攘和骚动。这些漂泊无定的“背时的人”，这奇形怪状、恶俗无赖的褴褛的一群，这些一无用处的人，他们在上流社会任何标准下，都应该只是被悲悯的目的物；否则，就是那些“比较善心的人们”中间改良活动的目标。这些人物被显示于这尊贵的世界中，毋宁是一种不受欢迎的光辉。拿契尔加希的例子来说吧。做一个农夫可算是一个高尚的职业了。农夫是一种能在社会中占得一定地位的人。而一个私贩，不消说，相反的只是一种匪徒。他也许根本不能被认作是人。但是这儿，契尔加希是一个在敖德萨海港内向外国轮船去窃掠东西的人，而这儿，又有从他家乡来的偶然碰到的伙伴。他们偷运许多私货，避过海关的兵丁，运到城里去，他们获得他们应得的报酬。但是，这里有一个多么不同的区别啊！契尔加希——在生活方式上是强健的，自信的，聪明的，对于危险是勇敢的，不怕的，而对于获得来的钱财是豁达地怀着一种真正的鄙视的。那农夫，加佛立拉却是贪婪的，卑怯的，呆蠢的，犯了法而又怕王法的，要欺骗他的伙伴，而又没有能力去干犯罪事情的。他和契尔加希那种雄伟的姿态比起来，只好算一块烂泥，一个蟲豸，契尔加希用多么伟大的姿态，把一卷钞票向那农夫的脸上抛去而走开呀。“海在怒吼，海把沉重的波浪猛击沙滩，波浪击散开来变成浪花和白沫。雨在鞭着水和大地……风在号……四周的一切充满了吼声，号声，激荡声。在烟雨浩渺之中，人们看不见天，也看不见海。”契尔加希大踏步走入这太空中间，他自己就如那风与大海一般。

三　没有对贫穷的怜悯

不！契尔加希决不能作为被怜悯的目的物，也不能作为改良运动的目的物。偷面包当然不能认为是一件光荣的事情。但是，当高尔基把你引到俄国许多城市之一的那伏尔加的码头上，他告诉你，他是怎样地饥饿（这是在俄国文学中第一次，把真正饥饿的痛苦描写成为一种肉体的感觉，而未带着对于饥饿的特别怜悯的），而引导你经过那到处找食物都找不到的失望以后，终于他把你带到一家食品店的食棚里。那棚子因为天晚，已经关了起来，而那棚子里他知道是藏着面包的。当那小说中的主人公掘着地道想偷入里面去的时候，你未必就介意于这偷东西吧。

男女私通，在这尊贵社会中，多少是不敢高声谈的。但是当那个青年人最后钻入了那食物棚的时候，他在那里触着另一个人，那人刚刚是一个女的。于是当他们用这偷来的食物把饥火压服了以后，他们便在一只覆着的小船底下共度良宵了。这样，你也未必介意于这私通吧。这看来是很自然的。这看来是不能避免的。（见《一个秋天》）又如一个老人，在他柔弱的儿子后面，和他儿子的老婆吊膀子——那父亲是个强壮的，有力的，自觉的，大胆的人；而那儿子是柔弱的，无决断的，卑怯的，经常在悲愁的人——这似乎是在实行他不能非议的生得权(Birth Right)罢了。（见《在木筏上》）

在这一切小说中间，高尔基似乎把一切俄国文学上的主义践踏在他脚下。这些人物与人物的动作，和当时占优势的俄国文学内容，是那样的径庭。所以，有些批评家想在尼采主义的立场上去批判高尔基，或至少这样去理解他。高尔基——他们说——是在崇拜超人，高尔基是在向着"超善恶"的哲学前进。事实上，高尔基是在表现一个已经存在的新阶级的积极情感。高尔基的调子——如果说那不是他书中主人公的调子——是在预示劳动层的社会斗争的到来。

在这些早年作品中间，高尔基还不是一个劳动层的作家，这个名词的意义是现代才知道的。他没有采取工厂工人做题材；他没有表现阶层斗争，而这斗争在当时俄国却已经在发展了；他也没有照出社会阶层的分野。他有时有些浪漫，有时又有些不恰当的感伤。他往往把他的流浪汉理想化起来。事实上，这种流浪汉后来有许多做了"黑色百人团"了（一九〇五年——一九〇六年革命时期中一个反动组织——作者。)他没有暴露那实际存在的剥削制度。他大部分是描写卡尔所称作"流氓无产层"的人。然而,一般说来,纵然在这些早年作品中,他已经在接近劳动层的文学了。在这些早年作品中所播下的劳动文学种子,不成问题是使他现在能享受劳动文学的先驱者与奠定者的头衔。

即使在这些早年作品中间,我们也可以看出这里有向资产层社会作战的战手。高尔基书中的流浪汉是和呆钝的农民,和都市窄狭的庸俗主义,和爱美的但是胸襟狭窄而又怀自我主义的知识分子,显著地相反。高尔基所写的流浪汉并不是产业工人层。他们只是向古旧的资产层摇摇他们的毛茸茸的拳头。他们对于国家和教堂有很深的鄙视。他们无疑的是一些个人主义者。他们企图牺牲别人以维持他们个体,他们不讲交谊,他们是反交谊的(Asocial)。在这一点上,他们正和劳动层相反。但是,他们却不理睬富人社会所建立的种种戒律。他们不被"隶属",也无所顾忌。他们表现怎样一个人能穷,能饿,能开心,怎样一个人能成为一个无赖,一个叫化子,而仍然是一个完美的人类典型;怎样一个人能成为一个匪徒,而同时是一个非常可注意的人物。对于一个繁衍着人类的世界作艺术的发掘,不顾人家的制裁和批评,和"文明社会"的批评,这在它本身就是一种挑战了。

四 从底层出来

高尔基既成为前进的作家之一,而实际上把人们从他们的自满中间震撼起来了,于是他的小史便成为批评家和读者大众所关心的事了。这显露了这个叫做高尔基的人，他本身就是从底层中出来的。他生于一八六八年，在一个染匠的家庭里。他四岁就丧了父，十岁又丧了母。他从小就渴望读书。他后来所获得的丰富知识，都是自己训练出来的。从十岁起，他继续在一家鞋店里做小厮，在打样师店里做学徒，在伏尔加一只船上做洗碟子的工人，又帮着他祖父去捕鸟和卖鸟，后来又到一家卖圣像的铺子当小厮，到一家书圣像的店里去做学徒，在尼兹尼·诺夫哥洛特展览会里当一个临时雇工，又做几处城市建筑物的翻造的监工，又做过面包师父的助手，赚三个卢布一个月。在一座将军太太的府邸里去当过司阍和园丁，又当过一个戏剧合唱班的歌手，又去做面包师父的助手等等。一八八七年，当他十九岁的时候，他是那样地多病和厌恶生活，那时他甚至想自杀。但是，这个青年狮子的身中，似乎孕育着太丰富的活力。这一切时期中，他是贪婪地在读着任何他所能找得到的书。

二十岁他到赫桑城去。那座城市是以一家大学而著名的，那大学是在沙皇统治下的很少的几所大学之一。他认识了许多学生和革命党人。这一些订交给他一个新的刺激。他在这里开始念他社会问题的基本读物：拉佛罗夫的，却纳雪佛斯基的，辟沙利夫的，亚当·斯密斯的，和马克思的《资本论》。他到了这里，他的革命倾向才形成。他还企图到农民中间去撒播革命的意义。他和一个老革命党人一同到一个村庄去。这个企图是失败了，于是高尔基又回到城里来。

二十一岁，他又决定去流浪。他在卡斯宾海旁做过一个渔人的助手，在铁路场上做过守夜人，做过铁路的监工和检查煤炭重量的坑夫头脑。他最后又回到尼兹尼·诺夫哥洛特。在那里，他在一个自由主义的律师的事务所里找到一件工作。他的雇主对他很好，把他介绍给许多急进派和革命党。一八九〇年，他已和科洛伦科认识。一八九一年春天，他又被好游心所捉住了。他沿着伏尔加河走向里海一带。他经过顿河流域，乌克兰，裴塞拉比亚。他从敖德萨到第夫里斯。到了这里，他加入革命和文学界。在第夫里斯的报纸上，他刊载他的处女作《玛加尔·丘特拉》(Makar chudra)。

他的文学事业一开始就是成功的，他被认为是个有绝大能力的新作家，他被像科洛伦科等人所鼓励着。从一八九二年到一八九六年的一时期，他住在尼兹尼·诺夫哥洛特和沙马拉。在那里，他也干了许多报纸的工作。一八九六年，他患了肺结核，于是到克里米亚去治疗。此后三四十年中，他常受着这疾病的折磨；而他之所以不曾被这疾病所屈服，他之所以能发挥他伟大的文学活动，这是由于他有强壮的体格。纵然现在他在六十四岁高龄，他依旧看来是很强壮而健全的。(不幸昨天电报传来，这位时代的老英雄终于在今年和世界长别了。译述及此，不胜掷笔浩叹！——译者。)

一直到一八九九年，他才到全国国民革命与文学的中心彼得堡来。他的第一部短篇小说集两卷在一八九八年出版了。一九〇三年又出第二集，有六卷。这些出版以后，他巨量的作品不仅以俄文出现，并且被译成每一国文字了。

五 在革命的大旗下

高尔基成为革命家，是在他成为文学家之前，而终其身，他还是这两种人。

在一八九九年，他已经为了革命活动而被捕，从尼兹尼·诺夫哥洛特解到第夫里斯去。一九〇一年三月，他在彼得堡参加赫桑礼拜堂前一个革命的示威。一九〇一年四月，他又被捕，关了四个月。在此后一二年中，他接近了劳工运动中的“布尔什维克”一派。在此时期中，他继续和党接触，积极地帮助它。他后来曾经这样写着：“真正的革命，我发现只有在‘布尔什维克’，在乌利亚诺夫的作品里，在他领导下那些知识分子的演讲和作品里。我早在一九〇三年已经和他们接触了。我却没有加入组织。我仍然是个‘自由射手’，诚挚地和永久的努力于劳动层的伟大主义，决不怀疑它的全世界的最后胜利。”

在俄国的劳动层开始活动的时候，他已开始他的文学工作——这就是当他文学工作四十周年纪念在苏维埃国家内举行庆祝的时候，他被几千百万“布尔什维克”领导下参加社会主义建设的工农们欢呼的理由。他现在也是它的党员之一了。真的！高尔基是值得被全世界千万万劳苦大众和革命的知识分子所赞颂的！从早年以至于现在，他始终忠于劳动层，忠于革命，忠于社会主义，他是几位伟大的艺术家之一，他们将他们的艺术天才和革命热情，以被压迫民众的名义，以争取发展人类自由人格的条件的名义，以社会革命的名分，向资产层宣战。

高尔基有一时期曾经不同意若干政策，但是终其身，他仍是一个革命者。他和“布尔什维克”共同享有社会斗争和未来革命的确信。他信仰乌里亚诺夫，他认识他是在二十世纪初。

乌里亚诺夫在一八九四年这样写着：

“当劳动层的最先进代表者，能将科学的社会主义的意义，与关于俄国劳工历史任务的理想统一起来；当这些意义已经广播开来，而同时巩固的劳工组织（这些组织将要把现在的散漫的经济斗争转变为社会层战），也已经建立起来。那时，俄国的劳工（他们在那时将已成为一切民主政治分子的首领）就会把专制政治推翻，而领导俄国的劳动者层——同着世界各国的劳动者层——在公开政治斗争的自由大道上，走向光荣的社会主义革命。”（见《谁是人民之友？》）

高尔基帮助劳动层的组织，不仅在文字上，并且也亲身来参加，虽然他主要工作还是一个作家的工作。

革命的工人们曾经怎样接受高尔基的早年作品呢？一个老“布尔什维克”斯特罗耶夫·苔丝尼脱斯基，曾经写过他关于那一时期的回忆：

“在他（指高尔基）最初那些艺术作品中，我们很高兴看见一个天才的作家从农村里跑到都市来，从传统的民粹派的农民转变成一个都市的人——虽然只是成为一个流浪汉，而不是一个工人。纵然他所写的流浪汉——那对陈腐的传统生活有伟大的高尔基式鄙视的流浪汉，在我们看来总是可爱的新潮流的先驱者，我们也很高兴听高尔基的调子。这个青年作家的华美的，又有些庄严的高声调子，和谐而洪亮的，由我们听来似乎是一个勇敢的、愤恨的叛逆者的豪放歌声，又似乎是一个摧毁民粹派的忧郁调子，和知识分子的退却主义的呼声……对我们最宝贵的，是当时幼稚的劳动运动，从这位与日俱进的、光明磊落的天才作家那儿所接受到的伟大的精神后援军。”

六　“你们甚至不配住在地狱里”

在十九、二十世纪之交，高尔基渐渐脱离他的流浪汉描写，而转入对俄国生活更现实的叙述。虽然那时你仍然没有看见他写产业工人，但是你可以看到他对于社会状况的暴露，带着更充分的社会层色彩。在他的一篇戏剧《底层》(Lover depth 即《夜店》)中，高尔基和他的流浪汉告别了。他再不把他们来理想化了。他暴露了他们是什么：不平的，无组织的，不快乐的个别分子，不能够团结起来以反抗生活的主人——资产层，甚至不能够明白他们堕落的原因，虽然他们同时是深含着对现行社会制度深刻的仇恨的。对于流浪汉的同样态度，在一部中篇叫做《曾经为人的动物》中可以看到。在这部小说中，高尔基引述了近代的俄国资本主义——这种形式，他曾注意了很多年。

另外一种社会型式，更引起这位青年作家的注意的，是俄国的知识分子。这位作家重复又重复地描写那些潇洒、风雅而又扭扭捏捏的文人，他把他们和粗壮强健的民众之子相对照起来。引人的地方却并不在前者一方面。在一本《范仑加·婀莉梭凡》的小说中，他写范仑加·婀莉梭凡，一个质朴的乡村女子，她和那另一位从城里来的满腹经纶和温文尔雅的青年大学助教比起来，当然懂得少一些。但是，在这两人的冲突中间，范仑加在任何点上都表现得比那位助教高明。那助教是被屈服了，被打败了，而被丢入泥沼里了。高尔基似乎特别高兴把这个资产层的知识分子的代表写得屈服。在另一部小说《小鬼》里，他把这种咬文嚼字的文人，和要求行动的劳动层的对照写得更明显。这是写一个新闻记者和一个排字工人的冲突。那新闻记者在省报上写高雅的文章，那排字工人在那充满了高雅的词句的前页社论中，在括弧里去加上一句毁损这全篇空谈的批评。这两个人碰在一起，似乎彼此完全不能了解的。

当他实行他作品的这一新路线，——这一路线实际上是继承他写《夏屋居民》（The summer house dwellers）和《太阳之子》（The son of the sun）的路线，他在那两剧中嘲笑上流文人的自满，和他们从实际政治斗争中的远避，以及他们惯用美丽的词句来代替热烈的行动——他继续在观察资产层的生活。他的《福玛·哥尔提夫》是一幅伏尔加河畔的商业社会的图画，是一个"前辈先生"的展览会。那些前辈先生，似乎是俄国社会的砥柱。高尔基所挑选，以观察俄国资产层生活的立场，也许是有问题的。他择取一个商人的青年儿子做主人公。那青年迷惑着，而不知道他该怎么办。但是，那青年所说的话，正十足地表现了高尔基自己的态度。"你们不曾建立过一个生活！"福玛叫："你们是用你们的生活造了一个垃圾堆，你们用你们的双手创造了许多污秽的山丘，这是令人窒息的！你们有良心吗？你们想过上帝吗？洋钱，那就是你们的上帝！要说良心，你们已经把它丢了……良心在哪里？你们这些吸血鬼！你们靠着别人的劳动而生活！成千上万的民众为了你们卑陋的行为而流泪！你们这些恶徒甚至还不配住在地狱里……你们还不仅应该丢在火里去熬煎，而且应该丢在沸腾的泥浆里去受煎熬！你们这种受罪不是几个世纪就能满期的！"

我们第一次看见一个真正现代型的劳动者和资产层生活

相对照，是在那本俗物的戏剧里（一九〇一年出版）。这儿从那个青年铁路机器匠涅尔的眼睛里，看出俄国资产层家庭的堕落与腐化。那老人——他是假设为这社会的砥柱——发现他这个砥柱是建筑在沙滩上。他的家庭，一部分受了新的意识的影响，一部分被懒惰所萎靡着，是没有能力去继续积累资本的艰苦工作了。这整个制度一定有些不对。一个新的势力是在从地底下起来了。涅尔说这是像一个乐队把他们的乐器调和起来了。“乐队调和起来是很好听的”，不久交响曲就要发出来了。

这个交响曲奏出一九〇五年革命的呼声来了。这是由“流血的星期日”（一九〇五年一月二十二日）所开始的。当十万工人由一个警察的神甫领导着向冬宫里的沙皇去递请愿书，在一张请愿书上签了几千人的名字，工人们请求大赦，请求公民的自由、合理的工资，请求把土地逐渐转移给人民，以及在普遍平等的选举上召集宪法会议。

沙皇回答了。他命令他的强盗兵对着捎圣像和教堂旗帜的群众开枪，五百以上的人打死了，二千五百至三千人受伤了。冬宫前的白雪染成鲜红的了。

高尔基那时是在彼得堡。他不像那诚朴的工人们去相信沙皇会解决这些问题的，而工人们在“流血的星期日”以后也不再保留这种信仰了。一个大革命开始了！工人示威、工人罢工、农民反叛的怒涛不断地狂掀起来，直形成一九〇五年十月一个巨大的总同盟罢工——历史上第一次总同盟罢工，和一九〇五年十二月的莫斯科暴动。在这伟大的群众斗争的一年，高尔基是和工人们共同在活动。他时常放下了他艺术的鹅毛笔，而拿起革命报纸业的大锤来。在一九〇五年他写了一集：《庸俗主义的记录》。在这集子内，他替那些拒绝加入革命运动的俄国知识分子敲上一个烙印。“在这儿，我们认识他们了！”他在一篇散文内写着：“他们不安地而又可怜地找着任何什么地方去躲避革命——神秘主义的黑角落里也好，唯美主义的小屋里也好，以及用偷来的材料迅速地建立起来的空中楼阁里也好。他们瞅着眼，没有出路的徘徊于形而上学的迷宫里，重复地回到堆满了几世纪以来的残骸的宗教小路上，无论在那里他们都带着他们那种庸俗的蠢相，吓坏了的灵魂里发出来的那种歇斯底里的悲呻，那种呆钝，那种无耻，他们一触着任何东西，便乱射出一阵娇俏而空洞的文字雨雹，那带着虚伪而可怜的声音的。”

高尔基曾参加一群法团，在那生死关头的星期日前夜，去拜访沙皇的宰相，请政府避免流血。在星期日以后，他写了关于这件事一个宣言式的报告书。那报告书中充满了人道主义者的愤怒，和战斗群众的紧张的革命情绪。

沙皇政府是不能饶他的，他们把他捉去在圣彼得堡的彼得堡垒里和普尔堡垒里关了六个星期。他们本来还想把他多关一些时候的，但是抗议他被捕的风潮不仅在俄国，而且在全世界都发动起来，逼得尼古拉第二不得不取消他的囚禁。

当一九〇五年十月至十二月革命狂潮一时地击碎了沙皇政治的脊骨，牢狱的大门被暴动的劳苦大众所冲开，而革命报纸在出版检查会之下，傲然地公开出现了高尔基是一个布尔什维克日报《新生活》的组织者之一，乌里亚诺夫那时是这报纸的主力。这是在俄国出版的第一种布尔什维克日报。

十二月中，高尔基是在莫斯科的劳工中间活动，那是一九〇五年革命中最伟大的一次武装暴动。工人们在阵地守住了好几天。高尔基帮他们去获得子弹和给养。革命失败以后，他被迫离开俄国。为了革命的利益，他到美国去漫游一次。美国政府对待这位作家，正和沙皇政府一般的仇视。高尔基被禁止上陆，理由是"道德的堕落"；因为高尔基和一个女人结婚时没有得到教堂的许可。后来幸亏得到美国文学界的抗议，才让他能走入美国。

以后，他又到意大利，到加普里岛，在岛上养了一时期病，可是他无法回国。他是受政治放逐的，直到一九一三年对这一个俄国文学界最伟大人物的禁令才撤销。

七　写《母亲》的时期

此后五年中，可认为是高尔基创作小史的第三时期，第二时期是大概从一九〇一年到一九〇六年。在这一时期中，高尔基想给社会斗争和革命做一些记录。他写了许多作品，关于资本、劳动和农民。在一本《敌人》中，他表现了劳工的团结，和一个工人在敌人面前拥护全体利益的坚决。（事情是一个资本家给人杀死了，全体工人都被威吓将予以惩办，有一个工人挺身出来承认了，为了要使其余的工人得救。）在一篇可以朗诵的散文诗《同志》(Tovarish)中，高尔基表示他对于斗争中间革命团结的赞颂。在《无用人的一生》(Life of a superfluous man)中，他写出一个劳动侦探。在《忏悔》和《夏天》中间，他想描写乡村的革命生活。但是这一时期，他主要的作品当推《母亲》，一个长篇，写工厂近郊革命运动的勃兴。这个近郊是取材于靠近尼兹尼·诺夫哥洛特的梭摩伏——一个旧俄最大的冶金厂旁的居留地。主要的人物是伯惠尔——一个青年工人，和他的朋友，他的母亲——一个工人的寡妇。这个女人，她自己是生长于农家的，起初反对革命，渐渐地却把社会斗争的意义弄熟了。她懂得去认识“秘密”工作的人——做地下工作的革命党人，她开始认识他们的“信条”了，她开始知道这是她自己的“信条”。当她的儿子在一次街头示威中被捕，她就去继续他的工作。她到处去作漫游以促这些组织的进行。她比别人更努力，虽然她是很不喜欢那些革命家的习惯方式的。她只是一个平常的、未受教育的女工，是一九一七年革命后几千百万在苏联境内开始社会主义建筑的妇女的一个先驱者。

《母亲》破天荒第一次的企图，是用俄文写出工厂市镇的革命运动的日常生活，和在革命的观点上去写出来的。这可以说并不是“日常”生活。这完全是骚动，它射出那些走向新的认识，和在发现伟大的未来道路的群众的热情。这部书内充满了对资本家，对情侣，对警察的紧张斗争。当群众大胆地走入街心听一个演说者在讥骂法律，小说达到了最热烈的一刹那。那示威也许只有两分钟可以延长，警察会立刻到来，示威者会被残忍地鞭打，会被冲散，会被逮捕。但是，这一刹那决不会被忘记。“同志们！我们已经决定要公开宣布我们是谁！我们今天要举起我们的旗帜来，这个公道，真理，自由旗帜！”“兄弟们！我们的时代已经到来了，我们要诅咒这充满了贪婪、仇恨和黑暗的生活，在这生活中，民众是被蹂躏了，在这生活中，我们是没有立足地的，我们是不当人待遇的。”

围绕着这演说者的工人是肃静的，群众更挤紧地靠近了这个勇敢的人，他们眼睛里在猛烈地燃烧着火焰。

这个高尔基所描写的郊外，很显然的，是有一个世界在其中间，这和资产层的世界不仅完全隔离，并且根本相反，不管这资产层的世界是属于自由主义的或反动派的，属于知识分子的或非文化界分子的。这是一个新世界！这是新社会层的居住地。当高尔基在写他的《母亲》的时候，他可曾梦想到这样一个时代会到来，这种产业中心会变成一个全新的社会建筑的基础，一个劳动层的国家吗？也许他是梦想到的，因为他和乌里亚诺夫很接近，而乌里亚诺夫不是曾预见到这一点吗？那么高尔基不是在为预备这新的革命而工作吗？

在《忏悔》和《夏天》中，高尔基想描写被革命所唤起的农民。同样的，在这儿也骚动着新生命。新的希望在怒苞。在《忏悔》中写一个流浪者经过俄国的全境。他访问民众，他听见乡村的呼声；他瞧见民众们已经认识了他们自己，地球上是有个上帝——而这上帝就是民众！

八　乌里亚诺夫与高尔基

乌里亚诺夫在一九〇八年至一九一三年中是时常和高尔基通信的[①]，他对于高尔基是很敬爱的，他曾很认真的批评过他的《忏悔》。俄国的知识分子在一九〇六年时，对革命很失望。而这又一度的失望，使他们转向许多新的“评价”(Value)。有的投入所谓“沙宁主义”(Saninism 是由阿志巴绥

① 见 Days with Lenin，高尔基著。

夫氏的小说《沙宁》而得名，该书中主人公以性感为人生的唯一目标），有的躲到"为艺术而艺术"的领域里去。在这里，他们大受文学上"象征主义"派所崇拜，而抓住他们的第一线。其他的，也都没入宗教的神秘里去。甚至在布尔什维克中间，也有一派人在"寻求上帝"与"创立上帝"中间求慰藉。高尔基也曾一时的受过他们的影响。乌里亚诺夫虽曾经加以批评，但他依旧崇敬高尔基是一个劳动者层的作家，并且为布尔什维克刊物搜罗他的稿子。

这第三时期的高尔基，与劳动层的文学更接近了。他显然想艺术地去显示出社会斗争，他想用社会生活的质朴材料，去创造出包含各种社会层与社会群的永久的人物，使劳工们能了解他们在做什么。高尔基想显示人类性情由于革命运动而产生的改变，他把新的社会层介绍到我们前面来。他可曾成功吗？这一时期他的工作，大半可认为劳动层文学上伟大的贡献。但是，这也不能否认，即他还不曾从"理想化"中脱离出来。在《母亲》中真的仍徘徊着一种浪漫主义的光环，而在《忏悔》中表现更强烈。然而，无论如何这也不能否认：高尔基这些作品，是站在社会层观点上去研究社会生活。所以，他对于他所认为在灭亡的资产层的诅咒，和对于他所看见在勃兴的劳动层的同情，是很正确的。他透入群众生活的底层里，从那里抽出多方面的和立体性的人物，这些人物像一些时代的指路碑般矗立出来。他的人物大半写得很正确的，而他每一篇创作中文字的熟练，那更不必说了。在那样一个时期，当一九〇六年的革命失败后，新的半专制统治把俄国像重铅一般的压着，大多数知识分子与孟什维克以及那些旧的革命集团，都在劝告适应这一个新统治和放弃革命意识的时候，高尔基的作品却给予了劳苦大众一个革命认识的源泉，和一个革命活动的刺激。

蒲列汉诺夫——俄国马克思主义的前辈，和马克思主义的文学批评的前辈——在那时期关于高尔基，曾经这样写过：

“资产层艺术的爱好者对于高尔基的作品或称赞或反对，都随他们便。但是，事实终是事实。即是说纵然最博识的社会学家，也该从像高尔基那样一个艺术家，从像已故的格里勃·乌斯潘斯基那样一个艺术家中间去认识一些东西。他们作品里有着完全的暴露……而这些劳动大众所说的又是怎样一种语气啊！这里没有矫作，这里什么东西都是现实的。”

高尔基常常离开他意大利的寓所，去访问布尔什维克的大会；那些会因为在俄国要禁止不能开，只能在欧陆各城市中举行。他又在加普里岛上给俄国工人办了一个训练学校；而从这些向俄国各产业中心招来的工人学生中，高尔基习知了许多关于工人生活的琐细情形。在这一时期中，他依旧继续他编辑的活动。这种编辑生活，还是一九〇四年在俄国一家叫“生活”的书局里开始的。这一家书局专出一些无定期的小说集，和现实主义与革命性的诗歌，以抵抗另一家书店专门出版象征主义和不革命性质的小说集与诗歌的。高尔基那时也写了些关于各种问题的散文。在此时期中，他写了两本有名的挑战的小册子《黄鬼之城》(The city of yellow devil)——这本小册子里他反对美国的资本主义的文化，和一本叫《美丽的法国》(La belle France)。这里，他嘲笑金钱狂的法国“德谟克拉克”。在这些或同类的文章中，高尔基创造了一种新的文学，把艺术的描写和新闻文体式的政治义愤混合起来，使一种讥讽成为难以忘却的真实，一种社会抗议笼上了最活泼的影像，一颗炸弹用一种纯熟的手法抛出去。

在这一时期中，高尔基显露了他天才上最显著的特点：对于人类的爱，对于生活的爱，渴求世上还不曾有过的美，坚信人类生活能够合于人道。"这是不确实的，说生活是忧郁的。"他在一篇叫《农夫》的小说中说："这是不确实的，说世界上只有创伤，悲哀，痛苦与眼泪。这世界上不是只有平庸的，而同时有英雄的，不只是有污浊的，而同时有光明的，美丽的，动人的。这世界上有人类所想寻求的一切东西，而人类有力量可以去创造出它所有的。今天我们这种力量虽还不够，但是明天这种力量会生长起来的。"

高尔基是为了探求这个美丽的生活——一种因为没有剥削与黑暗而创造出来的美丽生活，而去写他的作品的。高尔基写他的杰作，是增加创造这种新生活的力量。

九　回到"旧俄罗斯"去

一九〇五年革命以后数年，高尔基所累积的社会斗争经验似乎已经耗尽了。高尔基对于他四周的生活是一个陌生的要人，他不再过着俄国的生活。他想写一些意大利工人的生活速写。后来集在一独立的集子叫《勒不勒斯的故事》(勒不勒斯是意大利的地名——译者)里出版的。这里面充满了光和色，渗透着对工人们在工作及斗争中所表现的英勇的赞颂。但是，显然的，这一些经验是不够喂饲高尔基的伟大的天才的。一个能力不足的艺术家，常会在他创作中感到困难。高尔基在那时只有做剩下来的唯一的工作：即是回头去写他孩童时代和青年时代的经验。他把艺术的探照灯旋向革命以前（指一九〇五年以前——译者）的俄国去。关于这一点，他是比任何俄国作家都知道得详细的。

在这时他成熟的作品中所表现的，和他在早年所描写的是大不相同了。他探入一九〇五年以前存在过的实际生活的最深处，他想去改造这生活的组织。这是所谓“老母亲的俄罗斯”，因为她是在几世纪以来的压迫与黑暗中间所生长出来的旧统治之下的。高尔基再不把俄国过去时代来理想化了。他是有批评眼光的。他是庄重的。他是现实的。他拿起解剖学家的解剖刀，把这古旧的俄国一块一块地，一条一条地剖割起来。他把每件东西放在一个锐利的艺术家眼睛的严密检查之下，他把那些值得我们后世去研究的人物和背景，矛盾和失败，一一写出来。俄国的每一个人都在想去描述粗劣的旧俄生活，每一个人都在评论压迫和黑暗，但是很少有人能用阶级概念的爱克司光去研究这旧日的生活。这就是——即使我们把高尔基伟大的描写天才放开不谈，而他在这第四时期中间创造出来的作品，仍然有特出的最大价值的理由。

高尔基惯用完全自传式的体裁去写作品。我的幼年是这一类作品的开始，很实际地写出作者幼年的遗迹与困苦。《奥克洛夫镇》一书也是有许多地方写他自己的儿童生活，《马得佛耶·哥士哈雅金的生活》也是同样性质。旧俄的市镇，卑鄙、污秽，僧侣拿统治大权，商人是生活的主人，愚昧在使群众落伍。这儿有许多巨大的力量是潜藏在下层，但是在这力量没有找到那革命道路以前，它是消耗在歪曲的，而不是奋发的道路之中。这儿有氏族与集团的战争，这儿有氏族间的宿仇；这儿有纵饮，这儿有野蛮。人民彼此互相殴斗与残杀，除了他们潜藏的愤怒以外，没有理由。这儿有残暴，有非常多的残暴；这儿有不公平，这种不公平只有由它的散漫无组织而缓和着。有些地方有美丽生活的大梦，而本性往往是美丽的。人终能成为美丽的。

十 “我知道那恐怖是真实的”

“我为什么去描写这一切悲剧事情呢?”高尔基在一本小说中这样问自己:“为什么我要叙述这些可怖的东西呢?诸君，那是为要使你们可以知道些可怖的事情。这些事实并不是过去的。它们离开过去还很远呢。你们喜欢读杜撰的诗，喜欢听把恐怖的故事说得很美丽，那幻想的恐怖使你们震骇。而在我一方面，我知道的恐怖，那是真实的，那是平常的。而这是不能否认的权利，让这故事使你们不快乐，因为要为使你们知道人们是怎样生活。我们是过着卑劣而下贱的生活，如此而已。”(见《人民》)

在高尔基开始对旧俄生活作文学上的观察的很久以前，他理解仇恨的销蚀的快乐(The corroding joy of hatred)。有一次有许多革命学生被判决送到军队去服务(为了要“纠正”他们)，他写信给诗人勃留梭夫说:“我的心情像一只被鞭打了而又被铁链锁起来的疯狗一般，假如你先生是爱人的，我希望你会了解我。你知道，我觉得把一个学生送到军队里是可怖的:这是不知羞耻的罪恶，妨碍他的人格自由。这是仗势胡为的流氓的卑劣手段。我的心是沸尽了，我要高兴地直唾这些仇恨人类者的无耻蠢徒。这些人当他在读你《北方之花》时，也会给你以温文的称颂，而且他们也会称颂我。这是令人憎恶和难忍到那般地步，使一种难以描述的仇恨，在我心中澎湃。”

这个难以描述的仇恨，高尔基把它写入于这些描写旧时代的新小说中了。这种仇恨使他可能成为自然主义以后最伟大的现实主义者之一人。同时，他并不失去他灿烂的态度。他的笔法甚至更勇敢，他的研究更坚决，他的人物的轮廓表现得更十分明显，他所产生的东西成为有纪念价值的作品。

亚多蒙诺夫的《勃兴和没落》（英译本叫做《没落》Decadence）是这时代中有纪念价值的作品之一。那小说可以算为一部俄国产业资本主义崛起和没落的历史，那第一代亚多蒙诺夫是一个农民出身的暴发户。他离开农村到都市的近郊去建立一个纺织厂。那最后一代亚多蒙诺夫经过一个很长久的疾病以后，在他旧时府邸附近的凉亭中醒来，发现他的产业是被一个红军的分队所占领了。他的近身人，园丁兼仆役——一个被他主人像脚下的灰尘般对待的人——告诉他，这是资本制度的残骸；他的时代已经逝去，而民众们已经成为这时代的主人了。最后一代的亚多蒙诺夫的一个儿子是个革命党的党员，他很出力地推翻了他自己的社会层的继承权。

在《我的大学》中，高尔基又回到他的青年时代去，高尔基幼时并不曾到学校里去过。所谓“我的大学”这个题目乃是有深意的。作者想表现出这样一种意思，即是一个替他阶级服务的艺术家，必须经历过一个实际生活的学校，和一个劳苦、贫乏的学校。高尔基的调子中是有些痛苦，但是这为什么不应该呢？

十一 “克里姆·赛姆金”

这一类作品里最后而最伟大的一集，是《克里姆·赛姆金的一生》(有人改译为《旁观者》，那是错误而不负责任的——译者)。这部书可以确认为第一次革命的时期中俄国生活的横断面。这是各种典型的一个总展览，一个没有穷尽的奇遇(Episode)的回忆，一个对各社会层精密而不疲乏的观察，一种耐心地构成一个伟大图案的细工。克里姆·赛姆金，一个资产层的知识分子的人物，是作者借他来把那些丰富的人物与背景连串起来。克里姆·赛姆金本身也许并不重要，但是他四周的生活，与他所观察到的和参与过的一切生活，却是非常重要的。这是写俄国的全部，从沙皇的首相，一直写到那一片好心想庇护一个革命党人的一个微不足道的侦探；从彼得堡“沙龙”中最有名的作家们与艺术家们，写到那郊外茅屋中一个微末的工人；从乱矗在俄国旷漠的草原上一个鄙野市镇的沉闷生活，写到“流血的星期日”彼得堡工人的巨大示威；从那位在革命怒潮的浪顶上产生出来，以及使他重逢了自己的希望与高见，无可奈何地去扮演一个革命角色的奸徒茄奔(一九〇五年一月二十二日领导冬宫请愿的茄奔神甫——译者)，写到那照着仔细考虑过的社会层路线去指导群众不平的狂潮的真正革命者。

克里姆·赛姆金的一生是现实主义与客观主义的最好解释。高尔基，当他在研究这俄国社会的结构时，是完全没有一切空想的。这些空想是使许多其他作家所以不能作出一个充分的描述的原因。他不喜欢克里姆·赛姆金，他也不喜欢那形成这本小说材料的大部分人物；他只有在很少的地方显示出革命者和工人,他并不渗入自己的意见,他也不希望这样做,他只希望暴露。他的暴露,用深有魄力的纯熟手法写来,不仅在了解昨日的俄国,并且在了解今日的俄国,也是有十分重大的意义的。因为目前劳动者层专政的主要斗争,不就是对这个依旧存在着的,而且妨碍新势力走向新生活路上去的"老母亲俄罗斯"的遗骸吗?

在这全书中间,有一种对于人类深刻的爱,这是在高尔基的每部小说中都包含着的。高尔基决不忽视"人"。"我们如不曾懂得去赞颂人是我们星球上最美丽最奇异的东西时,我们是决不能把我们自己从生活的泥沼与虚伪中解放出来的,我怀着这个确信入世,我也将怀着这个确信离世。当我将离开这世界时,我将坚决相信,有一天世界会认识神圣中的最神圣的乃是人。"

因为要使人成为人,人类必须去敲碎他们自己的锁链。高尔基的大部分小说就是叙述人类在敲碎锁链的小说。

十二　他是个"战士"

乌里亚诺夫对于高尔基曾这样写过:

> 高尔基无疑是劳动层的艺术的最显著的代表。他已经替艺术尽过不少力,而他将去尽更多的力。

即是在那一个时期,当高尔基和苏维埃共和国意见不合的时候——因为他不相信使农民去为社会主义建设而工作是可能的——乌里亚诺夫对这位伟大艺术家,也仍是容忍着的。他知道高尔基完全是个群众的人,不过离了革命稍微久一些。

乌里亚诺夫非常尊崇高氏的艺术天才。他主张不要给高尔基以经常工作，使他可以有时间来创造文学。这项工作，乌里亚诺夫认为是高尔基的主要社会任务。

高尔基是现代俄国的第一个作家，倾向于劳动层作家的风格的，和创造劳动层的作品的。因为，首先，高尔基不是一个旁观者(Outsider)。照资产层的理论，一个作家是一个站在一旁的人，一个从他自我(Inter-self)上去创造的个人。换一句话说，照资产层的概念，一个艺术家应是一个现实生活的旁观者。当然，这是不正确的。每个作家是从他四周的社会材料中去创造的，每个作家是他的时代与他的社会层的产物。所谓作家"超然"的意义，只是会使艺术家超出社会层，超出污浊现实的骚动，而在有利于资产层的方向去影响大众。高尔基曾公然说过，他不是超然于现实的，他和生活是不分离的，他是生活的参与者。他是集团的一分子，社会层的一分子，他在每篇小说与剧本中都显示这个意思。他比他的社会层走在更前面，——也许可以这样说——但是他决不是孤独的。

高尔基也不是一个观察家。从资产层的观点上说来，一个作家是一个"记录的人"(Man who records)。他好像是一种生活重演的有感觉性的影片，这是不正确的，因为资产层的作家并不只是在记录，而却在劳动维持和发展资产层的制度。这一种概念，无论如何，是给资产层作家一种遁词，使他们去沉溺于那些似乎在表现他们所观察的东西中间。这给他们一个公正的真理的赝鼎。高尔基说，这儿没有绝对的真理，只有社会层的真理。高尔基是在他自己社会层真理的观点上去研究生活。他希望依照这一个真理的教训去改造生活。他不是一个观察者，他是一个战士,他的每一作品都多少是关系社会革命的战斗的。

高尔基的兴趣主要是社会的。他描写人物比其他作家都精密。然而,他的人物却决不是仅代表这一个人物,而是被想象为一个社会群的代表。高尔基的人物往往在谈论生活,他们在讨论。他们有的时候甚至似乎太雄辩了,太明晰了。读者常常会感到作者是借书中人物之口在说话。但是,这在高尔基任务的观点上说来,并不是缺点。他分析社会,他用一个个人来做标本,他在少数人的行为与性质上去探索全体的线索;他并不注重他的观点,他并不用现实去适合他的希望。他认为现实就是现实(除了很少一些例子中,他犯了理想化或浪漫化的毛病)。但是,他要使现实说明为什么和怎样是如此的。一般说来,高尔基是一个宣传家。而实际上,每个大艺术家都如此,他的宣传是包含着一种希望,要使民众去认识生活,和照他的见解去了解生活。

高尔基憎恨压迫。他尊崇人类,他认为人类是世界上最宝贵的东西。他因此信仰社会主义。资本主义制度是充满了压迫和悲惨,充满了残跛的人。这是高尔基憎恨专制主义,憎恨“老母亲俄罗斯的原因”,这也是他有时让他自己被对欧洲资产社会的赞叹所感动的原因:他似乎觉得那里的生活是比较沙皇统治下有秩序而缺少残酷。这是他不能和十月革命完全一致的理由,那在他看来似乎是毁灭了许多人类价值。但是,当这个对人类普遍的爱,和对每种压迫的仇恨,被许多俄国作家滥用以仇视劳动层的专政与宣传复辟的时候,却使高尔基毅然走入劳动层的营垒里,用它的狄克推多方法去征服这一切反动。目前,劳动层中还找不到比高尔基更雄辩的辩护士,来替劳动层专政辩护哩。

高尔基根本是个现实主义者。对浪漫主义他从前已经付过相当代价，现在他决不一刻离开坚固的立场，向现实作充分而精密的贡献。即使在他早年作品中，他也写了许多俄国都市的现实生活。后来，这个现实主义更自觉地，更圆满地发展了。高尔基并不躲避生活的黑暗方面，高尔基并不想把它们遮掩起来。虽然他曾经写了一些像卢加那样的典型人物（见《夜店》），那人想用悦耳的谎话以安慰人们，和叫他们用更大的忍耐去忍受他们的苦难，可是高尔基自己决不沉溺于这种不健全的圈子里。人们有时会奇怪高尔基所发掘的这许多旧俄的恶劣、残酷和无情，他们会问这是为什么？高尔基的答复，我已经在前数章中引出了。他说人们必需去了解关于人类黑暗一方面的实际状况。现实的知识是每个社会斗争中的第一个必要条件。假如人们戴上一个理想的武装，现实知识决不会危险的。高尔基在写乌里亚诺夫时，他惊叹于他“对于应付现实是那样可惊的坚定，那能不管是怎样困难和复杂，决不能震吓他”。同样的，这也不能震吓高尔基。高尔基这样论乌里亚诺夫：“他知道怎样去预测什么事情会要发生，那似乎从前没有人能知道过。他知道这个，也知道怎样去应付。这在我看来，似乎是因为他半个伟大的灵魂是生活在未来中的，因为他坚定而又有伸缩性的逻辑，告诉他在完全具体的现实方式上的遥远的未来。”这话真是又像老师，又像朋友。高尔基是俄国少数作家中之一，首先的坚决地和过去绝缘。有一次，当柴脱赛夫（Zaitsev）——一个很有天才的作家想去捉住过去的“贵族之巢的影子”，而叹息于美丽之不复存。有一次当蒲宁——也是一个天才作家，去描俄国农村生活的水彩画去了，又有一次曼利士哥夫斯基（Merezh kovsky）从现代的骚动逃避到遥远的历史过去中，高尔基似乎说：“我们既生活在这个生活中，我们必须去了解它”，我们必须去改造它。高尔基不去看农村，甚至不去看他出身之地的伏尔加农村，不去看旧时代的美丽。他在那里找不出什么美丽，于是他和一切俄国文学的传统背道而驰。他的领域是在今日的社会组织里，从这里在生长着未来。

高尔基完全没有神秘主义与宗教的倾向，这是自然的事。在他《忏悔》中间虽有“创造上帝”的情绪，这乃是一时的迷途，这完全没有遗留下什么痕迹。在这一点上，高尔基也是一个改革者，一个劳动层的先驱。我们可以完全保证地说，他是俄国的唯一作家，不曾向教会的服务，向教堂的钟声，向修道院的静寂，以及向那寻求真理的高僧的谦让去借求什么美，以装饰他的作品。他实是太接近于劳动层，太够不上被宗教生活的妖艳所勾引的一个叛逆者。假如他去描写一个牧师，他一定会从这牧师中发现和其他一切古旧的代表者一样的卑鄙和浅薄。

高尔基对于俄国的知识是丰富的。他有一个非常的艺术记忆力，那使他能把许多琐细事情记上几十年之久。当他要创造一个新人物，他似乎从来不会腹俭。他的特性表现常常是新鲜活泼的。

高尔基的用语是对战前俄国文学上流行的用语一个很大的挑战。他的用语是现代的，但很少修饰的。他是灿烂的，而没有那种竭力的磨琢和雕刻，像那些俄国的“象征主义”者在创造他们的上帝的。他是简洁的，他是自然的，但决不像那些俄国“古典主义”者去模仿古俗。他是惯用方言的，但不是回复到那些在契诃夫、陀斯妥耶夫斯基，舍其耶夫·曾斯基，或安得雷·皮拉的作品中所常见到的“神圣俄国”用语的黑暗领域中去，他是带着那样一种强健，像一个人无须把肌肉紧绷起来就能显出他的力量般。他是那样的和谐而流畅，像是俄国的草原，像是伏尔加河的流水，可是他却很少感伤，而又决不浅薄。

十三　在新俄文学的摇篮旁

高尔基是俄国劳动文学的父亲，不仅因为他是在社会层概念的光线下，以画出社会斗争更明确的轮廓为目的，给我们种种模塑社会材料的伟大艺术模型，并且更有一种意义，即他是第一个把那些在十月革命前数年中崛起的新进劳动层作家们组织起来的人。在一九一四年出版的一部许多新进作家的“小说集”，是一部划分新时代的书。这些小说是由许多工厂工人写的。这个集子是这一种小说的第一部，乃是由高尔基的帮助和介绍而出版的。高尔基把他自己介绍于读者和作家们，他这样说：

> 这部书是由你们的同志们所写，是你们生活中一个新的而又非常重要的现象。这里很生动地说到劳动层知识分子势力的崛起。你们很知道，一个自修的作家写一个短篇是要比一个职业化的作家写一个几百页的长篇更困难。我可以简捷地说，你们这部集子是很有趣味的。你们可以有骄傲的权利。至于将来又有谁能说话呢？也许这个小小集子，在将来会被认为是俄国劳动层走向它自己文艺创造的第一步。人们也许会反对说，这是一种幻想，因为这种文学世界

上从不曾有过。不错，这儿是有许多东西，是从来不曾有过的；劳动层本身就不曾以这种形式，和带着近日所获得的这种精神上的满足而存在过，我深信劳动层是能够用很大的艰难困苦，和它的日常的艰辛去创造出艺术性的文学，如像现在已经创造出来似的。

高尔基永远是青年作家的导师和朋友，他刊行了许多杂志。他给许多青年作家以忠告。在他给一个苏维埃青年作家的一封信中，这样说明苏维埃文学的任务：

> 新的俄国文学现在是面对着一些巨大的任务，如：去描述充满了“鄙陋”的旧式生活，去帮助创造新生活的方式——一种新的心理，去劝导男女人们勇敢地去工作——在一切生活领域里去工作和去改造他们自己。我此后不再谈任何“趋势”了。世界是那不满意于生活也不满意于他自己的艺术家的材料。也不满意于他自己，记住这一点。

所以，文学对于高尔基不是娱乐，也不是奇妙的职业，也不是可以满足“美的渴求”的什么东西。它是有更大的意义的。它是社会斗争的武器，它是改造社会的工具，它是刺激人们去为改造世界和他自己而工作的东西。高尔基说，他不去宣说艺术有一种趋势，这是一个特点。他说：“世界是艺术家的材料——用那为新的未来而战斗的劳工阶级的眼睛去照出的世界。”

在高尔基的眼睛里，劳动层艺术家是一个战士。对于一个真正的战士，方法是次要的，而首要的乃是目的。社会斗争的武器是可以依赖于环境而决定，而最后胜利则是决不能不看清楚的目标。为某一种主张而奋斗的伟大战士，而有天赋的艺术天才者，很少把自己拘泥于一种表现方法内的。显著的例子如：托尔斯泰、陀斯妥耶夫斯基，或者萧伯纳。而另一显著例子，便是马克西姆·高尔基。从他早年的文学活动中，他就不时用新闻记者的大槌来代替艺术家的齿轮掣子。他所感觉不能用艺术家的描写去表现的东西，他就像一个政论家般粗鲁地去说，用致命的瞄准作直接的打击。

十四 革命小册子的突击队员

严格地说，这是不可能去划分他的新闻文类与小说的分水线。他的小说——如果那是可以称作小说的话（因为那实不是小说，而是包含各社会层与各种意见的一些人物生动而积极的表现）——是交织着那许多意见的冲突，和往往夹着那许多政治的辩论，那有时简直可称为政治研究。例如《克里姆·赛姆金的一生》中间某几章。在另一方面，他有些所谓政治报告的东西，又是那样地充满了排山倒海的情绪，是那样震撼着有规律的猛攻，是那样骚动着一些生动的人物，那使人们平心来讲是难以称它作新闻文类的。例如他关于一月二十二屠杀（按即一九〇五年冬宫前的屠杀——译者）的报告，又如他那《黄鬼之城》——那对纽约城的资本主义文化作难以抗衡的讥讽，又如高尔基关于莫斯科附近 G. P. U. [1]所管理的孤儿

[1] 是苏联国家政治局，除政治任务外，它还管理一些文化教育工作。

居留地的报告书。为分类起见，我们需要把他的作品中政治内容较占优势的归作新闻文类。高尔基曾做了那样多的这一类工作，如果不是他曾经写过别的东西，他真会被认作是最伟大的政论家和政治小册子写作家之一。他在早年即显露了他这种小册子写作家的口才。他在一九〇五年出版的一本文集，实行了他早年给勃留梭夫一封“论蒲宁”的信中的方针。在那信中高尔基写着：“我不懂得他（指蒲宁），为什么他的天才，美丽像块晦涩的古银般，他不把它磨利出来，像把刀般去刺入它应刺的地方去。”高尔基自己当然的是把他天才的枪尖刺入它应刺的地方——敌人阶层的心窝里去了。

高尔基的政论家的天才，曾经很显著地显示出两个巨大的高峰，一是关系一九〇五年的革命，一是关系第一次五年计划。而在最近几年中，很显然的，这位政论家的高尔基不仅成为更充实更深刻，而且更有力，同样更有影响了。

一九二八年——一九三二年这一时期的高尔基，几乎是一个新的角色。他不仅是一只苏联革命的喇叭，而且是一只世界革命的喇叭。他不再是只宣示暴风雨到来的“海燕”，他是在暴风雨中和无穷尽的敌人相奋搏的巨人。他的力量似乎是和暴风雨的狂暴共同的在增加。他的声音更雄伟了，他的观点更锐利了，他的警告更精辟而更有刺激性了，他的攻击更有力了。

他像一个巨石般矗立着，掩护着全俄的劳苦大众，掩护着在新的秩序产生的阵痛中的全国。他似乎是个巨大的卫士，在击退敌人，在祈求到处的劳动层起来，动员，向敌人作打击，向前进，和去援助社会主义祖国的建设。

最近几年的高尔基似乎全不疲乏的，他纯熟的力量似乎是耗用不尽的。“他是苏联的文学突击队员”，如罗曼·罗兰这样称呼他。而在每一个新的攻击中，他的影像显然的更伟大起来。

资本主义世界的命运已经注定了。这是高尔基写小册子的主要动力之一。“资本主义世界是在死亡了，在腐烂了。他再不能有自力更生的力量了，他们已经精疲力竭了。世界是机械地由它的惰性力量(Power of inertia)维持着的。这种力量只有依靠于警察与军队的势力——那是不很靠得住的，因为大多数的兵士本是泼奴力泰利亚，他们的头脑也许可被那鄙俗的迷信的垃圾所蒙蔽着，但是他们的政治意识，他们的革命阶层意识，是不能不随着某些条件而生长起来的。世界社会革命并不是一种幻想，这是不能避免而在成熟的事情。除了警察与军队以外，资本主义者在欧洲是由‘社会民主党’的领袖，和一部分被它的‘领袖’所欺骗了，在找权力与名誉的工人所支持着。这些‘领袖’的行为往往是更可耻的。”

“资本主义所维护的是什么？”高尔基不断地在问。他对于资本主义的反对和对于苏联的拥护，是由于这样一种绝对的确信所指示，即是说资本主义的破产是一种创造力量。“资本主义只维护了对于劳动者的物质的权力：它维护在它的文化条件中的生活习惯，这种文化条件是由于奴化劳苦大众的制度和对它劳动力的无情剥削所创造出来的……什么东西能辩护资本主义的残暴为正当呢？这儿是没有这种辩护的理由的。这种理由甚至是不必去再找，因为我们知道去找这种理由是没有结果的，整个阶级社会的制度是建筑在压迫劳苦大众的罪恶基础上，否则这个制度就不能存在的。”

十五 “我愿以私人资格加入军队”

在腐朽的资本主义的光线中，苏联在世界上的重要意义更显得伟大了。对于苏联，高尔基是个现实主义者，他知道困难，他知道工人们的生活是不容易的。在他给“马革尼托高斯克”①工人一封信中说：“我完全知道你们生活是困难的。但是你们是自由地在光大你们的生活，而只有你们能这样。你们虽然还缺少许多东西，但是你们能创造你们所需要的。你们的敌人——旧世界的人——在你们中间依旧啾啾地把些龌龊的卑鄙说话低声的吹入你们的耳朵里，企图鼓起你们对你们工作的重大意义的不信任，和对你们成功的必然性起怀疑——但是你们，只有你们能够，而且你们必须去摧毁这种瘴疠，这种旧世界剩留下来的可怜的垃圾。”

“你们的力量——”高尔基对俄国工人说，“是不能压溃的，你们在社会斗争中已经证明这一点了，在你们日常英勇的工作中也证明这一点了。你们的力量的不能压溃，这就是说你们能获得克服一切阻碍的胜利，你们必须去克服，而你们是会克服的。”

随着世界新旧的分化，人们中间也分化出有的为新的而奋斗的，有的为旧的而防护的两派来。高尔基不仅能认识人类的集团，不仅能认识社会层与社会群，并且能认识单独的个人。高尔基在这一点上，是占一个无可匹敌的地位的。他曾经被几代来的旧知识分子所敬爱过，而现在他是被苏维埃的青年所敬爱着了。那些和苏维埃弄不惯的“前辈先生”对于高

① “马革尼托高斯克”是乌兰尔一家巨大的冶金厂，是全世界最大的。

尔基很愤怒，他们叫高尔基为叛徒，他们在外国的报纸上和私人的信件中污辱他。高尔基对于他们的了解恐比青年辈能了解他们的还更详细，因此，他给他们的答复也更有力。当他说到旧俄时，革命前的俄国时，他能了解那时的人民。因此，他把他们和新俄的对照更显得特别的强烈。

高尔基他自己是从群众中来的，他比别人更知道怎样去估计突击队制度和社会主义竞赛的价值。在他看来，这是社会主义发展中最可称赞的事情。他从这里面看到新的人类在创造。从那工农群众中惊人地涌流出来的力，不仅震骇了社会发展的观察者的他，并且震骇了艺术家的他。他憎恨旧世界的讥笑。他被新世界的创造所陶醉着。他看到人类中最美满的东西的实现了。

高尔基被知识分子所欢迎是很自然的。在他用英语写的，我们有本他的《告美国知识分子书》——一封复信。在这书中我们读到：

> 知识分子的作用往往被拘泥着，主要去铺张这资产层的可厌的制度，去安慰富人们生活中不足道的烦恼。知识分子是资产层的护士，他们忙着替资产层的哲学与宗教的道袍缀上白线——这种旧而又脏的，很深的沾染着劳苦大众的血迹的织物。

高尔基请求知识分子中较进步的，放弃他们对资产层不适当的服务，和大踏步走向革命的劳动层来。高尔基反对资本家的报纸。他说：“欧洲与美国的报纸，忙碌地和几乎唯一地，在努力抑低它读者的文化程度，这种程度本来已经够低的了。新闻记者——这些过去用鼷鼠堆去叠大山的（即言过其实，小题大做之意——译者）艺术大师——为资本家的利益而在服务，根本不高兴去控制那些肥猪（指资本家说——译者），虽然他们是不能不知道这些猪猡已经失去了理性，而开始在发杀人的狂欲了。”

高尔基对于资产层生活上浪漫蒂克的修饰，对于资产层的诗，对于资产层的所谓“美”，是没有什么尊敬的。“去想在阶级社会的残酷条件下，在一般无政府的斗争条件下，在那嫉妒、贪婪、不自由，和往往无理性的劳动之前，是可能有一个和谐的、美丽的生活，这是幼稚的。去想在这个年头儿，社会生活成为更值得公开讥刺，更污浊，而充满着形形色色戕贼人们的罪恶的毒素时，任何人，不管是谁，都有权利可以去建筑为他个人美丽生活的安乐窝，这是无理性而又无耻的。”

当高尔基谈到苏联的时候，这种渗着他对旧制度憎恨的火焰，同样在他的爱与骄傲中燃烧着。“我们大家必须把我们看作全世界劳动层的军队：我们都是工厂中田庄上的工人，用来福枪和笔把我们武装起来。我们在战斗中已经生活了十三年了——这是你们伟大的斗争，疲劳的而却光荣的斗争；对不成形的金属品的斗争，它们被你们拿来做成机器了；对土地的斗争，从那里你们种出丰富的收获物来了；在地下的斗争，从那里你们掘出煤炭来了；在运输线上，在冬夜里对风雪的斗争——无论在什么地方，你们用言行一致去领导你们的斗争。而假如你们要拿起武装，前进到那与旧世界作战的战场上去的时候，这儿就会有一支世界历史上破天荒的军队，向这决死的战争中开去。这支军队的每一员战士，都会绝对精确和清楚地认识，他是为什么而战，他的敌人是谁。这个敌人的命运已被历史注定了，而他的牺牲就将是全世界劳苦大众幸福的开始。”

六十岁时的高尔基，一个离开伤感主义很远的人了，曾这样宣告说：

> 假如一个战争，对我所凭借着而生活而工作的社会层爆发起来了，我也要以私人资格去加入军队。我加入它，并不是因为我知道它一定会打胜仗，而是因为劳动层与苏联伟大而正直的主张，就是我的主张，我的责任。

苏联劳动层欢迎高尔基，是欢迎像他在他的作品中所表现着的。世界上没有一个文人曾经受过这样的庆祝，像苏联庆祝高尔基文学活动四十年纪念那样热烈，也没有一个作家，无论活着的或已经死去的，曾经像高尔基般被无数千万的人们所爱戴过。

人 名 注 释

阿志巴绥夫(Artsybashev M. D.)(一八七八年——一九二八年)——小说家，长短篇均擅，以长篇《沙宁》而出名，该书为表现布尔乔亚在一九〇五年革命失败后一时期中的悲观与颓废。

皮拉·安得雷(Belly Andrey)(一八八〇年——)俄国小说家，现侨居国外。

勃留梭夫(Bryusov V. Y.)(一八七三年——一九二四年)

俄国象征主义派诗人。

蒲宁(Bunin I. A.)(一八七〇年——　　)俄国短篇小说家兼诗人,现为白俄,流亡于国外,曾获“诺贝尔文学奖”。

契诃夫(Chehkov A.)(一八六〇年——一九〇四年)为十九世纪中,俄国著名之短篇小说家与戏曲家。

郤纳雪佛斯基(Chernyshevsky N. G.)(一八二八年——一八八九年)著名俄国社会学家,评论家,兼革命家。

陀斯妥耶夫斯基(Dostoyevky Feodor)(一八二一年——一八八一年)著名俄国小说家和散文作家。

迦尔洵(Garshin V.)(一八五五年——一八八八年)俄国短篇小说家。

科洛伦科(Koroleako V.)(一八五三年——一九一七年)俄国短篇小说家。

拉佛罗夫(Lavrov P. L.)社会学家,经济学家,民粹派的前辈,认农民为革命的主力。

马契·恩斯脱(Mach Ernst)(一八三八年——一九一六年)奥地利的物理学家,和唯心论的哲学家。

曼利士哥夫斯基(Merezhkovsky D. S.)(一八六五年——　　)小说家,评论家,散文家。俄国象征主义的前辈之一,现在国外作白俄流亡者。

纳特逊(Nadson S. Y.)(一八六二年——一八八七年)俄国抒情诗人。

辟沙利夫(Pisarev D. I.)(一八四一年——一八六八年)激进的批评家和政论家。他对于六十年代知识分子的革命意识形态的形成,有很大贡献。

蒲列汉诺夫（Plekhanov G. V.）（一八五七年——一九一八年）俄国马克思社会主义的柱石，后成少数党领袖，社会爱国者，和苏维埃的反对者。

罗曼·罗兰（一八六六年—— ）著名法国作家与非战者。

舍奇耶夫·曾斯基（Sergeyev Tsensky S. N.）（一八七六年—— ）俄国短篇小说家。

萧伯纳（一八五六年—— ）爱尔兰戏剧家。

亚当·斯密斯（一七二三年——一七九〇年）古典主义经济学家。

托尔斯泰 L. N.（一八二八年——一九一〇年）俄国著名小说家。

乌斯潘斯基（Uspensky G. I.）（一八四〇年——一九〇二年）——民粹派作家，在六十年代改革后，专描写俄国农民生活。

柴脱赛夫（Zaitsev B. K.）（一八八一年—— ）短篇小说作家，现侨居国外，为白俄流亡者。

高尔基年谱

一八六八年，三月，二十九日（旧历三月十六日） 生于俄罗斯中部的尼兹尼·诺夫哥洛特。这是伏尔加河上流的一个历史上的古城，位于莫斯科和喀桑两大城市之间。父亲玛克辛·配休可夫，是家具制造者（一说是染匠），母亲华尔华拉，是染色店长的女儿。祖父曾经做过军官，因虐待兵士降职，生性暴躁，常常打骂儿女。高尔基的父亲从十岁到十七岁之间，曾从家庭逃出过五次；最后一次，流浪到诺夫哥洛特，做了学徒。

一八七三年　高尔基五岁，他的父亲染了霍乱症逝世。高尔基和他母亲不得不去到外祖父家。外祖父是著名的“吝啬家”，他们这时的生活非常痛苦，只有仁慈的外祖母阿克里娜，还能背地里爱抚这个孤儿。

此时期高尔基曾进了小学，但不到五个月，就染了天花；而他的母亲也在这个时候死了。因此，高尔基就不得不停学，开始出卖自己的气力。

一八七八年　高尔基十岁。这一年秋天，进了某皮鞋店当学徒，未及两月，即被滚水炙伤了手。

一八七九年　十一岁，高尔基因不堪虐待，逃出了皮鞋店，而到一家有些远亲关系的制图所去当学徒。他在那里所担任的如一般学徒一样，是烧饭，买菜，当差，抱小孩等工作。

一八八〇年　春季，高尔基又逃出制图所，独自逃到伏尔加河边，做了一个轮船上的厨师的徒弟。这厨师名叫西姆洛，性情温和。高尔基在他这里开始知道了读书。依西姆洛的指示，他读了小仲马的戏曲和果戈理的小说。

一八八三年　十五岁，由读书而开始感到有系统的学问的必要。因此，独自流浪到喀桑，想进喀桑大学读书。但大学不容许他进去，于是只好在喀桑当了一家食品店的伙计，月薪三卢布。这是高尔基少年时代最痛苦的时期。

一八八六年　十八岁，高尔基到卡然去求学，又因无钱而不能成功。但在那里认识了一些革命者。

一八八八年　二十岁，冬季，高尔基投考一个小歌剧班的合唱团，被录取了。在流浪巡行期内，他认识了现在世界著名的独唱家——他的同业夏里宾。这时,他已开始了实际的革命活动。有一次,在克拉斯诺威多夫的地方,曾因做农民运动,几乎被地主富农的走狗们打死。在面包制造所工作时,也曾做过煽动工人们起来反抗主人的工作。晚上,他往往坐在工人们中间,彻夜诵读陀斯妥耶夫斯基的《穷人》之类的作品。

后来由汤浦夫流浪到杜勃林克车站,当了车站货房的更夫。在此,他亲身经历了现实社会组织下的一切的苦痛。有一个秋天发大风的晚上,他被风吹倒在铁路上,因此喉咙得病,使他从前和夏里宾比赛过的嗓子永远的带了沙音。毛病好了,他干着清道夫的工作,逐渐徒步走回故乡,加入了称为“被监视着的人们”的团体。现代俄国文豪科洛伦科也是其中的一个。当时诺夫哥洛特宪兵队长曾报告:科洛伦科的住宅是“危险思想者”的机关,因此高尔基也受了当局的监视。

一八八九年　二十一岁,高尔基因革命活动,第一次被捕入狱,监禁了一月。这一年受了征兵检查,因为体弱不曾合格。此后,当了啤酒厂的伙计,又做过律师拉因的帮手。这律师对于高尔基的将来,有了很大的影响。高尔基在他那里读了很多的书,认识了很多的朋友,并参加了读书人的集会,认识了诗人费特洛夫,还在开会时朗读了在杂志《蜻蜓》上发表的自作的诗句。

一八九一年　二十三岁,春季,高尔基又开始了流浪生活,有时候坐车,有时候步行,无目的地到处漂泊。由尼兹尼·诺夫哥洛特出发,沿着顿河南下,经过南俄乌克兰、裴塞拉比亚,再沿克里明半岛南岸,一直到了高加索平原的古班,差不多环行了俄罗斯全境;这一年秋天,到了外高加索的第夫里斯,在那里的铁路工厂中工作,因此接近了许多工人。

一八九二年　二十四岁，他依着一个朋友的劝告，写下了最初的小说《玛加尔·丘特拉》。这篇作品发表在九月二十五日（旧历九月十二日）第夫里斯的地方新闻《高加索报》上。这就是高尔基文学事业的开始！

这年冬季，高尔基重新回到了故乡。这时，又在赫桑和别的地方报上发表了几篇小说。科洛伦科，对于这位新进作家有了很大的帮助。此后，他的作品不断地在各大杂志上发表。

一八九三年——一八九五年发表的短篇有《阿美丽·皮里亚》《祖父阿克普和劳加》《依赛格里老太婆》《秋夜》《错误》《在盐场》《童话》《小神仙与牧羊者》《在黑海》等。

一八九六年　二十八岁，在科洛伦科主编的杂志上发表了《契尔加希》。这一篇作品，对于现今的文学上还留下了很大的影响。同年，发表了《在筏上》《旅伴》《鹰之歌》《结论》等。其中以《旅伴》和《结论》最值得注意。

因患肺结核，到南俄克里米亚去疗养。

一八九七年　发表了《奥罗夫夫妇》《曾经为人的动物》《傲慢的人》《草原上》《玛尔伐》等作品。

一八九八年　高尔基三十岁，最初的单行本小说集《玛加尔·丘特拉》出版。同年五月，因为第夫里斯宪兵队的要求，高尔基第二次被捕，被解送到外高加索的中部。他的罪名，就是所谓“革命活动”。不久，即开释。

一八九九年　高尔基三十一岁，发表了最初的长篇《福玛·哥尔提夫》。这篇作品是使作者确实地占有了世界文坛最高位置的杰作，也是作者在创作活动上开始了一个新的转变的纪念作品。这作品之前，高尔基所写的大部分都是浪漫的个人主义的作品，他用童话和传说等等的形式，描写了零落的流浪的生活，赞美了异常的事件和卓越的力量；而在这长篇里，作者才开始了深刻的现实社会的解剖。在这作品里，开始明白地看到了互相冲突、互相争斗着的两个不同的社会层。

这时他在国内已经受到很多的人景仰。年末，第一次到圣彼得堡去。

一九〇〇年　三十二岁，发表了第二个长篇《三人》。

这时，高尔基的声名，已经传遍了西欧各国；同时，宪兵和警察，也格外严重地注意了他的行动。同年四月间，曾因为参加彼得堡的示威而被解到阿尔沙马斯。

一九〇一年　依医生的劝告，至南俄克里米亚半岛的耶尔塔地方去疗养。在那儿，认识了托尔斯泰、契诃夫两大文豪。因契诃夫的忠告，写了戏剧《小市民》和《下层》。

同年，巴黎举行嚣俄（今译为雨果——编者）诞生一百年纪念，高尔基以俄罗斯代表者的资格，接受招待。俄罗斯帝国学士院并推选他为学士院的名誉研究员，但被沙皇政府取消了资格。

一九〇二年　从耶尔塔回到故乡，并去莫斯科及圣彼得堡。《小市民》在莫斯科"艺术座"上演，获得了异常的成功。接着就是俄罗斯演剧史上划时代的《下层》上演。

一九〇三年　三十五岁，《高尔基著作集》（六卷）出版，半年内销了五十五版，单行本《下层》，这一年内重版了十四次。

这时，高尔基办了一个出版机关，出版《知识》杂志，用"知识社"的名义，出版了许多仅售一二分钱的小册子。这些小册子深入到广大的俄罗斯的下层民众，而被他们当做"自己的作品"。并在暗中为革命团体的经济、组织，尽了很大的力量。

一九〇五年　高尔基开始了异常的活动，站在文坛上和社会革命家的前线，对屠杀示威群众的当局提出了严重的抗议。以《一月九日》(即“流血的星期日”)为题名的、使人战栗的短篇，永久的传下了沙皇政府虐杀民众的真相。同年，高尔基起草了一篇《企图颠覆俄罗斯现存制度的宣言》，结果被捕，生命极危，世界各国文化界掀起了暴风雨般的“反对处死高尔基”的示威和抗议，终被放逐。

此时，他认识了乌里亚诺夫，常有书信往来，热心地参加了革命团体的工作。

一九〇六年　春，高尔基为着募集援助俄罗斯革命运动的基金，在美国各地开了多次的演说大会。可是美国政府受了俄罗斯保安警察局的嘱托，很快就将高尔基驱逐出境。

从美国归来，肺结核复发，就在意大利的加普列岛暂住。但是他援助革命的活动，并未中止。

这时期内发表的主要作品有《太阳之子》《野蛮人》《美国印象记》等等。

一九〇七年　参加有名的社会民主党的伦敦大会。

发表了戏曲《敌人》和长篇《母亲》。

《敌人》是高尔基最初描写真正自觉了的工人的作品。这儿，方才展开了产业劳动者与资本家争斗着的情景。在这戏曲的结尾，同情工人的厂主的妻子很自信地呼喊:“看着！胜利一定是他们的!”这是高尔基文学活动第三期的开始。

《母亲》，是高尔基全作品中最广泛地受全世界勤劳大众爱读的杰作。这儿，高尔基有了更伟大的前进，他用自己获得了新的经验，描写了工人运动的广泛的情景。

一九〇八年　高尔基在意大利加普里岛组织了社会民主党的支部，对党供给了他大部分的版税。

在这时期内，高尔基替下层的人们批改了四百篇以上的作品。

发表了长篇《无用人的一生》，是以一九〇五年一月九日事件为焦点，明确地描写了旧社会的崩溃，和新势力的出现。

一九〇九年　发表了以反宗教为主题的《忏悔》，和以农民运动为中心的《夏天》。

一九一〇年　发表了中篇《奥克洛夫镇》。这是高尔基创作生活上值得注意的作品。他以这篇作起点，开始了创作的第四个时期。

一九一二年　发表了长篇《马得佛耶·哥士哈雅金的生涯》。

一九一三年　从这时候起，高尔基陆续以回忆录的体裁写出了自述传《幼年时代》《在人间》《我的大学》和许多关于俄罗斯文豪的回忆录。

一九一四年　罗玛诺夫皇朝三百年纪念大赦，高尔基从意大利回国，继续文学和革命的工作。

一九一七年　俄罗斯大革命成功之后，高尔基参加了苏联的文化事业，对于“世界文学丛书”的编辑和发行，及学生生活的改善，倾注了最大的努力。

一九一八年　热烈地参加苏维埃共和国的文化建设。

一九二一年　旧病复发。接受乌里亚诺夫的劝告，再到意大利苏伦德养病。除准备他毕生巨著《四十年》之外，依旧继续着保护苏联和指导新作家的工作。

一九二三年　发表了《我的大学》。在这篇回忆的自传里面，高尔基描写了一八八〇年代的知识分子的革命团体，工人农民的生活，学生知识分子出身的革命家的非实行性，托尔斯泰博爱主义的破绽，以及工人和农民团体间的隔离。

一九二四年　发表了《日记断片》《安特列夫回想记》等。

一九二七年　苏联十月革命十周年纪念，高尔基从意大利发表了《我的祝词》，宣言确信着："苏联的政权已经确立，事实上在苏联已经打定了建设新世界的基础。"出版《四十年》——即《克里姆·赛姆金的一生》第一部。

一九二八年　三月十九日是高尔基六十岁生日，也是他创作生活三十五年的纪念。在苏联，从这一天的一礼拜之间，全国举行了盛大的祝贺。当日，苏联的一切新闻杂志，都发行号外，将全版面供献给纪念这位大文豪的文字。从莫斯科起，到全国的公会堂、工人俱乐部、图书馆，都举行了关于高尔基的演说。晚上，各剧场都上演了高尔基的戏曲。这是第一次五年计划开始的一年，高尔基从意大利回莫斯科，参加伟大的社会主义建设工作。

一九二九年　六十一岁，被选为苏联中央执行委员，参加了政府的工作。

一九三〇年　产业党事件发生。高尔基发表了《给人道主义者》的公开信。他主编的杂志《文学研究》创刊。

一九三一年　夏，重新以正式党员的资格加入党。

发表《四十年》……《克里姆·赛姆金的一生》第三部。

一九三二年　从一八九二年九月二十五日在《高加索》报上发表了他的处女作以来，到本年九月二十五日，高尔基整整的继续了四十年的文学事业。苏联，和全世界的进步作家、思想家、科学家……为着纪念高尔基的伟大的功绩，在这一天举行了世界上从来不曾有过的盛大的庆祝。

高尔基四十年纪念庆祝大会并决定，将尼兹尼·诺夫哥洛特镇改名“高尔基镇”。会中同时发表：以苏联政府最高荣誉的列宁勋章，给予高尔基，并改莫斯科艺术场为高尔基剧场，并在各级学校设立高尔基奖金。到会参加庆祝者，有苏联政府的领袖，党中央委员，苏联文学界、艺术界、戏剧界各公共团体及各工厂代表，外国使馆人员，外报记者，主席团为斯大林，加里宁，莫洛托夫，苏联及外国文坛代表，法国大文豪巴比塞亦远道亲自来参加。当高氏入场时，群众热烈欢呼，先由加里宁代表政府及党行开幕礼，向高氏致正式贺词，接着党代表台兹基演讲高氏生平及其著作，称高氏为“代表大众奋斗而创造新世界的最伟大的作家”。人民教育委员波勃诺夫代表苏联全部文化劳动者及百万学生向高氏致敬，谓高氏为社会主义文化斗争，乃工人层全解放斗争之一部。高氏于会众再度热烈之欢呼中，起立致词，先向会众恳切致谢，并勉励苏联青年，努力研究知识，谓“只有知识能坚固青年对真理的信仰，而此种信仰，为改造旧世界的必要工具”。

九月二十五日起一周间，全国剧场竞演高氏戏剧，各影戏院放映以高氏历史为题材而摄制的影片《我们的高尔基》，及其他高氏作品电影化的新片，国内各地街道、建筑物、图书馆，……改名高尔基的不知多少；世界各国文学团体，均举行高尔基夜会，发行“高尔基专号”……

这年为苏联第二次五年计划的开始，旧“俄罗斯作家同盟”解散，成立“全苏联作家协会”，高尔基被选为主席，并在这时提出了文学创作上的新口号“社会主义的现实主义”。高尔基不断为着这口号的胜利而斗争。

年尾，他的戏剧新作《蒲雷曹夫》上演于莫斯科，得到了很大的成功，为本季上座最盛的剧本。

一九三三年　正式发表《蒲雷曹夫》，列为“第十六年”文学丛书之一。

与前进的文学战士发起全世界广大的反战反法西斯运动，成立“世界反战反法西斯同盟”，并推派代表来远东调查。

一九三四年　以新进作家潘菲洛夫的巨作《布罗斯基》为起因，高尔基和《铁流》的作者绥拉菲摩维支开始了关于“文学用语”的论争。结果，对于苏联文学贡献了很可宝贵的意见。

参加“第一次全苏作家大会”，担当了“关于苏维埃文学”的很长的报告。

同时，苏联最大的飞机（也是全世界最大的）“高尔基号”文化机，建设成功。

一九三五年　与世界前进的文化战士纪德、罗曼·罗兰等共同发起“国际作家保卫文化大会”，于巴黎举行大会，宣言反对法西斯摧残文化的暴行。

一九三六年　六月十八日逝于他的故乡高尔基镇。此消息传出之后，全世界均致哀悼。苏联人民委员会立即组织“高尔基治丧委员会”，由政府拨巨款办理一切。苏联各工厂、企业、集体农场均举行追悼，并发表纪念文字。二十日在红场举行葬礼，斯大林、莫洛托夫均到场行礼演说。在职工会向高尔基遗骸行告别礼的民众达七十余万人。苏联政府并决议在各大城市建筑高尔基纪念塔，经费由政府支拨。

附录

高尔基著作中译表

书名	译者	出版处	附注
奥罗夫夫妇	周筧	生活书店	“世界文库”第二、三册。
胆怯的人	李兰	湖风书局	即《福玛·哥尔提夫》,已绝版
三人	钟石苇	商务印书馆	同一原本
三人	黄源	生活书店	
夜店	李谊	湖风书店	即《下层》,已绝版。
母亲	沈端先	大江书馆	已绝版
母	孙光瑞	开明书店	
奸细	沈端先	北新书局	已绝版,即《没用人的一生》
奸细	秦炳蓍	生活书店	
忏悔	何妨	中华书局	
夏天	何素文	商务印书馆	
玛尔筏	张昆泉	光华书局	改由“大光书局”发行
玛尔华	陈节	生活书店	“世界文库”
幼年时代	陈小航	商务印书馆	同一原本
我的童年	蓬子	光华书局	
我的童年	洪灵菲	亚东书局	
人间	黄源	开明书店	《中学生》杂志连载中。
在人间	王季愚	读书生活社	同上原本
我的大学	杜畏之	湖风书局	
四十年代	林疑今	联合书店	《四十年》第一部之半,书名

			系误译，已绝版。
燎原	罗稷南	生活书店	“世界文库”第二期之一，即《四十年》第三部。
没落	陈小航	神州国光社	同一原本
颓废	赵璜	商务印书馆	
恶魔	鲁迅	春光书局	
争自由的波浪	董秋芳	北新书局	
隐秘的爱	华蒂森堡	湖风书局	已绝版
英雄的故事	华蒂	天马书局	
初恋	穆木天	现代书局	已绝版
草原上	朱溪	人间书局	已绝版
草原上	梁遇春	北新书局	
草原故事	巴金	生活书店	
绿的猫儿	效间	远东书局	已绝版
回忆琐记	陈勺水	乐群书局	已绝版
高尔基文录	鲁迅	光华书局	改由“大光”发行
高尔基小说集	宋桂煌	民智书局	
高尔基代表作	黄源	前锋书局	
坟场	史杰	生活书店	
不平常的故事	史铁儿	合众书局	已绝版
高尔基创作选集	萧参	生活书店	已绝版
坟场	史杰	生活书店	
俄罗斯童话	鲁迅	文化生活社	
天蓝的生活	丽尼	文化生活社	
高尔基选集	周天民 张彦夫	世界文化研究社	共六册

高尔基哀荣录

高尔基病笃

（塔斯十八日莫斯科电）高尔基病状报告谓："病势严重，六月十七日全日，呼吸及心脏活动用氧气及强心剂维持，晚间体温三十七度四，脉搏一百二十，极不规则。"

高尔基死后荣誉

组织委员会整理遗作

定于今日在红场火葬

（塔斯十八日莫斯科电）共产党中央委员会及苏联人民委员会接到高尔基于六月十八日在莫斯科附近高尔基地方逝世消息，立即组织高尔基治丧委员会，包括布尔加宁、克鲁斯谦夫、托尔斯泰、伊凡诺夫、斯台茨基、加明斯基、科道洛夫斯基、翁希列支脱、克鲁支科夫九人，预定六月二十日下午六时在红场火葬，丧葬费由政府支拨，并组织委员会，包括斯台茨基、克鲁支科夫、斯泰夫斯基、塔黑尔、布勃诺夫五人，处理高尔基之文学遗作及信件。

（塔斯社十八日莫斯科电）高尔基灵柩置于职工会大厅，俾受民众祭奠，六月二十日晚间举行火葬。

高尔基脑髓

解剖供研究

（塔斯十九日莫斯科电）高尔基脑已交脑髓研究所。该所所长谓已置入特制匣中，各部表面俱已由显微镜摄影，此后将作详细研究。

苏联全国哀悼高尔基

（塔斯十九日莫斯科电）苏联全国哀悼高尔基之逝世，各工厂、企业、集体农场纷纷举行追悼会，各报发表关于高氏生活、著作等之纪念文字，国内国外各处唁电亦如雪片飞来。今日清晨莫斯科数万劳动者，即赴置高氏遗骸之职工会大厦，俾与彼等爱戴之作家告别。柩旁光荣卫队时时更易，千万民众行经灵前，向高氏致敬。

全世界哀悼高尔基

（塔斯二十日莫斯科电）苏联共产党中央委员会、人民委员会、职工会中央会议、苏联作家同盟等机关公布高尔基死耗各种通告，各报纷载；英、法、美、捷克等国对于高氏死耗之反响。《真理报》载大作家路易亚根文谓，“世界文学失其导师”。威尔斯谓，“随俄国革命而前进之一伟大作家又已长逝”。《纽约时报》莫斯科访员都兰蒂谓，“哀悼高尔基之死者，不仅苏联人民，且为全世界之劳动大众及自由之友，彼曾热烈保障困苦人类，其思想自必与共产党及斯大林完全相同”。

高尔基昨举殡

斯大林莫洛托夫均往送葬

向高氏告别民众逾七十万人

（塔斯二十日莫斯科电）今日高尔基在红场举行火葬，斯大林、莫洛托夫、卡昂诺维赤、奥尔尼斯基、米科扬、安德莱夷夫及兹达诺夫在高尔基尸灰瓮前做最后一班光荣卫队，自职工会至红场，莫斯科劳动者数万人，及苏联其他各地代表送殡，并集红场向高尔基行最后敬礼。人民委员会主席莫洛托夫、莫斯科苏维埃主席布尔加宁及作家托尔斯泰、定徒吉特（法国作家，现在莫斯科游历）相继演说。高尔基尸灰瓮在礼炮声中，抬入克里姆林宫。在职工会向高氏告别，民众逾七十万人。兹日法国政府及玛萨里克赠送花圈。

政府拨款建纪念碑

（塔斯二十一日莫斯科电）苏联人民委员会及共产党中央委员会会议决定：在高尔基省各城，彼得格勒、莫斯科建高尔基纪念碑，经费由政府支拨。

“劳动大众之挚友”高尔基

“人民委员会”主席莫洛托夫演说

（塔斯二十一日莫斯科电）高尔基举殡纪念会中，苏联人民委员会主席莫洛托夫演说，谓：

“高尔基之伟大，潜伏于其光明思想，亲近人民、自我牺牲之伟大工作，及控制文化及人道已往成就之中，此使彼成为劳动大众之挚友，及争取共产主义胜利之伟大鼓励者，高氏至其最后一息，常与在党之列宁、斯大林领导之下，热心建立社会主义新社会者，抱同一热情及思想，直至最后一日，彼常双目灼火，以反抗劳动大众之敌——法西斯主义者及其他剥削者，文化破坏、鼓励战争者，在我国劳动大众每一胜利中——斯泰哈诺夫运动之成功，妇女运动之新发展及劳动生产率之增加，敌人攻击及阴谋之失败，国防之巩固，尤为大众之文化发展及文学艺术上之进步，彼常雀跃如一活泼青年。高尔基为文字艺术天才，彼已昭示文学工作者及文字艺术家，如此文字用于争取人类幸福并达各民族人民之心底，则此文字力量如何伟大。高尔基为伟大民族之伟大子孙，高氏已向劳动大众宣示，我国及其他国家不乏伟大天才，但过去能自由发展者仅属少数，目下则已为才能胜利光荣辟一平坦大道。高尔基为劳动大众之挚友，争取共产主义胜利之鼓励者。在列宁死后，高氏之死，乃为我国及全人类之一最大损失。”

苏联骑师

改名高尔基

（塔斯八日莫斯科电）苏联中执会准骑兵第二十二师将士之请，下令改该师为“高尔基师”。

尤脱莱女士论中国局势

远东透视特约稿

“英国和美国可以无须卷入战争漩涡就能停止这战争的。”《日本的泥足》作者 F. 尤脱莱女士从伦敦抵汉口以后不久，在一次访问中这样说。

据尤脱莱女士解释，日本的贸易是非常集中的。二分之一的日本输出，是对大不列颠帝国与合众国，而三分之二以上的日本输入是从大不列颠帝国与合众国来的。

“日本必须输入各种战时原料品，如煤油、铁、铜、铅，非铁质的金属品、化学肥料、摩托车或零件、飞机引擎，以及多种机器。”

主要的问题——尤脱莱女士说——是在英美的合作。她说，美国人民对华广大的同情，可以从美国非法的抵货运动中看出来，那比英国的抵货运动还要更有效力。她坚信，假使英国能够来领导，提出对日本战时原料品的一个联合封锁，美国一定会合作的。

“困难是谁都等待着彼方领导，美国的舆论，由于去年英国所给予的印象，已经转移了。就是说英国只管她自己的投资安全而并不是为了和平。”她说。

据这位著名女作家的意见，英国远东政策始终犯了一个错误，就是妄想靠一种协定能够保全她在华南、华中的投资与贸易。因此，它终是不断担心着，不要得罪了日本。

然而现在已经有些明白了，日本是决心把英国排出中国去，可是它对日本进攻大不列颠的力量和能力，甚至企图打倒大不列颠帝国的能力，还有着一种过分的恐惧。

“日本已经胜利地吓倒不列颠政府了。”尤脱莱女士继续指出另一事实，全世界已经明白，英国只是希望保全它的投资，而它对日本友谊态度，已足以转移美国的舆论，而使英美合作更不易成就。

可是尤脱莱女士相信英国远东政策终有一天改变。问题是：什么时候这种改变才会到来？会不会到来得太迟了？

“目前外国，特别是英国，对于援助中国的前途如何？”有人问她。

“前途并不光明，一部分是因为中国没有使英美民众知道它对于外国援助的迫切需要。”尤脱莱女士回答说。

她以为，如果她把中国对于国外援助的切迫需要带回去告诉国人，英美的舆论会督促他们政府来实行的。

“我们还须努力说服他们，就是中国现在正竭力使它自己能够消灭腐化势力，强迫有钱的为战争出钱，以及动员民众。”她严重地说。

“认为像这样一个战争，可以向富人用志愿输款的方法去筹划财政，那是一种幻想！一个现代的战争需要用现代的方法，志愿输款只是一种封建的意念。”

尤脱莱女士认为中国最迫切需要的是动员民众与财力，

和以最大努力去获取外国在军火上贷款和技术上的援助。

“中国应该知道,不仅以外交方法去使友邦知道它对于军火、医药品供给,技术援助和贷款的需要,并应使友邦的民众知道。她不应以为恳求援助为可耻,一切国家都在找同盟者,中国为什么不呢?”

在中国短期的逗留中,尤脱莱女士已经认识了中国新民族意识的觉醒。在她上月从英国经过地中海到中国的旅途中,她深刻地印象着华侨那种超越的牺牲精神。

在另一方面,尤脱莱女士却发现和那种非常英雄的行为相反的现象,就是中国有钱人和中等阶级的冷漠态度。关于这一点,她希望国民参政会“有钱的应把财力自由捐助国家”的决议,改为“必须捐给国家”。

她坚信如中国的物质与精神力量能动员起来,中国无疑是足以抵抗日本的。可是她担心这些力量到现在还没有完全动员起来。

对于“日本什么时候会经济崩溃”的问题,尤脱莱女士回答说:

“我不愿做鲁莽的预言,这多半要看日本能从国外获得多少贷款而定。可是我想,中国如能把武汉守住六个月,日本也许要放弃‘打倒中国’的企图,因为它已把今年所有的力量完全动员光了。至于明年,她最大的努力究竟能做到什么程度,是值得怀疑的了。”

“速决战对日本是有大利的,而政治统一能维持下去,持久战对中国是有大利的。”

在她最近那本《日本在中国的赌博》中,尤脱莱女士作这样的结论：只要中国能团结一致，日本就会失败的。她说：

“假如中国能不断从海外购买和输入军火，假如没有什么干涉协定来剥夺它武装自卫的能力，假如英美能给予中国以购买来福枪、机关枪和弹药的小数借款——那就是说中国能比日本坚持得更久。”尤脱莱女士说，我们无须全世界抵制日货运动，只要英、美、法和荷兰已经足够了；在这一点上，经济压迫比对于意大利的情形更为有效。

尤脱莱女士分析了中日战争的原因，说明主要的外在原因，是日本为中国政治统一、金融稳定和复兴运动的成功所惊惶了。她特别提到中国中央准备银行，那是准备在一九三七年六月取得特权设立的。尤脱莱女士记得，财政部之外有中央准备银行的组织，英国金融界曾认为是中国现代发展的先驱，是中国产业繁盛的一个迅速的进步。

日本不愿看到中国的强大与发达，便在一九三七年七月发动了对中国的战争。《东方经济学者报》曾在一九三七年八月指出：从此复兴运动是被粉碎了，中国的现代化亦被妨碍了。

论及英日关系时，尤脱莱女士坚决相信日本会在完全克复中国的抵抗以后，把中国“开放的门户”关闭起来。

“日本是首先向英国取得借款，然后把英国排出中国去。”

“日本不是经济的帝国主义，而是强盗的帝国主义。日本不愿意中国产业的发达——只是要她原料的发达。她想不必一定要向英国去获得借款，只坐着榨取中国就够了。”

论戏剧与观众及其他

K. 斯达尼斯拉夫斯基

苏联最伟大戏剧家斯达尼斯拉夫斯基于去年八月初过世。这是他生前给《文学新闻》的短简，答复该刊征询他对于戏剧上问题的意见，足供目前中国戏剧界的参考。

一

新的戏剧欣赏者的出现，我认为，是我们戏剧生活中最重要的事情之一。现在我们应该怎样对待一个对演剧很热心，能够接受并且有直接敏快的反应的观众。对于观众剧场是负有更大责任的。和其他一切艺术一样，戏剧必须使观众的意识深刻化，使他们的感情洗练，使他们的文化修养提高。当观众看了戏出来以后，他们必须要比去看戏剧以前能够更深刻地看到现代的生活。因此，剧场绝对不许轻率地和肤浅地去应付观众的期望，或者只是以观众的喝彩或赞许而自满。对于真正艺术的任何讽示，现在的观众都很懂得接受的。然而剧场却常常以诡谲的舞台动作或者对生活皮相的模仿反而把伟大的主题模糊了。戏剧艺术的课题是以生动的、深入的、真实的形象的方法来阐明剧本的主题，因此，随着形象的再生与灭亡，观众会更清楚地了解文化的最深刻的问题。戏剧不应该像“教师”那样做法，而应该以形象的方法引导观众通过这些形象去理解剧本的意义。在我们国家内，戏剧是绝对不许虚伪的！它必须是本质的、真实的。这赋予演员以重大的责任，而同时对他的演技也有同样重大的要求。目前更困难的事情，是以真实的、深刻的特征，去表现现代的形象。因此，目前莫斯科大学戏剧学院的注意力正超越一切的集中在发展和提高演员的演技。

在这个意义上，我们同时认为古典主义戏剧在舞台上有很重要的意义。这是介绍给观众以过去的基础评价和思想的全貌，同样也是对演员们一个很好的学校。

二

我相信欧洲的剧场是不会前进的，纵使它有个别的伟大戏剧家存在。剧场所采取的商业的立场，把演戏作为赚钱的事业，已经使剧场的条件产生一个悲惨的结果。这是不可能去完成对于任何某一剧本的艰巨工作。欧洲的导演家只能嫉羡我们和演员们对于准备演出一个剧本所需要的排戏的次数。最有名的西方演员都去参加电影界了，他们只能参加很少次数的排戏。有几家戏院已经到了关门大吉的前夜了。这都是因为他们对于戏剧和戏剧工作者不能像我们国家那样给予充分的注意、爱护和信任。虽然我们现在是需要尽量地经济，可是我们这些舞台的艺术家已经能够享受到西方导演家所只能梦想的创造条件了。

（一九三九年十月）

日本经济枯竭的现状

密勒士评论报

漏过了日本的战事新闻检查，传达到外界来的，有许多证据，可以证明日本的经济与社会生活的组织，在日本对华战事延长的控制下，是不断地在紧缩着。特别值得注意的，是关于日本国内情形的消息，主要是由日本报纸和通讯社传出来的。

日本的战争机器，好像是一个食欲无止的凶魔。日本军阀，为了要饲养这个恶魔，经常不断的号召那些过分负担的民众来做新的牺牲，差不多没有一个礼拜，不想出一些新的方法，要叫国民的裤带重新收紧一些。这种情况在十二月十五日的《读卖新闻》上伤心地摘述着。该报在评论“经济宣传周”开幕典礼时说：“战争吞食金钱。而金钱是通过公债来供给的。支持公债的只有节约。战争又消耗各种原料。我们必须节省到最低限度，那样这一切东西才会变成军火。此外，向海外购买我们所没有的东西，是必须要现金的。我们又必须把现金卖给政府。”

“节约”这个字眼，在今天日本，已经成为“剥夺”的一个代名词了。这种剥夺随着战争一天一天的延长，一天一天的在增加着。这种剥夺的增加，举其主要的说来，是表现在物价的飞涨，通货的膨胀，税收的增大，市场上某种货品的取缔，以及输入的限制上。

据日本银行的调查，以及十二月十七日《朝日新闻》所引征的，东京的零售指数，以一九三三作为一〇〇的，现在已经升到二一一点九了。这和十一月的平均数比较起来，又增加百分之一了。报告内又指出，十一月份趸卖指数（仍以一九三三为一〇〇）为一四一，和十月相较，又增高百分之零点五了。

这些数字还不能充分表露战争期内——就是说过去十八个月中间——物价腾涨的程度；因为物价腾涨的巨大是人人周知的。可是另外一件重要的事实却足以表露，这就是说，趸卖价格和零售价格增长间的压大距离。趸卖价格自一九三三以来增加百分之四十一，而零售指数却增加到百分之一一一点九。从这一点上，我们可以作出两个明确的结论：

（一）物价膨胀的主要负担完全落在零买消费者的肩上，他们买任何东西都要付出一倍以上的钱。还有一点是值得怀疑的，即是日圆购买力的跌落。在计算物价指数时，是否完全估计在内——是否真的完全估计在内。因此，对这个指数的接受必须加以保留。

（二）零售市场，以及在较小范围内的趸卖市场。由于消费者物品的缺乏，已经成为一个巨大投机的场合了。这种缺乏是由于政府工业规程与资本流出以及输入的人力限制所引起的。许多工厂，过去都是为市场而生产货物的，现在全订立了战时契约了，资本在常时是流入工厂转变为消费者的物品的，现在都流入于战争工业了。输入的短缩，最后是不可避免地引起国内同样货物价格的增高。照指数所表示，政府的物价规程虽然是缓和了的，可是并没有阻止价格陡耸的飞涨。

日本通货膨胀的证明：在过去数月内，已不断有报告，现在再来复述，已是人人周知的了。在十二月一日的《朝日新闻》上，指出在十一月间，日本银行兑换纸币的平均发行，超过了二，〇〇〇，〇〇〇，〇〇〇圆，第一次造成二，〇二五，〇〇〇，〇〇〇圆的纪录。这个数目表示比十月增加了二八，〇〇〇，〇〇〇圆，而比一九三七十一月增加了三五四，〇〇〇，〇〇〇圆。这样是超过了法定纸币发行额二，二〇〇，〇〇〇，〇〇〇圆了。同时，纸币发行的现金与外国通货的准备金，是不断的减少了。企图以限制输入来阻止或缓和现金的流出，只获得很少的成功，因为对着输入的限制，出口货的价格也随着显著地跌落了。

通货地位的严重情况，可以在十二月二十日东京同盟社的报告中看出来。据这个报告，大藏省已经决定修正法规，把日本银行纸币准备金的发行额，从现在的二十二万万圆，扩张到二十七万万圆。为了实行这一次扩张，将在国会中提出一个议案。这次扩张，即是说将不惜一切，把日本银行纸币的最低限度现金比例额再减缩一次。据同盟社说："日本的纸币流通额已经这么广，那使日本国家银行的现金准备，是足以适应目前日本银行法所规定的现金比例额"的。

据同盟社报告，到十二月二十日为止，日本本年（一九三八年）的输入总额为二十七万零二百万圆，输出总额为二十七万五千二百万圆。这些数字和一九三七年同时期比较起来，说明输入货物的价值减低了百分之二九点六，输出货物价值减低了百分之一三点八。日本的新闻机关，矫作十分满意的样子说，这是二十年来日本对外贸易上第一次表示有利的平衡状态！

这恰恰和事实相反，因为这个所谓“有利的平衡状态”的造成，并不是由于输出的增加（它刚刚减低了百分之一三点八），却是由于日本入口贸易的紧缩，它减少了百分之二九点六。我们要了解日本的对外贸易地位，首先要记住下面一个事实：照同盟社十一月三十日所发表的，日本对于所谓“日圆集团”的国家（如“满洲国”及伪政府）的输出增加了百分之四六点八。而输出到其他一切国家的，却减低了百分之三四。在“满洲国”，日本是无法获得外国通货的，因为“满洲国”支付日本一切输入货物的，都是用日圆或者用强制规定和日圆相等的“满洲国”货币。此外，有大量货物是不分皂白地廉价倾销于“满洲国”或中国本部的一部分，运输货物者会一分钱都收不到的。

日本的商人和政治家，在他公开谈话中间，是拒绝用通货膨胀这个名称的。所以，日本银行总裁结城，当地在十二月七号大阪银行家会议的演讲中，不得不提到过去一年中银行纸币发行额增加到近乎百分之二十这一事实时，他立刻接着说，这个增加并不是反映一种膨胀的趋势，而是“随着经济组织与生产力显著的扩张而来的”。

接着他讲完以后，日本藏相池田氏，对于他这个“不言而喻”的承认通货膨胀在进行的话，表示完全同意。

在这次会议上，日本银行总裁又作了一个非常有兴味的叙述。当他报告自从对华作战开始以来，银行已经“吸收”了值四十九万三千万圆的政府公债。在这个总数中间，有三十二万五千万圆是由日本银行卖出或认购的。其余,邮政储蓄银行认购了七万五千万圆,其他几个银行公会认购了一万万圆。结城总裁当然避免说,这巨大的政府公债数目是表示国家财富的枯竭,增加今天人民肩上的债务负担,这种负担将如一块碑石般的,绕挂在未来一代人的颈项上。

日本政府向来采用高压的宣传,而且现在仍在采用着,以引诱人民不仅牺牲其辛苦得来的积蓄,并且牺牲其日常收入的百分之几,去购换政府的纸片。为了推行这个运动所花费巨大的力气,正表示了民间的憎恶,对于以现钱去调换这不久就要成为废纸的东西。这是很足相信的,就是在与任何政府雇员有关的地方,就要引用这种压力,使他们把所有储蓄都倾掷于政府的战时公债。此外,在大银行和金融机关以及产业托拉斯和公司的雇员中间,也无疑都是这样的。

下面是十二月十二日东京同盟社的一个报告,告诉我们日本政府公债的狂潮——这种公债在侵华战争继续进行中间,日本人民一定要买的——是如何给生活程度已经很高的日本人民一种真正的痛苦。

“东京的月薪工人,他们的钱包里塞满了年终的红利,今天都奔到邮局里去买刚发卖的十元钱小额公债。那些‘白硬领’的雇员,不再照过年的老规矩陪着太太上百货公司去溜达,现在都成为邮局柜台旁边的爱国的浪费者”了。过圣诞节与过新年的准备现在都丢到脑后了,因为占据东京人口一大部分的官署书记、政府雇员、工厂工人和店铺职员,都把他们一年辛苦获得的每年红利去换小额公债了。在今天早晨几小时里,东京的邮政总局就单独售出了五万圆小额公债。

战争馋吻的甚至耗蚀了日本社会的最穷苦阶层——那些产业工人的微薄的收入。对于那些戴“白硬领”的雇员，是强迫他们买小额公债；对于那些日本纺织工人，便来一个运动，诱骗他们把年终红利的一半去储入国防基金。对于这种发展情形的报告，同盟社复加上一个不自觉的讥讽口吻说，工人们被要求作这种牺牲，是表示他们对于军部保护上海日本工厂努力的重视。似乎日本工人这样做，还带着一点感激似的！

日本的年终红利，犹之英国的“恩赏”——是防止革命的一种保险。每个日本工人生活中的光明点，就是这个年终红利，那使他们每十二个月中间能有一次在他们灰色无光的生存中加入一点彩色与欢容。然而，现在这也完了！

负担还是继续在堆上去。大藏省大臣池田最近预度，为要增加额外收入从一万五千万圆到二万万圆，还得在一九三九年增加税额。这也许是作为代替通货膨胀的另一手。对于通货膨胀，日本发言人仍然以未来的口吻在表示着。他们知道苦榨着的大众是不能再压榨得太紧了，所以有几种所得税是专对着“奢侈品”的。此外，政府是企图着吸取军火公司所累积起的额外利润。可是国民大众的肚皮上还是同样免不了要吃一刀的。现在商品税已经挤到肥皂、牙粉、茶叶和咖啡头上来了。白糖、日本酒和纺织品的消费税又将增加了。“娱乐捐”的进行，过去是归入地方衙门的金库里的，今后将转入国库了。这项捐税每年的数目，要达一千七百万圆。以上所述还不过只是想到的几项罢了。

政府对于金融上帮助战争必需的产业扩张，已经感到极大困难。据十二月十七日 CHUGAI SHOGYO SHIMPO 报告，政府为了希望克服此项困难，已经跟日本银行开了一个特别往来账。这家银行的资本是预备增加到三倍。在预备发行的新股份总数中间，有五千万圆是要银行的现有股东来负担的，其余的将由政府公债经纪人公会会员领导的各个“大金融机关”认购。保险公司也同样将被“邀请”来帮忙这次认购的手续的。

把产业去供给战争的需要，再加上资本的幕后因缺乏适当的金融管理而被忽视，这些事实已经产生了有害的反应。工厂是耗损了，而生产品的质地，许多本来不很高的，现在更坏下去，使萎缩的对外贸易受到了更大的损害。十二月十八日《读卖新闻》上说，日本的最大产业——棉花业，是因为生产质地的低落受了极大损害，并且说明这种低落“已经被与纺织业有关的各界中批评到，认为是鼓动对外贸易的一种障碍，切迫的要求一种改变这种情况的适当政策”。

该报复揭露这种困难的原因说：“自从出入口联系制度实行以后，为了增加产量，重心已移到生产的量方面去了……”

人造丝生产所遭遇的困难，是由于另外一种原因。政府已经限制外国软浆入口。只有用国内自制的劣质软浆。不仅因为国内的原料不够标准质地，而且还含着一种油分。这使百分之二十的纤维质在制造的过程中损失了。在用外国来的软浆时，这种耗损只有百分之五。

质地的拙劣当然只不过是日本纺织品出口跌落的因素之一，然而，愈往后这种因素将更趋严重。关于人造丝出品的数字现在还不知道，但是，关于棉织品的情形现在已经明白了。棉织业公会所公布的数字告诉我们，今年过去十一个月中，日本棉织品的出口，与一九三七年同时期相较，数量上减少了五分之一以上，而在价值上减少近乎三分之一。

可是军事的预算却愈来愈大。耗费的数目已经登峰造极。明年的特别军事预算，据最近东京方面宣布，将为六十万万圆。在这笔总数中间，大藏省拟用新债券方法搜括五十万万圆，而另外增加二万万圆国税以应付这项债务的利息。

（《大风》第七九·八〇期合刊）

钢铁业的勃兴

A. E. 菲尔斯曼

苏联北欧部分铁的供给，向来是一个大问题。它的重要性还在彼得一世奠立圣彼得堡的时代，便已经感觉到了。而在国际封锁与列强干涉的时代，由于运输的停顿与外国石炭的无从获得，使彼得堡（即现在的彼得格勒）的钢铁业与五金工厂遭受全部停顿的威胁。那时，这个问题的重要性尤其感到真切了。

约莫十年以前，伊曼特拉湖附近丰富的铁矿床被发现了。S. M. 基罗夫[①]即提议在北部创立冶金业的根据地。不过，在这样一个根据地建立起来以前，是需要完成许多艰重工作的。在那时候，由于新发现的铁矿引起了强烈的兴趣，热烈的开发和试掘立刻组织起来了。

这一活动的结果，却还在可拉半岛上发现了许多镍、铝、锴、钱、铁的矿床。此外，又在那里发现了磷灰石、霞石、蓝晶

---

① 基罗夫（Kirov）是苏联共产党的重要领袖之一，当时为列宁格勒党的首领。他在一九三四年十二月被托洛茨基派所暗杀。

石和摩擦过的白榴石，作陶器的花岗石和橄榄石的防火原料，它的数量之多超过了全世界的任何部分。

算到目前为止，已经被发现的铁的储藏，估计起来约有一五〇〇万吨之多了。

十五年以前，有一只测量水路的小船，经过可拉半岛。忽然，水手们发现罗盘的指南针，呈现着异样的偏差。那时，专家们就知道这个现象是由于可拉半岛有铁矿存在的缘故。

一九一五年以后，有一位地理学家 A. A. 波尔加诺夫在可拉·富约特的海岸上发现了一条铁矿脉的矿苗。但是，在后来的发现者获得其成果以前，十五年光阴已经轻轻地过去了。

一九三一年，女地质化学家 O. V. 伏罗倍约伐氏所主持的一个探险队，在无意之间发现了伏尔却耶苔原的附近有铁矿储藏，这才引起了到伊曼特拉湖四周去探采铁矿的意思。而直到一九三二年的秋天，才在奥林耶车站附近发现了大宗的铁的储藏。

沿着这山湖的四岸和苔原上，分布着许多铁矿。这些铁矿跨过铁路线直达吉林纳苔原。它所储藏的铁约有五百万吨之谱。虽然铁块的铁质含量并不大，还不及百分之四十，可是它的质地特别纯净，却是值得非常宝贵的，因为它含有的磷和硫并不多。因为靠近铁路，有高速度的运输线存在，能够容易用露天开采的方法把铁开出来，使这些储藏格外显得重要了。

勃兴中的新城市

几年之后，巨大的矿坑和冶铁工厂将在奥林耶车站附近开辟起来，而一个新的城市，奥林耶高斯克，将在如画的伊曼特拉湖边，离开蒙斯契高斯克不远的地方勃兴起来了。

这些不可思议的丰富的铁矿，还不仅是可拉半岛唯一的铁源。除了这些铁矿以外，其他异常重要的铁矿，在最近几年中，又在半岛的南部被发现了。

一九三五年，彼得格勒探矿信托局的地质学家在这里的古代片麻岩中和结晶的洗板岩中发现一宗铁矿，这是著名的爱奥那铁矿，位置在注入伊曼特拉湖的爱奥那河(R. lona)上游，康达拉克沙以东一百启罗米突的地方。经过磁电学的方法考察，知道这里储藏的铁在五百万吨以上，和乌兰尔著名的马格涅脱那耶山铁矿比较起来，超过约莫两倍或三倍之多。

此外，还有许多根据，可以断定此处的藏铁数量，恐怕还不止此数，飞经此处的飞机舵师，发现不仅在这藏铁区的上端罗盘的指南针呈偏差现象，而且在这以东的很多地方，指南针都是偏差的，那些地方由于冰块和沙的冲积，使地质学家到现在还不能发现什么。但这一切却使我们知道，这里是一个非常丰富的藏铁地带。

另外，饶有兴味的一事，就是这些富藏里，并且包含有石灰石的凝聚体，这对于北方工业是非常需要的，而在铁的本身中，又结合着磷灰石，可用以产生副产物纯磷。在铁沙中间并发现镨的凝聚体。此外，还有许多特征，表示那里并且存在有非铁族的金属，那使我们可以把这里的储藏跟卡里林·芬兰共和国西南部著名的辟克茄仑得铁矿的储藏来比拟一下。

在基罗夫铁路的亚弗立根达车站附近，发现了非常丰富的镨和磁铁凝聚体的矿石，这些矿石在别的地方也同样被发现。

这一切，都足以表示可拉半岛是一个极丰富的铁的产源，这个产源的丰富，即使当年基罗夫为吉平诺高斯克（现正改为基罗夫城）安下第一块基石的时候，也万万梦想不到的。

在目前，可拉半岛铁矿的可知总量已经达一千五百万吨以上了！据真确知道的，这中间有一半是较劣的铁块，仅含有百分之四十的铁质，而其余一半是含磷的铁，那是含有百分之五十以上的铁质的。

煤的问题

以上是苏联北部钢铁工业的源泉。但直到最近以前，煤的问题却曾经是个绝大的困难。然而在过去十年中间，苏联北部的东边一带，却已经发现了丰富的煤、石油和瓦斯的储藏，而在披苛拉地方发现了高级热煤的储藏，它的藏量达几千百万吨。

一条新的铁路干线，正从北极城伏古塔——一个新的产煤中心——在造过来。同时，一条一千启罗米突以上长的汽车路，衔接着可脱拉斯附近的铁路，使这边跟北极的产煤地伏古塔连接起来。

几年以后，将有一条新的铁路，使可拉半岛的铁矿和披苛拉的煤矿连接起来，一座新的钢铁厂将建立起来，其规模之大将比拟于马格涅多高斯克钢铁工厂。这个工厂将供给钢铁于苏联北部各地如列宁格勒、满曼斯克以及其他各处。由于可拉半岛拥有必需的溶解剂原料与防火原料，这一发展将益形便利。

钢铁工业的特殊部门也同样将发展起来！现在纯净的钢

是由各种金属——如钒，镍，钇，锆，镨，钱等——混成的钢所代替着，但是，等这北方的钢铁厂建立起来以后，各种特殊的生产部门将次第开辟，它将生产含铁的钱，含铁的镨，含铁的铬，以及含铁的锆。

在将来，这种稀有的金属品也将应用于特殊牌子的电钢上。新的矿坑将在拥有丰富钱矿的来伏齐罗苔原上以及储有五千万吨镨的亚弗立根达开辟起来。

惊人的伟大工作，在我国的科学院和冶金学家前面建立起来。矿坑、冶铁厂、铁路线、电力站将次第开辟，而一个新的城市也将在不久的将来在苏联北部勃兴起来了。

（译自 Moscow news Aug 15 1940）

左　拉　论

D·柴·斯拉夫斯基

左拉的骨灰安葬在众神庙(pantheon),这是许多思想家、作家、艺术家和政治人物的庄严的埋葬地,他们的名字都是法兰西的光荣。但是,现在法兰西的当局,却借着战事的借口,拒绝为这个杰出作家和法兰西人民之子的百年诞辰纪念举行公开的仪式。只有几张报纸刊载了寥寥数节简单而冷淡的关于纪念的话,其余报纸则索性完全隐瞒起来。

所谓战事,只不过一种虚伪的借口。实际上是法国的布尔乔亚害怕左拉的回忆重新在广大人民群众中间复活起来。法国布尔乔亚要表示他们对于左拉的评价,不能不带些伪善的面目。而就在最近,一个讯问正在众神庙邻近进行着,他们以一种假装的正义向共产党人发泄他们的仇恨、他们的无耻,欺诈和法律与政治的玩弄,比那著名的特雷夫斯案件(Drehfus case)①更不知超过几倍。

① 一八九八年,一个犹太籍的军官特雷夫斯,被反动的法国当局认为是间谍,被判决囚禁于魔鬼岛。

今天左拉的愤怒的《我控诉》(I accuse)[①]比向来更大声的响亮着。有如一个坚决不屈的控诉者,他的影像在全法兰西站了起来。在这里,第三共和国褪色的金箔正在用来包遮第二帝国最恶劣手段的复活。达拉第和勃鲁姆的法兰西,只是拿破仑第三反动统治的一种低劣的模仿,它的本身乃是军事独裁的改写本罢了。

左拉综合着科学家与权威的艺术家的纯然的正义,暴露出法国贵族和布尔乔亚圈子里透彻腐烂的情形。他是以巴尔扎克和弗禄贝尔作代表的法国现实主义伟大派的信徒。年青的左拉是属于一个小小的作家群,这个作家群包括屠格涅夫、都德和 E. 龚枯尔[②]。在这个学派中间,和从他的伟大的指导身上,左拉获得了他对于丰富的文学作品的爱好,对于描写广大的社会现象的爱好和以描写最主要的社会典型的生活的方法,来描写人民的历史的爱好。跟着法国现实主义学派阐释者的脚步,左拉决定他自己巨大的工作,以文学方法描述出历史幕景上布尔乔亚的容貌和由于资本主义所引起的各方面生活的变更——经济的,政治的,科学与文化的,文学与艺术的,以及人民的日常生活与他们心理细微的变更。他走着他自己的道路,迥然于法国现实主义学派中那另一些人。在那些人的作品中,巴尔扎克对于事物现代深刻的透视,却被仅仅看到表面而作出的对于生活的自然主义描写所代替了。俄国的讽

---

① 左拉在一八九八年一月发表于 L. Aurorc. 上的一篇文章,针对当时的统治者。

② 都德 Daudat(一八四〇年——一八九七年)法国的小说家。E. 龚枯尔 Edmond Gonoourt(一八二二年——一八九六年)法国的小说家。

刺作家沙尔脱可夫·希克特林(Saltykov Shchedrin)曾经嘲笑那些自然主义派的法国作家,而对于左拉却除外。左拉照着他自己的道路,努力地深入到社会过程的核心。他的目的,是要把这片国土显示给他的国人看,在这片土地上成长着这“新的”人。他正在奸污着法国人民的伟大的传统。

左拉是自然主义学派的首领,不过这并不妨碍他采取象征主义的方法。因此,他们用娼妇娜娜这一个人物,来写出法国走向第二帝国的死亡,写出破产的贵族和荒淫无度的布尔乔亚的法国。这是一本有力的和大胆的小说,最后一页尤其令人激动。娜娜,由于她放荡生活的结果,现在这个传染病的牺牲者,半生不死的在医院里。同时,一列装满兵士的列车正加速地开向前线——开向那次必败的色当战役。

接说色当之战以后的一个时期,是描写在那本著名的小说《灭亡》(Downfall)之中——一个严峻的控诉,不仅攻击那引导法国走向崩溃的专制政治,并且也攻击那傲慢的、愚蠢的和粗暴的军人派系,它比专制政治存在得更久,而依然镇压着全国,坚持着过去的错误。

左拉的座右铭是:真实。他要求作家要有文件的佐证,科学的分析,对于各种琐碎生活方面的研究和知识。左拉在他生活的描写上是有力的和无情的。伊里契曾经对他那本小说《愉快的生活是怎样的!》(How jolly life is !)予以很高的评价,那本小说显示了一个人诞生的苦恼、恐怖以及他的愉快。

历史发展的辩证法是对左拉的一本未展开的书。他的社会哲学是基于十九世纪中叶的机械唯物论。在某种程度上,左拉把文学降为一种自然科学,变成探求社会心理学原则的生物学和医疗学。由于他专信遗传性的理论,在他的许多作品中,社会形式的进化被解释成为一个典型的家族的生理的退化。后来,左拉抛弃了他对生物学的研究,于是对生活的社会观点成为更生动的,表现于他对世界与人类的说明,他看到布尔乔亚社会内的阶级冲突,而予以有力的描写。为了要描写一个工人,他去到矿坑中,研究工人们的生活和观点。在他的著名长篇小说《七月》(Germinal)中,他把读者带到矿坑里那精疲力竭的劳动世界——这个世界是当时法国布尔乔亚豪贵和高雅的文学所远避而不愿看的。左拉是完全同情工人的,虽然他并不能完全把握工人阶级的历史地位是资本主义社会中最革命的阶级。

左拉是目击巴黎公社的。《灭亡》就以凡尔赛人进入巴黎而结束。屈辱的将军们在这里向工人们发泄他们的仇恨。左拉对于那些疯狂的布尔乔亚手下的牺牲者,表示深切的同情。可是,他没有理解公社,他把公社认为是一部分工人和进步的知识分子的失误。当内战在他四周猛烈进行的时候,作者却依旧保持着一个科学研究家的"客观"态度。

左拉的文学作品的中心,是属于他那一套以"卢贡·马克夸脱家史"Th Rouugon Macguart 为总名的小说。这些小说中的人物是这样描写着,他们表现出法国贵族没落的历史,以及资本主义的布尔乔亚的勃兴、胜利和崩裂的历史。左拉猛烈地抨击那卑劣的议会道德和法国统治者的腐化。"卢贡·马克夸脱家史",实质上就是今天依然控制着法兰西的"二百户"的历史。在他的小说《钱》中间,左拉以他锐利的艺术家观察力,描写出财政资本的获得权力。那个投机家和卑劣的阴谋家沙加特(saccard)一种人的典型。这种人在今天还依然活着，保持沙加特的一切状貌，并且还加上一些更可憎厌的东西。

现在统治法兰西的，就是沙加特。他们保卫私有制度的神圣，正和左拉的沙加特一色一样：他们有教堂替他们祝福，有拜金主义的报纸替他们歌颂，可是他们是否能掩饰他们破产，如同左拉小说里的强盗财政家一样长久呢？

左拉在他的小说中已显示出法国中产阶级的代表，他们是知识分子和戏剧界与文学界的代表。左拉描出一幅动人的图画，关于一个小店主怎样发展成为一个大商业的代表。百货公司使许多小商人都毁灭了，这成为他们对于富人仇恨的根源，而这种仇恨是基立于嫉羡心的。这种仇恨心和嫉羡心混合在一起，这就产生小布尔乔亚的法国政治家，他们把激烈的词句——有时甚而是“社会主义的”——和他们对于金钱、权力以及对于资本的奴性崇拜混在一起。像里昂、勃鲁姆那一类型的政治家的幼年与青年生活，在左拉的小说中描写得很多。特别是那本《太太们的天堂》小说，是根据于“二百和第一户”的故事的——这正是“勃鲁姆”公司主人们的宗族。

在左拉看来，国家的主要骨干应该是微贱的、忠实的劳动者，特别是农民。这是左拉对于大资本，对于金融资本家，对于交易所仇视的源泉。法国的农民是和他的心最接近的。在家长制的关系依旧保持着的农业的区域里，左拉看到了那必然是更生他国家和加强布尔乔亚德谟克拉西的力量。但是左拉对于农民是无知识的和保守的事实，并不闭起眼睛，那是因为土地紧紧地掌握着农民，决定了资本主义农村中政治与社会的狭窄与简陋。左拉并不歪曲现实。在他的小说《土地》

中，左拉对法国农村的保守与落后，描出一幅非常忠实的艺术图画。左拉是个觉悟的小布尔乔亚民主主义者，因为他存着那种幻想，以为文明与知识的撒播可以改变农村。左拉在描写外界的事物上，在描写人物四周的事物上，是无人能超越的。他的熟练是由于他十分用功地对于生活的一切外表的研究，就好像左拉把每件东西都拿来放在掌心上，翻来覆去把弄，抚触它。不肯信任他的眼睛，不满足于隔着距离去考察事物。他想着它们的味道，嗅它们。每一个小节对他都是重要的，而在他的笔下，这确实显示了十分重要。假如是别的作家，要他把铺子里每件商品都枚举出来和描写出来，怕会讨厌和疲倦吧。然而，他在他的小说《肥与瘦》中间，却对一个巨大的市场予以模范的描写，而这种描写在文字上依然是生动的，不会忘记的。在他小说《偏执狂者》(Tiernou emaniac)中，为了要描写一个火车司机，左拉亲自坐着火车头去作一次旅行。果然他成功地把机器写得活了起来。他描写铁轨带着闪光分叉开去又拼合拢来，在信号灯的光芒中彼此相互的交错过。这幅图画造成一个极深的印象，而使人们不会忘记，正如在他的小说《七月》中描写矿坑一样。

左拉的有力的笔，使他获得地位与名誉。但是，这却花了他很多时间与努力。守旧派的批评家有一个很久时候不许他踏入文学界来。他们憎恨他缺乏文采。他们把他的自然主义评作猥亵文学。法给说(Faguet)一位守旧的文学批评家，在他《十九世纪念的历史》中，关于左拉写着这样的话："在法国，他的后人将严峻地批判他的沉滞的文体，缺乏色调和风致……但是，那些以外国人为代表的未成熟的后人，却把左拉评价得很高，这件事情是值得注意的。”

这些可笑的傲慢的话，却显出了作者鄙俗的贵族相；法国的勤劳大众被他们认为是外国人的“未成熟后人”。把左拉评价得很高的倒是真正的法国工人，代表一般人民的广大读者都拥护左拉。当左拉挤入文学界的时候，他们拥护他们的作者，他们为要报复那些打击，促进和推动了一个俱乐部来反对那些审美主义批评家的风雅的围防。

左拉既不是一个社会主义者，也不是一个革命者，他的政治观，是中庸的，在他的小说《他的杰作》中显示得很明白：一种对于劳动组合、资本和科学的小资阶级的幻想。左拉对社会主义是颇感兴趣的。在他好几部作品中都提到它，但只不过提到它而已，却没有特别予以重视。他所描写的社会主义者，是没有生命的和无价值的。在《钱》中间，左拉想写出一个马克思主义者。他以很大热心去描写，但是左拉的马克思主义却成非现实的一个青年梦想者。左拉对他的本性始终是真实的，他始终是一个小布尔乔亚的民主主义者，一个启蒙学派的法国知识分子。

然而，他却是一个诚实的知识分子。在他的小说《罗台斯》和《罗马》中，他根据文件的材料，暴露出天主教堂的卑劣的阴谋。他显示出教王怎样用欺诈他愚蠢的信徒的手段去营私自肥，和这条把他的触角缠绕着各个国家和民族的章鱼是怎样腐烂地生活着。教王以凶暴的咆哮向他报复，于是左拉的小说便被列入于教廷的查禁书报名单里了。

一七八九年的传统[1]，对左拉不是一种空虚的印象。他以一个大艺术家的真实和一个真正民主主义者的诚实态度，暴露出法国“没有民主主义者的民主”的虚诈。但直到他的暮年，他依然是被德谟克拉西共和国的幻想所蛊惑着。他就是以这个德谟克拉西共和国的名义，在一八九九年出现为一个愤怒的控诉者，来暴露当时统治着法国和把法国推向灾祸中间去的总长们和将军们的罪恶。特雷夫斯案件只是一种帷幕，来掩遮那进行军事独裁和恢复专制的准备。一个参谋总部的军官，甲必丹·特雷夫斯，是一个犹太种，被认为间谍的罪名给判决囚禁于魔鬼岛上。

讯问特雷夫斯的军法官被禁在推事家里，右派的报纸高呼着“大逆不道”，自由主义的知识分子被吓住了；而在同时，大家都知道了，判决特雷夫斯乃是为要掩饰一个真正的间谍——军官爱斯脱尔哈土，于是舆论哗然了。现在问题不在甲必丹特雷夫斯和他引证的罪名了，而是总长们和将军们的统治集团，为了保住他们的地位和努力，来挽救他们的威望了。

正是那个时候，左拉的声音响彻了全法兰西，响彻了全世界：

“我控诉！”

左拉控诉共和国的总统腓力克斯·福耳，军事总长缪西尔，整个的政府和全部的法官——控诉他们的掩蔽真实，他们的说谎，他们的欺诈……统治的布尔乔亚被惊惶了。一切反

---

[1] 指法国大革命。

动力量都动员起来攻击左拉了。他们以死来威吓他，报纸上在通缉他。作为当时最杰出的法国作家的他，却只是“法国学士院”的候补者。然而，在被激怒的反动派的主张之下，他连一个候补者都被宣布为不合资格了。正如后来沙皇尼古拉要求把马克西姆·高尔基的名字从俄国学院的会员名单中剔除出去一样。法国的布尔乔亚民主主义者和沙皇的大臣们原是互相媲美的。

左拉被判处了一年的徒刑。他逃到英国去。但是，他仍然达到了他的目的地。约累斯[①]支持着左拉的控诉。知识分子中间的进步分子，现在胆子大了起来，都出来支持左拉。反动派害怕工人们和害怕在蜂起的运动中间丧失面子，于是决定让步。特雷夫斯被赦免了，从魔鬼岛放回来。过了几年，他完全恢复了他的地位。

左拉死于一九〇二年。他的葬仪成为一个巨大的群众示威。千万群众跟随着他的灵柩。A. 法朗士称他为法兰西的“良心”。政府在他死后不敢拒绝承认他的地位。虽然他未曾被允许入学士院，但政府却不得不把众神庙的门打开去安葬他的遗骸。他葬在众神庙内维克多·雨果的旁边，后者和左拉一样，是一个伟大的作家和一个为人民权利去和反动派与军阀奋斗的伟大的法国人。

这一切使我们不可避免地会联想到对左拉的纪念。在今天，当法国的反动政治重新抬头，当四十年前迫害左拉，因为他说真实话而把他发付宣判，企图处死他，和在他葬仪中企图

---

① Jeao Leon Jartes 法国的社会主义者，一八五〇年——一九一四年。

暗杀特雷夫斯的那些同样的人，今天又掌握了法国的政权。这个勇敢的、真实的、诚实的作家和公民的名字，显示一种特别重要的意义。

现在法国的政府害怕公开举行对左拉的纪念，怕这会变成一个群众性的示威。这对现在的统治者是危险的，他们害怕听一个关于用"罪恶的帝国主义战争"的勇敢和诚实的名字。

在纪念的日子，阁员沙劳特和国会议长赫里欧偷偷地走到众神庙。他们是政府仅有的代表。报纸缄默着。只有一些至亲的亲友被邀请。左拉的家族把一束玫瑰花放在坟上。没有说一句话。据《小巴黎人》报说，赫里欧先生在家族的晚宴上作过一次演讲。

法国布尔乔亚批评家对于左拉无诚意的颂辞以及勃鲁姆虚伪的恭维，对这个作家的纪念只是一种侮辱而已。

对他的记忆只有萦绕于法国的勤劳大众的脑中，他们才是法国文化与文学上每一种伟大与进步的东西的唯一继承人。不错，大众的报纸是被法国宪兵的毒手所摧残了，而恰当赫里欧先生偷入到众神庙去举行官场敷衍的仪式的时候，那老朽的反对特雷夫斯的军法官却正宣告对三十六个共产党人的判决书。对左拉作公开的赞扬和举行公开的典礼，在法国今天是被认作反战的宣传，而那些对刽子手缪西尔和间谍爱斯脱哈士的老年颂赞者，却在要求对那些说及战争的真话的人予以处罚。可是人民是同样知道真理的。"La rerite on marche！"（真理前进着！）这是律师F.拉波里在法庭上替左拉辩护时的结语。真理——生活的坚决不移的真理——是曾经这样争取到了，而现在它将重新被争取到。

左拉对世界文学会给予显著影响，欧美的许多作家曾经赞颂左拉主义。在美国，辛克莱和 T. 特莱塞在他们对巨大的社会进程的描写上，都反映出左拉的影响。

而在苏联，我们带着感谢来纪念左拉。左拉喜欢俄国的文学，他是屠格涅夫的朋友，常为一个俄国杂志写文章。在七十年代，当左拉被国内所通缉、找不到出版他作品的地方，他在俄国文学界获得帮助。左拉曾经写过："在这钱财困难的可怖日子中，俄国重提起我的信念和给我以精力。由于他们给我一个讲坛和最可感谢的、最诚恳的和最热情的读者们。"他的小说在苏联的读者，不亚于——也许更多于——法国。而在现在，这些小说是苏联每一座图书馆所不可少的书籍了。

（本文译自《国际文学》英文版七月号）

列宁与文艺问题

A. 梅耶斯涅可夫

本文节译自《苏维埃文学》英文本一月号，这里所提到的文艺党派性原则，乃是革命现实主义的一个基本问题。这个问题在今天中国尤其值得重视。译者深感有些文艺家在讨论现实主义问题时，常常忽略了这个基本问题，故予以介绍，并想从这一点上来引起讨论。本文中间有一大段是论述列宁对于俄国古典作家如赫尔岑等人的评价。因为怕读者对于这些作家熟悉不够，所以索性删去。又开首一段，是引高尔基对列宁的赞颂。为节省篇幅，也一并删去了。

——译者

在列宁所留下的伟大、多样而同时又是纪念碑式的遗产中间，文艺与艺术问题要占一个重要的地位。众所周知，列宁是爱好艺术的，而且是一个对艺术作品有深刻而明察的评判者。他赋予艺术以无限重要的意义，把它作为社会与政治斗争的一种主要武器。

文艺的党派性是列宁美学观的基本原则。A. 日丹诺夫在关于在《星》和《彼得格勒》两杂志上的辉煌演词中说：

"V. L. 列宁是第一个人，以最大的明确性把进步社会思想与文艺的态度扼要地指出来。"在这个态度——这个态度是由代表进步社会思想的党来表现的——的基础上，列宁确定了文艺的党派性的原则。日丹诺夫继续说，"这个原则是列宁对于文艺科学的重要贡献"。

列宁关于文艺党派性的教训，可以回溯到九十年代——颓废派和自然主义在资产阶级美学上最盛行的时期。照这个理论，美学"是不能谴责也不宽恕，它只指出和说明而已"。这种客观主义体系的观点，是根源于实证哲学者的理论，根据于这样的观念，即资产阶级的社会关系是永久不变和不可侵犯的。

颓废派狂热地反对艺术解放的观念——他们认为为艺术而艺术乃是美学思想的顶点。自然主义者是奴隶式地复写现实；颓废派则要求飞翔于白云之上，飞翔于观念论者的空想世界之中。一八八九年，A. 法朗士写着："我们不是吞食泥污，便是飞翔于白云之际，这中间并无其他道路。"虽然自然主义与颓废派有明显的分歧，然而很多地方却是相通的，它们都是反动的思潮，对于人的痛苦完全漠不关心，对于人的力量表示怀疑，同样也怀疑社会条件变化的可能性。

列宁的立场是那种严格的科学家的立场。对于他的理论工作，人们可以引用他论述马克思作品的话来说明："在马克思方面，是看不出一点痕迹，企图来咒召一种乌托邦，以及对于尚未能知道的事情作无聊的猜测。马克思处理共产主义的问题，和博物学家处理一种新的生物学上的种类一样，假如他知道哪些是这种类的起源，以及哪些是它变化的方向。"

列宁认为历史是新和旧之间的一种不断的与不调和斗争

的过程。远在一八九四年，在他的著作《民粹派的经济内容与司徒卢威先生书中对它的批评》中，列宁把客观主义者的态度和站在马克思主义立场的唯物主义者的态度作了一个比较："当证明某种一连串事实的必要时，客观主义者常常拼命使自己成为对于这些事实的辩解者。"马克思主义者则并不把自己局限于仅仅确证这些或那些现象的存在，他说出参加那斗争的实在阶级，以及说出它们发展的趋势。"这样，唯物主义者在他的客观主义上是要比客观主义者更坚实，更深刻，更丰富……另一方面，唯物主义乃是包括所谓党派性，这种党派性使它对于任何事件的评判上直接和公开的采取一定的社会群的观点。"列宁关于党派性的学说，教育了那些进步群众的领袖，积极地去参与改造生活，而不是历史进程的冷漠的旁观者。列宁说："没有一个活着的人能够避免站在这个阶级或那个阶级（当他明白了这些阶级之间的关系的时候），当某一阶级成功之时，他不能不感到欢欣；反之，他就不能不感到沮丧。他对于仇恨这个阶级的人，对于散播倒退观点以阻碍这个阶级发展的人，他不能不感到愤怒，以及诸如此类。"

列宁关于文艺党派性的教训，规定了文艺的目的，它是为进步阶级而服务的，和打击一切倒退的和阻碍历史发展的东西。

在一九〇五年革命最紧张的时候，列宁出版了他的论文《党的组织与党的文学》。这篇论文对于文艺的社会作用做了一个经典性的定义。

"生活于社会中而不受它约束，乃是不可能的事情。"在这个信条中间，是具有天才的深刻和平易。列宁以这作为他对于资产阶级文艺严酷批评的出发点。也是在这个信条的基础上，他勾画出无产阶级文艺的主要形态。

资产阶级艺术家和艺术理论家说过许多关于艺术的自由的话。他们主张艺术并不依赖社会条件，而是完全决定于受灵感的艺术家的幻想。列宁证明了被资产阶级所大为赞美的个人主义，乃是一种无政府主义，即资产阶级的世界观的表现，绝对没有什么超阶级的性质在内。他揭露了资产阶级学者公式的虚伪性。那些学者认为资产阶级社会的艺术是无党派性的。“你，作家先生，能够不受资产阶级的出版家的约束吗？能够不受你们资产阶级观众的约束吗？”列宁问，“资产阶级作家、艺术家与演员的自由，只是一种对于钱包、对于贿赂、对于豢养的秘密的（或虚伪的化装的）依赖而已。”

资产阶级世界中艺术的拜金主义，是一向被俄国或非俄国的最优秀的艺术代表者所拒绝，即使那些人在政治观点上和马克思主义还很有距离。一个作家不突破资产阶级世界的原则，是创造不出真正的艺术作品的。因为他只有站在人压迫人的观点来替不公平的社会关系辩护，这即是说，他只有撒谎。

“资产阶级社会中的无党派性，”列宁写着，“不过是服从于饱食的党派、统治的党派、操夺者的一种虚伪的、化装的，和被动的表现而已。”

拥护工人利益的艺术家的立场，则是完全不同的。他不需要用无党派的虚伪口号来掩饰他的观点。他公开的参加到那为了人类最高理想的胜利，推翻人压迫人的制度而战斗着的进步阶级。无产阶级的理想是崇高而纯洁的，他们被一切劳动的人类所赞美所珍赏。把自己献身于这类理想的斗争的作家们，是公开地有其党派性的——他们赞成社会进步的发展。

和党派性的原则相联系的，列宁认为文艺是改造社会的斗争中的一个有力武器。“文艺的党派性是存在于哪里呢?”他写着，“不仅在于这样的事实，即社会主义的无产阶级文艺不能作为个人或少数人的利益的工具，而且一般来说，它不能离开无产阶级公众的大业而成为私人的事业。打倒无党派性的文艺家，打倒超人的文艺家。文艺的事业必须是整个无产阶级事业的一部分，是一个统一的伟大的社会民主的机器的轮子和轮齿，这个机器是由全体工人阶级的整个觉悟的先锋队所推动的。”

列宁警告对艺术的党派性原则作幼稚的解释。他指出，这个原则并不是暗示在艺术创造上作粗糙的硬搬。“这是无需说得的。文艺事业尤其不能屈从于机械的平等化和一律化，屈从于多数统治少数。这无需说，在这种事业里，绝对需要保证个人的创造力和意向，以及充分发挥其思想和理想，内容和形式的更大范围。这一切都是无需说的。但这一切只是证明，无产阶级党的事业的文艺部门，是不能和无产阶级党的事业的其他部门机械地看作一样而已。”

列宁证明，接受布尔什维克党派性原则的艺术家，是成为一个有社会主义崇高理想的战斗者，而因此获得真正的自由，而不是虚幻的自由。“那将是一种自由的文艺”，他写着，“因为不是贪名图利或事业主义，而是社会主义的思想和工人的同情，把不断新生的力量带到它的行列中去。”

这样一个艺术家的视野，是要比资产阶级艺术家的视野不知广阔多少倍，他的世界观使他更深入社会的现象。他具有更广大的创造可能性。

“这是一种自由的文艺”，列宁论及为工人阶级利益而斗争的文艺时说，“因是他不是为了一个倦于宴乐的女主人公而服务，不是为了烦闷而饱食的‘高等贵族’而服务，而是为了那百万千万的工人们而服务，他们乃是国家的花朵、国家的力量和前途”。

资产阶级理论家常常努力来掩饰阶级的对立。他们习惯于谈论阶级间的和平合作，以及把过去的历史表现为一条单行的河流。列宁在他的论文《关于民族问题批评的注解》中写着：“每一近代民族中间，都有两种民族。每一民族中间都有两种民族文化。”在他的论文《论大俄罗斯人民的民族自尊心》中，列宁说，统治阶级的文化是十分之一的人口的文化，而民主文化则是十分之九的人口的文化，是千百万人民的文化。“在每个民族中间，都有民主主义文化与社会主义文化的因素，即使是在不发达的状态中。因为每个民族中间，都有劳动和被剥削的群众，他们的生活条件不可避免地要产生民主主义与社会主义的意识形态。”这是为什么每个为自由与独立的人民斗争是和一切国家的人民利益相联系的。

列宁对于文艺问题的指示，提供了解决艺术上民族性问题，解决我们对待伟大古典主义文学遗产的态度问题，以及对于同代作家的作品的态度问题的锁匙。

伟大的十月革命胜利以后，文艺的党派性原则的认识达到了新的和更高的水平。文艺活动不仅是无产阶级党的工作的一部分,它成为它的国家政策的一个问题。在和柴特金的谈话中间,列宁说:“在基于私有财产的社会中,艺术家是为市场而生产的,他需要顾客,我们革命已经使艺术家从这一切太庸俗的条件的压迫下解放出来了。它使苏维埃国家成为他们的保护者和顾客……但是,自然,我们是共产主义者。我们不能叉着腰站在一旁,让混沌的状态自流地发展,我们必须指导它的进程,依照一种相当确定的计划,造成它的效果。”在同一谈话中间,列宁给苏维埃文艺的大众化性质作了一个光辉的定义,“那些所说的,不是我们对于艺术的意见,也不是艺术从占千百万人民中间的几百个和几千个人之间所激起的那种感情。艺术是属于人民的。它最深的根必须植立在工人群众的最深之处,它必须是被那些群众所懂得,所爱好,它必须传达出这些群众的感情、思想与意志。必须提高他们。它必须唤起群众中间的艺术家,必须尽力去发展他们”。

列宁从来不倦于唤起作家对于现实生活作深刻的研究。他把现实认为是一种新与旧之间的不断斗争。列宁,这个天才,是一个伟大的梦想者。远在一九〇二年,他在那著名的《怎么办》一书中写着,“我们应当梦想!”他接着引用披沙莱夫关于生活中梦想的作用的论述。假如这梦想者严肃地研究了生活,坚信他的梦想并且为实现他的梦想而热烈地努力,那么这样一个梦想只有刺激他的热力。列宁常常重视那种基于对生活的注意视察上的意识的积极作用。“人的意识”,他写着,“不仅反映现实,并且创造它”。

列宁这一切指示,对于文艺有一个直接的伟大意义。这一切指示帮助我们更好地去理解社会主义现实主义的主要形态，这种现实主义不仅反映现实，并且指出前途。

一九一八年，列宁写着："感谢上帝，而今是没有人相信神迹了。神迹的预言乃是神话的故事，而科学的预言则是事实。"社会主义现实主义者的作家，以马列主义的科学结论为自己基础的作家，以及研究了生活的作家，才具有这种科学预见的才能。

在他的经典性著作《一个伟大的开始》中，列宁号召作家和一切苏维埃人民审慎地去照顾爱护新的嫩苗，"那真正共产主义的单纯的、质朴的、日常的，然而有力的嫩苗。"这些嫩苗如果好好地照顾爱护，"是不会枯萎：它们会生长，开放为完美的共产主义的花朵"。

社会主义现实主义作家不仅反映现实，并且根据列宁的文艺党派性的原则来指出前途。这是为什么当列宁——举例来说——注意到台姆扬·白特兰的诗的重要性时，而并不是十分满意他的作品。"相当粗糙。"他告诉高尔基说，"他走在记者的后面，他是应该走在读者前头一点的"。

社会主义现实主义的作家，并不去发明那并不存在的生活，但是要描写典型环境中的典型性格，着重指出他们发展的趋向。苏维埃作家是社会主义建设中一个积极参与者。

虽然，他奠立了新文化的基础。列宁却是高度的评价古典俄国文艺的成就的。高尔基在他的回忆录中谈到，列宁是怎样引俄国艺术而自傲的。高尔基有一次在列宁桌子上发现一本《战争与和平》。列宁谈起托尔斯泰。"接着，"高尔基写着，"他翻着他的眼睛，望着我，他问：'你能把欧洲任何作家放在他的更前面位置吗？'我回答他说：'没有一个人。'于是他搓搓手，满意地笑起来。我不止一次注意到这种特征——对于俄国艺术的骄傲。有时，在我看来，似乎和列宁的天性奇怪地不相融合，甚至是天真，但是，后来我熟习于在这些话里听出他对工人的深切的爱。"

列宁对于其他国家的进步作家的作品，也予以高度的赞颂。例如对巴比塞。可是他看不起那些盲目地崇拜反动西方文化的人，这种文化表现出资产阶级文化的萎亡。在和柴特金谈话中间，他愤怒地谈到那些在激赏各种绘画上的"新"的倾向的艺术理论家们。"荒谬！完全荒谬！"他说，"它们大多数是做假的，以及自然，对于西方艺术上所流行的形式的无意识的崇拜。……我不能把这些表现主义、未来主义、立体主义以及其他什么'主义'的作品当作是艺术天才的最高表现，我不懂它们，我对它们丝毫不能得到喜悦"。

列宁对于文艺问题的指示，又被斯大林所扩大和发展的，乃是苏维埃人民和世界一切进步人民的主要观念。列宁主义，鼓舞了那些在为和平与民主，为爱好自由人民的幸福将来的斗争中间的国外进步作家们，继续着它胜利的进攻。

最近苏联文艺界的思想斗争

本文载在英国出版的一九四六年冬季号《现代季刊》上。季刊编者为这一问题，特地写了一篇很长的社论，作了详尽的说明。他首先指出，这一次思想斗争，乃是数年以前就开始的一个文学论争发展到了顶点。他说，“我们所看到的，并不是一些被威吓和被胁迫的作家勉强地去适从党的路线的情形，而是苏联各处的作家们、读者们和批评家们在检查他们的工作，热烈地批评他们的弱点，展开建设计划以求改进，把握住澄清批评理论的迫切任务……

“这些记录着苏联的决议案和辩论的文件，是具有特殊兴味，不仅因为推进了论争，而且从整个来说，它们清楚显示了苏联党和政府对于文艺的态度，是和审查制度，和严厉统治者对文艺的态度完全不同的。……当我们替左钦科烦恼的当儿，我们辄易于忘记，整个苏联是正在讨论这个问题。专制统治者是不准讨论的；他们禁止；他们在人民头上决定；他们审查。……而苏联的党当它并不犹豫去领导的时候，它同样是并不犹豫负责地去劝告，和传达人民的意志。在苏联是不能有自上而下的命令，苏联的政策是要求群众的全心灵的合作——对于群众，不仅敌对或强迫的接受是有害的，即是冷漠不管，也是有害的。更负责任，对于政策的更广泛的理解和衷心的同意，在它是比在其他制度下更所需要的。

“这是为什么这些讨论的目的，是使文学家和他们的读者在他们自己努力下去进行，仅仅禁止左钦科的作品是没有什么作用的，而这却是许多人怎样在关怀整个的问题。左钦科的作品并不曾被禁止，它是严厉地遭受了批评。然而，这无论如何还不是主要的论点。我们所着眼的是什么？这些文件是说明什么？为什么我们不把它看作一种审查制度的行为，而是一种完全不同的行为——一种作家们自己的重大讨论。这，对于每个具有任何一种诚实感情的人，显然地是坦白和诚挚的，不是取悦于当局的不正当事情，而是苏维埃文艺上一个新的运动的开始。他们所在谈论和思索的，并不是政府的法令，也不是左钦科，而是未来，是他们的任务，他们的时机，他们向前进的决心。”

这是说明，此次苏联的文艺思想斗争，完全是根据群众路线，从群众意见的反映中提出了问题，而让群众去展开讨论。那和政府与党的干涉所谓“创作自由”是完全不能相提并论的。

自然，左钦科以及其他人所犯的错误倾向，并不是苏联目前文艺界的整个倾向。这是无需说得的。在苏联文艺中，我们可以看到像西蒙诺夫、亚塞耶夫等许多作家在战争中所作出的许多辉煌成绩，他们的作品完全是反映着人民的生活与意志，也反映出苏维埃的政策和其优秀人民的容貌与品质。但是，人们仍将奇怪，为什么苏联的文艺上也会产生这种不正确的倾向。关于这点，社论中也有所说明。“在苏联，战争颠覆了平时的生活，其程度比这里（指英国）更强烈得多。作家或者到前方去了，或者被疏散到远处去了。彼得格勒，苏联的主要文化中心，遭受了前所未有的最残酷的围困。这并不足怪，有些作家落后于时代步伐了；苏联作家协会的注意力，更多放在如何安置复员的和回来的文化人等问题上去，很少关怀到文艺的指导，水准低落了，使理论的发展和剧烈变动的环境，没有配合那种持续的努力，而是松懈了。这里产生了某种分量的文艺上的无政府状态。艺术的粗制滥造和理解上的贫乏和混乱”。

社论中并指出，有一种误解，即我们常常会把这认为一种危机——隐藏的弱点的突然暴露，一种停顿或崩落，“这并不是那样的。这是一种力量的示征，活力的示征，继续更新的示征，而尤其是向前跃进的示征。每个马克思主义者都认识这个是进化的发展的方法”。因此，这并无需我们因为这种弱点的揭露而感到惶惑和惊惶。

苏联这次思想斗争，对于中国目前文艺界，是有许多地方可以作为借鉴的。许多所犯的错误，和中国文艺上的某些倾向正有相同之处。因此，我相信，这些文献对于我们是特别有意义的。

——译者

一　《布尔什维克》（一九四四年，一月号第二期）《评左钦科的〈日出之前〉》的一段摘录

左钦科的作品，对我们人民的感情与思想是完全疏隔的。左钦科的小说，是完全建立在一种小资产阶级的世界概念上；

他描画出一幅我们人民生活异常痛苦的图画。完全凭他自己的情绪先入为主,他忘记人是生活在社会中间的。“我是悲惨的,而我不知道为什么。”他开始说,而为了找求慰藉,他回到他过去的生活上,回忆“那些曾经造成最深刻最生动的印象的事物”、情绪的激动,或甚至于气味! 于是他接连来叙述六十二个猥亵的淫乱故事。那是不可能的。即使在苏维埃的报纸上,来叙述那样一种恶劣的故事。有如《一个老人死了》,这故事的主题,是描写一个濒死的人的淫荡,向读者不知疲倦的举出一些不堪描述的恶俗的例子。总之,在这本书中,我们所面对着的,是一片恶俗和猥亵的大海,别的却不必谈了。

人们将惊讶,怎么会有这等事,一个列宁格勒的作家,行走在我们的街道上,生活在我们美丽的城市里,除开那些没有人需要,那些和人们疏隔、被人们忘却的东西以外,竟会找不到可以写作的材料。左钦科像一个拾破布者似的,在人类的垃圾箱中间徘徊着,在找觅他所能找到的最恶劣的东西。这几乎是难于相信的。在这伟大的爱国战争中,这个作家明明知道列宁格勒的人民为保卫这个城市的斗争,竟会感到只有愚昧和猥亵可以描写。而在现实中间,苏维埃人民却正以特殊的英勇在显示他们高贵的品质,证明他们主义的伟大有力。这一切是高贵的,这一切事物是足以把任何真实的人从他忧郁中提出来的,但是左钦科却顽固地忽略了。

有一些时候,我们常常企图说服自己,以为左钦科寻求这些过去被遗弃的残骸,是为了在他小说中间把它们作为世界死亡的残余来表现。因为举凡浅薄庸俗、无聊的琐事,秽污的习惯,小市民的琐碎生活,都是他一切作品的主题;他的主人公都是作恶犯科者，和躲闪在暗影里等待好机会的愚昧冒险家。但是，现在是太清楚了，原来左钦科自己正是这一类典型的人呵。

这部小说是给哪一种读者看的呢？在这伟大的战争中间，很少能找得出人有工夫去作这类的病态的内观。左钦科说，他是为与他相同性质的人们而写的。这相同性质又是什么呢？冷漠，忧郁，自我纵欲，一种对于女性的卑劣观点，一种对于一般人民的蔑视态度呵。真正的苏维埃人民，即使在战时的焦灼中间，仍然为了祖国的利益在推进科学与艺术。苏维埃作家从卫国战争的第一天起，就感到他们的地位是在为我们灿烂祖国的独立与自由而奋斗的战士中间。但是，左钦科却从来不曾被炮火所纷扰过。他说，在“亚尔玛——亚泰永幸福的城市”的安宁里，那是很困难去想象大炮在吼鸣。远隔着战争，远隔着炮弹的呼啸，没有较好的事情可做，于是他藉求在这些毫无价值的故事中间，去证明他的孤独与消沉。

这时候，跟他同时代的作家们，铁霍洛夫以及其他勇敢的人们，却清楚地知道轰炸是什么意义。而在大炮的吼鸣之下，写着人民所需要的，人民所热烈欢迎的作品。不以琐事而以真理去取得读者的爱好，乃是苏维埃作家的责任。

假如左钦科能把握这种思想，那么列宁格勒的人就不至于被迫为一个从前在他们中间一起工作着的作家而感到羞愧了。

二　联共中央的决议

（一九四六年八月十四日）

这个决议表示严肃的注意，即是列宁格勒——一个英雄的城市——的那些主要文艺杂志，“曾经由于它进步的革命传统，经常作为进步意识与前进文化的源泉而著名的”，已经完全脱离苏维埃人民的生活，而且忘记了它在苏维埃国家的文艺上的积极教育作用了。“苏维埃文艺，也即是世界最进步的文艺，它的力量是基于这个事实，即它是一种除开人民利益以外，不曾有也不能有其他任何利益的文艺”。因此，苏维埃文艺的任务，是在帮助对人民的教育，特别是对于青年，答复他们的问题，鼓励他们的勇气和对主义的忠诚以及克服一切障碍的决心。可是相反的，这些杂志的内容却表现了一种解脱和悲观的精神，完全不是苏维埃人民的特征，而是表现了西方布尔乔亚文化最堕落的产物的影响。特别是从左钦科、亚喀玛托娃和喀辛的写作上可以看出，他们显现出的是匍匐在那种类型的外国文艺的跟前了。

编辑者们均应受批评，因为他们不从文艺价值的高度上，而竟容许以一种随便的态度和对于那些作家的私人友谊关系，去决定所登的作品。这样，对于人民的责任感是丧失了，而刊出来作品的艺术水准是降低了。

苏联作家协会的执行委员，特别是主席铁霍诺夫，也得受斥责，因为他们没有认识到，他们有明确责任要维持这些杂志上作品的最高可能水准。

列宁格勒的党委员会也应被非难，因为他们竟容许左钦科参加编辑部，不能领导这些杂志。中央委员会也得非难自己负责这类问题的部门，由于他们的疏忽。

中央委员会劝告，必须采取一切必要的步骤，去提高这些出版物的意识和艺术水准。提议在这些条件没有改进以前，只能出一种杂志以代替两种，并且劝告要指定一个总编辑负完全责任，就是A. M. 叶戈琳娜①。

三 列宁格勒作家会议上关于日丹诺夫的报告的决议

听了日丹诺夫关于中央决议案的报告以后，列宁格勒的作家们，通过了一个冗长的决议，肯定地表示他们认为那决议是完全正确，并同意这决议是对所有列宁格勒作家们的一个战斗纲领。他们指出，左钦科在战争中间从斗争中站开，曾经写了一部对于苏维埃人民特别可耻的毁谤的书，题名《日出之前》。这书曾于一九四四年在《布尔什维克》杂志上被批评过。不幸，这个批评没有引起注意。因此，他接着又写了另一部对于列宁格勒人民讽刺和恶意的诽谤的书，叫做《猴子的冒险》。他们又批评了女诗人亚喀玛托娃，认为是一个一九一四年圣·彼得堡象征派沙龙的代表，一个贵族客厅里的女诗人，和时代脱节的，而且教诲着悲观主义、颓废倾向、浮泛浅薄和神秘主义的。对于这种作品的宽容，是表示“为艺术而艺术”已经代替了一种对于艺术家的社会关系的健康的评价。是和列宁格勒的编辑者们已经忘记没有一种期刊，不论是科学的或

① 据《现代季刊》是 Yegolina，但据《苏联文艺》，水夫所译的是叶戈林。未知孰是。——译者注

艺术的，是不能没有政治性的。因此，不让那些作家去受严厉的批评，反而这些负责者推举了左钦科去做《星》编辑部的编辑，和把左钦科与亚喀玛托娃放在作家组织领导地位上。许多作家还夸张他们的重要，和过分赞美他们的作品。这样，知识的混乱与行帮主义已经混入到作家协会，而许多毫无价值的恶劣作品都印出来了，只是出于怕得罪文坛红人和私人朋友而已。

> 这次会议要求每个列宁格勒作家，把他一切创作力贡献于产生最高目的与最高文艺价值的作品，反映我们胜利的伟大，苏联复兴建设的教人感动的奋励，苏维埃人民的英雄事业……在我们作品中，应该适当地生动地去反映由于布尔什维克党养育出来的，和在爱国战争的炮火中熔铸出来的苏联人民形象，把他的一切力量与天才贡献于社会建设的崇高目的，而且能够去克服一切障碍。

作家协会必须对于一切缺乏政治理解、粗鄙低级、政治的中立和回到所谓“纯艺术”的地位上去的倾向，作无情的战斗。它要求发展根据于原则的坦白，客观的批评，把它作为提高创作工作的意识水准的最重要条件。委员会必须实行一切手段，去加强作家与广大劳动人民的联系。那些劳动人民的需要和公正的批评，应该作为每个作家的作品中的向导。要实践这些任务！不理解党和苏维埃国家的政策，并责成协会会员去继续提高他们的意识与理论水准，和深刻地去思索他们四周的重大事情的政治意义，那是不可能的。

四　苏联作家协会主席团的决议

（一九四六年九月四日）

这个决议，经过调查研究以前的立场之后，在它的谴责中继续包括其他杂志（《文学报》《旗帜》《新世界》），“苏维埃作家”出版局（Soveitsky pisatel Publishing House）以及若干作家，包括亚历山大、格拉特戈夫、雷伊托诺夫、伊凡诺夫、华莱茨基（因为“写空洞的骗稿费的作品”或是作品“表现对生活与材料的贫乏的知识”）以及舍奇耶夫·曾斯基（《勒鲁锡罗夫之突破》），他被指出这作品中发现一种不正确的历史理解。电影剧本作家尼林（《伟大生活》第二部）也被批评。还有若干剧作家也受到谴责：伏陀雅诺夫和拉泼脱耶夫（《强迫登陆》）、杜尔兄弟（《紧急法令》）、普戈定（《船妇》）、喇喀曼诺夫和雷斯（《森林中的一道窗》）、雷倍克和沙夫钦科（《飞机迟了一天》）。这些剧本被指责为表现了“政治上的中立和对于伟大生动的题材的表面和平面的处理”。

对于乌克兰和其他民族的文艺，不曾予以帮助，使其避免资产阶级民族主义的倾向和向过去的罗曼蒂克的逃避，那只是从目前复杂的任务逃跑开去。

决议并提到巴斯巧尔纳克的诗，它被指出为“缺乏重要的内容”，“脱离了人民生活，和缺乏对于社会背景的任何理解”。其他诗人受谴责的是米士罗夫，由于他“可厌的赞美痛苦与不幸”；安多戈尔斯基，由于他“悲观主义的倾向”；喀尔沙诺夫由于他的“形式主义”。

某些作家从目前的基本问题站开，不知道人民的生活与需要，和无力描写苏维埃人性的最高贵的容貌和品质。

但是责任是在批评家和苏联作家协会的领导分子，而并不仅仅在作家们本身。“文艺团体中负责文艺指导的人，和杂志与出版局的编辑部，都忘了文艺是教育苏维埃人民工作上的有力武器”。主席团就是犯了这种疏忽。例如：巴斯巧尔纳克的诗的广泛流行，那时是曾经被某些批评家所热烈地称赞过，并且渐渐对于那些杂志上发表不整饬的恶劣作品的写作者，也疏忽了很少去注意到它们的形式与内容。这些作品，即是从文体上来说，也是俄国言语的耻辱。缺乏严肃批评的刺激，许多作家已经停止去使他们的作品完善和增进他们的智慧了。

文艺水准的一般低落，对于作家协会的整个意识生活已经产生不幸的结果了。

特别是文艺批评家，必须记得倍林斯基、车尔尼雪夫斯基、杜薄罗留波夫和高尔基的伟大传统。现在“他们作品的理论水准是低落了，对文艺作品的意识倾向的分析，没有去作正常的注意，主要作家停止发表批评作品，严肃的讨论被一种关于次要的文艺论争和美学上的主观主义以及超然于当前政治问题的喧嚣纷扰所代替了”。这是反映在《文学报》杂志上，它的水准是可惨地低落了。它忽略了作家思想意识教育的基本问题，不能尖锐地去批评上述文艺上外来的影响。一般来说，不能在它的批评作品中带来明确的原则。

由于批评与文艺理论思想的落后，已经影响到苏维埃文学史的教训意义和对于苏维埃作家的教育。他们应该是"忠诚地和感动地去表现人民与苏维埃国家的利益，而且是党对于人民的共产主义教育上的助手"。这种落后还可以从三种观点的表现上看出来。这些观点曾经相当的流行，而并不曾被严厉批评过：

一，写我们自己这时代的第一流作品还不可能由现在作家写出来，只有期待于将来。——一种暴乱地侵略俄国伟大民主文艺传统的有害和混乱的理论。

二，赛尔文斯基的空论，主张以"社会主义象征主义"代替"社会主义的写实主义"。

三，乌克兰作家彼得·潘契的"作家有犯错误的权利"的理论。

如果具有对于人民深深的责任感，具有布尔什维克党人对于主义的服务以及忠实批评和自我批评的一种风气，如果领导者不是没有以意识创造的诸问题去照顾到它自己，这些极其严重的缺憾和领导上的崩溃是决不会发生的。主席团工作中间没有继续那种集体的精神，大部分活跃的作家没有参加到它的工作中去。

主席团决定协会的主要任务如下：

(一)"把苏联作家协会的领导机关，它的杂志与出版局，以及一切作家的注意力，转向于当前的主题上，转向于我们人民在复兴工作和苏维埃经济发展中的英勇劳动的主题上，和对于苏维埃人性的最优秀的容貌和品质的说明上的任务。"

(二)“这是必要的。在作家中间去执行有系统的宣传国内与国际生活的基本问题上党的政策,和使作家普遍地知道党与政府的各种决定。”

(三)“这一切工作必须灌注着共产主义的活泼与战斗意识的斗争精神。”

(四)我们作家的责任,是以列宁与斯大林的教训来武装自己,“去叱责那些反映非苏维埃人民特征的西欧没落倾向的影响的作品,在作品中去揭露周围资本主义世界的性质,这种帝国主义是充满着新的残杀战争的威胁的”。

(五)这是必要的,去提高一般文艺水准,和拒绝那些疏忽的恶劣的作品出版。

苏联作家协会的整个工作的坚决转变,只有在作家中间政治地与意识地形成的批评与自我批评的发展基础上,才能实现。

当前的实际处置:

一,解除 N. S. 铁霍诺夫苏联作家协会主席的职权。

二,召集委员会全体大会,讨论这些决议。

三,各共和国与各地区举行作家会议讨论这些决议。

四,在最近将来,把有关杂志的编辑部与“苏维埃作家”出版局送来的报告,从他们切实执行中央委员会的决议的观点上予以讨论,帮助《星》杂志与苏联作家协会列宁格勒分会的改组。

五,计划训练青年作家和发展文艺学院。

六,计划确保批评干部的成长与其政治顽强性。

七,开除 M. M. 左钦科与 A. A. 亚喀玛托娃的苏联作家协会会籍,“因为没有以他们的创作去实行协会会章E节的要求”。按照会章这一节,苏联作家协会会员资格,应是那些“拥护苏维埃政府和参加社会主义建设”的作家。

协会主席团号召所有作家参加实践联共(布)中央委员会决议中所包括的各项任务,向党中央及斯大林同志保证,作家的组织会消灭此次被揭发的缺点,以及以布尔什维克的态度去实行中央委员会的决议。

五 苏联作家协会主席N.S.铁霍诺夫演词的摘录

铁霍诺夫对于这些错误,坦白承认他自己的责任,承认协会委员会与主席团的责任。他述及他们忘记那最重要的事情,“苏维埃文艺发展的道路”,述及他们对于人民责任感的迟钝,述及他们没有集中注意力于战争年间重要作品的深刻分析。

最近决议的意义,不仅仅是意味着对某些错误的批判。“它是意味着,苏维埃文艺——进步而有力的文艺——必须成长,不断地显示一种胜利的人民生活新的现象,以及他们精神上的发展。”

铁霍诺夫在继续述及主席团让自己只去注意次要的问题而忽略了主要任务之后,举出一个“匍匐于布尔乔亚西方文化之前”的实例,即是有一个作家拿外国小说来改编一个描写苏维埃生活的现代剧本,因此,显示了一种对苏维埃人性的全部无知和对于他自己的文艺的一种不负责任的态度。另一位作家“并不是拿外国作品来改作,但是,在他作品中,你感觉到的是西方最坏的模本的仿造”。

再转论到其他的错误，它的严重性还不曾被认识。他又一次提到那“有犯错误的权利”的理论，那是“在外国的意第沃罗奇前面解除我们自己的武装”。他接着讲到某种不洁的现实主义的倾向，那是“把文艺探照灯的光转向于阴暗的人们，转向于流氓，和只描写反面的典型”。他又批评了某些历史小说，因为躲藏在历史的行动后面，以“武士的罗曼斯”的形式，掩护着一种逃避者的美学观念。诗人方面，也没有说明“今天诗歌的意识状态。即应该去计划关于伟大诗人作品的讨论，分析青年作家的作品，帮助他们前进。不仅分析他们的书，并且严厉地确定他们发展的方向”。对于戏剧艺术的注意是贫弱而表面的，没有去分析其实质。“我们还得承认我们关于电影方面没有注意，因为电影也是一种作家的事业”。

铁霍诺夫结束他的演讲说：

“党中央八月十四日的决议，是我们今后活动的纲领。它直接指出苏维埃文艺的任务，是帮助国家对青年及新生代作正确的教育。如果我们以一种基本的态度去铲除我们已经犯下的错误，我们将为苏维埃的崇高原则而去奋斗；如果我们把我们的杂志作为一种重大的讲坛，如果我们能够把当前的主题提高应有的高度。最后，如果我们能够完全估计到苏维埃文艺的国际重要性，以及我们在苏维埃人民与世界作为一体的前面对于它所负的责任，我毫不怀疑，我们将推进我们文艺的全面发展。”

六　西蒙诺夫演词的摘录

“同志们，我想主要的问题我们已经明白了。第一，很显然的，一个极其艰苦的意识斗争，正在世界进行着。我们是参加了这个斗争，而我们是应该把它作一个生死的搏斗，有如在战争中间一样。第二，那是用不着去想，以为在我们自己中间可以无需斗争。作家协会的会员证上是写明着，一个苏维埃作家是一个拥护苏维埃政府，参加社会主义建设和写作的人，这是应该被记住的。

“这里所讲的一切都是正确的，可是有时，讨论上显出了一种不实际的性质，似乎我们已经集合在这里谈了一两天了，就让它停止在这里。这不是办法。这次我们将不要逃避工作，而必须和将要由我们自己去执行。

“让我们少做一些历史的涉猎，和对于过去的窥视。让我们想想，我们究竟怎样才能够把事情实际地组织起来，使我们主席团去做到和给予对文艺的指导。当我们这样做去，我们将能够实践我们面前的任务；否则，我们谈了两天之后，依旧会留下和以前同样的可耻状态。这种状态，铁霍诺夫和我们所有的人都要负责的。”

西蒙诺夫同志接着讲述了主席团将来的许多组织问题。

七 亚赛耶夫演词的摘录

亚赛耶夫批评铁霍诺夫的报告，认为把已经发生的问题的一切原因仅仅归之于失察和过分轻信。为什么铁霍诺夫不曾严厉地去抓住左钦科和亚喀玛托娃的错误，和跟他们去讨论他们的作品呢？为什么除了警告喀尔沙诺夫的“堕落于文艺的深渊和坠入无原则的陷穴”之外，并不曾警告过别一个人呢？这里就蒙蔽了报告中所未曾提及的主要部分的责任：对于文学的消极现象的友谊的宽容……对于恶劣的文学兴味、恶劣的风气和习惯的鼓励。“自然，它们是代表一种特殊的文艺政策，它们是表示散播文艺任务上，艺术活动的方法上，它所接触的问题圈子上的恶劣观点。问题正是在这里。即是最初看来这似乎是个私人的问题，兴味不同的问题，有如报告的写作者顺便触及的。

“这儿有那些倾向于讽喻、冗赘，一种夸张的错综复杂、一种虚伪的意义的兴味。这种做作不仅是疏隔陌生的，而且是和艺术明确地敌对的。这分明是一种诱惑，许多不曾看清楚艺术的任务和作用的人，都将陷入这种诱惑之中。在文艺上，它引导到以装潢修饰为首要，引导到繁文缛节，引导到铺张琐碎的解释。正确的、明白的、直接的叙述，被认为‘赤裸裸的鼓动’。一种巧妙的手段在被追求着。要求同时是修饰的、健康的、有用的和讽喻的。

“而这一切都是在作为受过许多年战争考验的、最优良同志的、作家协会的领导者的默默鼓励之下进行着，而这从远一点看，似乎可承认是一种浸淫着敌对精神的文艺势力。

“不管用什么暗示来表示事务的繁忙，这问题却不能那样来说明，仿佛不知道那是普遍著名的作品的存在，仿佛昨天以前那些作品还不曾著名似的。不，这并不关于太繁忙，而是关系于个人的友谊。不但是个人的，而且是对文艺兴味，对那种文艺的奇怪文体。这种文艺的怪形怪状部分，迷惑了某些人的眼睛，而且影响了青年人的兴味，宣传表面的美丽，一种巧妙地向过去的回复。我们自己也开始屈服于那种业已忘却的，或完全不为我们所知的过去的迷惑，却没有想到那一切并不曾完全死亡，而且以钢爪武装着自己，生存在我们的国境之外，正在把只眼睛把只耳朵在注视或倾听我们的文学兴味呢。这就是说，追求这个和回复到它的传统，即等于匍匐于西方文化之前。这些现象的根源是同一个，即：和我们相敌对的美学观念相妥协了。”

八　高巴托夫演词的摘录

“中央对于列宁格勒杂志工作的决议正在被讨论中，不仅被作家，被我们自己，并且被全国所讨论着。这些杂志的意识上错误，是和作家协会整个工作的性质不可分地联系着的。事实是这样，即作家协会的墙垣内，并没有创作的生活，它只是一座文艺衙门。那里对事务的问题关心过多，而对于个人帮助和批评这些问题关心太少了。

“假如潘菲诺夫，我们主席团的同事，我们的朋友，拿了他们的作品《头颅和小头颅》到我们这儿来，说，‘给我一点忠告吧，这可以不可以印呢？’——我们应该对他说：‘不要印。’我们可以使他免除被读者和作家们在这部错误作品出版以后投给他的谴责。假如费希伏罗特·伊凡诺夫给我们看他的小说《当攻下柏林的时候》，我们应该坚持原则，我们应该对他说：‘不要出版’，那么，他会去重新写他的小说。劝告一个苏维埃作家去出版质地低落的作品，是一种有害的事情。人民，苏维埃社会，党中央，不止一次批评过我们的作家了。但是我记不得，我们是否曾经被批评过的会开得太少，或是没有主持运动。但我们确是被批评过，而且仍在被批评着，关于恶劣的书，关于出版质地低落的作品，和关于有时没有去注意好的，如潘诺娃写得很好的故事《旅伴们》。很显然的，我们工作中主要的事情应该是书、原稿、作家的创作工作。自然，我们不能在作家协会中，教一个作家怎样写，但是必须帮助他们在原则的基础上去作关于生活的思索。潘菲诺夫的作品引起了报纸上强烈的反对，可是我们主席团中曾经讨论过吗？潘契提出他错误的'理论'——'作家有权利犯错误'。乌克兰作家们讨论了这个'理论'，它也在《真理报》上被讨论过。只有我们主席团里，一声也不曾响。

"只要想想，我们是怎样对待左钦科。对于这本书《日出之前》，我们批评他，好像是对他道歉似的。我们以为，我们对于左钦科作了很好的朋友关系的态度，其实是做得很坏，因为我们是鼓励了他去犯更大的错误。

"这是必要的，首先而且最主要的，创作协会是作家的一个意识的、创作的中心。因为事实上，这以前是没有的。铁霍诺夫作为协会的领袖，是该被责难。但是，自然，并不止他一个该被责难，主席团的每一个分子都要负一部分责任。我们每个人都能说：'我不在莫斯科'，'我在德国'，'我在日本'；可是当我们从前在莫斯科的时候，我们可曾帮助过协会的领导吗？我们应该承认，我们并不曾负起作为主席团一分子的责任，虽然并没有什么人把这责任放在我们身上过。我记不起有过什么人辞谢做一个主席团的团员。每个人都是欣然地接受这一个光荣的位置，但是，没有一个人愿意对一般任务负具体的责任。我们应该承认，我们对于协会的工作，不曾经验过真正的警觉或关心。我还要说一句：直到中央最近决议以前，我们就是对于我们同志的恶劣书籍都不曾警觉过。'写这本坏书的又不是我，挨批评的又不是我。’有的人这样想。可是，事实上，所有作家，而首先和最主要的是协会的主席团团员，是应该负这些坏书的责任的。我们集体地生活着，在一个组织之内，我们参加了巨大的文学进程，我们对于文艺上所发生的事情应该负责。我相信，这个巨大重要的工作是不能一个人去做的。一个人可以做得起来的事情是没有的。协会对于我们是极其需要的。

“中央决议印出来之后，我沉思了一个很长时间，关于我们将怎么做：我，一个作家和一个共产党员，应该停止写作，坐下来严肃地在主席团中工作吗？我决定这是不正确的，因为我是一个作家，必须写书。但是光写书，而不到主席团去工作，同样也是错误的。因为我不仅是一个作家，并且是一个苏维埃公民，一个共产党员。因此，我必须两者俱做。这确是很困难的。但是，今天在我们国家内，谁又能走舒舒服服的道路呢？谁在要求有一个休息空间的权利呢？那些在复兴破坏地区的工人，可曾要求过休息吗？为什么单是我们需要一个舒适的生活呢？

“党中央关于列宁格勒杂志的决议，比任何有关文艺的决议都使我苦心焦虑。我明白，这是必要的，我和我的同志应该立即去着手作家协会的工作，使他真正成为一个文艺创作的组织，吸收新的生命于它中间。这样，我们不致再听到有如八月十四日对我们所讲的那样严酷的言语了。”